ELIZABETH WADE ★ YVONNE O'TOOLE

An Comhlacht Oideachais

Na Siombailí

Cabhair!

Le foghlaim!

Labhair amach ... labhair os ard!

Cleachtadh ag scríobh

Léamhthuiscint

An Bhéaltriail

An Chluastuiscint

FACSS

Éist agus scríobh

Ag ullmhú don scrúdú

Cúinne na gramadaí

Sampla

Meaitseáil

Litir

Cluiche

Craic sa rang!

Obair ealaíne

Súil siar

Clár

Réamhrá

Is téacsleabhar úrnua, bríomhar, spreagúil agus nua-aimseartha é Iontas 3 atá dírithe ar dhaltaí a bheidh ag tabhairt faoin Teastas Sóisearach, Ardleibhéal.

Dírítear ar **gach gné den teanga** – an éisteacht, an tuiscint, an labhairt agus an scríbhneoireacht. Múintear do na daltaí conas **aiste, alt, scéal, eachtra agus díospóireacht** a scríobh. Tugtar stór fairsing d'**fhoclóir, nathanna cainte agus de sheanfhocail** anseo chun muinín an dalta a fhorbairt i labhairt agus i scríobh na teanga.

Ullmhóidh Iontas 3 daltaí a bheidh ag tabhairt faoin **scrúdú cainte roghnach** mar chuid den Teastas Sóisearach, le béim ar leith ar labhairt na teanga. Tá **aonad cluastuisceana** agus **aonad labhartha** sa leabhar freisin. Díríonn an leabhar **ar chúrsaí litearthachta** ach go háirithe, ag cabhrú leis na daltaí a scileanna litearthachta a fheabhsú.

Baineann an leabhar úsáid as na **modhanna cumarsáide nua-aimseartha** – tá cleachtaí scríofa i bhfoirm blog agus ríomhphost.

Tá **aonad gramadaí** ar leith sa leabhar chomh maith le crostagairtí do phointí gramadaí tríd an leabhar ar fad, le neart samplaí agus cleachtaí.

Clúdaítear an **prós agus an fhilíocht** in aonaid faoi leith agus gabhann nótaí cuimsitheacha staidéir agus cleachtaí scríofa leo. Chomh maith leis sin tugtar treoracha do na daltaí faoin gcaoi is fearr le tabhairt faoin bprós agus faoin bhfilíocht anaithnid.

Tá **leathanaigh athbhreithnithe** i ngach aonad a chabhróidh leis na daltaí an méid atá foghlamtha acu a threisiú.

Tá súil againn go mbainfidh sibh go léir idir thairbhe agus thaitneamh as Iontas 3 agus go gcuirfidh sé le bhur ngrá don Ghaeilge.

Elizabeth Wade agus Yvonne O'Toole

Tiomnaím an leabhar seo do mo gharmhac álainn, Aaron John Wade, agus dá thuismitheoirí Richard agus Bukky. Rath is séan orthu anois agus choíche.
Mamó Liz

1 Aonad a hAon

Mé Féin, Mo Chlann agus Mo Chairde

Ar scáth a chéile a mhaireann na daoine.

An Teaghlach

FACSS

Féach ar na focail/nathanna cainte seo. Abair agus litrigh os ard iad. Clúdaigh ansin iad. Scríobh an chéad cheann. Déan seiceáil air. Ansin téigh ar aghaidh go dtí an dara ceann. Téigh siar ar bhaill an teaghlaigh agus foghlaim iad don scrúdú.

Is bealach iontach é FACSS chun an litriú a fhoghlaim. Seasann sé do na focail **Féach**, **Abair**, **Clúdaigh**, **Scríobh** agus **Seiceáil**.

Féach Abair Clúdaigh	Scríobh	Seiceáil
athair		
máthair		
deartháir		
deartháireacha		
deirfiúr		
deirfiúracha		
iníon		
iníonacha		
mac		
mic		
col ceathrair		
col ceathracha		
seantuismitheoirí		
garpháiste/garpháistí		
aintín/aintíní		
uncail/uncailí		

Labhair amach ... labhair os ard!

Déan staidéar ar an bpictiúr seo agus freagair na ceisteanna.

1. Cé atá ina sheasamh ar chlé sa phictiúr seo?
2. Cé atá ina sheasamh ar dheis sa phictiúr?
3. Cé atá ina sheasamh i lár an phictiúir?
4. Cé atá in aice leis an seanathair sa phictiúr, an dóigh leat?
5. Cé hé an duine is óige sa chlann, an dóigh leat?
6. Cé atá chun tosaigh sa phictiúr?
7. Cén fáth a bhfuil an chlann mhór bailithe le chéile?

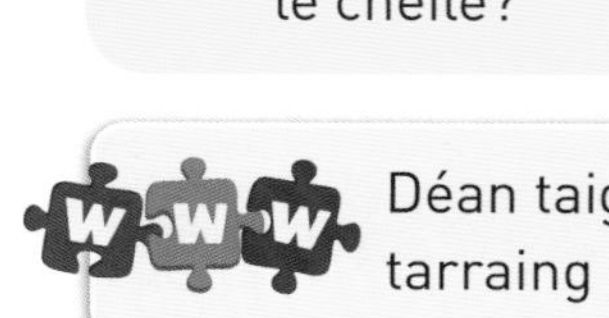

Déan taighde faoi do chlann agus ansin tarraing pictiúr de do chrann clainne.

Léamhthuiscint Niamh Ní Ruairc

Léigh an t-alt seo agus déan na cleachtaí a ghabhann leis.

Niamh Ní Ruairc is ainm dom. Táim i mo chónaí i mBaile Átha Cliath. Tá cúigear i mo theaghlach, mo mháthair Clíona, m'athair Pádraig agus mo bheirt deartháireacha Dónal agus Conn. Táim ceithre bliana déag d'aois, dhá bhliain **níos sine**[1] ná Dónal agus bliain **níos óige**[2] ná Conn. Is aoibhinn liom mo dheartháireacha agus réitím go maith leo ach **anois is arís**[3] bímid ag argóint faoin teilifís. Is fuath le mo thuismitheoirí nuair a bhímid ag troid. Tá a lán col ceathracha agam, fiche **san iomlán**[4], agus is maith liom an Nollaig nuair a bhuailimid go léir le chéile i dteach ár seantuismitheoirí. Tá mo dhaideo seachtó seacht agus mo mhamó seachtó bliain d'aois. **Buíochas mór le Dia**[5] tá **sláinte an bhradáin**[6] acu agus **tá an-ghrá ag a ngarpháistí go léir dóibh**[7].

Cabhair!

[1] older [2] younger [3] now and then [4] in total [5] thankfully
[6] excellent health [7] their grandchildren love them very much

1 Freagair na ceisteanna thíos.

- **a)** Cé mhéad duine atá i dteaghlach Néimhe?
- **b)** Cén aois iad Dónal agus Conn?
- **c)** Cén rud nach maith lena dtuismitheoirí?
- **d)** Cé mhéad col ceathrair atá ag Niamh?
- **e)** Cá mbuaileann na col ceathracha go léir le chéile?
- **f)** Cén chaoi a bhfuil sláinte na seantuismitheoirí?

2 Cuir na focail seo in abairtí:

a) níos sine **b)** san iomlán **c)** níos óige **d)** sláinte an bhradáin **e)** go léir

Mar shampla: *Tá tríocha cailín san iomlán sa rang seo.*

3 Scríobh alt gairid i do chóipleabhar faoi do theaghlach.

Obair bheirte sa rang

Léigh siar ar an léamhthuiscint agus roghnaigh cúig phíosa eolais faoi Niamh. Scríobh ar an gclár bán iad.

Cúinne na Gramadaí

Téigh go dtí leathanach 321 chun níos mó a fhoghlaim faoin aidiacht shealbhach.

Le foghlaim! An aidiacht shealbhach

Déan staidéar ar an tábla thíos. Cad a thugann tú faoi deara?

mo c**h**ara	mo m**h**áthair	**m'a**intín
do c**h**ara	do m**h**áthair	**d'a**intín
a (*his*) c**h**ara	a m**h**áthair	a **a**intín
a (*her*) cara	a máthair	a **h**aintín
ár **g**cara	ár máthair	ár **n-a**intín
bhur **g**cara	bhur máthair	bhur **n-a**intín
a (*their*) **g**cara	a máthair	a **n-a**intín

Cleachtadh ag scríobh

1 Líon na bearnaí thíos.

a) Táimse agus mo (cara) _______________ i mbliain a trí.
b) Beidh na buachaillí agus a (cairde) _______________ ag dul amach anocht.
c) Bhuail Úna agus a (athair) _______________ le chéile sa chathair.
d) Bhí Colm agus a (athair) _________ ag obair sa gharraí.

2 Ceartaigh na botúin san alt seo.

Chuaigh mé féin agus mo cairde go dtí an phictiúrlann inné. Ní raibh Aoife ábalta teacht mar go raibh a athair tinn. Cheannaíomar ár ticéid ar líne. Chuir mé glao ar Aoife tar éis an scannáin ar m'fón póca ach níor fhreagair sí mé toisc go raibh a fhón féin caillte aici.

Éist agus scríobh

Éist leis an múinteoir ag léamh an ailt thíos agus ansin scríobh an t-alt i do chóipleabhar. Nuair a chríochnaíonn tú ag scríobh oscail do leabhar agus ceartaigh do chuid oibre!

Ag an deireadh seachtaine dúisíonn mo dhaid go luath. Téann sé isteach sa chistin agus ullmhaíonn sé an bricfeasta. Ar a deich a chlog tagann a dheartháir ar cuairt. Tar éis bricfeasta tugann mo dhaid agus a dheartháir cuairt ar mo mhamó. Ina dhiaidh sin, feiceann siad a gcairde sa chlub leadóige agus imríonn siad cluiche leo. Ar a haon a chlog tagann siad ar ais chuig mo theach agus bíonn lón acu. Oibríonn mo mháthair sa chathair agus tugann mo dheirfiúr cuairt uirthi ag am lóin. Filleann mo mham abhaile ar a cúig a chlog.

Téigh go dtí edco.ie/iontas3.

Léamhthuiscint Saoirse Ní Laoire

Léigh an sliocht seo a leanas agus déan na cleachtaí a ghabhann leis.

Is mise Saoirse Ní Laoire. Seán Ó Mainnín agus Eimear Ní Chléirigh is ainm do mo **dhlúthchairde**[1]. Tá aithne agam ar Sheán ón mbunscoil agus chuir mé aithne ar Eimear i mbliain a haon sa mheánscoil. Tá an triúr againn ag freastal ar Choláiste Eoin anseo sa bhaile. Tá a lán cairde eile agam ach is iad Seán agus Eimear an bheirt chairde **is gaire**[2] dom. Tá beirt deirfiúracha ag Seán agus tá ceathrar deartháireacha ag Eimear. Níl aon deartháir ag Seán agus níl aon deirfiúr ag Eimear. Is minic a bhíonn Seán agus a dheirfiúracha **in adharca a chéile**[3] faoin **obair tí**[4] agus faoin teilifís. **Réitíonn Eimear**[5] agus a deartháireacha go han-mhaith lena chéile toisc gurb aoibhinn le gach duine acu cúrsaí spóirt. Is páiste aonair mé féin ach réitím go han-mhaith le mo thuismitheoirí. Marcus an t-ainm atá ar m'athair agus Sinéad an t-ainm atá ar mo mháthair. Tugann siad a lán **saoirse**[6] dom.

Cabhair!

1 best friends
2 closest
3 at loggerheads
4 housework
5 Eimear gets on well with
6 freedom

❶ Freagair na ceisteanna thíos.

- **a)** Cathain a chuir Saoirse aithne ar Sheán?
- **b)** Cad a deir Saoirse faoina dlúthchairde?
- **c)** Cá bhfuil an triúr acu ag dul ar scoil anois?
- **d)** Cén fáth a mbíonn Seán agus a chuid deirfiúracha in adharca a chéile?
- **e)** Conas a réitíonn Eimear lena deartháireacha? Cén fáth?
- **f)** Cén rud dearfach (*positive*) a deir Saoirse faoina tuismitheoirí?

❷ Cum na ceisteanna a mbeidh na habairtí seo a leanas mar fhreagraí orthu.

- **a)** Beirt dlúthchairde
- **b)** Sa bhunscoil
- **c)** Coláiste Eoin
- **d)** Níl aon deirfiúr aici.
- **e)** Cúrsaí spóirt
- **f)** Marcus agus Sinéad is ainm dóibh.

❸ Fíor nó bréagach?

	Fíor	Bréagach
a) Níl aon chairde ag Saoirse.	☐	☐
b) Chuir Saoirse aithne ar Eimear sa mheánscoil.	☐	☐
c) Níl aon deartháir ag Eimear.	☐	☐
d) Ní bhíonn Seán ag troid riamh.	☐	☐
e) Tá triúr deirfiúracha ag Saoirse.	☐	☐

❹ Scríobh alt gairid i do chóipleabhar faoi do chairde.

Labhair amach ... labhair os ard!

❶ Cad is ainm do do chara is fearr?
❷ Cathain a chuir tú aithne air/uirthi?
❸ Cén fáth arb é/í do chara is fearr é/í?

Míonna na Bliana

Le foghlaim!

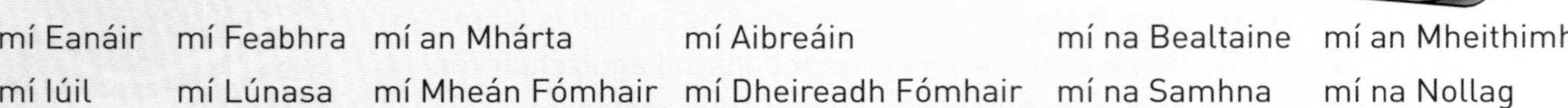

mí Eanáir	mí Feabhra	mí an Mhárta	mí Aibreáin	mí na Bealtaine	mí an Mheithimh
mí Iúil	mí Lúnasa	mí Mheán Fómhair	mí Dheireadh Fómhair	mí na Samhna	mí na Nollag

Dátaí Breithe

Samplaí

Rugadh mé ar an gcéad lá d'Eanáir.
Rugadh tú ar an dara lá (déag) d'Fheabhra.
Rugadh é ar an tríú lá (déag) de Mhárta.
Rugadh í ar an gceathrú lá (déag) d'Aibreán.
Rugadh sinn ar an gcúigiú lá (déag) de Bhealtaine.
Rugadh sibh ar an séú lá (déag) de Mheitheamh.
Rugadh iad ar an seachtú lá (déag) d'Iúil.
Rugadh Úna ar an ochtú lá (déag) de Lúnasa.
Rugadh Pádraig ar an naoú lá (déag) de Mheán Fómhair.

Rugadh mo mháthair ar an deichiú lá de Dheireadh Fómhair.
Rugadh Mamó m'athar ar an aonú lá déag de mhí na Samhna.
Rugadh an cúpla ar an bhfichiú lá de mhí na Nollag.
Rugadh mo dheirfiúr ar an aonú lá is fiche d'Eanáir.
Rugadh mo dhearthair ar an dara lá is fiche de mhí Feabhra.
Rugadh mo chara ar an tríochadú lá de Mhárta.
Rugadh an leanbh ar an aonú lá is tríochadú de Bhealtaine.

Blianta

Le foghlaim!

míle naoi gcéad tríocha	1930
míle naoi gcéad caoga dó	1952
míle naoi gcéad seachtó a ceathair	1974
míle naoi gcéad nócha a sé	1996
dhá mhíle is a dó	2002

Labhair amach ... labhair os ard!

1. Cén bhliain inar rugadh tú?
2. Cad é do dháta breithe?

Cleachtadh ag scríobh

1. **Líon na bearnaí thíos.**
   a) Rugadh Seán ar an (3/5/2002)
   ________________________.
   b) Rugadh Aaron ar an (17/2/2012)
   ________________________.
2. **Scríobh dátaí breithe do theaghlaigh agus do chairde anois.**

Cluiche 90 soicind!

Tá 90 soicind agat chun míonna na bliana a scríobh síos. Malartaigh é le do chara chun é a cheartú.

Cúinne na Gramadaí

Cén Aois Thú?

Aoiseanna

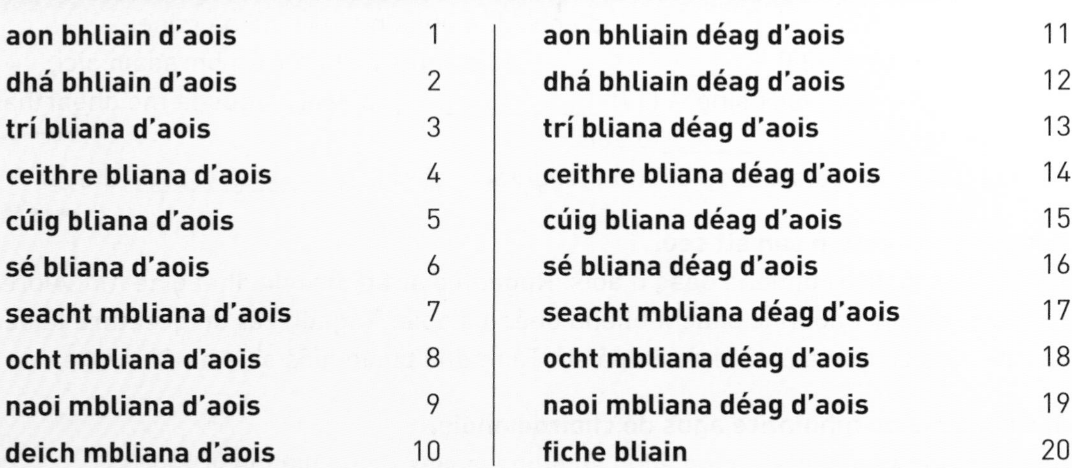

aon bhliain d'aois	1	**aon bhliain déag d'aois**	11
dhá bhliain d'aois	2	**dhá bhliain déag d'aois**	12
trí bliana d'aois	3	**trí bliana déag d'aois**	13
ceithre bliana d'aois	4	**ceithre bliana déag d'aois**	14
cúig bliana d'aois	5	**cúig bliana déag d'aois**	15
sé bliana d'aois	6	**sé bliana déag d'aois**	16
seacht mbliana d'aois	7	**seacht mbliana déag d'aois**	17
ocht mbliana d'aois	8	**ocht mbliana déag d'aois**	18
naoi mbliana d'aois	9	**naoi mbliana déag d'aois**	19
deich mbliana d'aois	10	**fiche bliain**	20

20 agus os a chionn ...

aon bhliain is fiche

trí bliana is fiche

seacht mbliana is fiche

30 agus os a chionn ...

dhá bhliain is tríocha

ceithre bliana is tríocha

ocht mbliana is tríocha

Rialacha le foghlaim

1–2 b**h**liain 3–6 blian**a** 7–10 **m**blian**a** 11–12 b**h**liain déag

13–16 blian**a** déag 17–19 blian**a** déag 20, 30, 40, 50 ... bliain

Cá dtagann tú sa teaghlach?

1 **Is** mise an duine **is sine** (*eldest*) sa teaghlach.
2 **Is** mise an duine **is óige** (*youngest*) sa teaghlach.
3 Táim **i lár baill** (*in the middle*).

Cleachtadh ag scríobh

Líon na bearnaí thíos.

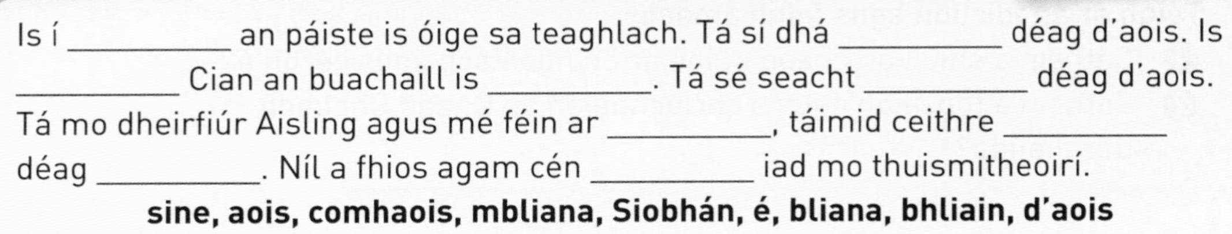

Is í __________ an páiste is óige sa teaghlach. Tá sí dhá __________ déag d'aois. Is __________ Cian an buachaill is __________. Tá sé seacht __________ déag d'aois. Tá mo dheirfiúr Aisling agus mé féin ar __________, táimid ceithre __________ déag __________. Níl a fhios agam cén __________ iad mo thuismitheoirí.

sine, aois, comhaois, mbliana, Siobhán, é, bliana, bhliain, d'aois

Cleachtadh ag scríobh

1 Líon na bearnaí thíos.

a) Tá Seán (14) ______________ d'aois agus tá a dheirfiúr (16) ______________ d'aois.

b) Tá Niamh (12) ______________ d'aois, dhá bhliain níos sine ná mise.

c) Tá mo mhamó (83) ______________ d'aois agus tá sláinte an bhradáin aici.

d) Tá mo dheirfiúr níos sine – (19) ______________ d'aois – agus tá mo dheartháir níos óige – (13) ______________ d'aois.

e) Is í Clíona an páiste is sine i mo theaghlach; tá sí (22) ______________ d'aois.

2 Ceartaigh na botúin san alt seo.

Tá mo deartháir trí bhliana déag d'aois. Rugadh é ar an dtríú lá dhéag de mhí Aibreán. Tá mo dheirfiúr Caoimhe seacht bliana dhéag d'aois. Rugadh í ar an gceathrú lá de mhí Iúil. Is mise an duine is sine de na páistí. Táim dhá bliain níos sine ná Caoimhe.

3 Scríobh aois do mhuintire agus do chairde anois.

Abair cé hé/hí an duine is óige agus an duine is sine de na daoine ar fad.

Labhair amach ... labhair os ard!

1 Cé na daoine atá i do theaghlach?

Mo thuismitheoirí, mo dheartháir agus mo dheirfiúr agus mé féin ar ndóigh.

2 Cé hé an duine is sine sa teaghlach?

Is mise an duine is sine sa teaghlach; táim cúig bliana déag d'aois.

3 Cé hé an duine is óige sa teaghlach?

Mo dheirfiúr Áine; tá sí sé bliana d'aois.

4 Cén aois é do dheartháir?

Tá sé dhá bhliain déag d'aois.

Obair ealaíne

Déan póstaer tú féin anois de na réaltaí spóirt, ceoil nó scannán is mó a thaitníonn leat. Scríobh a ndátaí breithe agus a n-aois in aice leis na pictiúir agus croch sa seomra ranga iad.

Téigh ar an idirlíon agus faigh amach:

1. Cathain a shiúil an chéad duine ar an ngealach agus cérbh é?
2. Cathain a thosaigh agus a chríochnaigh an Chéad Chogadh Domhanda?

Léamhthuiscint One Direction

Léigh an sliocht seo a leanas agus déan na cleachtaí a ghabhann leis.

1 '**Beidh lá eile ag an bPaorach**[1],' a deirtear **go minic**[2] sa Ghaeilge agus tá an seanfhocal sin **fíor**[3] faoin ngrúpa ceoil One Direction. Níor bhuaigh siad an **tsraith teilifíse**[4] *X Factor* sa bhliain 2010. Níor tháinig siad ach sa tríú háit, ach tá clú agus **cáil**[5] orthu anois timpeall an domhain.

2 Nuair a **d'eisigh**[6] siad a gcéad albam *Up All Night* i Samhain na bliana 2011, chuaigh sé go dtí uimhir a haon sna **cairteacha**[7] sa Bhreatain agus d'éirigh **go hiontach**[8] leis an albam **céanna**[9] i Meiriceá.

3 Tá cúigear **ball**[10] sa ghrúpa: Zayn Malik a rugadh ar 12 Eanáir 1993; Liam Payne a rugadh ar 29 Lúnasa 1993; Harry Styles a rugadh ar 1 Feabhra 1994; Louis Tomlinson a rugadh ar 24 Nollaig 1991 agus **ar ndóigh**[11] ár mbuachaill Éireannach féin, Niall Horan as Contae na hIarmhí. Rugadh Niall ar 13 Mheán Fómhair 1993. Tá deartháir amháin, Greg, ag Niall agus tá sé cúpla bliain níos sine ná Niall.

4 Chuir Niall an-suim sa cheol ó bhí sé an-óg agus theastaigh uaidh a bheith i mbanna ceoil cáiliúil. Tá an-áthas ar a mhuintir gur **fíoraíodh a bhrionglóid**[12]. Tá na mílte cailín timpeall an domhain i ngrá leis na buachaillí dathúla seo. Tá an grúpa ag dul **ó neart go neart**[13] mar díoladh na ticéid dá gcéad **chamchuairt dhomhanda**[14] i 2013 taobh istigh de chúpla uair an chloig.

Cabhair!

1 if at first you don't succeed
2 often
3 true
4 television series
5 fame
6 released
7 charts
8 wonderfully
9 same
10 member
11 of course
12 his dream came true
13 from strength to strength
14 world tour

Freagair na ceisteanna thíos.

1. Cad é an seanfhocal a luaitear sa léamhthuiscint seo?
2. Conas a d'éirigh le One Direction sa tsraith teilifíse *X Factor*?
3. Cé mhéad duine atá sa ghrúpa?
4. Cathain a rugadh Harry Styles?
5. Cén fáth a ndeirtear go bhfuil an grúpa ag dul ó neart go neart?
6. Cén t-alt sa sliocht thuas a dtagraíonn an abairt seo a leanas dó? 'Tá ag éirí go maith leis an ngrúpa.'

Déan taighde ar an ngrúpa ceoil is mó a thaitníonn leat agus scríobh alt fúthu i do chóipleabhar.

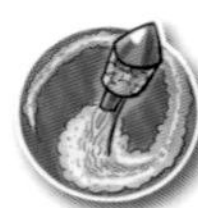

Le foghlaim! Cé mhéad gaol atá agat?

deartháir amháin/deirfiúr amháin	1	**seisear mac**	6
beirt deartháireacha/deirfiúracha	2	**seachtar nianna (*nephews*)**	7
triúr leasdeirfiúracha/leasdeartháireacha	3	**ochtar neachtanna (*nieces*)**	8
ceathrar col ceathracha	4	**naonúr aintíní**	9
cúigear iníonacha	5	**deichniúr uncailí**	10

Cleachtadh ag scríobh

Líon na bearnaí thíos.

Tá (5) _______________ i mo theaghlach, (3) _______________ páistí agus mo thuismitheoirí. Tá (4) _______________ deartháireacha ag mo mháthair féin agus tá seisear (deirfiúr) _______________ ag m'athair. Is (2) _______________ mhúinteoirí iad mo thuismitheoirí. Tá (9) _______________ col ceathracha agam ar thaobh mo mháthar agus (6) _______________ ar thaobh m'athar.

Tá níos mó faoi na huimhreacha ar leathanach 338.

Téigh go dtí edco.ie/iontas3.

Labhair amach ... labhair os ard!

1. **An bhfuil aon deartháir nó deirfiúr agat?**
   Tá, tá deartháir amháin agus beirt deirfiúracha agam.
2. **An bhfuil aon chol ceathrar agat?**
   Tá ochtar col ceathracha agam.

Obair ghrúpa sa rang

I ngrúpa de cheathrar, faigh amach an méid deartháireacha agus deirfiúracha atá sa ghrúpa sin. Scríobhann ionadaí amháin ó gach grúpa an uimhir ar an gclár bán. Cé mhéad deartháir agus deirfiúr atá sa rang iomlán? An mó deartháireacha nó deirfiúracha atá ann?

Ag Cur Síos ar Chuma an Duine

Le foghlaim!

Tá gruaig dhubh orm.	I have black hair.	**Tá gruaig fhionn oraibh.**	You have blond hair.
Tá gruaig dhonn ort.	You have brown hair.	**Tá gruaig rua orthu.**	They have red hair.
Tá gruaig liath air.	He has grey hair.	**gruaig dhaite**	dyed hair
Tá gruaig fhada uirthi.	She has long hair.	**gruaig ghearr**	short hair
Tá gruaig chatach orainn.	We have curly hair.	**gruaig dhíreach**	straight hair

Tá súile glasa/gorma/donna agam/agat/aige/aici/againn/agaibh/acu. I/you/he/she/we/you (plural)/they have green/blue/brown eyes.

Caithim ...

brístí	trousers	**brístí géine**	jeans	**léine**	shirt
léine dhubh	black shirt	**sciorta gearr**	short skirt	**gúna fada**	long dress
bróga	shoes	**buataisí**	boots	**culaith**	suit
carbhat	tie	**cóta**	coat	**geansaí**	jumper
spéaclaí	glasses	**sála arda**	high heels	**seoda**	jewellery
bróga reatha	runners				

Cleachtadh ag scríobh

1. Léigh amach an cur síos seo. Tá ar an dalta an cur síos a chur le pictiúr 1 nó 2 nó 3.
   - **a)** Tá gruaig fhada rua ar an duine seo.
   - **b)** Tá an duine seo ag caitheamh brístí géine agus t-léine bhán.
   - **c)** Caitheann sé/sí spéaclaí gréine.
   - **d)** Tá fáinne sa tsrón aige/aici.
   - **e)** Tá sé/sí ag caitheamh bróga reatha dearga.

Pictiúr a haon

Pictiúr a dó

Pictiúr trí

2. I do chóipleabhar scríobh na difríochtaí idir na pictiúir.
3. Scríobh blag/alt fút féin anois.

Aidiachtaí 1

FACSS

Foghlaim na haidiachtaí seo.

Féach Abair Clúdaigh	Béarla	Scríobh	Seiceáil
aislingeach	dreamy		
álainn	beautiful		
bríomhar	lively		
cabhrach	helpful		
cainteach	talkative		
cairdiúil	friendly		
cantalach	cranky		
caoin cneasta	kind		
ceanndána	stubborn		
ceolmhar	musical		
cliste	clever		
cróga	brave		
cúthail	shy		
dathúil	handsome		
dearmadach	forgetful		
díograiseach	conscientious		

Cleachtadh ag scríobh

Cad í an aidiacht a chuireann síos ar an duine seo?

1. Bíonn sé i gconaí ag caint.
2. Ní thugann sí na leabhair chearta ar scoil aon lá.
3. Cabhraíonn sí liom le m'obair bhaile i gcónaí.
4. Níl sí go maith ag labhairt le daoine nua.
5. Léim sé isteach san uisce chun an leanbh a shábháil.

Éist agus scríobh

Éist leis an múinteoir ag léamh an ailt thíos agus ansin scríobh an t-alt i do chóipleabhar. Nuair a chríochnaíonn tú ag scríobh oscail do leabhar agus ceartaigh do chuid oibre!

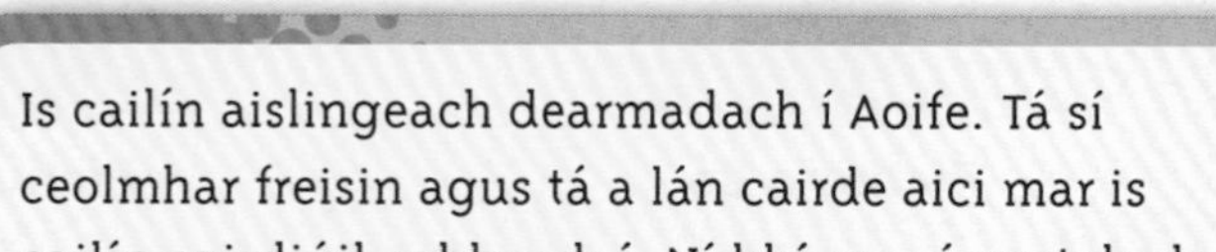

Is cailín aislingeach dearmadach í Aoife. Tá sí ceolmhar freisin agus tá a lán cairde aici mar is cailín cairdiúil cabhrach í. Ní bhíonn sí cantalach riamh. Tá a cara Dara cainteach agus bríomhar. Tá sé cliste agus díograiseach freisin agus ceapann na cailíní ar fad go bhfuil sé dathúil.

Aidiachtaí 2

FACSS

Foghlaim na haidiachtaí seo.

Féach Abair Clúdaigh	Béarla	Scríobh	Seiceáil
ealaíonta	artistic		
feargach	angry		
fial flaithiúil	generous		
foighneach	patient		
gealgháireach	cheerful		
glic	sly		
greannmhar	funny		
leisciúil	lazy		
macánta	honest		
mífhoighneach	impatient		
mímhacánta	dishonest		
páistiúil	childish		
spórtúil	sporty		
staidéarach	studious		
suimiúil	interesting		
tanaí	thin		
teasaí	hot-tempered		
tuisceanach	understanding		

Cleachtadh ag scríobh

Cad í an aidiacht a chuireann síos ar an duine seo?

1. Bíonn sí i gcónaí ag staidéar.
2. Is aoibhinn léi a bheith ag péintéireacht.
3. Bíonn an chlann sin i gcónaí ag imirt spóirt.
4. Má tá airgead aige, tabharfaidh sé duit é.
5. Nuair a thug an siopadóir an iomarca sóinseála (*change*) ar ais dó, d'inis sé dó é.

Éist agus scríobh

Éist leis an múinteoir ag léamh an ailt thíos agus ansin scríobh an t-alt i do chóipleabhar. Nuair a chríochnaíonn tú ag scríobh oscail do leabhar agus ceartaigh do chuid oibre!

Ba mhaith liom mo chairde a chur in aithne duit. Tá Liam leisciúil, gealgháireach agus greannmhar. Bíonn sé i gcónaí ag pleidhcíocht. Is duine ealaíonta í Máire ach bíonn sí teasaí má fhaigheann sí an iomarca obair bhaile. Is duine tuisceanach fial flaithiúil é mo chara Tomás. Tá an t-ádh liom go bhfuil cairde chomh deas sin agam.

Le foghlaim!

Foghlaim na nathanna seo freisin.

Tá sí chomh dána le muc.	She's as brazen/bold as a pig.
Tá sé chomh crosta le mála easóg.	He's as vicious as a bag of stoats.
Tá sé chomh sean leis na cnoic.	He's as old as the hills.

Cleachtadh ag scríobh

Déan cur síos ar do theaghlach anois, ag caint faoi thréithe agus faoi chuma gach duine.

Labhair amach ... labhair os ard!

Ag déanamh cur síos ort féin anois.

1. **Cén cineál duine tú féin?** *Is duine cairdiúil, spórtúil mé.*
2. **Cén cineál spóirt a thaitníonn leat?** *Is maith liom leadóg agus cispheil.*
3. **An duine gealgháireach tú?** *Ceapaim go bhfuilim gealgháireach. Ní bhím i ndrochghiúmar go minic.*
4. **Cén aidiacht a chuirfeadh síos ar do dhearthair?** *Tá mo dhearthár Cian teasaí agus mífhoighneach. Bíonn sé i gcónaí ag troid liomsa nó le mo dheirfiúr bheag.*

Obair ghrúpa sa rang

Tabhair isteach roinnt de na hirisleabhair a léann sibh. Léigh iad agus ansin scríobh tuairisc faoin mbealach a mbreathnaíonn na daoine iontu – gruaig, smideadh, éadaí, airde ...

Craic sa rang!

Suigh i gciorcal timpeall ar an rang agus tabhair ainm gach dalta agus aidiacht a thosaíonn le litir an duine sin.

Mar shampla: *Seo í Máire agus tá sí mífhoighneach.*
Seo é Peadar agus tá sé páistiúil.

Téann sibh timpeall an ranga mar sin agus tá ar an dalta deireanach cuimhneamh ar ainm agus ar aidiacht gach duine!

Léamhthuiscint Tíogar

Léigh an t-alt seo agus déan na cleachtaí a ghabhann leis.

Dia daoibh, Ciarán is ainm dom agus ba mhaith liom mo dhaideo agus a **mhadra treorach**[1] Tíogar a chur in aithne daoibh. Is iontach an madra é Tíogar agus cabhraíonn sé go mór le mo dhaideo. **Ar an drochuair**[2] tá mo dhaideo **dall**[3]. Fuair sé Tíogar ón **eagraíocht**[4] Madraí Treorach do na Daill in Éirinn trí bliana ó shin. Is é an peileadóir Roy Keane **pátrún**[5] na heagraíochta. Déanann sé a sheacht ndícheall chun airgead **a thiomsú**[6] don eagraíocht. Creid é nó ná creid é, tógann sé thart ar dhá bhliain agus daichead míle euro chun madra treorach a thraenáil. Déanann madra treorach difríocht an-mhór do shaol an daill.

Tá thart ar thrí chéad madra treorach in Éirinn agus tá **an t-ádh dearg**[7] ar mo dhaideo go bhfuair sé ceann. Tá mo dhaideo ábalta dul amach go dtí na siopaí leis féin, mar shampla, nó dul ag siúl sa pháirc **áitiúil**[8]. Sula bhfuair sé a mhadra treorach bhí sé **ag brath**[9] ar dhaoine eile agus chaith sé a lán ama istigh ina theach. Is duine **neamhspleách**[10] agus **gealgháireach**[11] é anois agus táimid go léir **an-bhuíoch**[12] den mhadra iontach sin Tíogar.

Cabhair!

1 guide dog
2 unfortunately
3 blind
4 organisation
5 patron
6 fund raise
7 very lucky
8 local
9 depending
10 independent
11 cheerful
12 very grateful

1 Freagair na ceisteanna seo a leanas

a) Cén fáth a bhfuil madra treorach ag teastáil ó Dhaideo?
b) Cé a chuireann na madraí treorach ar fáil?
c) Cad a dhéanann sé ar son na heagraíochta?
d) Céard iad na rudaí atá daideo Chiaráin ábalta a dhéanamh anois?
e) Céard iad tréithe a dhaideo?

2 Líon na bearnaí thíos.

a) Tá madra ______________ ag mo chara toisc go bhfuil sé dall.
b) Ar an ______________ chaill mé mo chuid airgid inné.
c) Rinne an rang ar fad a sheacht ______________ chun torthaí maithe a fháil.
d) Bhí an t-ádh ________ orm nuair a bhuaigh mé céad euro sa chrannchur scoile.
e) Cabhraíonn madra treorach leis na daill a bheith ______________ agus rudaí a dhéanamh dóibh féin.

drochuair, neamhspleách, treorach, dearg, ndícheall

3 Aimsigh na samplaí den aidiacht atá sa sliocht thuas.

Obair ghrúpa sa rang

Déan plé ar na deacrachtaí a bhíonn ag duine dall agus ar an difríocht a dhéanann madra treorach dá shaol.

Ag Ullmhú don Scrúdú: Litir Phearsanta

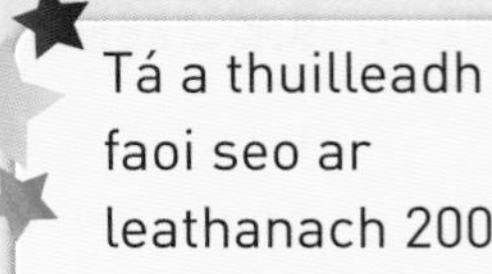

Tá a thuilleadh faoi seo ar leathanach 200.

- Tá leathleathanach ag teastáil.
- Bí cinnte go scríobhann tú faoi na pointí a thugtar duit.
- Tá idir trí agus sé líne ag teastáil ar gach pointe.
- Foghlaim nathanna cainte a bheidh úsáideach agus tú ag scríobh na litreach.
- Foghlaim leagan amach na litreach – seoladh, dáta, beannú, corp agus críoch na litreach.

Leagan amach na litreach

1 Seoladh

2 Bóthar na Coille
Caisleán an Bharraigh
Co. Mhaigh Eo

2 Dáta

25 Iúil 2017

3 Beannú agus cúpla abairt ghinearálta

A Aoife, a chara, nó A Sheáin, a chara, Cén chaoi a bhfuil tú? Conas atá do mhuintir? Caidé mar atá sibh go léir i nDún na nGall? Chuala mé go raibh do mháthair tinn ...	Míle buíochas as do litir. Tá brón orm nár scríobh mé ní ba luaithe.
Aon scéal?	Bhí mé an-ghnóthach le cúrsaí scoile.

4 Corp na litreach

An Aimsir Láithreach agus an Aimsir Chaite ag teastáil:

Fan go gcloise tú!	Ar chuala tú an scéal?	Faoi mar is eol duit ...

5 Críoch na litreach

Cúpla abairt ghinearálta ag teastáil:

Buailfidh mé leat.	Tabhair aire!	Feicfidh mé go luath thú.
Beir bua agus beannacht ...	Caithfidh mé imeacht anois.	Slán go fóill ...
Tá m'athair ag glao orm.	... ag súil le tú a fheiceáil go luath	Abair le Seán go raibh mé ag cur a thuairisce (*asking for him*).
Do chara buan ...	Scríobh ar ais chugam nuair a fhaigheann tú an deis.	Do chara dílis ...
Táim ag súil go mór le litir eile uait.		

Tá cara pinn nua faighte agat. Scríobh an litir a chuirfeá chuige/chuici.

I do litir luaigh:

- do dháta breithe
- do theaghlach
- na tréithe a bhaineann leat féin
- tréithe do mhuintire

2 Bóthar na Coille
Caisleán an Bharraigh 1
Co. Mhaigh Eo
25 Meán Fómhair 2018 2

3 *A Pheadair, a chara,*

Go raibh míle maith agat as an litir a sheol tú chugam Dé Luain seo caite. Bhí áthas
orm nuair a fuair mé í. Mar is eol duit, Ailbhe is ainm dom agus táim ceithre bliana
déag d'aois. Rugadh mé ar an tríú lá déag d'Fheabhra, lá amháin roimh Lá
4 *Vailintín. Is duine spórtúil mé agus imrím leadóg agus cispheil. Is maith*
liom an scoil freisin agus deir mo chairde go bhfuilim staidéarach agus
***díograiseach**[1].*

*Tá seisear i mo theaghlach ar fad. Tá mo mhamó ina cónaí linn. Tá sí beagnach ochtó bliain d'aois agus tá sí **i mbarr na sláinte**[2]. Tá sí **críonna**[3] agus is maith léi na **seanfhocail**[4]. Is é an seanfhocal is fearr léi ná '**Tús maith leath na hoibre**'[5].*

Tá mo mháthair Nóra ceithre bliana is caoga d'aois agus tá m'athair dhá bhliain níos sine ná í. Tá mo thuismitheoirí **foighneach**[6] *agus* **réchúiseach**[7] *ach éiríonn siad **an-chrosta**[8] má fhágaimid an teach **ina phraiseach**[9].*

*Is mise an duine is óige sa teach. Tá beirt deirfiúracha agam, Saoirse agus Áine, agus is cúpla iad. Tá siad naoi mbliana déag d'aois. Réitímid go maith lena chéile. Tá siad greannmhar ach **beagáinín**[10] leisciúil agus bíonn **mo mháthair le ceangal**[11] nuair a fhágann siad a gcuid éadaigh **timpeall an tí**[12].*

Tá orm imeacht anois agus m'obair bhaile a dhéanamh. Táim ag súil go mór le litir eile uait. Beidh sé deas aithne a chur ort agus ar do mhuintir agus ar do chairde trí na litreacha.

5 *Slán go fóill,*
Do chara nua,
Ailbhe

Cabhair!

1 diligent
2 in the best of health
3 wise
4 old sayings
5 A good start is half the work.
6 patient
7 easy-going
8 very cross
9 in a mess
10 a little bit
11 My mother is fit to be tied.
12 around the house

Ag cleachtadh don scrúdú

Tá tú ar mhalartú scoile (*school exchange*) sa Fhrainc. Scríobh ríomhphost chuig do chara ag baile ag insint dó/di faoi.

I do ríomhphost luaigh:

- teaghlach lena bhfuil tú ag fanacht
- na tréithe atá acu
- na rudaí fúthu a thaitníonn leat
- na rudaí fúthu nach dtaitníonn leat

Craic sa rang

Ar phíosa páipéir, scríobh eolas fút féin – d'ainm agus do shloinne, d'aois agus aoiseanna do mhuintire, an líon deartháireacha agus deirfiúracha atá agat, aon pheata atá agat agus mar sin de. Tabhair an t-eolas don mhúinteoir. Léifidh an múinteoir an t-eolas amach gan d'ainm a lua agus caithfidh gach duine sa rang a thomhas cé atá ann.

Ag Ullmhú don Scrúdú: Ceapadóireacht

Scéal/Eachtra

- Tá leathanach go leith ag teastáil.
- Bíonn tús, lár agus deireadh sa scéal.

Tá a thuilleadh faoi seo ar leathanach 205.

Bíonn an scéal/eachtra scríofa san Aimsir Chaite go hiondúil. Seo cuid de na briathra a bhíonn ag teastáil:

Le foghlaim! Briathra

bhí mé/ní raibh mé	chuala mé/níor chuala mé	thit mé/níor thit mé
chuaigh mé/ ní dheachaigh mé	rinne mé/ní dhearna mé	rith mé/níor rith mé
chonaic mé/ní fhaca mé	tháinig mé/níor tháinig mé	d'éalaigh mé/níor éalaigh mé

Le foghlaim! An aimsir

De ghnáth bíonn rud nó dhó ann faoin aimsir.

Bhí sé ag stealladh báistí.	It was lashing rain.	**Bhí tintreach agus toirneach ann.**	There was thunder and lightning.
Bhí mé fliuch go craiceann.	I was soaked to the skin.	**Bhí mé préachta leis an bhfuacht.**	I was frozen with the cold.
Bhí gaoth láidir ag séideadh.	There was a strong wind blowing.	**Bhí an ghrian ag scoilteadh na gcloch.**	The sun was splitting the rocks.

Le foghlaim! Na mothúcháin

De ghnáth bíonn rud nó dhó ann faoi na mothúcháin.

áthas an domhain	delighted
ag crith le heagla	shaking with fear
sceimhlithe i mo bheatha	frightened out of my wits
sceitimíneach	excited
ag tnúth go mór leis	really looking forward to it

Plean: Eachtra a tharla ag cóisir breithlae

Tús na heachtra

Bain úsáid as na nathanna seo ag tús na heachtra:

Is maith is cuimhin liom an lá/an oíche/an chóisir.
Oíche dhubh dhorcha a bhí ann.
Ní dhéanfaidh mé dearmad go deo ar an lá sin.

Bhí mé ar bís ag fanacht leis an lá.
Bhí mé sceitimíneach agus ag tnúth go mór le mo chóisir.
Bhí mé ag guí nach dtosódh sé ag cur báistí.
Léim mo chroí nuair a chuala mé cnag ar an doras.

Lár na heachtra

- Déan cur síos ar an suíomh – mo bhreithlá a bhí ann.
- Luaigh an aimsir a bhí ann.
- Luaigh an chaoi ar mhothaigh tú.

Bhí an chóisir faoi lán seoil.
Thug mé faoi deara go raibh ...
Fuair me boladh deataigh.
Bhí mé ar mhuin na muice.
Bhí áthas/díomá an domhain orm.
Bhí imní orm nuair a chonaic mé na comharsana ag an doras.

Deireadh an scéil

Bain úsáid as na nathanna seo ag críoch na heachtra:

Sin é mo scéal – creid é nó ná creid.
Chodail mé go sámh an oíche sin.
Bhí mé sona sásta.

Ní raibh gíog ná míog as éinne.
Bhí an phraiseach ar fud na mias.
An lá ab fhearr i mo shaol a bhí ann.
An lá ba mheasa i mo shaol a bhí ann.
Ní mó ná sásta a bhí mo thuismitheoirí nuair a chonaic siad na gardaí/an phraiseach.

Sampla Eachtra a tharla ag cóisir breithlae

Is maith is cuimhin liom an chóisir. Bhí mé dhá bhliain déag d'aois. Titeann mo bhreithlá ar an gcúigiú lá is fiche d'Iúil agus uaireanta bíonn mo chairde ar fad imithe ar a laethanta saoire ag an am sin. **Ar aon nós**[1] **d'eagraigh**[2] mé agus mo thuismitheoirí cóisir agus thug mé na **cuirí**[3] amach.

Tháinig an lá agus ar maidin bhí sé **ag stealladh báistí**[4]. **Thit an lug ar an lag agam**[5] mar cheap mé go mbeadh an chóisir ina **praiseach**[6]. Bhí **preabchaisleán**[7] sa ghairdín ach bhí uisce i ngach áit. Bhí eagla ar mo thuismitheoirí go mbeadh timpiste ann ach thart ar a trí a chlog thosaigh an ghrian ag taitneamh agus bhí áthas orainn ar fad. Tar éis tamaill bhí an ghrian ag scoilteadh na gcloch agus ní raibh an gairdín fliuch.

Ag a ceathair a chlog tháinig mo chairde. Bhí siad go léir gléasta suas agus bhí balúin ina lámha acu. Thug siad bronntanais dheasa dom agus bhí mé **ar mhuin na muice**[8]. Bhíomar go léir ag caint, ag ithe agus ag preabadh ar an gcaisleán. Bhí an chóisir go hiontach.

Tar éis tamaill **thug mé faoi deara**[9] go raibh gach duine imithe isteach go dtí an seomra suí. Ghlaoigh mo mháthair orm agus chuaigh mé isteach. Nuair a bhí mé ann cé a léim amach as **lár an tslua**[10] ach Justin Bieber! Bhí mo chroí i mo bhéal. An ceoltóir cáiliúil i mo sheomra suí! Ba í an chóisir ab fhearr a bhí agam riamh agus ní dhéanfaidh mé dearmad air go deo. Lá de mo shaol a bhí ann agus bhí mé **an-bhuíoch**[11] de mo thuismitheoirí as an lá iontach sin a thug siad dom. Bhí siad fial flaithiúil liom an lá sin **gan amhras**[12]. Chodail mé go sámh an oíche sin agus bhí mo bhrionglóidí lán le cuimhní deasa den lá.

Cabhair!

1 anyway
2 organised
3 invitations
4 lashing rain
5 I lost hope.
6 mess
7 bouncy castle
8 on top of the world
9 I noticed
10 middle of the crowd
11 very grateful
12 without a doubt

❶ Líon na bearnaí sna habairtí thíos.

a) Bhí áthas an domhain orm nuair a ______________ mo chairde cóisir gan choinne dom.
b) Thit an ______________ ar an lag aige nuair a theip air sa scrúdú.
c) Bhris m'athair a chos nuair a bhí sé ag léim ar an ______________.
d) Bhí an gairdín ina ______________ mar go raibh sé ag stealladh báistí an lá ar fad.

lug, d'eagraigh, phraiseach, bpreabchaisleán

❷ Líon na bearnaí sna habairtí thíos.

a) Nuair a thug an mháthair ______________ ______________ go raibh an páiste tinn chuir sí fios ar an dochtúir.
b) Bhí an rang ar fad ar mhuin ______________ ______________ nuair a fuair siad torthaí maithe sna scrúduithe.
c) Bhí imní ______________ ______________ ar an bpríomhoide nuair a chuaigh an scoil trí thine.
d) Bhí sé ______________ dá thuismitheoirí nuair a thug siad rothar nua dó.

an domhain, buíoch, faoi deara, na muice

Ag cleachtadh don scrúdú

i) Ceap scéal a mbeidh an giota seo oiriúnach mar thús leis:
'Ní dhéanfaidh mé dearmad go deo ar mo chóisir.'

ii) Ceap scéal a mbeidh an giota seo oiriúnach mar thús leis:
'Thit an lug ar an lag agam nuair a d'fhéach mé amach an fhuinneog.'

iii) Ceap scéal a mbeidh an giota seo oiriúnach mar thús leis:
'Bhí mé ar mhuin na muice agus mo chairde go léir timpeall orm.'

Nathanna cainte duit!

Bhí an áit chomh ciúin leis an uaigh.	The place was as quiet as the grave.	**Bhí mé i gcruachás.**	I was in a dilemma.
Ní raibh gíog ná míog asainn.	There wasn't a sound from us.	**Bhí na comharsana ag gearán.**	The neighbours were complaining.
Baineadh geit uafásach asam.	I got a terrible fright.	**Chuir mé fios ar na seirbhísí éigeandála.**	I rang the emergency services.
Níl insint béil ar an díomá a bhí orm.	There's no describing how disappointed I was.	**Chaith mé lá iontach le mo chairde.**	I spent a great day with my friends.
Bhí an teach lán go doras.	The house was full to the brim.	**mar bharr ar an donas**	to make matters worse
Bhí an gairdín faoi uisce.	The garden was flooded.	**Bhí an phraiseach ar fud na mias.**	Things were in a terrible mess.
Bhí siad fial flaithiúil liom.	They were very generous with me.	**an lá dár gcionn**	the next day
Fuair mé dearbháin agus bronntanais áille.	I got vouchers and beautiful presents.	**Níor chodail mé néal an oíche sin.**	I didn't sleep a wink that night
ar ámharaí an tsaoil	by the luckiest chance in the world	**Mise ag rá leat!**	I'm telling you!
Chuala mé torann aisteach.	I heard a strange noise.	**Goideadh m'fhón póca nua.**	My new mobile was stolen.
Fuair mé boladh aisteach.	I got a strange smell.	**Scriosadh an teach.**	The house was destroyed.
Scaip an tine le luas lasrach.	The fire spread very quickly.	**Tháinig daoine gan chuireadh.**	Uninvited people came.
Thit sé i laige.	He fainted.	**Bheadh mo thuismitheoirí ar buile liom.**	My parents would be angry with me.

Téigh go dtí edco.ie/iontas3.

Aiste

- Tá leathanach go leith ag teastáil.
- Bíonn tús, lár agus deireadh san aiste.

Tá a thuilleadh faoi seo ar leathanach 208.

Plean: Na daoine is mó a bhfuil meas agam orthu

Téigh siar ar an gcaibidil seo agus roghnaigh an foclóir a úsáidfidh tú san aiste.

Tús na haiste

- Luaigh teideal na haiste ag an tús: 'Na daoine is mó a bhfuil meas agam orthu.'
- Ansin luaigh na daoine agus tabhair cúlra beag fúthu. Má tá seanfhocal oiriúnach agat, úsáid é.
  Is iad mo thuismitheoirí/mo sheantuismitheoirí na daoine is mó a bhfuil meas agam orthu. Is iad na daoine a oibríonn le daoine bochta na daoine is mó a bhfuil meas agam orthu.
- Tabhair beagáinín eolais fúthu: Cá gcónaíonn siad? Cad a dhéanann siad?
- Bain úsáid as aidiachtaí chun cur síos a dhéanamh orthu; tá siad tuisceanach, gealgháireach, cabhrach; agus tabhair samplaí.

Lár na haiste

- Cad é do chaidreamh leo?
- Scéal beag fúthu a léiríonn an fáth/na fáthanna a bhfuil meas agat orthu.
- Luaigh na mothúcháin anseo.

Críoch na haiste

Cineál achoimre chun béim a chur ar phríomhphointí na haiste – na fáthanna a bhfuil meas agat orthu.

Bí an-chúramach leis an gcopail anseo: is é, is í, is iad ...

Sampla Na daoine is mó a bhfuil meas agam orthu

Is iad mo dhaideo agus mo mhamó na daoine is mó a bhfuil meas agam orthu. Ba **mhairnéalach**[1] é mo dhaideo nuair a bhí sé óg agus sheol sé timpeall an domhain. Tá an seanfhocal 'Bíonn siúlach scéalach' fíor faoi. Tá mo dhaideo agus mo mhamó fial flaithiúil agus ní dhéanann siad dearmad ar bhreithlá a ngarpháistí riamh!

Is fear ard mór é mo dhaideo agus tá féasóg liath air. Tá sé cosúil le Daidí na Nollag. B'aoibhinn liom a bheith **ag déanamh na bhfolachán**[2] leis nuair a bhí mé ní b'óige. Is bean bheag fhuinniúil í mo mhamó. Bíonn sí i gcónaí **ag cócaireacht**[3] agus faighimid cístí blasta gach uair a théimid go dtí a dteach.

Rugadh mo dhaideo ochtó bliain ó shin agus tá mo mhamó seacht mbliana is seachtó. Tá siad pósta ar feadh caoga bliain anois agus bhí cóisir mhór ag an gclann an samhradh seo caite. B'iontach an lá é. Bhí m'aintíní, m'uncailí agus mo chol ceathracha ar fad ann agus tháinig a gcairde **ó chian is ó chóngar**[4] go dtí an chóisir. Mar bhronntanas dóibh cheannaigh an chlann turas go Meiriceá dóibh agus bhí an bheirt acu ar mhuin na muice nuair a fuair siad na ticéid.

Buíochas le Dia tá sláinte an bhradáin acu. Tá siad gníomhach agus fuinniúil agus téann siad amach ag siúl cúpla uair sa tseachtain. Cabhraíonn siad le daoine eile i gcónaí agus gach Máirt tugann siad **béilí ar rothaí**[5] amach.

Is aoibhinn leis na garpháistí ar fad dul ar cuairt go dtí a dteach mar bíonn deis againn bualadh lena chéile agus a bheith ag spraoi lena chéile. Cuireann mo sheantuismitheoirí fáilte mhór romhainn i gcónaí agus bíonn siad **réidh le héisteacht**[6] linn má bhíonn fadhb againn. Tá meas agam ar agus grá mór agam do mo mhamó agus mo dhaideo.

Cabhair!

[1] sailor
[2] playing hide and seek
[3] cooking
[4] from far and near
[5] meals on wheels
[6] ready to listen

1. a) Cén post a bhí ag Daideo nuair a bhí sé óg?
   b) Cén seanfhocal a chuireann síos ar Dhaideo?
2. a) Cén chuimhne atá ag an scríbhneoir ar a dhaideo?
   b) Cén fáth a luaitear Daidí na Nollag?
3. a) Déan cur síos ar an gcóisir a bhí ag na seantuismitheoirí.
   b) Cén fáth a raibh siad ar mhuin na muice?

Téigh go dtí edco.ie/iontas3.

❹ a) Tabhair dhá shampla d'fhuinneamh Mhamó.
b) Dar leatsa, céard iad an dá thréith is láidre atá ag Mamó agus ag Daideo?

❺ a) Cén t-alt sa sliocht thuas a dtagraíonn an abairt seo a leanas dó?
'Tá na seantuismitheoirí i mbarr na sláinte.'
b) Cén t-alt sa sliocht thuas a dtagraíonn an abairt seo a leanas dó?
'Tá na seantuismitheoirí tuisceanach.'

Ag cleachtadh don scrúdú

Scríobh aiste ar na teidil seo:

i) Duine/daoine speisialta i mo shaol
ii) An grúpa ceoil/an réalta scannáin is fearr liom

Nathanna cainte duit!

Is é mo chara Seán an duine is speisialta i mo shaol.	My friend Seán is the most special person to me.	**Chuaigh siad ar camchuairt dhomhanda anuraidh.**	They went on a world tour last year.
Is í mo mháthair an duine is speisialta i mo shaol.	My mother is the most special person in my life.	**Bhí an t-ádh dearg liom go bhfuair mé ticéad.**	I was really lucky to get a ticket.
Is iad __________ an ghrúpa ceoil is fearr liom.	__________ is my favourite group.	**Cara dílis atá inti.**	She's a loyal friend.
Is duine den scoth í.	She's a wonderful person.	**ar bharr na gcairteacha**	at the top of the charts
Rugadh agus tógadh é...	He was born and bred...	**Tuilleann siad an t-uafás airgid.**	They earn a huge amount of money.
Caitheann sé a chuid ama	He spends his time	**Déanann sé a lán obair charthanachta.**	He does a lot of charity work.
ag cabhrú leis na daltaí	helping the pupils	**Bíonn sí ann duit i gcónaí.**	She's always there for you.
ag freastal ar na bochtáin	serving the poor	**Tá sé spreagúil.**	He's encouraging.
Tá sí foighneach agus tuisceanach i gcónaí.	She is always patient and understanding.	**Ní dhearna siad dearmad ar a gcúlra ná ar a gclanna.**	They didn't forget their background or their families.

An Bhéaltriail Ag Ullmhú don Scrúdú CD 1 Rian 1–4

1 Éist leis na samplaí thíos ar an dlúthdhiosca Rian 2–3. Ullmhaigh píosa eolais fút féin. Léigh na samplaí thíos.

A Is mise Becky. Tá mé trí bliana déag d'aois anois. Rugadh mé ar an dara lá de Mhárta. Tá gruaig fhada dhonn orm agus tá dath donn ar mo shúile.
Tá ceathrar i mo theaghlach. Is mise an páiste is sine sa teaghlach. Tá deartháir amháin agam. Dara an t-ainm atá air. Tá Dara deich mbliana d'aois. Réitím go maith leis.
Is duine cainteach, cairdiúil mé.

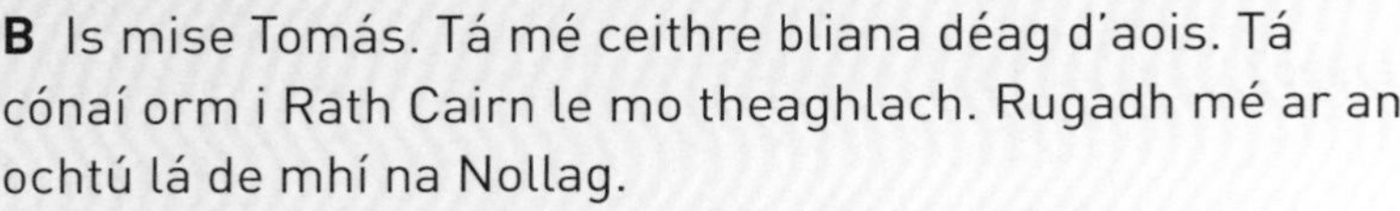

B Is mise Tomás. Tá mé ceithre bliana déag d'aois. Tá cónaí orm i Rath Cairn le mo theaghlach. Rugadh mé ar an ochtú lá de mhí na Nollag.
Tá dath dubh ar mo chuid gruaige agus tá súile donna agam. Is páiste aonair mé. Réitím go maith le mo thuismitheoirí. Is buachaill spórtúil mé.

2 Labhair amach os comhair an ranga agus déan cur síos ort féin.

3 Freagair na ceisteanna thíos. Éist leis na freagraí samplacha ar an dlúthdhiosca Rian 4.

a) Cén t-ainm atá ort?
b) Cén dáta breithe atá agat?
c) Céard a rinne tú ar do bhreithlá?
d) Cén aois thú?
e) Cén saghas duine tú?
f) Cé mhéad duine atá sa teaghlach?
g) An bhfuil deartháir nó deirfiúr agat?
h) Ainmnigh an duine is sine sa teaghlach.
i) Ainmnigh an páiste is óige sa teaghlach.
j) An réitíonn tú go maith le gach duine sa teaghlach?

An Chluastuiscint CD 1 Rian 33–38

Cuid A

Cloisfidh tú giota cainte ó dhuine óg sa chuid seo. Cloisfidh tú an giota *faoi dhó*. Éist go cúramach leis agus líon isteach an t-eolas atá á lorg sna greillí thíos.

An chéad chainteoir

Ainm	*Aoibheann Ní Choigligh*
Cá raibh Aoibheann aréir?	
Céard a fuair Laoise óna tuismitheoirí dá breithlá?	
Cá rachaidh Aoibheann ar a breithlá?	

Cuid B

Cloisfidh tú fógra nó píosa nuachta anois. Cloisfidh tú é *faoi dhó*. Éist go cúramach leis.

Fógra

1	Cé atá ag caint san fhógra seo?
2	Céard a tharlóidh má bhíonn an aimsir fliuch?
3	Céard a bheidh ar siúl ag deireadh an lae?

Cuid C

Cloisfidh tú comhrá sa chuid seo. Cloisfidh tú é *faoi dhó*. Cloisfidh tú an comhrá ó thosach deireadh an chéad uair. Ansin cloisfidh tú é ina dhá mhír an dara huair.

Comhrá

An chéad mhír

1	Cá ndeachaigh Tomás lena uncail?

An dara mír

2	Céard a bheidh ar siúl sa chlub óige anocht?
3	Cathain a cheannaigh Áine a ticéad?

Súil Siar ar Aonad a hAon

1 **Bí cinnte go bhfuil an foclóir agus na nathanna nua a d'fhoghlaim tú san aonad seo scríofa i do chóipleabhar nótaí.**

2 **Líon na bearnaí thíos.**

a) Thit an lug ar an ______________ aige.
b) Bhí siad ar ______________ na muice.
c) 'Bíonn ______________ scéalach.'
d) Is minic a bhímid in ______________ a chéile.
e) Tá an eagraíocht ag dul ó neart go ______________.
f) Rinne mé mo sheacht ______________ sna scrúduithe agus d'éirigh go maith liom.
g) Bhí an t-ádh ______________ uirthi nuair a bhuaigh sí an crannchur.
h) Tá mo dheirfiúr fial ______________ agus tugann sí airgead dom go minic.
i) Tá sláinte an ______________ ag mo sheanathair.
j) 'Beidh lá eile ag an ______________,' a dúirt m'athair liom nuair a thit mé sa rás.

3 **Freagair na ceisteanna seo.**

a) Déan cur síos ar do chol ceathracha.
b) Déan cur síos ar an Domhnach i do theach.
c) Scríobh breithlá gach duine i do theaghlach.
d) Ag baint úsáide as na haidiachtaí a d'fhoghlaim tú san aonad seo, déan cur síos ar dhuine éigin i do chlann.

4 **Ceartaigh na botúin san alt seo.**

Tá ochtar garpháistí ag mo seantuismitheoirí. Téimid ar chuairt chucu go minic. Tá sláinte an bradáin ag mo seanathair agus níl a sláinte go maith ag mo sheanmháthair. Bíonn a chosa ag cur isteach uirthi. Thit an lug ar an lag aige nuair nach raibh sí ábalta dul ag siúl sna sléibhte anuraidh.

5 **Trialacha teanga comthéacsúla**

Rugadh mo dheartháir óg sa bhliain (2010) ______________. Is buachaill ______________ é agus bíonn sé i gcónaí ag imirt spóirt éigin. Tá súile glasa ______________ agus tá gruaig rua ______________. Ní bhíonn sé ______________ [**(a)** tasaí **(b)** teasaí **(c)** teas] riamh.

2 Aonad a Dó

Mo Shaol Scoile

Is aoibhinn beatha an scoláire.

Leagan Amach na Scoile

oifig an rúnaí	**oifig an phríomhoide**
seomra na múinteoirí	**ceaintín**
saotharlann	**leabharlann**
seomra ealaíne	**seomra ceoil**
seomra adhmadóireachta	**seomra ríomhairí**
seomra eacnamaíocht bhaile	**halla tionóil**
halla spóirt	**cúirteanna cispheile**
cúirteanna leadóige	**páirceanna imeartha**
raon reatha	**an t-airíoch**

Cleachtadh ag scríobh

Líon na bearnaí thíos.

1. Déantar eolaíocht i ________________.
2. Buaileann na daltaí agus na múinteoirí le chéile ar maidin sa ________ __________.
3. Itheann na daltaí a lón sa ________________.
4. Téann na lúthchleasaithe ag rith ar an ________________ ________________.
5. Nuair a bhíonn dalta i dtrioblóid téann sé go dtí oifig an ________________.
6. Faightear leabhar ar iasacht ón ________________.

cheaintín, leabharlann, saotharlann, raon reatha, rúnaí, halla tionóil

Léamhthuiscint

Léigh an blag seo agus freagair na ceisteanna a ghabhann leis.

Mo Bhlag Blag mo scoile nua

Thosaigh mé ar an meánscoil nua inné. Meánscoil mheasctha atá inti. Tá timpeall 500 dalta anseo agus caoga múinteoir. Tá sé níos mó ná mo sheanscoil agus tá na háiseanna i bhfad níos fearr, **go háirithe**[1] na háiseanna spóirt. Tá **raon reatha**[2] agus trí pháirc imeartha ann chomh maith le linn snámha agus cúirteanna leadóige agus cispheile. Tá clú agus cáil ar an scoil mar go mbuann siad a lán comórtas spóirt. Buaileann lucht na scoile ar fad le chéile sa **halla tionóil**[3] gach maidin ag leathuair tar éis a hocht. Is maith liom an scoil nua ach airím uaim mo chairde.

1. Cé mhéad duine ar fad atá sa mheánscoil seo?
2. Céard iad na háiseanna spóirt atá sa scoil?
3. Cén cháil atá ar an scoil?
4. Cén t-am a bhíonn tionól sa scoil nua?
5. Cad atá cearr leis an scoil nua?

Cabhair!

[1] especially
[2] running track
[3] assembly hall

Meaitseáil

Meaitseáil an duine/na daoine agus an obair a dhéanann siad.

	A		B
1	Freastalaíonn siad ar na ranganna.	a)	na cinnirí
2	Tugann siad aire do na bunranganna.	b)	an t-airíoch
3	Is ionadaí (*representative*) na scoile é/í.	c)	an leabharlannaí
4	Is ionadaí an ranga é/í.	d)	an rúnaí
5	Múineann siad na ranganna.	e)	an captaen ranga
6	Tá sé/sí i gceannas ar an scoil ar fad.	f)	na daltaí
7	Tugann sé/sí aire do na foirgnimh agus don trealamh scoile.	g)	an príomhoide
8	Oibríonn sé/sí sa leabharlann.	h)	na múinteoirí
9	Freagraíonn sé/sí an fón agus ritheann sé/sí an scoil.	i)	an captaen scoile

Labhair amach ... labhair os ard!

1. **Céard iad na háiseanna atá sa scoil?**
   Is iomaí áis atá sa scoil. Tá saotharlann, seomra ríomhairí, halla spóirt, leabharlann agus cistin mhór don eacnamaíocht bhaile inti.
2. **Céard iad na scoileanna ar ar fhreastail tú go dtí seo?**
   Nuair a bhí mé an-óg, d'fhreastail mé ar naíonra (pre-school), *agus ina dhiaidh sin chuaigh mé go dtí an bhunscoil. Ar ndóigh, táim ag freastal ar an meánscoil anois. Is scoil mheasctha í an scoil seo.*
3. **Cé mhéad múinteoir atá agat?**
   Tá deichniúr múinteoirí agam.
4. **Cén obair a dhéanann an rúnaí?**
   Tá post an-ghnóthach ag an rúnaí. Freagraíonn sí an fón, cuireann sí an t-eolas go léir a bhaineann leis an scoil ar an ríomhaire, cuireann sí glao abhaile má bhíonn na daltaí tinn agus cabhraíonn sí leis an bpríomhoide.

Obair bheirte sa rang

Ullmhaigh liosta de na daoine (cé is moite de na daltaí) a mbuaileann tú leo gach lá ar scoil.

Obair ghrúpa sa rang

Déan taighde ar an scoil seo, ar a stair agus ar na hiarscoláirí (*past pupils*) cáiliúla a d'fhreastail uirthi.

Cluiche 90 soicind!

Tá 90 soicind agat chun seomraí na scoile a scríobh síos. Malartaigh é le do chara chun é a cheartú.

Cleachtadh ag scríobh

Líon na bearnaí thíos.

Is í an ____________ bhaile an t-ábhar is fearr liom agus is aoibhinn liom a bheith ag cócaireacht sa __________ mhór. Cé gur thaitin mo __________ go mór liom is fearr liom i bhfad mo _______________ anois mar is ___________ áis atá inti. Tá a lán ___________ difriúla agam, deichniúr san iomlán. Is í Louise __________ na scoile. Bíonn sí ____________ an lá ar fad, ag _________ an fhóin, ag cur ríomhphost _____________ agus ag tabhairt aire do na daltaí ____________.

amach, rúnaí, eacnamaíocht, freagairt, múinteoirí, bhunscoil, breoite, chistin, iomaí, gnóthach, mheánscoil

Léamhthuiscint Cian Ó Laoire

Léigh an t-alt seo agus déan na cleachtaí a ghabhann leis.

1 Cian Ó Laoire is ainm dom agus táim ag freastal ar Choláiste Mhuire. Níl mo scoil ach trí bliana **ar an bhfód**[1] agus mar sin tá áiseanna **den scoth**[2] againn. Is scoil chuimsitheach mheasctha í agus tá thart ar cheithre chéad dalta anseo. Tá halla spóirt iontach againn chomh maith le cúirteanna cispheile, leadóige agus páirceanna imeartha. Bíonn na foirne peile, iománaíochta agus camógaíochta ag traenáil orthu go **rialta**[3].

2 I bh**foirgneamh**[4] eile tá dhá shaotharlann, seomra eacnamaíocht bhaile, seomra ealaíne, seomra ríomhairí, seomra na múinteoirí agus oifig Iníon Ní Bhriain. Tá an halla tionóil sa bhloc seo. Gach maidin ag leathuair tar éis a hocht buaileann na daltaí go léir le chéile anseo agus tugann an príomhoide **fógraí an lae**[5] amach. Sa tríú foirgneamh tá an seomra ceoil, an **seomra guí**[6], an dara seomra ríomhairí, leabharlann, oifig an rúnaí agus oifig an phríomhoide. Tá seomraí ranga sa dá fhoirgneamh.

3 Is maith liom an scoil. Tá áiseanna iontacha. Tá clár bán agus **clár beo**[7] i ngach seomra. Is aoibhinn liom dul go dtí an leabharlann mar is é an Béarla an t-ábhar is fearr liom. Tá sé go deas freisin dul go dtí an seomra guí chun ciúnas agus briseadh a fháil ó na leabhair.

4 Is duine spórtúil mé agus tá na háiseanna spóirt sa scoil **ar fheabhas**[8]. Táim ar an bhfoireann cispheile agus tá cúirteanna iontacha againn. Tá **giomnáisiam**[9] iontach againn freisin chun **traenáil meáchain**[10] a dhéanamh, rud a chabhraíonn go mór leis na himreoirí spóirt ar fad.

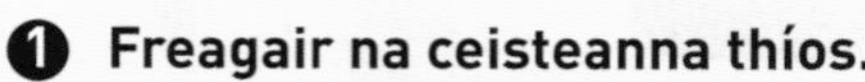

❶ Freagair na ceisteanna thíos.

- **a)** Cén cineál scoile í Coláiste Mhuire?
- **b)** Luaigh cuid de na háiseanna spóirt atá sa scoil.
- **c)** Cad a tharlaíonn ag an tionól maidine?
- **d)** Cén tairbhe a bhaineann Cian as an seomra guí?
- **e)** Céard iad na cosúlachtaí agus na difríochtaí idir do scoil agus scoil Chéin?
- **f)** Cén t-alt sa sliocht thuas a dtagraíonn an abairt seo a leanas dó?
  'Tá Cian lánsásta lena scoil.'

Cabhair!

[1] in existence
[2] excellent
[3] regularly
[4] building
[5] the day's announcements
[6] prayer room
[7] interactive white board
[8] excellent
[9] gym
[10] weight training

2 **Cum na ceisteanna a mbeidh na habairtí seo thíos mar fhreagra orthu.**

a) Trí bliana.
b) Den scoth.
c) Bíonn siad ag traenáil go rialta.
d) Chun ciúnas a fháil.
e) Tá sé an-bhródúil as an scoil.

3 **Líon na bearnaí thíos.**

a) Tá an club drámaíochta ceithre bliana __________ __________ bhfód anois.
b) Buaileann an scoil le chéile ar maidin sa halla __________.
c) Bhí an bia ar __________ agus chuamar ar ais go dtí an bhialann go minic.
d) Úsáideann an múinteoir an clár __________ go minic sa rang eolaíochta.
e) Ní dheachaigh Seán ag traenáil go __________ agus mar sin chaill sé a áit ar an bhfoireann.

fheabhas, ar an, rialta, tionóil, bán

Éist agus scríobh

Éist leis an múinteoir ag léamh an ailt thíos agus ansin scríobh an t-alt i do chóipleabhar. Nuair a chríochnaíonn tú ag scríobh oscail do leabhar agus ceartaigh do chuid oibre!

Is maith liom an scoil seo, Meánscoil na Páirce. Tá áiseanna den scoth sa scoil. Tá saotharlann, seomra ríomhairí, seomra ealaíne agus cistin mhór inti. Tá caoga duine ag obair sa scoil. Tá breis is daichead múinteoir ag múineadh anseo. Tá rúnaí agus airíoch amháin agus oibríonn siad go dian. Bean Uí Mhurchú ainm an phríomhoide. Tá sí go deas. Níl sí an-dian ar na daltaí ach bíonn sí le ceangal má fheiceann sí aon duine ag cogaint guma. Bíonn leath lae againn ar an gCéadaoin agus imrítear na cluichí an lá sin. Imrím féin cispheil agus iománaíocht.

Na hÁbhair Scoile 1

FACSS

Ullmhaigh na hábhair scoile don scrúdú.

Féach Abair Clúdaigh	Scríobh	Seiceáil
adhmadóireacht		
croí-ábhar		
corpoideachas		
eacnamaíocht bhaile		
ealaín		
eolaíocht		
Fraincis		
Gearmáinis		
grafaic theicniúil		
Iodáilis		
Laidin		
líníocht mheicniúil		

Clár ama Éabha

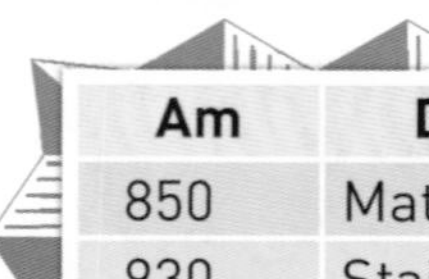

Am	Dé Luain	Dé Máirt	Dé Céadaoin	Déardaoin	Dé hAoine
850	Mata	Béarla	Gaeilge	Eolaíocht	Fraincís
930	Stair	Tíreolaíocht	Eacnamaíocht bhaile	Eolaíocht	Ealaín
1010	Gearmáinis	Mata	Eacnamaíocht bhaile	Gaeilge	Ealaín
1050	Sos	Sos	Sos	Sos	Sos
1100	Gaeilge	Gaeilge	Béarla	Stair	Stair
1150	Teagasc creidimh	Corpoideachas	Corpoideachas	Tíreolaíocht	Teagasc creidimh
1220	Lón	Lón	Lón	Lón	Lón
1250	Grafaic theicniúil	Líníocht mheicniúil	Leath lae	Béarla	Gaeilge
1330	Grafaic theicniúil	Líníocht mheicniúil	Leath lae	Mata	Béarla
1410	Béarla	Stair	Leath lae	Eolaíocht	Mata
1450	Fraincís	Gearmáinis	Leath lae	Corpoideachas	Eacnamaíocht Bhaile
1530	Abhaile	Abhaile	Leath lae	Abhaile	Abhaile

Na hÁbhair Scoile 2

FACSS

Ullmhaigh na hábhair scoile don scrúdú.

Féach Abair Clúdaigh	Scríobh	Seiceáil
matamaitic/mata		
miotalóireacht		
Oideachas Saoránach Sóisialta agus Polaitiúil		
punann (*portfolio*)		
Spáinnis		
staidéar clasaiceach		
staidéar gnó		
stair		
teagasc creidimh		
teangacha		
tíreolaíocht		

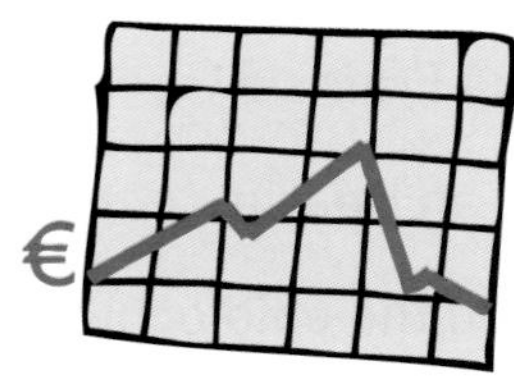

Cleachtadh ag scríobh

Déan staidéar ar chlár ama Éabha ar leathanach 34 agus freagair na ceisteanna seo.

1 Fíor nó bréagach?

- **a)** Bíonn stair ag Éabha ceithre lá sa tseachtain.
- **b)** Ní bhíonn Gaeilge ag Éabha ar an Luan.
- **c)** Maireann an sos deich nóiméad.
- **d)** Bíonn leath lae ag na daltaí ar an Déardaoin.
- **e)** Bíonn rang dúbailte (*double*) ag Éabha gach lá.

2 Roghnaigh an uimhir cheart:
uair amháin, dhá uair, trí huaire, ceithre huaire, cúig huaire

- **a)** Tá Béarla ag Éabha ________ ___________ sa tseachtain.
- **b)** Tá corpoideachas aici __________ ____________ sa tseachtain.
- **c)** Tá leath lae aici __________ ______________ sa tseachtain.
- **d)** Tá eolaíocht ag Éabha ________ ____________ sa tseachtain.
- **e)** Bíonn rang Fraincise ar siúl _______ ___________ sa tseachtain.

Meaitseáil

Meaitseáil tús abairte ó A le críoch abairte ó B.

A		B	
1	Is fearr liom	a)	casta agus fada
2	Teipeann orm	b)	coinníodh siar mé
3	Éiríonn go maith liom	c)	agus bíonn sé i gcónaí ag staidéar
4	Bíonn orainn rudaí a fhoghlaim	d)	leanúnach ná scrúdú mór amháin
5	Ní maith liom an rang mar go mbíonn sé	e)	spreagúil
6	Is aoibhinn liom an t-ábhar toisc go bhfuil an múinteoir	f)	leadránach
7	Tá an múinteoir crosta agus	g)	go bhfuilim cainteach agus giodamach sa rang
8	Déanaim	h)	de ghlanmheabhair
9	Ní maith liom an t-ábhar mar go bhfuil an cúrsa	i)	an iomarca obair bhaile dúinn
10	Bíonn an múinteoir ag gearán	j)	ródhian
11	Is ábhar	k)	Gaeilge ná Fraincis
12	Ní dhearna mé m'obair bhaile agus	l)	deacair é an Béarla
13	Tugann cuid de na múinteoirí	m)	sna scrúduithe eolaíochta
14	Is tiarálaí é Seán	n)	sna scrúduithe Gaeilge
15	B'fhearr liom measúnú	o)	mo sheacht ndícheall

Cabhair!

casta	complicated	**tiarálaí**	swot	**coinneáil siar**	detention
measúnú leanúnach	continuous assessment	**spreagúil**	encouraging	**ródhian**	too strict
leadránach	boring	**de ghlanmheabhair**	off by heart		

Craic sa rang!

crosta, casta, fada, leanúnach, spreagúil, leadránach, cainteach, giodamach, ródhian, deacair

Roghnaigh aidiacht amháin as na haidiachtaí thuas agus déan mím (*mime*) uirthi don rang. Caithfidh do chomhscoláirí a thomhas (*guess*) cén aidiacht atá i gceist agat.

Comhrá

Léigh an comhrá seo agus freagair na ceisteanna a ghabhann leis.

Seán: A Thiarcais, fuair mé mo thuairisc scoile sa phost ar maidin ach ní raibh sé **thar mholadh beirte**[1]. Theip orm i dtrí ábhar! Beidh mo thuismitheoirí ar buile nuair a fheicfidh siad é.

Ciara: Dar leis an múinteoir ceoil táim **giodamach**[2] agus cainteach sa rang. Ní raibh mé i dtrioblóid léi ach uair amháin. Nílim ag fáil cothrom na Féinne uaithi.

Aisling: Bhí mise sásta le mo thuairisc! Fuair mé **ardmholadh**[3] ó na múinteoirí ar fad!

Seán: Is **tiarálaí**[4] ceart tusa. Is maith leis na múinteoirí ar fad thú, fiú an múinteoir eolaíochta agus tá sé chomh crosta le **mála easóg**[5].

Ciara: Theip orm sa mhata. Níl mise go maith ag uimhreacha agus ceapaim go bhfuil mata **an-chasta**[6].

Aisling: Cabhróidh mé leat. Is aoibhinn liom mata.

Cabhair!

[1] left much to be desired
[2] giddy
[3] high praise
[4] swot
[5] bag of stoats
[6] very complicated

1. Cad a fuair na daltaí ar maidin?
2. Cén fáth a mbeidh tuismitheoirí Sheáin ar buile?
3. Cén gearán a bhí ag an múinteoir ceoil?
4. Cén fáth a nglaonn siad tiarálaí ar Aisling?
5. Dar le Ciara, cén fáth ar theip uirthi sa mhata?

Labhair amach … labhair os ard!

1. **Cé mhéad croí-ábhar a dhéanann tú féin?** *Déanaim seacht gcroí-ábhar.*
2. **Cén t-ábhar is fearr leat? Cén fáth?** *Is fearr liom ceol ná aon ábhar eile. Is maith liom a bheith ag seinm agus ag scríobh ceoil. Tá an múinteoir ceoil an-spreagúil.*
3. **An bhfuil aon ábhar ann nach maith leat? Cén fáth?** *Ní maith liom stair. Tá an cúrsa an-fhada agus nílim go maith ag dátaí.*
4. **Cén cineál dalta tú?** *Is dalta díograiseach mé. Déanaim mo dhícheall i gcónaí.*
5. **An maith leat scoil?** *Is maith liom scoil. Is maith liom a bheith ag foghlaim agus ag bualadh le mo chairde gach lá.*

Cúinne na Gramadaí

An tuiseal ginideach

captaen	ainm **an chaptaein**
scoil	ainm **na scoile**
leabhar	ainm **an leabhair**
eolaíocht	an **múinteoir eolaíochta**
stair	an **múinteoir staire**
camógaíocht	an **fhoireann camógaíochta**

An dtugann tú faoi deara go mbíonn difríocht ann uaireanta sa bhealach a litrítear na hainmfhocail sa Ghaeilge?

Tá an dara focal sna samplaí thuas sa **tuiseal ginideach**.

Chun an tuiseal ginideach a dhéanamh, is féidir **-e** nó **-a** a chur leis an ainmfhocal nó é a dhéanamh **caol (go hiondúil)**.
Creid é nó ná creid é, ach tá a lán samplaí den tuiseal ginideach ar eolas agat!

Cleachtadh ag scríobh

Déan iarracht an dara focal sna samplaí seo a chur isteach sa tuiseal ginideach. Mura bhfuil tú cinnte, abair amach os ard é le –a, -e nó é déanta caol; cén ceann a fhuaimníonn ceart?

1

a) tíreolaíocht – an múinteoir ____________
b) Fraincis – an múinteoir ____________
c) ceimic – an múinteoir ____________
d) Gearmáinis – an múinteoir ____________
e) adhmadóireacht – an múinteoir ____________
f) ceol – an múinteoir ____________
g) ealaín – an múinteoir ____________
h) reiligiún – an múinteoir ____________
i) Iodáilis – an múinteoir ____________
j) corpoideachas – an múinteoir ____________

2

a) Spáinnis – an rang ____________
b) rang – an múinteoir ____________
c) obair – tús maith leath na ____________
d) an leabharlann – amanna oscailte na ____________
e) iris – ainm na ____________
f) bliain – tús na ____________
g) múinteoir – mála an ____________
h) cóipleabhar – clúdach an ____________
i) foirgneamh – costas an ____________
j) lón – am ____________

Searáidí

Imir cluiche searáidí bunaithe ar do thuairisc scoile: mar shampla, cailín giodamach/ buachaill díograiseach.

Téigh go dtí edco.ie/iontas3.

Rialacha na Scoile

Comhrá

Léigh an comhrá seo agus freagair na ceisteanna a ghabhann leis.

Ó: Caitríona
Do: Míde, Deirdre, Oisín

Táim ar **buile**[1]. Tháinig an príomhoide isteach go dtí an tionól ar maidin agus léigh sí amach liosta rialacha. Níl cead againn smideadh ná aon seodra a chaitheamh. Níl sé **cothrom**[2].

Ó: Míde, Do: Deirdre, Oisín, Caitríona
A Thiarcais, ní maith liom na rialacha sin. I mo scoil níl cead againn ithe sa rang ná fón póca a úsáid i rith an lae ach níl aon riail ann faoi smideadh.

Ó: Deirdre, Do: Míde, Oisín, Caitríona
Tá siad **an-dian**[3] ar an éide scoile i mo scoil. Mura mbíonn sé deas néata bímid i dtrioblóid. Bhí Cian i dtrioblóid an tseachtain seo caite mar go raibh a gheansaí **stróicthe**[4] agus **coinníodh siar**[5] é.

Ó: Oisín, Do: Míde, Deirdre, Caitríona
Bhí grúpa cailíní ó mo rang i dtrioblóid inné. **Rugadh orthu**[6] ag caitheamh tobac ag am lóin. Coinníodh siar iad freisin agus ghlaoigh an príomhoide ar a dtuismitheoirí.

Ó: Caitríona, Do: Míde, Deirdre, Oisín
Is cuma liom faoi na rialacha a deir nach bhfuil cead againn a bheith déanach don rang nó as láthair gan nóta ach táim ar buile faoin gceann faoin smideadh.

Cabhair!

[1] angry
[2] fair
[3] very strict
[4] torn
[5] detention
[6] they were caught

1. Cad é an rud atá ag cur isteach ar Chaitríona?
2. Céard iad na rialacha atá i bhfeidhm i scoil Mhíde?
3. Cén fáth a raibh Cian i dtrioblóid?
4. Cad a rinne an príomhoide leis na cailíní dána?
5. Cén pionós (*punishment*) a fhaigheann na daltaí nuair a bhriseann siad na rialacha?

Obair bheirte sa rang

Scríobh amach liosta de na rialacha atá sa scoil seo (féach ar do dhialann scoile).

Tuairimíocht

Pléigh rialacha na scoile i do scoil.

Aontaím le cuid de na rialacha.	I agree with some of the rules.
Ceapaim go bhfuil na rialacha an-dian.	I think the rules are very strict.
Tá an iomarca béime ar chúrsaí smachta.	There's too much emphasis on discipline.
Tá cuid de na rialacha seafóideach agus seanfhaiseanta.	Some of the rules are silly and old-fashioned.
Ba cheart go mbeadh cead againn ár n-éadaí féin a chaitheamh.	We should be allowed to wear our own clothes.
Ba cheart go mbeimis ábalta smideadh a chaitheamh.	We should be able to wear make-up.
Ní fhaighimid cothrom na Féinne.	We don't get fair play.
Faighimid an iomarca obair bhaile.	We get too much homework.
Is fuath liom an éide scoile.	I hate the uniform.
Féachann gach duine mar an gcéanna.	Everybody looks the same.
Ní bhíonn brú ort éadaí faiseanta a chaitheamh.	We're not under pressure to wear fashionable clothes.

Cleachtadh ag scríobh

Freagair na ceisteanna thíos.

1. An aontaíonn tú le héide scoile a chaitheamh? Cén fáth?
2. Ar cheart go mbeadh cead ag daltaí a gcuid éadaigh féin a chaitheamh?
3. An dóigh leat go bhfaigheann na daltaí cothrom na Féinne sa scoil seo?
4. Is tusa an príomhoide. Céard iad na rialacha a bheadh i do scoil? Cén fáth?
5. Ullmhaigh óráid ghairid (nóiméad amháin) ar an ábhar 'rialacha scoile'.

Labhair amach … labhair os ard!

1. **Céard iad na rialacha atá i bhfeidhm i do scoil?**
   Níl cead againn tobac a chaitheamh ná a bheith ag ithe sa rang. Tá orainn éide scoile a chaitheamh.
2. **An aontaíonn tú leis na rialacha?**
   Aontaím leis an riail a deir go bhfuil cosc ar bhulaíocht (bullying) *sa scoil ach ní aontaím leis an riail faoi smideadh.*
3. **Cad a cheapann tú faoi éidí scoile?**
   Ceapaim go bhfuil sé go maith go bhfuil éide scoile ann. Féachann gach duine mar an gcéanna agus ní bhíonn brú ort éadaí faiseanta a chaitheamh.

Dráma sa rang

Rugadh ort agus ar do chara ag briseadh riail éigin i do scoil. Scríobh dráma gairid faoi – an bheirt agaibh agus an príomhoide ag caint.

Ag Ullmhú don Scrúdú: Ceapadóireacht

Scéal/Eachtra

Ceap scéal a mbeidh an giota seo thíos oiriúnach mar thús leis:
'A Chlíona Ní Thuairisc, téigh go dtí oifig an phríomhoide anois ...'

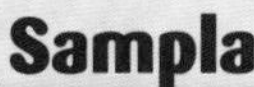

Sampla

Lá fliuch gruama i mí Mheán Fómhair a bhí ann. Bhí sé ag stealladh báistí amuigh. Bhí gach duine sa rang ag **stánadh**[1] orm. D'fhág mé an seomra ranga **go drogallach**[2] agus ar aghaidh liom go dtí oifig an phríomhoide.
Ní raibh mé ag súil leis an gcuairt seo. Bhí mé i dtrioblóid an tseachtain roimhe sin. An riail a bhris mé an uair sin ná go raibh mé ag féachaint ar m'fhón póca i rith an rang mata.

Ní bhfuair mé cothrom na Féinne an uair sin. Bhí mé ag féachaint ar an bhfón chun an t-**áireamhán**[3] a úsáid ach níor chreid na múinteoirí mé. Dar leo bhí mé ag cur téacs chuig mo chara sa rang eile. **Coinníodh siar**[4] mé ar feadh dhá uair an chloig mar **phionós**[5] an uair sin.

Chnag mé ar dhoras na hoifige agus isteach liom. Bhí **cuma**[6] chrosta chantalach ar aghaidh an phríomhoide. D'iarr sé orm rialacha na scoile a insint dó. Nuair a tháinig mé go dtí an riail faoi sheodra léim sé ina sheasamh. D'fhiafraigh sé díom an raibh mise ag caitheamh aon seodra. Bhí mé ach cheap mé raibh bhfaca aon mhúinteoir é.

Ní dúirt mé faic. D'fhan mé ciúin ach d'éirigh mé dearg san aghaidh. Ansin d'iarr sé orm an **rabhlóg**[7] a bhí againn sa rang Fraincise a insint. Nuair a thosaigh mé ag caint bhí sé **soiléir**[8] go raibh fáinne i mo theanga.

Bhí mé **i bponc**[9]. Bhí orm an fáinne a bhaint amach. Choinnigh an príomhoide siar mé ar feadh trí huaire an uair seo agus bhí orm aiste a scríobh as Fraincis faoi rialacha na scoile. Mise ag rá leat, níor bhris mé aon riail scoile eile ina dhiaidh sin.

Cabhair!

1 staring
2 reluctantly
3 calculator
4 detention
5 punishment
6 appearance
7 tongue-twister
8 clear
9 in a fix

Cleachtadh ag scríobh

Líon na bearnaí thíos.

1. Bhí dhá scrúdú agam an lá sin agus d'fhág mé an teach go ________________.
2. Bhí sé an-deacair an ____________ a rá toisc gur thosaigh na focail go léir leis an litir chéanna.
3. Bainim úsáid as an _____________ nuair a bhím ag iarraidh mata a dhéanamh.
4. Bhí gach duine ag _____________ ar an bpríosúnach nuair a bhí sé ag dul isteach sa chúirt.
5. Bhí Máire i ____________ nuair a d'imigh an bus scoile gan í.

stánadh, bponc, drogallach, áireamhán, rabhlóg

Ag cleachtadh don scrúdú

i) Ceap scéal a mbeadh an giota seo oiriúnach mar thús leis:
'Ní dhéanfaidh mé dearmad ar an lá scoile sin riamh ....'
ii) Déan cur síos ar eachtra a tharla ag an tionól scoile.

Téigh go dtí edco.ie/iontas3.

Cúinne na Gramadaí

Le foghlaim!
Na mothúcháin

Nuair atáimid ag caint faoi na mothúcháin sa Ghaeilge, tá dhá bhealach chun iad a chur in iúl. Is féidir a rá go bhfuil mothúchán éigin ort – mar shampla, 'Tá brón orm' – nó is féidir aidiacht a dhéanamh den mhothúchán agus 'Táim brónach' a rá.

An forainm réamhfhoclach: ar	Mothúcháin	Aidiacht
orm	Tá áthas/bród orm.	Táim áthasach/bródúil.
ort	Tá brón/díomá ort.	Tá tú brónach/díomách.
air	Bhí eagla/fearg air.	Bhí sé eaglach/feargach.
uirthi	Bhí gruaim/imní uirthi.	Bhí sí gruama/imníoch.
orainn	Beidh náire orainn.	Beimid náirithe.
oraibh	Beidh tuirse oraibh.	Beidh sibh tuirseach.
orthu	Beidh uaigneas orthu.	Beidh siad uaigneach.

Cleachtadh ag scríobh

Líon na bearnaí thíos.

a) Bhí an cailín _______________ nuair a fuair sí marc maith sa scrúdú.
b) Bhí _______________ ar an mbuachaill nuair a theip air sa scrúdú.
c) Beidh _______________ ar na cailíní má fhanann siad ina sui an oíche ar fad.
d) Bhí náire _______________ nuair a thit siad os comhair an ranga.
e) Bhí imní _______________ mo mháthair nuair a bhí mé tinn.

orthu, tuirse, díomá, ar, áthasach

Éist agus scríobh

Éist leis an múinteoir ag léamh an ailt thíos agus ansin scríobh an t-alt i do chóipleabhar. Nuair a chríochnaíonn tú ag scríobh oscail do leabhar agus ceartaigh do chuid oibre!

Bhí áthas an domhain ar an rang inné. Bhí gach duine áthasach mar gur bhuaigh an scoil an chraobh díospóireachta. Bhí cúpla cailín imníoch roimh an díospóireacht ach ní raibh aon ghá leis an imní. Bhí an múinteoir an-bhródúil as an bhfoireann ar fad agus bhí bród ar na cailíní féin. Bhí siad tuirseach traochta tar éis na craoibhe.

Léamhthuiscint

Bernard Dunne agus an Bród Club

Léigh an sliocht seo agus déan na cleachtaí a ghabhann leis.

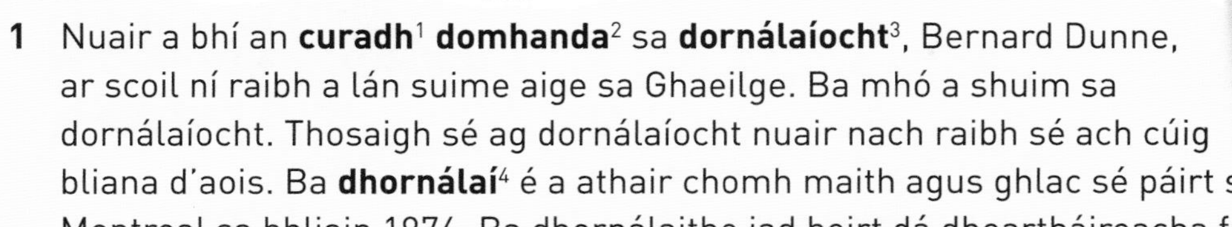

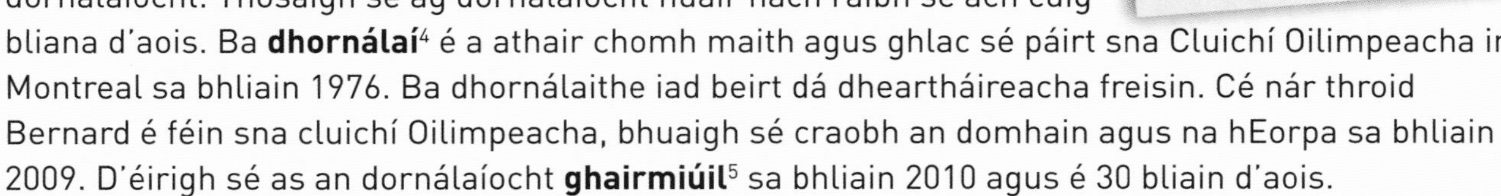

1 Nuair a bhí an **curadh**[1] **domhanda**[2] sa **dornálaíocht**[3], Bernard Dunne, ar scoil ní raibh a lán suime aige sa Ghaeilge. Ba mhó a shuim sa dornálaíocht. Thosaigh sé ag dornálaíocht nuair nach raibh sé ach cúig bliana d'aois. Ba **dhornálaí**[4] é a athair chomh maith agus ghlac sé páirt sna Cluichí Oilimpeacha in Montreal sa bhliain 1976. Ba dhornálaithe iad beirt dá dheartháireacha freisin. Cé nár throid Bernard é féin sna cluichí Oilimpeacha, bhuaigh sé craobh an domhain agus na hEorpa sa bhliain 2009. D'éirigh sé as an dornálaíocht **ghairmiúil**[5] sa bhliain 2010 agus é 30 bliain d'aois.

2 Na laethanta seo is mó an tsuim atá aige sa Ghaeilge. Nuair a thosaigh a pháistí Caoimhe agus Finnian ag freastal ar naíonra lán-Ghaeilge agus ar bhunscoil lán-Ghaeilge chuir a n-athair suim sa teanga arís. Fuair sé cúpla leabhar Gaeilge agus thosaigh sé ag foghlaim na teanga. Ina dhiaidh sin d'fhreastail sé ar ranganna. Theastaigh uaidh a bheith ábalta labhairt lena pháistí as Gaeilge.

3 Anois tá a chlár teilifíse aige féin – *An Bród Club*. Spreagann an clár seo daoine timpeall na tíre chun an Ghaeilge a labhairt arís. Tá suíomh idirlín ag an mBród Club agus tá sé ar fáil ar Facebook agus Twitter freisin. Ba mhaith le Bernard go mbeadh 100,000 **cláraithe**[6] leis an gclub agus go mbeidís ag caint is ag comhrá as Gaeilge. Is cuma má dhéanann daoine botún agus iad ag caint; is é an rud is tábhachtaí dar le Bernard ná bród as an teanga agus an teanga, an cúpla focal, a labhairt.

Cabhair!

1 champion
2 world
3 boxing
4 boxer
5 professional
6 registered

❶ **Freagair na ceisteanna thíos.**

a) Cé mhéad dornálaí a bhí i dteaghlach Bernard?
b) Cad a bhuaigh Bernard sa bhliain 2009?
c) Luaigh difríocht amháin idir saol dornálaíochta Bernard agus ceann a athar.
d) Conas a chuir Bernard suim sa Ghaeilge?
e) Cén aidhm atá ag an *Bród Club*?
f) Céard iad na meáin chumarsáide a úsáideann *An Bród Club*?

❷ **Líon na bearnaí thíos.**

a) Ba churadh ______________ sa lúthchleasaíocht é Usain Bolt.
b) Is mór an trua nár bhain foireann na hÉireann ___________ an domhain amach sa pheil.
c) Is _____________ iontach í Katie Taylor.
d) Tá na páistí óga sa cheantar ag freastal ar an _____________.

craobh, domhanda, dornálaí, naíonra

Obair ghrúpa sa rang

Téigh go dtí suíomh idirlín an Bród Club (rte.ie/brodclub/) agus faigh eolas amach faoi. Ullmhaigh póstaer leis an eolas scríofa air le crochadh sa rang.

Ag Ullmhú don Scrúdú: Litir Phearsanta

Bhuaigh tú duais ar scoil le déanaí. Scríobh litir chuig do chara ag insint dó/di faoin duais.

I do litir luaigh:

- cén fáth ar bhuaigh tú an duais
- cad a bhuaigh tú
- cad a mhothaigh tú faoi
- an rud a cheap do thuismitheoirí faoin duais
- socrú a rinne tú chun bualadh le do chara go luath

13 Bóthar na gCapall
Dún Chaoin
Co. Chiarraí
23 Samhain 2017

A Ghráinne, a chara,

Beir bua agus beannacht! Conas atá tú? Is fada an lá ó bhíomar ag caint lena chéile. Tá brón orm faoi sin ach bhí mé an-ghnóthach le m'fhoireann díospóireachta.

Fan go gcloise tú. Bhuaigh m'fhoireann díospóireachta ***craobh***[1] *na hÉireann sna díospóireachtaí Fraincise. Bhí an chraobh ar siúl in Áth Luain. Bhí triúr ar an bhfoireann, mé féin, Aoife Ní Mháille agus Brian Ó Domhnaill. Thosaíomar ag cleachtadh ar an gcéad lá ar ais tar éis laethanta saoire an tsamhraidh. Agus creid é nó ná creid é, bhuaigh mise an duais don chainteoir ab fhearr. Bhuaigh mé* ***dearbhán***[2] *do chéad euro agus cúrsa Fraincise san Alliance i mBaile Átha Cliath. Táim ar mhuin na muice agus an-****sceitimíneach***[3] *faoin gcúrsa. Ní* ***nach ionadh***[4] *tá mo thuismitheoirí an-bhródúil asam.*

Feicfidh mé go luath thú. An bhfuil suim agat dul chuig scannán? Má tá, buailfidh mé leat ag an bpictiúrlann Dé hAoine seo chugainn. Íocfaidh mise as le mo dhuais.

Abair le do mháthair go raibh mé ag cur a tuairisce.

Slán tamall,
Do chara buan,
Máire

Cabhair!

[1] final
[2] token
[3] excited
[4] no wonder

Ag cleachtadh don scrúdú

Chuaigh tú go dtí meánscoil nua le déanaí. Scríobh litir chuig do chara ag insint dó/di faoi.

I do litir luaigh:

- **dhá** phointe eolais faoin scoil nua
- **dhá** phointe eolais faoin seanscoil
- pointe **amháin** eile

Do Lá Scoile

Le foghlaim!

Seo cuid de na briathra is coitianta a úsáidtear agus muid ag caint faoin scoil. An bhfuil siad ar eolas agat?

Briathar	An Aimsir Láithreach	An Aimsir Chaite	An tAinm Briathartha
éist	éistim	d'éist mé	ag éisteacht
léigh	léim	léigh mé	ag léamh
múin	múineann sé/sí	mhúin sé/sí	ag múineadh
scríobh	scríobhaim	scríobh mé	ag scríobh
spreag	spreagann sé/sí	spreag sé/sí	ag spreagadh
suigh	suím	shuigh mé	ag suí
teip	teipeann orm	theip orm	ag teip
críochnaigh	críochnaím	chríochnaigh	ag críochnú
éirigh	éirím/éiríonn liom	d'éirigh mé/liom	ag éirí
foghlaim	foghlaimím	d'fhoghlaim mé	ag foghlaim
freastail	freastalaím	d'fhreastail mé	ag freastal
imir	imrím	d'imir mé	ag imirt
tosaigh	tosaíonn sé/sí	thosaigh sé/sí	ag tosú
déan	déanaim	rinne mé	ag déanamh
faigh	faighim	fuair mé	ag fáil
ith	ithim	d'ith mé	ag ithe
tabhair	tugann sé/sí	thug sé/sí	ag tabhairt
tar	tagaim	tháinig mé	ag teacht
téigh	téim	chuaigh me	ag dul
feic	feicim	chonaic mé	ag feiceáil

Cleachtadh ag scríobh

Líon na bearnaí thíos.

1. Gach lá __________ na múinteoirí an iomarca obair bhaile dúinn ach __________ é.
2. Nuair a bhí mé óg ___________ mé ar an mbunscoil ach anois táim ag ___________ ar an meánscoil seo.
3. Níl cead againn bheith ag __________ ar na ballaí sa scoil seo.
4. Níor ________ orm in aon scrúdú go fóill.
5. ____________ mé a lán ón múinteoir sin mar bhí sé an-spreagúil.

Labhair amach … labhair os ard!

1. An ndéanann tú stair gach lá? *Déanaim/Ní dhéanaim.*
2. An bhfaigheann tú a lán obair bhaile? *Faighim/Ní fhaighim.*
3. An dtosaíonn an scoil ag a naoi? *Tosaíonn/Ní thosaíonn.*
4. An éiríonn tú in am don scoil? *Éirím/Ní éirím.*
5. An imríonn tú aon spórt? *Imrím/Ní imrím.*
6. An ndeachaigh tú ar scoil inné? *Chuaigh/Ní dheachaigh.*
7. Ar fhreastail tú ar naíonra nuair a bhí tú óg? *D'fhreastail/Níor fhreastail.*
8. Ar theip ort sa scrúdú Fraincise? *Theip/Níor theip.*
9. An bhfuair tú a lán obair bhaile inné? *Fuair/Ní bhfuair.*
10. Ar ith tú lón ar scoil inné? *D'ith/Níor ith.*

Obair bheirte sa rang

Scríobh blag faoi do lá scoile, san Aimsir Láithreach agus san Aimsir Chaite.

Labhair amach … labhair os ard!

1. Cén t-am a éiríonn tú chun teacht ar scoil?
   Éirím ag a seacht a chlog gach maidin i rith na seachtaine. Glacann sé uair a chloig orm mé féin a ullmhú agus fágaim an teach ag a hocht. Sroichim an scoil ag leathuair tar éis a hocht.
2. Inis dom faoi do ghnáthlá scoile.
   Bíonn naoi n-ábhar agam gach lá. Bíonn sos beag againn ag deich chun a haon déag agus lón againn ag a haon. Críochnaíonn an scoil ag a ceathair gach lá. Déanaim staidéar maoirsithe ansin go dtí a seacht.
3. Céard iad na hábhair a bhí agat maidin inné?
   Inné Dé Máirt agus bhí mata, Fraincis agus rang dúbailte eolaíochta agam. Níor tháinig an múinteoir tíreolaíochta isteach.
   Ceapaim go raibh sé ag freastal ar chúrsa.

Craic sa rang!

Scríobh an script don chomhrá a bheadh idir do thuismitheoirí agus cuid de do mhúinteoirí ag cruinniú tuismitheoirí agus múinteoirí, ag baint úsáide as na haidiachtaí agus na nathanna a d'fhoghlaim tú san aonad seo.

Léamhthuiscint Dónall Ó Conaill

Léigh an sliocht seo agus déan na cleachtaí a ghabhann leis.

1 Dónall Ó Conaill is ainm dom agus táim ag freastal ar Choláiste Mhuire anseo sa chathair. Tá ocht gcroí-ábhar á ndéanamh agam – Béarla, Gaeilge, mata, eolaíocht, Fraincis, adhmadóireacht, stair agus staidéar gnó. Chomh maith leis na croí-ábhair déanaim staidéar ar an tíreolaíocht, ar reiligiún agus ar OSSP agus rinne mé **punanna**[1] sna hábhair sin. Táim ar fhoireann díospóireachta sa Fhraincis freisin. Tá foireann díospóireachta sa Ghaeilge agus sa Bhéarla againn freisin.

2 **Chomh maith leis sin**[2] táim ar an **gcoiste timpeallachta**[3] anseo sa scoil. Déanaimid iarracht scoil ghlas agus ghlan a bheith againn. Eagraímid **comórtais**[4] idir na ranganna chun na seomraí ranga agus an timpeallacht a choinneáil glan agus glas. Bhí an scoil an-bhródúil anuraidh nuair a bhuamar an ceathrú brat glas don scoil.

3 Taitníonn an scoil go mór liom. Is í an Fhraincis an t-ábhar is fearr liom. Tá cara pinn agam sa Fhrainc agus scríobhaimid chuig a chéile ar Facebook go minic. Pierre an t-ainm atá air. Tháinig sé go hÉirinn an samhradh seo caite **ar feadh coicíse**[5] agus beidh mise ag dul ar cuairt chuige an samhradh seo tar éis na scrúduithe.

4 Mar a dúirt mé cheana is aoibhinn liom an scoil. Tá na múinteoirí go deas agus spreagúil. Níl an córas smachta sa scoil ródhian ach tá a fhios agam go mbíonn na cailíní **le ceangal**[6] faoi na rialacha a bhaineann le smideadh. Ceapaim go mbíonn na múinteoirí ródhian uaireanta ar an bhfón póca. Anois is arís buailtear an fón **trí thimpiste**[7] ach bíonn na múinteoirí le ceangal. Coinnítear siar muid má bhrisimid na rialacha. Má bhímid **giodamach**[8] nó cainteach sa rang tugann na múinteoirí **breis**[9] obair bhaile dúinn.

Cabhair!

[1] portfolios
[2] as well as that
[3] environmental committee
[4] competitions
[5] for a fortnight
[6] fit to be tied
[7] by accident
[8] giddy
[9] níos mó

1 Freagair na ceisteanna thíos.

a) Cé mhéad croí-ábhar atá á dhéanamh ag Dónall?
b) Cé mhéad foireann díospóireachta atá sa scoil?
c) Cad a dhéanann an coiste timpeallachta?
d) Cad a chuireann isteach ar na cailíní?
e) Céard iad na cosúlachtaí agus na difríochtaí idir do scoil agus scoil Dhónaill?
f) Cén t-alt sa sliocht thuas a dtagraíonn an abairt seo a leanas dó? 'Is scoil ghlas é Coláiste Mhuire.'

2 Cum na ceisteanna a mbeidh na habairtí seo thíos mar fhreagra orthu.

a) I Mí an Mheithimh.
b) Bhuaigh siad an brat glas.
c) Pierre is ainm dó.
d) Coinnítear siar na daltaí.
e) Má bhíonn siad giodamach nó cainteach sa rang.

3 Scríobh an ceathrú halt sa tríú pearsa.

Mar a dúirt sé cheana is aoibhinn leis an scoil.

Ag Ullmhú don Scrúdú: Ceapadóireacht

Tá a thuilleadh faoi seo ar leathanach 208.

Alt

- Tá leathanach go leith ag teastáil.
- Bíonn tús, lár agus deireadh san alt.

Chuaigh tú ar thuras scoile le déanaí. Scríobh an t-alt a chuirfeá chuig eagarthóir iris na scoile faoin turas scoile.

Plean

Tús an ailt	Lár an ailt	Críoch an ailt
na háiteanna a bhí i gceist	muintir na háite	cad a mhothaigh tú faoin turas
conas a chuaigh sibh ann	cad a rinne sibh ann	
an aimsir	na mothúcháin	
	aidiachtaí	

Briathra san Aimsir Chaite

chuamar	thaitin	bhuaileamar	shroicheamar
d'fhoghlaimíomar	chualamar	rinneamar	bhaineamar

Sampla Turas scoile

An tseachtain seo caite chuaigh caoga cailín as bliain 3 ar thuras Gaeltachta. Bhain gach aon chailín **ardtaitneamh**[1] as an turas. Chuamar go dtí Conamara ar dtús, go dtí Ros a' Mhíl, Ros Muc agus ansin go dtí Inis Meáin, ceann de na hoileáin Árann i gcuan na Gaillimhe. Bhí an bus ag an scoil ag a hocht ar maidin. Bhí an ghrian ag taitneamh agus bhuaileamar bóthar. Thaitin an turas linn agus bhíomar ag canadh agus ag insint scéalta an t-am ar fad.

Shroicheamar Ros a' Mhíl thart ar a trí a chlog agus bhuaileamar leis na mná tí. Bhí siad an-chairdiúil agus an-fháilteach ar fad. Tar éis béile blasta chuamar go dtí an halla mór agus d'fhoghlaimíomar damhsa agus **amhráin ar an sean-nós**[2]. Bhí an-spraoi againn ag iarraidh damhsa ach chun an **fhírinne a rá**[3] ní rabhamar **thar mholadh beirte**[4]!

An mhaidin dar gcionn bhí an ghrian ag scoilteadh na gcloch agus bhí an fharraige ciúin. Tar éis turas 40 nóiméad ar an mbád shroicheamar an t-oileán beag. Chualamar na héin ag canadh, na caoirigh **ag méileach**[5] agus na ba **ag géimneach**[6]. Rinneamar a lán siúil an lá sin agus bhí picnic dheas againn ar an trá. Chuaigh cúpla cailín cróga isteach ag snámh ach bhí an t-uisce an-fhuar.

An lá dar gcionn[7] chuamar go dtí Ros Muc. Is áit **an-cháiliúil**[8] í Ros Muc mar gur chaith Pádraig Mac Piarais, **laoch**[9] 1916, roinnt mhaith ama ann, ag scríobh, ag siúl agus ag caint le muintir na háite. Bhí grá an-mhór ag an bPiarsach don Ghaeilge agus tá an Ghaeilge **beo beathach**[10] sa cheantar inniu. Rinne gach cailín ar an turas an-iarracht an Ghaeilge a labhairt.

Bhaineamar go léir idir thaitneamh agus **thairbhe**[11] as an turas scoile agus táim ag súil le dul ar ais ann lá éigin.

Cabhair!

1 great enjoyment
2 traditional songs
3 to tell the truth
4 left much to be desired
5 bleating
6 lowing
7 the next day
8 very famous
9 hero
10 alive and well
11 benefit

Cleachtadh ag scríobh

Líon na bearnaí thíos.

1. Bhain an rang ar fad ________________ as an turas go dtí an zú.
2. Is aoibhinn liom an seancheol, daoine ag canadh ar an ________________.
3. Bhí díomá an domhain orm mar ní raibh an bhialann thar ____________ ____________ agus bhí gach duine tinn tar éis an bhéile.
4. Bhí an lá go hálainn agus bhí an ghrian ag ______________ na gcloch.
5. Nuair a bhí mé ag fanacht faoin tuath dhúisigh na caoirigh mé nuair a bhí siad ag ______________.
6. Bhí an fear ____________ nuair a léim sé isteach san uisce chun a leanbh a shábháil.
7. Tá Justin Bieber ________________ na laethanta seo.
8. Bhain gach duine sa rang idir ______________________________ as an gcuairt go dtí an iarsmalann.

méileach, cróga, thaitneamh agus thairbhe, ardtaitneamh,
mholadh beirte, scoilteadh, sean-nós, an-cháiliúil

Taighde

Tá a lán Gaeltachtaí sa tír. Roghnaigh Gaeltacht amháin agus déan taighde fúithi. Faigh amach cén áit go díreach a bhfuil sí, an daonra (*population*) atá inti, an stair a bhaineann leis an áit agus aon eolas suimiúil eile.

An Bhéaltriail
Ag Ullmhú don Scrúdú CD 1 Rian 5–8

1 Éist leis na samplaí thíos ar an dlúthdhiosca Rian 6–7. Ullmhaigh píosa eolais fút féin. Léigh na samplaí thíos.

A Is mise Dáithí. Tá mé ag freastal ar Choláiste Eoin i nDroichead Átha. Tá naoi n-ábhar á ndéanamh agam i mbliana. Is aoibhinn liom matamaitic agus eolaíocht. Tá na múinteoirí sa scoil seo cairdiúil agus cabhrach. Ní thugann siad obair bhaile dúinn ag an deireadh seachtaine.

B Is mise Rút. Is dalta mé i gClochar an Chreidimh Naofa. Táim sa dara bliain i mbliana. Tá ocht n-ábhar á ndéanamh agam. Is iad na hábhair is fearr liom ná Fraincis agus Gaeilge. Faighim a lán obair bhaile gach oíche. Ní maith liom tíreolaíocht. Tá sé an-deacair agus bíonn an múinteoir cancrach go minic.

2 Labhair amach os comhair an ranga agus déan cur síos ar do shaol scoile.

3 Freagair na ceisteanna thíos. Éist leis na freagraí samplacha ar an dlúthdhiosca Rian 8.

a) Cá bhfuil tú ag dul ar scoil?
b) Céard iad na háiseanna atá sa scoil seo?
c) Ainmnigh an príomhoide/an leas-phríomhoide.
d) Céard iad na hábhair a dhéanann tú?
e) Cén t-ábhar is fearr leat?
f) An bhfuil aon ábhar ann nach maith leat?
g) An bhfuil a lán rialacha sa scoil seo?
h) Cén t-am a thosaíonn na ranganna ar maidin?
i) Cén t-am a théann tú abhaile sa tráthnóna?
j) An bhfaigheann tú a lán obair bhaile gach lá?
k) Ar chaith tú saoire sa Ghaeltacht riamh?

An Chluastuiscint CD 1 Rian 39–44

Cuid A

Cloisfidh tú giota cainte ó dhuine óg sa chuid seo. Cloisfidh tú an giota *faoi dhó*. Éist go cúramach leis agus líon isteach an t-eolas atá á lorg sna greillí thíos.

An chéad chainteoir

Ainm	*Seán Ó Murchú*
Cén fáth a bhfuil Seán neirbhíseach inniu?	
Ainmnigh an phearsa stairiúil is fearr leis.	
Céard ba mhaith le Seán a dhéanamh amach anseo?	

Cuid B

Cloisfidh tú fógra nó píosa nuachta anois. Cloisfidh tú é *faoi dhó*. Éist go cúramach leis.

Píosa nuachta

1	Cár bhuail an gluaisrothar agus an leoraí faoina chéile?
2	Céard a bhí á dhéanamh ag tiománaí an leoraí nuair a tharla an timpiste?
3	Cár tugadh tiománaí an leoraí?

Cuid C

Cloisfidh tú comhrá sa chuid seo. Cloisfidh tú é *faoi dhó*. Cloisfidh tú an comhrá ó thosach deireadh an chéad uair. Ansin cloisfidh tú é ina dhá mhír an dara huair.

Comhrá

An chéad mhír

1	Cén t-am a shroich Naoise geata na scoile ar maidin?

An dara mír

2	Céard a rinne Iníon Uí Chinnéide nuair a bhí Naoise déanach an tseachtain seo caite?
3	Cén obair bhaile bhreise a thug Iníon Uí Chinnéide dó?

Súil Siar ar Aonad a Dó

1 Bí cinnte go bhfuil an foclóir agus na nathanna nua a d'fhoghlaim tú san aonad seo scríofa i do chóipleabhar nótaí.

2 Líon na bearnaí.

a) Buaileann an scoil go léir le chéile sa halla __________ gach maidin.
b) Bhí an dalta ar buile mar cheap sé nach bhfuair sé cothrom na ____________ ón múinteoir.
c) Imíonn na lúthchleasaithe amach gach lá ag traenáil ar an _________ reatha.
d) Nuair a bhristear na ______________ sa scoil seo ______________ siar na daltaí mar phionós.
e) Bhí áthas orm nuair a d'éirigh go maith liom sa scrúdú mar rinne mé mo sheacht ____________.
f) Tá an Ghaeilge ________ beathach sa Ghaeltacht.
g) Is maith liom an Fhraincis agus tá an múinteoir ______________ an-spreagúil.
h) Táim mar bhall den choiste Amnesty mar tá suim agam i gcearta ____________.
i) Bhí ceiliúradh mór sa scoil anuraidh nuair a bhí an scoil fiche bliain ar an ____________.
j) Bhí an múinteoir an-fheargach agus dúirt sé nach raibh ár n-obair bhaile __________ mholadh ___________.

3 Tá ort suíomh idirlín a dhéanamh don scoil. Déan cur síos ar na háiseanna agus ar na hábhair atá ar fáil sa scoil. Luaigh pobal na scoile freisin.

4 Ceartaigh na botúin san alt seo.

Bhí na daltaí go léir tuirseach mar bhí siad ag obair ó dubh dubh roimh na scrúduithe. Is maith leo eolaíochta agus ceapann siad go bhfuil an múinteoir eolaíochta an-suimiúil. Tá saotharlann iontach sa scoil agus tá áise den scoth isteach ann. Tá áiseanna spórt den scoth sa scoil freisin. Tá raon reath agus cúirt leadóg ann freisin.

5 Trialacha teanga comhthéacsúla

Ní maith liom na rialacha atá i ______________ [**(a)** feidhm **(b)** bhfeidhm **(c)** fheidhm] sa scoil seo. Ní fhaigheann na daltaí cothrom na ___________ [**(a)** féin **(b)** bhFéinne **(c)** Féinne]. Bíonn fearg _____ na daltaí go minic. Coinnítear _________ a lán daltaí má bhriseann siad na rialacha. Dá mbeinn i mo _______________ ar an scoil ní bheadh aon rialacha ann.

3 Aonad a Trí

Mo Theach agus Mo Cheantar

Níl aon tinteán mar do thinteán féin.

An Teach

FACSS

Foghlaim na focail seo a bhaineann leis an teach.

Féach Abair Clúdaigh	Béarla	Scríobh	Seiceáil
teach scoite	detached house		
teach leathscoite	semi-detached house		
teach sraithe	terraced house		
bungaló	bungalow		
árasán	apartment		
áiléar	attic		
íoslach	basement		
seomra áise	utility room		
seomra spraoi	playroom		
luascán agus sleamhnán	swing and slide		

Cleachtadh ag scríobh

Féach ar an bpictiúr den teach seo. Tá abairtí a dhéanann cur síos air ar leathanach 55. Roghnaigh na habairtí as an liosta a dhéanann cur síos ar an teach seo. Scríobh an cur síos i do chóipleabhar ansin.

Tá áiléar sa teach.	Tá íoslach sa teach.	Tá seid sa ghairdín tosaigh.
Tá gairdín ag cúl an tí.	Tá gairdín ag taobh an tí.	Tá cúig sheomra leapa ann.
Tá trí sheomra leapa ann.	Tá dhá sheomra folctha ann.	Is teach sraithe é.
Tá cistin bheag ann.	Tá seomra áise ann.	Tá seomra teilifíse ann.
Tá cistin mhór nua-aimseartha ann.	Tá cró madra sa ghairdín cúil.	Tá seomra suí mór ann.
Teach leathscoite atá ann.	Teach dhá stór atá ann.	Tá dallóga ar na fuinneoga thuas staighre.
Tá garáiste ar thaobh an tí.	Tá cuirtíní ar na fuinneoga.	Tá oifig bhaile ann.
Tá simléar ar dhíon an tí.	Tá luascán agus sleamhnán sa ghairdín cúil.	Tá doras dearg ar an teach.

Labhair amach … labhair os ard!

1. **Cén cineál tí ina gcónaíonn tú?**
   Cónaím i mbungaló beag.
2. **Cé mhéad seomra atá i do theach?**
   Tá ocht seomra i mo theach, trí sheomra leapa, dhá sheomra folctha, cistin mhór, seomra suí agus seomra teilifíse.
3. **Cén seomra is fearr leat sa teach?**
   Is fearr liom mo sheomra codlata mar ligim mo scíth ann.

Seomraí an tí

Blag Chiaráin An chistin

Léigh blag Chiaráin agus freagair na ceisteanna a ghabhann leis.

Mo Bhlag Blag Chiaráin

Fuaireamar cistin nua le déanaí. Cistin **nua-aimseartha**[1] atá inti. Tá **bruthaire**[2] agus **oigheann**[3] nua, **miasniteoir**[4], oigheann **micreathonnach**[5] agus **cuisneoir**[6] nua sa chistin. Tá an cuisneoir an-mhór agus is féidir oighear a dhéanamh ann. Tá deich gcófra bándearg ann agus **tarraiceáin**[7] mhóra. Tá na potaí agus sáspain i dtarraiceán amháin agus tá an **sceanra**[8] agus na **gréithe**[9] sna cinn eile. Istigh sa seomra áise tá an **meaisín níocháin**[10] agus an **reoiteoir**[11]. Tá **doirteal**[12] sa dá sheomra. Tá an chistin go hálainn agus táimid go léir an-sásta leis.

Cabhair!

1 modern
2 cooker
3 oven
4 dishwasher
5 microwave
6 fridge
7 drawers
8 cutlery
9 dishes
10 washing machine
11 freezer
12 sink

1. Cén cineál cistine a fuair muintir Chiaráin le déanaí?
2. Luaigh trí uirlis nua a fuair siad.
3. Cén úsáid a bhaintear as na tarraiceáin?
4. Céard atá le fáil sa seomra áise?
5. Scríobh blag faoi do chistin.

Labhair amach ... labhair os ard!

1. **Cá n-itheann sibh bhur mbéilí?**
   Ithimid sa chistin. Tá bord agus cathaoireacha inti agus ithimid dinnéar le chéile inti beagnach gach oíche.
2. **An bhfuil miasniteoir agaibh?**
   Tá, ach ar an drochuair tá sé briste agus mar sin ním nó mo dhearthár na gréithe agus an sceanra.
3. **Cad eile a tharlaíonn sa chistin?**
   Bíonn mo mháthair ag cócaireacht go minic. Tá sí iontach ag déanamh cistíní cupa. Déanann mo dheirfiúr óg a cuid obair bhaile sa chistin freisin.

Blag Líse Mo sheomra suí

Léigh an blag seo a leanas agus déan na cleachtaí a ghabhann leis.

Mo Bhlag Blag Líse

Is maith liom mo sheomra suí. Tá sé lán le **troscán**[1]. Tá **tolg**[2] agus dhá **chathaoir uillinn**[3] ann, chomh maith le bord caife i lár an tseomra. Tá teilifís sa chúinne agus cairpéad ar an urlár. Tá tinteán agus **matal**[4] ann. Dúnaimid na cuirtíní san oíche agus lasaimid **coinnle**[5] agus lampa agus bíonn atmaisféar **teolaí**[6] sa seomra. Ar ndóigh tá pictiúir agus grianghraif den chlann ar an mballa.

Cabhair!

[1] furniture	[4] mantelpiece
[2] couch	[5] candles
[3] armchair	[6] cosy

1 Freagair na ceisteanna thíos.

a) Cén troscán atá sa seomra suí?
b) Cad atá i gcúinne an tseomra?
c) Cad atá le feiceáil ar na ballaí?
d) Conas a dhéantar atmaisféar deas sa seomra?

2 Fíor nó bréagach?

	Fíor	Bréagach
a) Níl a lán troscáin sa seomra suí.	☐	☐
b) Tá urlár adhmaid (*wooden*) sa seomra.	☐	☐
c) Fágtar na cuirtíní ar oscailt san oíche.	☐	☐
d) Tá atmaisféar fuar sa seomra suí.	☐	☐
e) Tá ceithre chathaoir uillinn sa seomra.	☐	☐
f) Tá scáthán os cionn an mhatail.	☐	☐

Labhair amach … labhair os ard!

1 Inis dom faoi do sheomra suí.
Tá sé deas compordach. Tá dhá tholg agus trí chathaoir uillinn ann. Tá urlár adhmaid agus ruga air ann.

2 Cad a dhéanann sibh sa seomra suí?
Is maith liom féachaint ar an teilifís le mo chlann ann. Léann mo dhaid an páipéar sa seomra suí nó éisteann sé le ceol ann.

Blag Éabha Mo sheomra leapa

Léigh an t-alt seo agus déan na cleachtaí a ghabhann leis.

Mo Bhlag Blag Éabha

Seo é mo sheomra leapa. Is aoibhinn liom é. Ar mo leaba tá **braillíní**[1], piliúr agus cuilt. Tá mo leaba breá compordach agus is maith liom codladh inti. Tá **clár maisiúcháin**[2] ann agus cuirim mo **smideadh**[3] orm ag féachaint isteach sa scáthán. Tá deasc ann freisin agus déanaim m'obair bhaile ann. Fuair mé **ríomhaire glúine**[4] do mo bhreithlá agus déanaim taighde ar an **idirlíon**[5] don scoil. Tá mo leabhair scoile ar na seilfeanna. Is aoibhinn liom mo scíth a ligean i mo sheomra, ag léamh nó ag éisteacht le ceol. Nuair a thagann mo chairde chuig an teach caithimid ár gcuid ama ag caint agus ag comhrá ann. Tá **ciseán níocháin**[6] agam ach deir mo mháthair nach n-úsáidim é toisc go mbíonn mo chuid éadaigh i gcónaí ar an urlár agus go mbíonn an seomra ina **chiseach**[7].

Cabhair!

[1] sheets
[2] dressing-table
[3] make-up
[4] laptop
[5] internet
[6] laundry basket
[7] mess

1. Cén troscán atá sa seomra leapa seo?
2. Céard iad na rudaí éagsúla a dhéanann Éabha ina seomra leapa?
3. Cén gearán a bhíonn ag a máthair?
4. Cuir do sheomra leapa i gcomparáid leis an seomra leapa thuas.
5. I do chóipleabhar, déan cur síos gairid ar do sheomra suí agus ar do sheomra leapa.

An seomra folctha

folcadán	bath tub
cithfholcadán	shower
báisín níocháin	wash basin
gallúnach	soap
seampú	shampoo
sobal folctha	bubble bath
tuáillí	towels
scuab fiacla	toothbrush
taos fiacla	toothpaste
leithreas	toilet

Cleachtadh ag scríobh

1. **Líon na bearnaí thíos.**
   a) Ním mo chuid gruaige le ________________.
   b) Cuirtear __________ __________ ar scuab fiacla.
   c) Líonaim an báisín __________ le huisce agus ním m'aghaidh le __________.
   d) Is aoibhinn liom an folcadán a líonadh le __________ folctha.
   e) Bíonn mo thuismitheoirí crosta má fhágtar na __________ ar an urlár.

   sobal, seampú, níocháin, tuáillí, taos fiacla, gallúnach

2. **Bhuaigh do thuismitheoirí an Crannchur Náisiúnta agus tá sibh anois ag ceannach teach nua. Déan cur síos ar an teach a cheannódh sibh agus ar an gcaoi a maiseodh sibh é.**

Labhair amach ... labhair os ard!

1. **Ainmnigh na seomraí atá i do theach.**
2. **Cén seomra is fearr leat? Cén fáth?**
3. **An mbíonn sibh riamh ag argóint faoin seomra folctha? Cén fáth?**

Cluiche 90 soicind!

Tá 90 soicind agat chun an oiread ball troscáin agus is féidir leat a scríobh amach. Malartaigh é le do chara chun é a cheartú.

Téigh go dtí edco.ie/iontas3.

Léamhthuiscint Mé féin agus mo theach

Léigh an sliocht seo agus déan na cleachtaí a ghabhann leis.

1 Aoife Ní Arrachtáin is ainm dom. Cónaím i dteach leathscoite le mo thuismitheoirí agus le mo dheirfiúr Áine agus le mo dheartháir Pádraig. Tá trí sheomra leapa sa teach, cistin mhór, seomra áise, seomra suí, seomra bia agus seomra teilifíse. Tá garáiste ar thaobh an tí agus gairdín cúil agus tosaigh ann chomh maith.

2 Is maith liom an chistin. Is cistin nua-aimseartha í. Tá miasniteoir, cuisneoir agus reoiteoir inti chomh maith le hoigheann, bruthaire agus cófrai. Tá bord agus cathaoireacha i lár na cistine agus ithimid ár ndinnéar ann **le chéile**[1] beagnach gach oíche. Is maith liom cócaireacht a dhéanamh agus déanaim an dinnéar **ar a laghad**[2] **dhá uair sa tseachtain**[3].

3 Is maith liom an seomra suí, **go háirithe**[4] sa gheimhreadh nuair a lasaimid tine sa tinteán. Tá tolg mór compordach ann agus is aoibhinn liom suí ansin ag féachaint ar an teilifís. Ligim mo scíth ann.

4 Is é mo sheomra leapa an seomra is fearr liom sa teach. Ar an drochuair roinnim é le mo dheirfiúr Áine. Níl sí chomh néata liom agus fágann sí a cuid éadaigh **ar fud na háite**[5]. Nuair nach bhfuil sí ann éistim le ceol nó tagann mo chairde ar cuairt agus bímid ag caint is ag comhrá faoi chúrsaí scoile nó rudaí eile.

5 Ag an deireadh seachtaine bíonn ár gcuid dioscaireachta féin le déanamh. Déanaim an **folúsghlanadh**[6] agus an **iarnáil**[7]. Glanann mo dheartháir an dá sheomra folctha. Níonn Áine na hurláir. Uaireanta bíonn mo mháthair feargach nuair nach ndéanaimid an obair tí i gceart.

Cabhair!

[1] together
[2] at least
[3] twice a week
[4] especially
[5] all over the place
[6] hoover
[7] ironing

❶ **Freagair na ceisteanna thíos.**

a) Cé mhéad seomra atá i dteach Aoife?
b) Cathain a bhíonn Aoife ag cócaireacht?
c) Cén gearán atá ag Aoife faoi Áine?
d) Céard iad na poist a dhéanann na páistí ag an deireadh seachtaine?
e) Cad a chuireann fearg ar a máthair?
f) Cén t-alt sa sliocht thuas a dtagraíonn an abairt seo a leanas dó?
'Bíonn gach duine ag obair ag an deireadh seachtaine.'

❷ **Líon na bearnaí thíos.**

a) Tar éis lá fada oibre ligeann m'athair a ______________ sa seomra suí.
b) Tá glasraí agus bláthanna ag fás sa ghairdín ______________ agus sa ghairdín ______________.
c) Labhraím le mo chairde ar Facebook uair amháin ar a ______________ gach lá.
d) Is maith liom bannaí ceoil, go ______________ an grúpa One Direction.
e) Ní gá dúinn na gréithe a ní toisc go bhfuil ______________ againn sa chistin.

miasniteoir, háirithe, cúil, tosaigh, laghad, scíth

Léamhthuiscint Ag cabhrú sa teach

Léigh na ríomhphoist seo maidir le hobair tí agus déan na cleachtaí a ghabhann leo.

Ó: Liam
Do: Niamh; Rónán

An mbíonn oraibh a lán oibre a dhéanamh sa teach? Bhí orm cabhrú le m'athair sa ghairdín inné. Bhí orm an féar agus na **fiailí**[1] a bhaint. Thóg sé lá agus oíche orm an obair a dhéanamh agus bhí pian i mo dhroim ina dhiaidh. Ní thaitníonn **garraíodóireacht**[2] liom. Deir m'athair go bhfuilim an-leisciúil.

Ó: Niamh, Do: Liam; Rónán
Tá an t-ádh ort mar níl ort an féar a bhaint gach lá. Tá orm **folúsghlanadh**[3] a dhéanamh dhá uair sa tseachtain agus tá orm an seomra folctha a ghlanadh freisin. Is fuath liom an obair seo. Níl sé cothrom mar ní dhéanann mo dheartháir óg aon rud.

Ó: Rónán, Do: Niamh; Liam
Bíonn mo mháthair i gcónaí ag gearán faoi mo sheomra leapa. Deir sé go bhfuil sé ina **chiseach**[4]. Bíonn orm é a ghlanadh gach Satharn. Bíonn orm é a fholúsghlanadh, na braillíní a athrú agus an ciseán bruscair a fholmhú. Ní fhaighim aon airgead póca mura mbíonn an seomra glan.

Ó: Liam, Do: Niamh; Rónán
Is fuath liom nuair a bhíonn **cuairteoirí**[5] ag teacht. Bíonn orainn an teach a ghlanadh ó bhun go barr. Bíonn orainn na hurláir agus na fuinneoga a ní, an seomra folctha, an seomra suí agus an chistin a ghlanadh. **Ar chúis éigin**[6] bíonn orm an garáiste a ghlanadh cé nach dtéann aon chuairteoir isteach ann.

Ó: Niamh, Do: Liam; Rónán
Is maith liom cabhrú leis an **gcócaireacht**[7]. Is maith liom béile a dhéanamh anois is arís, na glasraí a ghlanadh agus a chur sa phota agus an fheoil a chur san oigheann. Déanaim mairteoil rósta an-deas. Is fuath liom nuair a bhíonn an miasniteoir briste nó lán agus ansin bíonn orm na gréithe a ní.

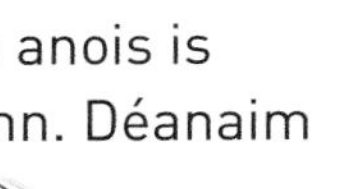

Cabhair!

[1] weeds
[2] gardening
[3] vacuum cleaner
[4] mess
[5] visitors
[6] for some reason
[7] cooking

1. Cén obair a dhéanann Liam ag baile? Cad a cheapann sé den obair?
2. Cad a bhíonn ar Rónán a dhéanamh chun airgead póca a fháil?
3. Cén obair tí a thaitníonn le Niamh?
4. Cad é an rud nach dtuigeann Liam faoi chuairteoirí ag teacht?
5. Déan cur síos ar an obair tí a dhéanann tú féin.

Labhair amach ... labhair os ard!

1. **Cén obair tí a dhéanann tú féin?**
2. **An dóigh leat go ndéanann tú go leor (*enough*) obair tí?**
3. **Cén duine sa teaghlach a dhéanann an chuid is mó den obair tí?**

Éist agus scríobh

Éist leis an múinteoir ag léamh an ailt thíos agus ansin scríobh an t-alt i do chóipleabhar. Nuair a chríochnaíonn tú ag scríobh oscail do leabhar agus ceartaigh do chuid oibre!

Cónaím i dteach leathscoite le mo theaghlach. Tá cúig sheomra leapa ann, trí sheomra folctha thuas staighre. Thíos staighre tá seomra suí, seomra teilifíse, cistin bhreá mhór agus cistin áise. Tá garáiste ar thaobh an tí agus gairdín deas os comhair agus taobh thiar den teach. Is aoibhinn le mo thuismitheoirí a bheith ag garraíodóireacht. Tá an t-ádh liom mar go bhfuil mo sheomra féin agam. Tá mo rudaí pearsanta agam ann agus ligim mo scíth ann. Bím ar mo sháimhín só nuair a bhím istigh ann ag éisteacht le ceol nó ag caint le mo chairde ar an bhfón.

Cleachtadh ag scríobh

1. **Fíor nó bréagach?**

	Fíor	Bréagach
a) Fásann fiailí sa seomra suí.	☐	☐
b) Faightear oigheann agus miasniteoir sa chistin.	☐	☐
c) Uaireanta bíonn mo sheomra leapa ina chiseach.	☐	☐
d) Faightear taos fiacla agus báisín níocháin sa seomra folctha.	☐	☐
e) Glantar tithe ó bhun go barr ag am Nollag.	☐	☐
f) Faightear clár maisiúcháin sa gharáiste.	☐	☐
g) De ghnáth ligeann daoine a scíth sa seomra suí.	☐	☐

2. **Líon na bearnaí thíos.**
   a) Bhí mo mháthair ag gearán liom inné toisc go raibh mo sheomra leapa ina ______________.
   b) Thóg sé lá agus ____________ ar mo dheartháir óg an teach a ________________.
   c) Ní fhaigheann gach duine sa domhan ___________ na Féinne.
   d) Is maith liom ____________ mar is maith liom a bheith ag obair amuigh faoin aer.
   e) Glanaimid an teach ó bhun ___ _________ gach Nollaig.
   f) Is minic mo thuismitheoirí ag ____________ nach ndéanaim go leor sa teach.

fholúsghlanadh, oíche, gearán, go barr, chiseach, cothrom, garraíodóireacht

An Bhéaltriail: Mo Theach
Ag Ullmhú don Scrúdú CD 1 Rian 9–12

1 Éist leis na samplaí thíos ar an dlúthdhiosca Rian 10–11. Ullmhaigh píosa eolais fút féin. Léigh na samplaí thíos.

A Is mise Bróna. Tá mé i mo chónaí i dteach leathscoite. Tá an teach suite i mbruachbhaile ar imeall na cathrach. Thuas staighre tá ceithre sheomra leapa. Tá seomra leapa mór againn san áiléar. Codlaíonn mo dheartháir san áiléar. Tá trí sheomra leapa eile thuas staighre chomh maith le seomra folchta. Thíos staighre tá cistin bheag againn chomh maith le seomra suí agus seomra teilifíse. Tá oifig ag mo dhaid ar thaobh an tí.

B Luke is ainm dom. Is aoibhinn liom mo sheomra leapa. Is seomra mór compordach é. I lár an tseomra tá leaba mhór. Tá deasc agam in aice na fuinneoige agus is féidir liom an fharraige a fheiceáil ón bhfuinneog. Tá vardrús agus taisceadán agam sa seomra freisin. Tá cúpla póstaer ar an mballa. Nuair a thagann mo chairde chuig an teach féachaimid ar scannáin ann. Ní bhíonn cead ag mo dheartháir teacht isteach ann.

2 Labhair amach os comhair an ranga agus déan cur síos ar do theach.

3 Freagair na ceisteanna thíos. Éist leis na freagraí samplacha ar an dlúthdhiosca Rian 12.

a) Cá bhfuil tú i do chónaí?
b) Cén saghas tí atá agat?
c) An teach mór é?
d) Ainmnigh seomraí an tí.
e) Cén seomra is fearr leat sa teach?
f) Déan cur síos ar an seomra is fearr leat sa teach.
g) An gcaitheann tú a lán ama sa seomra teilifíse?
h) Déan cur síos ar an seomra suí.
i) Céard iad na háiseanna atá agaibh sa chistin?
j) Déan cur síos ar do sheomra leapa.

An Chluastuiscint: Mo Theach CD 1 Rian 45–50

Cuid A

Cloisfidh tú giota cainte ó dhuine óg sa chuid seo. Cloisfidh tú an giota *faoi dhó.* Éist go cúramach leis agus líon isteach an t-eolas atá á lorg sna greillí thíos.

An chéad chainteoir

Ainm	*Cormac Ó Ruairc*
Cén saghas tí atá ag Cormac agus a theaghlach?	
Ainmnigh an seomra is fearr le Cormac.	
Cathain a thagann a chairde chuig an teach?	

Cuid B

Cloisfidh tú fógra nó píosa nuachta anois. Cloisfidh tú é *faoi dhó*. Éist go cúramach leis.

Fógra

1	Cathain a bheidh an teach saoire ar cíos?
2	Cá bhfuil an teach suite?
3	Cén cúram a bheidh ar an duine a thógfaidh an teach?

Cuid C

Cloisfidh tú comhrá sa chuid seo. Cloisfidh tú é *faoi dhó*. Cloisfidh tú an comhrá ó thosach deireadh an chéad uair. Ansin cloisfidh tú é ina dhá mhír an dara huair.

Comhrá

An chéad mhír

1	Céard atá á dhéanamh ag Áine i dteach a huncail?

An dara mír

2	Cathain a bheidh Áine ag filleadh abhaile?
3	Céard a bhí ar siúl i dteach Antaine?

Mo Cheantar

FACSS

Foghlaim an foclóir seo le haghaidh scrúdú.

Féach Abair Clúdaigh	Béarla	Scríobh	Seiceáil
faoin tuath	in the country		
i lár na cathrach	in the city centre		
ar imeall na cathrach	on the outskirts of the city		
i mbruachbhaile	in a suburb		
i sráidbhaile	in a village		
i mbaile beag iargúlta	in a small, remote town		
ar bhóthar ciúin	on a quiet road		
ar bhóthar torannach	on a noisy road		
in eastát tithíochta	in a housing estate		
sa Ghaeltacht	in the Gaeltacht		
cois farraige	by the sea		
gar do stad an bhus	near to the bus stop		
gar don stáisiún traenach	near to the train station		
i bhfad ón scoil	far away from the school		
i gceantar deas ciúin	in a nice quiet area		
i gceantar fuadrach	in a busy area		
ar fheirm	on a farm		

Cleachtadh ag scríobh

Féach ar na pictiúir thíos agus déan cur síos orthu.

Céard iad na háiseanna atá i do cheantar?

Féach ar an bpictiúr seo agus meaitseáil iad leis na háiseanna ón liosta thíos.

áit súgartha	playground	**amharclann**	theatre
bialann	restaurant	**club óige**	youth club
club/cúirt leadóige	tennis club/court	**galfchúrsa**	golf course
lárionad spóirt	sports centre	**leabharlann**	library
linn snámha	swimming pool	**oifig an phoist**	post office
páirc phoiblí	public park	**pictiúrlann**	cinema
stáisiún dóiteáin	fire station	**Stáisiún na nGardaí**	Garda Station

Cleachtadh ag scríobh

1 Cén áit atá i gceist?

a) Bíonn daoine ag imirt gailf ann.
b) Féachann tú ar scannán ann.
c) Téann tú ag snámh ann.
d) Téann páistí óga ag spraoi ann.
e) Tógtar leabhair amach ar iasacht ann.

2 Fíor nó bréagach?

	Fíor	Bréagach
a) Ceannaítear stampaí in oifig an phoist.	☐	☐
b) Imrítear galf sa chlub leadóige.	☐	☐
c) Bíonn scannáin le feiceáil sa phictiúrlann.	☐	☐
d) Oibríonn gardaí i Stáisiún na nGardaí.	☐	☐
e) Níl cead ag daoine dul isteach sa pháirc phoiblí.	☐	☐

Labhair amach ... labhair os ard!

1 Céard iad na háiseanna atá i do cheantar?
Tá a lán áiseanna i mo cheantar. Tá ionad siopadóireachta, leabharlann agus pictiúrlann ann.

2 An bhfuil aon áiseanna spóirt ann?
Tá an t-ádh liom mar go bhfuil a lán clubanna spóirt i mo cheantar. Tá club mór Chumann Lúthchleas Gael, tá club leadóige agus tá linn snámha ann freisin.

3 An bhfuil aon áiseanna eile ar mhaith leat a fheiceáil sa cheantar?
Níl aon áit súgartha sa cheantar. Tá deirfiúr agus deartháir óg agam agus bheadh sé go hiontach dá mbeadh áit acu le dul ag súgradh agus briseadh a thabhairt do mo mháthair.

Cluiche 90 soicind!

Tá 90 soicind agat chun na háiseanna a scríobh amach. Malartaigh é le do chara chun é a cheartú.

Téigh go dtí edco.ie/iontas3.

Léamhthuiscint Cian Ó Ruairc

Léigh an sliocht seo agus déan na cleachtaí a ghabhann leis.

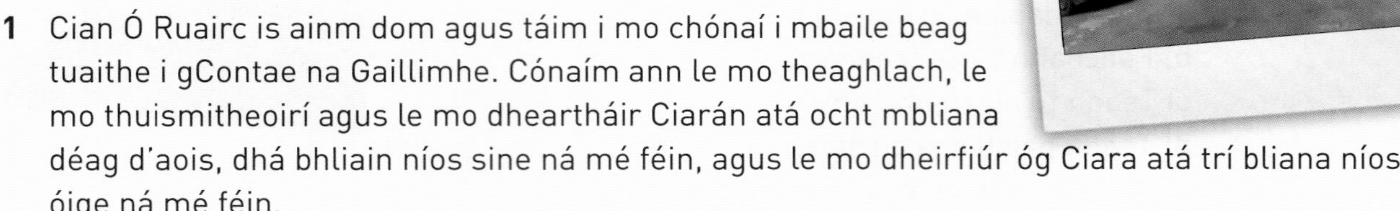

1 Cian Ó Ruairc is ainm dom agus táim i mo chónaí i mbaile beag tuaithe i gContae na Gaillimhe. Cónaím ann le mo theaghlach, le mo thuismitheoirí agus le mo dheartháir Ciarán atá ocht mbliana déag d'aois, dhá bhliain níos sine ná mé féin, agus le mo dheirfiúr óg Ciara atá trí bliana níos óige ná mé féin.

2 Is maith liom mo cheantar agus ceapaim go bhfuil Contae na Gaillimhe ar an áit is deise in Éirinn. Tá a lán áiseanna i mo cheantar. Tá cúpla siopa ann ach bíonn orainn dul isteach go dtí cathair na Gaillimhe má bhíonn éadaí nó **trealamh**[1] spóirt ag teastáil. Tá lárionad spóirt ann agus tá páirceanna imeartha in aice láimhe. Imrítear cluichí gaelacha agus sacar ann mar roinneann an Cumann Lúthchleas Gael agus Club Sacar na Tuaithe na háiseanna. Tá galfchúrsa cúpla cilimeadar síos an bóthar ón mbaile agus táim féin agus m'athair inár mbaill ann. Téim amach ag imirt gailf gach deireadh seachtaine leis. Imríonn mo mháthair agus mo dheirfiúr leadóg agus tá siad ina mbaill den chlub áitiúil.

3 Ní duine spórtúil é mo dheartháir Ciarán agus caitheann sé a lán ama ar an idirlíon ag caint lena chairde ar Facebook nó ar shuíomh eile mar sin. **Go dtí le déanaí**[2] bhí leabharlann agus oifig an phoist sa bhaile ach **ar an drochuair**[3] dúnadh iad cúpla mí ó shin.

4 Tá áit súgartha nua ann do pháistí an bhaile. Is aoibhinn leis na páistí óga dul ag spraoi ann agus bíonn an áit **plódaithe**[4] ag an deireadh seachtaine. Is aoibhinn liom mo bhaile dúchais. An t-aon **locht**[5] a fhaighim air ná go bhfuil sé beagáinín iargúlta agus bíonn carr ag teastáil chun dul aon áit.

Cabhair!

[1] equipment
[2] until recently
[3] unfortunately
[4] crowded
[5] fault

1 Freagair na ceisteanna thíos.

- **a)** Cé hé an páiste is sine i dteaghlach Chéin?
- **b)** Céard iad na háiseanna spóirt atá sa cheantar?
- **c)** Cá bhfios gur clann spórtúil é teaghlach Chéin?
- **d)** Conas a léirítear go bhfuil ag éirí go maith leis an áit súgartha?
- **e)** Cén locht a fhaigheann Cian ar a cheantar?
- **f)** Cén t-alt sa sliocht thuas a dtagraíonn an abairt seo a leanas dó? 'Is iomaí áis spóirt atá i gceantar Chéin.'

2 Líon na bearnaí thíos.

- **a)** Tá ______________ spóirt ar an mbaile.
- **b)** Bíonn sacar ar siúl ar na páirceanna ______________ ag an deireadh ______________.
- **c)** Caitheann mo dheartháir a lán ama ar an ______________ ag labhairt lena chairde ar Facebook.
- **d)** Bíonn sráideanna na cathrach ______________ gach deireadh seachtaine.

Ag Ullmhú don Scrúdú: Ceapadóireacht

Scéal/Eachtra

Ceap scéal a bhaineann le heachtra a tharla ar an bhfarraige.

Sampla

Is maith is cuimhin liom[1] an lá. An samhradh a bhí ann. Bhí an ghrian **ag scoilteadh na gcloch**[2], bhí an lá ciúin. Shocraigh mé féin agus mo chara Seán dul amach ag iascach. Chuireamar na **slait iascaigh**[3], **na doruithe**[4] agus an **baoite**[5] isteach sa bhád beag. Amach linn ar an bhfarraige chiúin ghorm. Bhíomar **ar ár sáimhín só**[6], ag iascach, ag caint agus ag gáire. Go tobann d'éirigh an spéir ní ba dhorcha agus thosaigh an ghaoth ag séideadh. Thosaigh sé **ag stealladh báistí**[7] agus bhíomar **fliuch go craiceann**[8]. Bhí **tonnta móra**[9] faoin mbád anois agus bhíomar **sceimhlithe inár mbeatha**[10], cinnte. Bhí an bád beag ag dul **ní ba ghaire**[11] agus ní ba ghaire do na carraigeacha móra.

Bhí an bheirt againn **tuirseach traochta**[12] **ag rámhaíocht**[13] agus bhíomar beagnach ag caoineadh. Cheap mise gur chuala mé torann thar na tonnta. Ansin chonaic mé m'athair agus cúpla iascaire eile ón gceantar. Tháinig siad in aice linn agus chabhraigh siad linn dul isteach ina mbád. Bhíomar **slán sábháilte**[14], buíochas mór le Dia. Bhí **greim an duine bháite**[15] agam ar m'athair.

Bhí an t-ádh dearg linn gur tháinig na hiascairí eile mar ag an nóiméad sin briseadh ár mbád ar na carraigeacha. **Ar ámharaí an tsaoil**[16] bhí m'athair thíos ar an trá ag obair ar a bhád nuair a chonaic sé an aimsir ag athrú. Bhí a fhios aige go raibh mé féin agus Seán imithe amach agus bhí sé an-bhuartha fúinn. **Gan a thuilleadh moille**[17] ghlaoigh sé ar chúpla iascaire eile agus amach leo sna báid. Nuair a shroicheamar an baile an tráthnóna sin bhí an bheirt againn fliuch go craiceann agus **ag crith**[18] leis an eagla agus leis an bhfuacht. Bhí sé deacair dul a chodladh an oíche sin.

Ní dhéanfaidh mé dearmad go deo ar an lá uafásach sin, an lá a shábháil m'athair mé ó chontúirt na farraige.

Cabhair!

[1] I well remember	[10] terrified out of our wits
[2] splitting the rocks	[11] nearer
[3] fishing rods	[12] exhausted
[4] hooks	[13] rowing
[5] bait	[14] safe and sound
[6] relaxed	[15] tight grip
[7] lashing rain	[16] by the luckiest chance
[8] soaked to the skin	[17] without further delay
[9] huge waves	[18] shaking

Líon na bearnaí thíos.

1. Bhí Seán _______________ go craiceann mar go raibh sé amuigh sa bháisteach.
2. D'éirigh na daltaí imníoch nuair a bhí sé ag teacht ní ba _______________ do na scrúduithe.
3. Tar éis do mo chara an maratón a rith bhí sí tuirseach _______________.
4. Rug mé greim an duine _______________ ar an leanbh nuair a thosaigh sé ag titim.
5. Fuair sí an boladh deataigh agus gan a thuilleadh _______________ rith sí as an teach.
6. Tharla timpiste ar an mbóthar agus ar _______________ an tsaoil tháinig dochtúir go tapaidh.
7. Bhí na cailíní _______________ ina mbeatha nuair a chonaic siad an taibhse i lár na hoíche.

Ag cleachtadh don scrúdú

i) Déan cur síos ar eachtra a tharla agus tú san ionad siopadóireachta le do chairde.
ii) Ceap scéal a mbeadh an giota seo oiriúnach mar thús leis:
'Mo bhreithlá a bhí ann agus bheartaigh mé féin agus mo theaghlach fanacht in óstán galánta don deireadh seachtaine ....'
iii) Déan cur síos ar eachtra a tharla nuair a bhog tú féin agus do theaghlach isteach i dteach nua.

Searáidí

Imir cluiche searáidí ag déanamh cur síos ar cheantar agus bain úsáid aidiacht ag cur síos air. Mar shampla, baile iargúlta; sráidbhaile torannach. Go n-éirí libh!

Téigh go dtí edco.ie/iontas3.

Éist agus scríobh

Éist leis an múinteoir ag léamh an ailt thíos agus ansin scríobh an t-alt i do chóipleabhar. Nuair a chríochnaíonn tú ag scríobh oscail do leabhar agus ceartaigh do chuid oibre!

Is í Baile Átha Cliath príomhchathair na hÉireann. Is cathair an-ghnóthach í. Is iomaí áis agus acmhainn atá sa phríomhchathair. Tá Teach Laighean ann ar ndóigh. Tá an chathair lán le bialanna, amharclanna, iarsmalanna agus siopaí. Tá bruachbhailte ciúine agus torannacha ann. Cónaíonn breis is milliún duine i mBaile Átha Cliath.

An tIonad Siopadóireachta

Féach ar na comharthaí siopaí thíos. Meaitseáil iad leis na focail ar leathanach 72

bácús	bakery	**siopa crua-earraí**	hardware shop	**banc**	bank
siopa éadaí	clothes shop	**siopa búistéara**	butcher's shop	**caifé**	café
siopa féiríní	gift shop	**siopa cártaí**	greeting card shop	**carrchlós**	car park
siopa fón póca	mobile phone shop	**siopa spóirt**	sports shop	**cógaslann**	pharmacy
siopa grósaera	grocery shop	**siopa torthaí agus glasraí**	fruit and vegetable shop	**gruagaire**	hairdresser
siopa troscáin	furniture shop	**siopa leabhar**	bookshop	**siopa bláthanna**	florist
ollmhargadh	supermarket	**siopa nuachtán**	newsagent	**siopa seodóra**	jewellers
siopa bianna sláinte	health food store	**siopa peataí**	pet shop	**siopa ilranna**	department store

Cleachtadh ag scríobh

1 Líon na bearnaí thíos.

a) Ceannaítear ________________ i siopa troscán.
b) Ceannaítear ________________ i siopa éadaigh.
c) Ceannaítear ________________ i siopa nuachtán.
d) Ceannaítear ________________ i siopa peataí.
e) Ceannaítear ________________ i siopa seodóra.

irisleabhair, fáinne, cathaoireacha, brístí géine, bia madraí

2 Líon na bearnaí thíos.

a) Ceannaítear úlla i siopa ________________.
b) Ceannaítear liathróidí i siopa ________________.
c) Ceannaítear feoil i siopa ________________.
d) Ceannaítear leigheas i ________________.
e) Ceannaítear tairní (*nails*) i siopa ____________.

crua-earraí, torthaí agus glasraí, gcógaslann, spóirt, búistéara

Labhair amach ... labhair os ard!

1 Inis dom faoi d'ionad siopadóireachta áitiúil.

Tá an t-ionad siopadóireachta an-mhór. Tá ollmhargadh mór ann agus a lán siopaí éadaigh ann freisin. Tá pictiúrlann agus bialanna ann freisin.

2 An mbíonn tú san ionad siopadóireachta go minic?

Buailim le mo chairde ann ag an deireadh seachtaine. Is maith linn siúl thart ag féachaint ar na héadaí nó ag dul go dtí an phictiúrlann.

Déan taighde faoi do cheantar féin. Cé chomh sean is atá sé? Ar tharla aon rud stairiúil ann? Ar tháinig aon duine cáiliúil uaidh?

Léamhthuiscint Caitríona Uí Chonghaile

Léigh an t-alt seo agus déan na cleachtaí a ghabhann leis.

1 Caitríona Uí Chonghaile is ainm dom agus is mise **bainisteoir**[1] an ionaid siopadóireachta anseo sa bhaile. Is aoibhinn liom mo phost. Tá sé an-ghnóthach ar ndóigh. Tá beagnach tríocha **gnó**[2] anseo san ionad siopadóireachta. Tá ollmhargadh amháin, dhá bhanc, trí chógaslann, ceithre shiopa éadaigh agus siopa leabhar ann. Chomh maith leis sin tá cúpla bialann, dhá shiopa bróg agus dhá shiopa seodra ann. Tá siopa spóirt, siopa fón póca agus caifé idirlín ann freisin agus caitheann na déagóirí a lán ama istigh sna siopaí sin.

2 Tá trí urlár san ionad agus tá gnáthstaighre agus **staighre creasa**[3] ann. Tá m'oifig thuas staighre ar an gcéad urlár agus ní bhíonn nóiméad agam **i rith an lae**[4]. Bíonn daoine **isteach agus amach**[5] chugam an t-am ar fad. Uaireanta bíonn **fadhb**[6] ag na siopadóirí leis an **leictreachas**[7]. Uaireanta eile bíonn siad **ag gearán**[8] toisc nach bhfuil an t-ionad glan agus bíonn orm labhairt leis na **glantóirí**[9] ansin.

3 An tseachtain seo caite bhí **drong**[10] daoine ag goid ó chúpla siopa agus chuir mé fios ar na gardaí. Bhí fadhb mhór againn anuraidh. Bhí an stoirm ba mheasa **i gcuimhne na seacht sinsear**[11] sa cheantar agus rinneadh a lán damáiste don ionad. Bhí **tuillte**[12] móra sa cheantar agus chuaigh abhainn in aice láimhe **thar bhruach**[13]. Tháinig a lán uisce isteach san ionad agus bhí na siopaí ar an urlár dúnta ar feadh cúpla lá. Mar a deir an seanfhocal, '**Is olc an ghaoth**[14] nach séideann maith do dhuine éigin' mar nuair a d'oscail na siopaí arís bhí na praghsanna an-íseal agus fuair a lán daoine **margadh**[15] maith.

Cabhair!

1 manager
2 business
3 escalator
4 during the day
5 in and out
6 problem
7 electricity
8 complaining
9 cleaners
10 gang
11 in living memory
12 floods
13 overflow
14 it's an ill wind ...
15 bargain

1 Freagair na ceisteanna thíos.

a) Cén post atá ag Caitríona?
b) Luaigh cúig cinn de na gnóthaí atá san ionad siopadóireachta.
c) Céard iad na siopaí a thaitníonn leis na déagóirí?
d) Cén fáth a luaitear an seanfhocal ag an deireadh?
e) Cén t-alt sa sliocht thuas a dtagraíonn an abairt seo a leanas dó? 'Tá post an-ghnóthach ag Caitríona.'

2 Líon na bearnaí thíos.

a) Ní maith liom an staighre ______________; b'fhearr liom siúl suas nó anuas an gnáthstaighre.
b) Bíonn daltaí ______________ agus ______________ chuig an bpríomhoide an lá ar fad.
c) Bhí an stoirm ba mheasa i gcuimhne na ______________ ______________ sa tír anuraidh agus scriosadh a lán bád agus tithe.
d) Chuaigh an abhainn thar ______________ agus bhí an teach scriosta.

Le foghlaim! Ag tabhairt treoracha

ar thaobh na láimhe clé	on the left-hand side
ar thaobh na láimhe deise	on the right-hand side
cas ar clé	turn left
Cas ar dheis ag na soilse tráchta.	Turn right at the traffic lights.
cas ar dheis	turn right
Cuir ceist ar dhuine eile ansin.	Ask somebody else then.
díreach os do chomhair amach	straight in front of you
feicfidh tú	you will see
in aice leis an siopa	beside the shop
Lean ort ar an mbóthar seo.	Continue on this road.
nuair a fheicfidh tú	when you see
staighre creasa	escalator
Tar anuas an staighre.	Come down the stairs.
téigh ar aghaidh	go straight ahead
téigh siar	go back
Téigh suas an staighre.	Go up the stairs.
Téigh trasna an bhóthair.	Cross the road.
trasna ón séipéal	across from the church

Blag Megan

Léigh blag Megan agus freagair na ceisteanna a ghabhann leis.

Mo Bhlag Blag Megan

Bhuail mé le bean ó Shasana inné nuair a bhí mé ag teacht abhaile ón scoil. Bhí sí ar strae. Ba mhaith léi dul go dtí an leabharlann. Dúirt mé léi leanúint ar aghaidh suas an bóthar, casadh ar clé ag barr an bhóthair, agus ansin casadh ar dheis ag bun an bhóthair sin agus bheadh an leabharlann os a comhair amach. Tá súil agam gur thug mé na treoracha cearta di!

1. Cárbh as don bhean?
2. Cá raibh sí ag iarraidh dul?
3. Céard iad na treoracha a thug Megan di?

Craic sa rang!

Roghnaigh áit sa scoil (an tsaotharlann mar shampla) ach ná habair le do chara cén áit atá i gceist. Tabhair treoracha dó/di ón seomra ranga seo go dtí an áit agus féach an mbeidh sé/sí ábalta do threoracha a leanúint agus an áit a aimsiú (gan an seomra a fhágáil ar ndóigh!).

Ag Úllmhú don Scrúdú: Ceapadóireacht

Aiste

Sampla: An áit is fearr liom ar domhan

Níl aon tinteán mar do thinteán féin agus is é mo bhaile féin an áit is fearr liom ar domhan. Tá an t-ádh dearg liom go gcónaím i mBré i gCill Mhantáin, idir na sléibhte agus an fharraige. Nílim ach daichead nóiméad ó lár chathair Bhaile Átha Cliath ar an Dart agus mar sin tá gach rud ar leac an dorais againn anseo.

Is baile ciúin agus baile gnóthach é Bré. Tá sé mór agus tá sé beag. Bíonn sé plódaithe i rith an tsamhraidh le cuairteoirí agus turasóirí ach tá aithne ag muintir na háite ar a chéile. Tá **ionad siamsaíochta**[1] sa bhaile agus tagann clanna le páistí óga ann. Tá **uisceadán**[2] i mBré agus tá iasc de gach cineál ann, fiú siorc! Is aoibhinn leis na páistí óga dul ar cuairt ann.

Toisc go bhfuilimid in aice na farraige téann a lán daoine ag siúl ar an trá nó ar na h**aillte**[3]. Tá radhairc áille ó na haillte.

Tá gach áis againn i mBré. Tá neart siopaí, bialanna, scoileanna, páirceanna imeartha agus poiblí agus tá muintir na háite an-chairdiúil. Tá amharclann agus ionad ealaíne ann freisin agus **meallann**[4] siad cuairteoirí freisin.

Bíonn sé i bhfad níos ciúine i mBré i rith an gheimhridh. Ní thagann a lán turasóirí ansin agus is fearr liom mo bhaile sa gheimhreadh. Is maith liom éisteacht le fuaim na dtonnta agus **fuaim na bhfaoileán**[5] thíos ar an trá. Tá radharc agam ar an trá ó mo sheomra leapa. Gach lá sula dtosaím ar m'obair bhaile téim ag siúl ar an b**promanáid**[6] le mo mhadra. Is cuma liom má bhíonn sé ag cur báistí. Mothaím sláintiúil ag líonadh mo **scamhóg**[7] le haer folláin. Ní fhágfainn Bré **ar ór na cruinne**[8].

Cabhair!

1. amusement arcade
2. aquarium
3. cliffs
4. attract
5. sound of the gulls
6. promenade
7. lungs
8. for all the gold in the world

Ag cleachtadh don scrúdú

Scríobh aiste ar do rogha ceann de na teidil seo:

i) Mar a chaithim an deireadh seachtaine
ii) Cairde agus comharsana
iii) An fharraige – an taitneamh agus an baol a bhaineann leis

Ag Ullmhú don Scrúdú: Litir Phearsanta

Fuair tú post samhraidh. Scríobh litir chuig do chara faoin bpost.
I do litir luaigh:
- an post atá agat
- an obair atá le déanamh agat
- an t-airgead a thuilleann tú
- rud amháin faoin bpost a thaitníonn leat agus rud amháin nach dtaitníonn leat
- eachtra éigin a tharla

2 Páirc na Coille
An Trá Bhán
Co. na Gaillimhe
2 Lúnasa 2018

A Aoife, a chara,

Cén chaoi a bhfuil tú féin? Agus do mhuintir? Chuala mé nach raibh do sheanmháthair ar fónamh? Tá súil agam go bhfuil biseach ag teacht uirthi. Abair léi go raibh mé agus mo mháthair ag cur a tuairisce.

Fan go gcloise tú! Fuair mé post páirtaimseartha sa siopa rothar san ionad siopadóireachta áitiúil. Is aoibhinn liom an post mar, mar is eol duit, tá an-suim agam sa rothaíocht. Bhí fógra i bhfuinneog an tsiopa faoin bpost agus chuir mé ***iarratas***[1] *isteach* ***láithreach bonn***[2]*. Rinne mé* ***agallamh***[3] *agus fuair mé an post. Oibrím ann cúig lá sa tseachtain agus tuillim deich euro san uair.*

Bím ag freastal ar na custaiméirí agus ***ag deisiú***[4] *na rothar. Is maith liom a bheith ag caint agus ag cabhrú le daoine. An t-aon rud nach maith liom faoin bpost ná go mbím an-salach ag dul abhaile gach lá.*

Caithfidh mé imeacht anois mar go bhfuil an dinnéar réidh. Buailfidh mé leat an deireadh seachtaine seo chugainn má tá tú saor.

Slán go fóill,
Do chara buan,
Pádraig

Cabhair!

[1] application
[2] immediately
[3] interview
[4] repairing

Cleachtadh ag scríobh

Freagair na ceisteanna seo a leanas:

1. Cad atá cearr le seanmháthair Aoife?
2. Cén fáth a bhfuil Pádraig chomh sona sásta sin?
3. Conas a fuair sé an post?
4. Cad a thuilleann sé don obair?
5. Cén rud faoin bpost nach dtaitníonn leis?

Cleachtadh ag scríobh

Líon na bearnaí thíos.

Chuaigh m'aintín go dtí an t-ospidéal toisc nach raibh sí ar ____________. Bhí an t-ádh léi agus scrúdaigh an dochtúir í ___________ bonn. Dúirt an dochtúir go mbeadh __________ uirthi tar éis uair nó dhó. Bhí a clann ar fad ag cur a ______________. Tar éis cúpla lá chuaigh sí ar ais go dtí a post ____________ san ollmhargadh áitiúil. Tá an t-ollmhargadh san ionad ____________ mór ar an mbaile. Oibríonn sí trí lá sa __________. Bíonn sí ag __________ leis na custaiméirí gach lá. ___________ sí dhá chéad euro agus is aoibhinn léi a post. Fuair sí an post dhá bhliain ó shin. Chonaic sí ___________ i bhfuinneog an tsiopa agus chuir sí ___________ isteach. Bhí uirthi _____________ a dhéanamh agus fuair sí an post.

iarratas, siopadóireachta, biseach, fónamh, tuilleann, páirtaimseartha, agallamh, tuairisce, tseachtain, láithreach, fógra, cabhrú

Ag cleachtadh don scrúdú

A Bhí tú san ionad siopadóireachta nua le déanaí. Scríobh litir chuig do chara ag insint di/dó faoin ionad siopadóireachta.

I do litir luaigh:

- an áit a bhfuil an t-ionad nua
- na siopaí atá ann
- rud amháin faoin ionad a thaitin leat
- rud amháin faoin ionad nár thaitin leat

B Bhog tú teach le déanaí. Scríobh litir chuig do chara ag insint di/dó faoin teach nua.

I do litir luaigh:

- an fáth ar bhog tú teach
- an ceantar ina bhfuil an teach nua
- na comharsana nua atá agat
- rud amháin faoin teach agus faoin gceantar a thaitníonn leat
- rud amháin faoin teach agus faoin gceantar nach dtaitníonn leat

An Bhéaltriail: Mo Cheantar
Ag Ullmhú don Scrúdú CD 1 Rian 13–16

❶ **Éist leis na samplaí thíos ar an dlúthdhiosca Rian 14–15. Ullmhaigh píosa eolais fút féin. Léigh na samplaí thíos.**

A Is aoibhinn liom an chathair. Téim isteach sa chathair ag siopadóireacht le mo chairde gach deireadh seachtaine. Tugann mo thuismitheoirí airgead póca dom agus faighim an bus chuig lár na cathrach. Bíonn lón againn sa chathair agus buailimid lenár gcairde scoile tar éis lóin. Nuair a bhíonn an t-airgead agam ceannaím irisí nó geansaí spraoi. Faighimid an bus abhaile thart ar a cúig a chlog.

B Tá áiseanna iontacha i mo cheantar. Tá siopaí de gach saghas sa bhaile mór. Mar shampla tá dhá shiopa nuachtán, siopa faisin, oifig an phoist agus bialann ann. Tá na háiseanna spóirt sa cheantar go hiontach freisin. Tá club óige i lár an bhaile agus tá club leadóige agus peile ar imeall an bhaile.

❷ **Labhair amach os comhair an ranga agus déan cur síos ar na háiseanna atá ar fáil i do cheantar.**

❸ **Freagair na ceisteanna thíos. Éist leis na freagraí samplacha ar an dlúthdhiosca, Rian 16.**

a) Cá bhfuil tú i do chónaí?
b) An maith leat an ceantar?
c) Ainmnigh na siopaí atá sa cheantar.
d) Céard iad na háiseanna do dhaoine óga atá sa cheantar?
e) An bhfuil post páirtaimseartha agat?
f) An dtaistealaíonn tú ar an mbus go minic?
g) An dtéann tú ag siopadóireacht go minic?
h) Céard a cheannaíonn tú nuair a théann tú ag siopadóireacht?
i) An dtéann tú chuig bialann go minic?
j) Céard a itheann tú de ghnáth?

An Chluastuiscint: Mo Cheantar CD 1 Rian 51–56

Cuid A

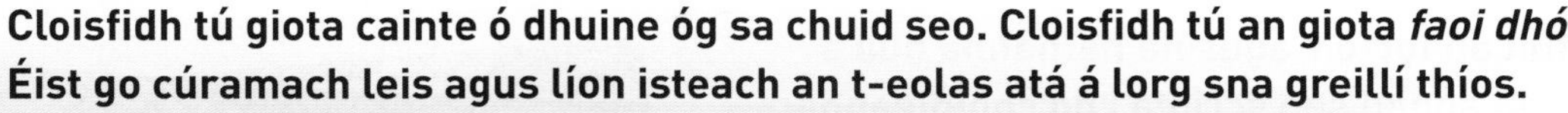

Cloisfidh tú giota cainte ó dhuine óg sa chuid seo. Cloisfidh tú an giota *faoi dhó*. Éist go cúramach leis agus líon isteach an t-eolas atá á lorg sna greillí thíos.

An chéad chainteoir

Ainm	*Sinéad Ní Bhuachalla*
Cá bhfuil cónaí ar Shinéad?	
Cá dtéann Sinéad lena tuismitheoirí gach Domhnach?	
Céard ba mhaith le Sinéad a dhéanamh nuair a fhágfaidh sí an scoil?	

Cuid B

Cloisfidh tú fógra nó píosa nuachta anois. Cloisfidh tú é *faoi dhó*. Éist go cúramach leis.

Píosa nuachta

1. Cén fáth a mbeidh an bóthar idir Baile na Manach agus Dún Laoghaire dúnta?

2. Cé a bhuailfidh leis an Uachtarán san ospidéal?

3. Céard a bheidh ar siúl sa bhaile i rith an deireadh seachtaine?

Cuid C

Cloisfidh tú comhrá sa chuid seo. Cloisfidh tú é *faoi dhó*. Cloisfidh tú an comhrá ó thosach deireadh an chéad uair. Ansin cloisfidh tú é ina dhá mhír an dara huair.

Comhrá

An chéad mhír

1. Ainmnigh jab amháin a rinne Seán sa teach.

An dara mír

2. Cá mbuailfidh Niamh agus Seán le chéile?

3. Cén téacs a sheol Traolach chuig Seán aréir?

Súil Siar ar Aonad a Trí

1. **Bí cinnte go bhfuil an foclóir agus na nathanna nua a d'fhoghlaim tú san aonad seo scríofa i do chóipleabhar nótaí.**

2. **Líon na bearnaí thíos.**
   - **a)** Tá an t-ádh liom go bhfuil an stáisiún traenach in aice ________________.
   - **b)** Is aoibhinn liom a bheith cois ________________ ag féachaint ar na tonnta móra.
   - **c)** Bíonn lár na cathrach ________________ gach deireadh seachtaine.
   - **d)** Níl faic na ________________ le déanamh i mo cheantar.
   - **e)** Bhí na páistí fliuch go ________________ mar bhí siad ag spraoi amuigh sa bháisteach.
   - **f)** Nuair a bhí mé tinn cheannaigh mo mháthair leigheas dom sa ________________.
   - **g)** Tá dhá leaba i mo sheomra ________________ mar roinnim an seomra le mo dheartháir.
   - **h)** Cheannaigh mo thuismitheoirí tolg nua don seomra suí sa siopa ________________.
   - **i)** Níor tharla timpiste chomh dona leis sin i gcuimhne na ________________ ________________.

3. **Freagair na ceisteanna seo.**
   - **a)** Ainmnigh deich siopa a bhíonn in ionad siopadóireachta de ghnáth.
   - **b)** Ainmnigh cúig rud a fhaightear i seomra folctha.
   - **c)** Scríobh síos na buntáistí/míbhuntáistí a bhaineann le bheith i do chónaí sa chathair.
   - **d)** Scríobh síos na buntáistí/míbhuntáistí a bhaineann le bheith i do chónaí faoin tuath.

4. **Ceartaigh na botúin san alt seo.**
   is aoibhinn liom mo teach agus mo ceantar. Táim i mo chónaí i teach scoite in aice an farraige. Tá a lán áiseanna i mo cheantar. Tá club leadóg, club óige agus galfcúrsa ann. Is ball mé den chlub leadóige agus imrím leadóg gach deireadh seachtain. Is maith liom dul go dtí an t-ionad siopadóireacht le mo chairde ar an Satharn. Má bhíonn an airgead againn ceannaímid éadaí nó bróga spóirt.

5. **Trialacha teanga comhthéacsúla**
   Cónaíonn Tomás i lár na ________________ [**(a)** cathair **(b)** chathrach **(c)** cathrach] lena theaghlach. Is aoibhinn leis cith a ghlacadh agus caitheann sé uair a chloig gach oíche sa seomra ________________. Is maith leis bualadh lena chairde ag an ionad ________________ ag an deireadh seachtaine freisin. Faigheann sé airgead póca óna ________________ [**(a)** tuismitheoirí **(b)** thuismitheoirí **(c)** dtuismitheoirí]. Bíonn a mháthair ag gearán go mbíonn a sheomra ________________ [**(a)** leaba **(b)** leapacha **(c)** leapa] ina chiseach.

4 Aonad a Ceathair

Laethanta Saoire agus na Séasúir

Bíonn siúlach scéalach.

Tíortha an Domhain

FACSS

Foghlaim na tíortha seo.

Féach Abair Clúdaigh	Scríobh	Seiceáil
1 Albain		
2 An Astráil		
3 An Bhreatain Bheag		
4 An Bhulgáir		
5 An Eilvéis		
6 An Fhrainc		
7 An Ghearmáin		
8 An Ghréig		
9 An Iodáil		
10 An Ostair		
11 An Phortaingéil		
12 An Spáinn		
13 An Tuirc		
14 Éire		
15 Na Stáit Aontaithe		
16 Sasana		

Meaitseáil

Meaitseáil na tíortha leis na bratacha.

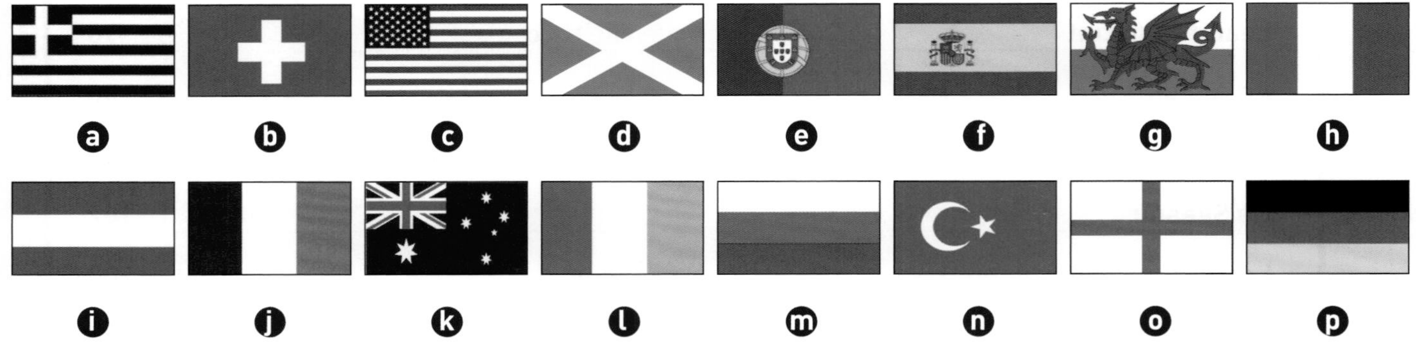

a b c d e f g h

i j k l m n o p

Cleachtadh ag scríobh

Déan liosta de na tíortha ar thug tusa cuairt orthu thar na blianta. Mura bhfuil siad ar an liosta thuas, téigh ag cuardach san fhoclóir.

1	2	3	4	5	6	7	8
9	10	11	12	13	14	15	16

Laethanta Saoire

Le foghlaim!

Na rudaí a dhéantar ar laethanta saoire

ag sú na gréine	sunbathing	**ag ithe i mbialanna**	eating in restaurants
ag spaisteoireacht thart	rambling about	**ag foghlaim teanga nua**	learning a new language
ag taiscéaladh an cheantair	exploring the area	**ag foghlaim faoi chultúir eile**	learning about other cultures
ag tabhairt cuairte ar iarsmalanna	visiting museums	**ag ligean do scíthe**	relaxing
ag dul ar cuairt ar áiteanna cáiliúla agus stairiúla	visiting famous and historical places	**ag siopadóireacht**	shopping
ag seoltóireacht	sailing	**ag siúl cois trá**	walking on the beach
ag campáil	camping		

Cleachtadh ag scríobh

1 Líon na bearnaí thíos.

Chaitheamar coicís sa ________________ an samhradh seo caite. Chuamar ag ________________ thart gach maidin sular éirigh sé an-te. Ansin bhíomar ag ________________ na gréine. San oíche bhí sé de nós againn dul amach go dtí bialann áitiúil agus an bia ________________ a bhlaiseadh. Ní raibh a lán áiteanna ________________ san áit a rabhamar ag fanacht. Lig an chlann ar fad a ________________.

Spáinneach, sú, scíth, stairiúla, spaisteoireacht, Spáinn

2 Ceartaigh na botúin sa sliocht seo.

Chuaigh mé féin agus mo mhuintir ar chuairt ar iarsmalann inné. Bhí a lán rudaí stairiúla sna hiarsmalanna. Ní thaitin sé liom. B'fhearr liom bheith ag sú an ghrian nó ag ligean mo scíth ar an trá. Ní maith liom a bheith ag foghlaim faoi cultúr nua. Is fearr i bhfad liom a bheith ag siúl cois thrá nó ag ithe i bialanna.

Léamhthuiscint Neasa

Léigh an sliocht agus freagair na ceisteanna a ghabhann leis.

Táim díreach ar ais ó mhí sa Fhrainc le mo theaghlach. Bhí teach **ar cíos**[1] againn ann. Bhí an teach saoire lonnaithe in aice leis an trá. Bhí an aimsir go hiontach, an ghrian ag scoilteadh na gcloch agus gan scamall ar bith sa spéir ghorm. Chaitheamar an t-am ag snámh nó ag luí faoin ngrian. Bhí margadh beag gar don teach agus cheannaíomar bia **áitiúil**[2] na Fraince. Bhí orm **seilidí**[3] agus cosa froig a ithe. Ní raibh siad thar mholadh beirte.

Thaitin arán na Fraince go mór liom agus rothaigh mé féin agus mo dheirfiúr síos go dtí an **bácús**[4] gach maidin chun arán úr a cheannach. Tá na bácúis sa Fhrainc cosúil le hobair ealaíne, tá **an oiread**[5] sin dathanna agus **dearaí**[6] ar na cístí. Tá súil agam go rachaimid ar ais ann an samhradh seo chugainn.

Cabhair!

1 rented
2 local
3 snails
4 bakery
5 so many
6 designs

1. Cé mhéad ama a chaith Neasa sa Fhrainc?
2. Cad a dúirt sí faoin aimsir?
3. Cad a cheap Neasa de na seilidí agus na cosa froig?
4. Cad a rinne sí féin agus a deirfiúr gach maidin?
5. Cén fáth a ndúirt sí go raibh an bácús cosúil le hobair ealaíne?

Labhair amach … labhair os ard!

1. **Cad a dhéanann tú féin agus do mhuintir i gcomhair laethanta saoire?**
   Fanaimid in Éirinn. Tá teach saoire againn i Loch Garman. Is as Loch Garman do mo mháthair agus is aoibhinn léi dul ar ais ann gach samhradh. Tagann a deirfiúracha agus a deartháireacha ann agus bíonn an-spraoi agam le mo chol ceathracha. Is aoibhinn liom an mhí a chaithim ann le mo ghaolta.
2. **Cad a rinne tú nuair a bhí tú i Londain?**
   Thug mé cuairt ar a lán áiteanna cáiliúla. Chuamar go dtí Pálás Buckingham agus Cearnóg Trafalgar. Tá suim mhór ag mo thuismitheoirí sa stair agus mar sin chaitheamar lá amháin san Iarsmalann Chogaidh.

Cluiche 90 soicind!

Tá 90 soicind agat chun an oiread gníomhaíochtaí saoire agus is féidir a scríobh amach. Ansin malartaigh é le do chara chun é a cheartú.

Ag mealladh turasóirí

Téigh go dtí an gníomhaire taistil nó ar líne agus faigh cúpla bróisiúr. Céard iad na bealaí a meallann na bróisiúir daoine chun na dtíortha éagsúla?

Le foghlaim!

óstán galánta	a fine hotel	**siopaí in aice láimhe**	shops nearby
tránna áille	beautiful beaches	**siúlóidí suimiúla**	interesting walks
Tá muintir na háite cairdiúil.	The locals are friendly.	**radharc tíre iontach**	wonderful scenery
áiseanna den scoth	first-class facilities	**club páistí**	children's club
spéartha gorma	blue skies	**rogha mhaith siopaí**	a good choice of shops
an ghrian ag scoilteadh na gcloch	the sun splitting the rocks	**áiseanna do gach aoisghrúpa**	facilities for every age group
nua-aimseartha	modern	**Tá siamsaíocht oíche iontach ann.**	There's great night life there.
suaimhneach	restful	**Tá rudaí an-saor ann.**	Things are very cheap there.
síochánta	peaceful	**Ceantar slán sábháilte atá ann.**	It's a very safe area.
gníomhach	active		

Cleachtadh ag scríobh

1. **Líon na bearnaí thíos.**
   Tar go dtí an Iodáil ar do laethanta saoire. Bíonn an ghrian ag ______________ na gcloch gach aon lá. Tá muintir na ______________ cairdiúil agus cabhrach. Tá tránna ______________ ann agus beidh spéartha ______________ os do chionn an lá ar fad. Tá ______________ tíre iontach san Iodáil. Tá áiseanna ann do gach ______________, saoire ghníomhach do dhéagóirí agus saoire níos ______________ do dhaoine níos sine.
   aoisghrúpa, gorma, síochánta, scoilteadh, áille, radhairc, háite
2. **Scríobh alt gairid i do chóipleabhar faoi shaoire dheas a bhí agat, thar lear nó in Éirinn.**

Obair ghrúpa sa rang

Dear póstaer ag mealladh daoine go dtí áit saoire agus croch ar an mballa é.

Téigh go dtí edco.ie/iontas3.

Le foghlaim! Na rudaí nach ndeirtear sna bróisiúir …

Níl an t-óstán críochnaithe.	The hotel isn't finished.	**Tá an áit plódaithe le turasóirí.**	The place is crowded with tourists.
Níl muintir na háite cairdiúil.	The locals aren't friendly.	**Tá an áit chomh ciúin leis an uaigh.**	The place is as quiet as the grave.
Tá an áit an-iargúlta.	The place is very remote.	**Níl tada ann do dhaoine óga.**	There's nothing for young people.
Tá bruscar ar fud na háite.	There's litter everywhere.	**Dúnann gach áit go luath.**	Everywhere closes early.
Bíonn sé ag stealladh báistí i gcónaí.	It's always lashing rain.	**Tá rudaí an-chostasach.**	Things are very expensive.
Tá an baile lofa salach.	The town is filthy.	**Tá fadhb le halcól agus le drugaí sa cheantar.**	There's a problem with drink and drugs in the area.
Bíonn stailc ar siúl go minic.	There's often a strike.	**Níl sé sábháilte dul amach ag siúl ann san oíche.**	It's not safe to go walking there at night.
Tá an t-aerfort i bhfad ón mbaile.	The airport is very far away from the town.		

Cleachtadh ag scríobh

Déan cur síos ar na háiteanna seo.

Pictiúr a haon

Pictiúr a dó

Pictiúr a trí

Obair bheirte sa rang

Is cigire thú leis an Roinn Turasóireachta agus tháinig a lán gearán isteach faoi áit saoire sa Spáinn. Ag obair leis an dalta in aice leat, scríobh tuairisc faoi seo. Ansin, scríobh na príomhphointí ón tuairisc ar an gclár bán.

1 Ní raibh an t-óstán ann.

2

3

4

5

Léamhthuiscint Ar saoire

Léigh na ríomhphoist seo maidir le saoire thar lear agus déan na cleachtaí a ghabhann leis.

Ó: Peadar
Do: Siobhán, Cathal

Cén chaoi a bhfuil sibh? Tá an ceantar nua go deas. Tá sé ciúin agus **síochánta**[1] agus tá an dúlra timpeall orm. Nílim ach dhá nóiméad ón bhfarraige agus is maith liom dul ag siúl ar an trá. Tá na sléibhte in aice láimhe. Tá **coillte**[2] sna sléibhte lán le bláthanna agus **feithidí**[3] beaga. Tá na daoine cairdiúil agus fáilteach anseo.

Ó: Siobhán, Do: Peadar, Cathal
Ní maith liom an ceantar ina bhfuilim. **Níl sé thar mholadh beirte**[4]. Tá an teach ar bhóthar **gnóthach**[5] agus tá sé an-**torannach**[6]. Tá sé baolach dul trasna an bhóthair. Bhí timpiste ann inné. Níl muintir na háite cairdiúil in aon chor. Is fearr liom Éire.

Ó: Cathal, Do: Peadar, Siobhán
Tá an t-ádh ort go bhfuil rud éigin ar siúl i d'áit. Tá an ceantar seo **leadránach**[7]; níl **faic na fríde**[8] ann. Tógann sé tríocha nóiméad dul go dtí an siopa. Níl aon **chóras iompair**[9] anseo agus níl muintir an tí flaithiúil lena **síoba**[10].

Cabhair!

1 peaceful
2 woods
3 insects
4 leaves a lot to be desired
5 busy
6 noisy
7 boring
8 nothing at all
9 transport system
10 lifts

Cleachtadh ag scríobh

1 Freagair na ceisteanna seo a leanas i do chóipleabhar.

- **a)** Cad é an gearán is mó a bhí ag Siobhán faoin gceantar?
- **b)** Cad atá le rá ag Peadar faoin dúlra timpeall air?
- **c)** An bhfuil Cathal sásta lena cheantar nua? Cén fáth?
- **d)** Scríobh cur síos ar do cheantar féin, ag baint úsáide as na nathanna thuas.
- **e)** Déan cur síos ar an áit a dtéann tú ar laethanta saoire, ag baint úsáide as na nathanna thuas.

2 Líon na bearnaí thíos.

- **a)** Níl faic na __________ le déanamh anseo sa samhradh.
- **b)** Tá córas ____________ an-mhaith i mBaile Átha Cliath, idir an DART agus an Luas.
- **c)** Ní raibh an béile a fuair mé aréir thar __________ beirte.
- **d)** Toisc go gcónaím i lár na cathrach tá na siopaí in ___________ láimhe.
- **e)** Is duine _____________ í mo mháthair – ní bhíonn sí sásta riamh.

gearánach, fríde, mholadh, aice, iompair

Ag Ullmhú don Scrúdú: Ceapadóireacht

Scéal/Eachtra

Eachtra a tharla ar mo laethanta saoire

1 Ní dhéanfaidh mé dearmad go deo ar an tsaoire a chaith me féin agus mo theaghlach sa Spáinn dhá bhliain ó shin. Bhí mo thuismitheoirí ag ullmhú don tsaoire le fada. Chuir siad airgead **i dtaisce**[1] gach mí agus chuir siad ceithre thicéad eitleáin **in áirithe**[2] ansin. Seachtain roimh na laethanta saoire chuaigh an aerlíne **as gnó**[3]. Ní bheimis ag eitilt! Bhíomar i bponc ceart. Bheadh orainn dul ann ar an mbád agus ansin tiomáint go dtí an teach saoire. Thógfadh sé sin cúpla lá. Ach ní raibh **an dara suí sa bhuaile**[4] againn.

2 Ar aghaidh linn go dtí an Spáinn. Ní raibh aon taithí ag m'athair tiomáint ar an taobh deas den bhóthar agus mar sin bhí sé an-neirbhíseach. Éiríonn mo dhaid cantalach nuair a bhíonn sé neirbhíseach. Tar éis dhá lá shroicheamar ár g**ceann scríbe**[5]. Bhíomar go léir tuirseach traochta agus ag súil go mór le dul a chodladh sa teach saoire. Ní raibh aon teach saoire ann. Nuair a chuir mo mháthair ceist ar bhainisteoir na háite dúirt sí léi gur láthair campála a bhí i gceist. Níor léigh mo thuismitheoirí an bróisiúr i gceart.

3 Bhí an phraiseach ar fud na mias. Thógamar puball ar cíos. Thóg sé ceithre huaire orainn an puball a chur suas. Bhí gach duine **in adharca a chéile**[6] faoin am seo. Bhí ocras an domhain orainn agus chuamar go dtí an bhialann ghasta a bhí ar an láthair campála. Botún eile.

4 An mhaidin dar gcionn bhí gach aon duine againn ag caitheamh aníos. Fuaireamar go léir nimhiú bia. Cuirim féin an locht ar an g**circeoil**[7]. Bhí an ghrian ag scoilteadh na gcloch amuigh agus bhíomar go léir go dona tinn istigh sa phuball beag. Bhí mo mháthair **i ndeireadh na feide**[8] agus **ag sileadh na ndeor**[9] le díomá.

5 Ní cuimhin liom aon rud eile faoin tsaoire. Níl a fhios agam an rabhamar ag sú na gréine nó ag taiscéaladh sa cheantar. Ní cuimhin liom ach an teas agus an tinneas. Ní gá a rá nár fhilleamar ar an Spáinn ó shin. Bhí an iomarca eachtraí againn in aon saoire amháin.

Cabhair!

[1] save	[4] alternative	[7] chicken
[2] book	[5] destination	[8] worn out
[3] out of business	[6] ag troid	[9] crying

1. Cén t-ullmhúchán a rinne na tuismitheoirí don tsaoire?
2. Cén chaoi a raibh an turas go dtí an Spáinn?
3. Cén fáth a ndúradh go raibh an phraiseach ar fud na mias?
4. Cad é an botún a rinne an chlann? Cá bhfios duit gur bhotún a bhí ann?
5. Conas a chuir an tsaoire isteach ar na tuismitheoirí?
6. Scríobh an dara halt sa tríú pearsa iolra. 'Ar aghaidh leo go dtí an Spáinn ...'

Labhair amach ... labhair os ard!

1. **Ar bhain tú taitneamh as an tsaoire a chaith tú sa Ghréig?**
   Chun an fhírinne a rá ní raibh an tsaoire thar mholadh beirte.
2. **Cén fáth? Cad a bhí cearr leis an tsaoire?**
   Bhíomar le fanacht in árasán ach nuair a shroicheamar an áit bhí sé lofa salach. Bhí stailc ar siúl ag na glantóirí agus níor ghlan siad an áit. Fuaireamar árasán eile ach bhí sé cúpla míle ón trá.
3. **Ar thaitin muintir na háite leat?**
   Ní raibh siad an-chairdiúil.

Ag cleachtadh don scrúdú

Freagair do rogha ceann amháin díobh seo:

i) Ceap scéal a mbeadh an giota seo thíos oiriúnach mar thús leis: 'Ní dhéanfaidh mé dearmad go deo ar an samhradh seo caite.'

ii) Déan cur síos ar eachtra a tharla agus tú ag campáil leis na gasóga.

Éist agus scríobh

Éist leis an múinteoir ag léamh an ailt thíos agus ansin scríobh an t-alt i do chóipleabhar. Nuair a chríochnaíonn tú ag scríobh oscail do leabhar agus ceartaigh do chuid oibre!

I mbliana chuaigh mé féin agus mo mhuintir go dtí an Ghréig ar ár laethanta saoire. Cheana féin bhíomar sa Fhrainc, sa Spáinn agus san Iodáil. Is maith linn an ghrian. De ghnáth caithimid ár gcuid ama ag sú na gréine nó ag snámh. Uaireanta téimid ar shiúlóidí suimiúla ach ní maith linn saoire ghníomhach. B'fhearr linn ár scíth a ligean ar thránna áille na Mór-Roinne. Ní maith linn dul go dtí áit a bhíonn plódaithe le turasóirí ach an oiread. Go hiondúil fanaimid i mbaile beag iargúlta i bhfad ó na sluaite.

Laethanta saoire in Éirinn

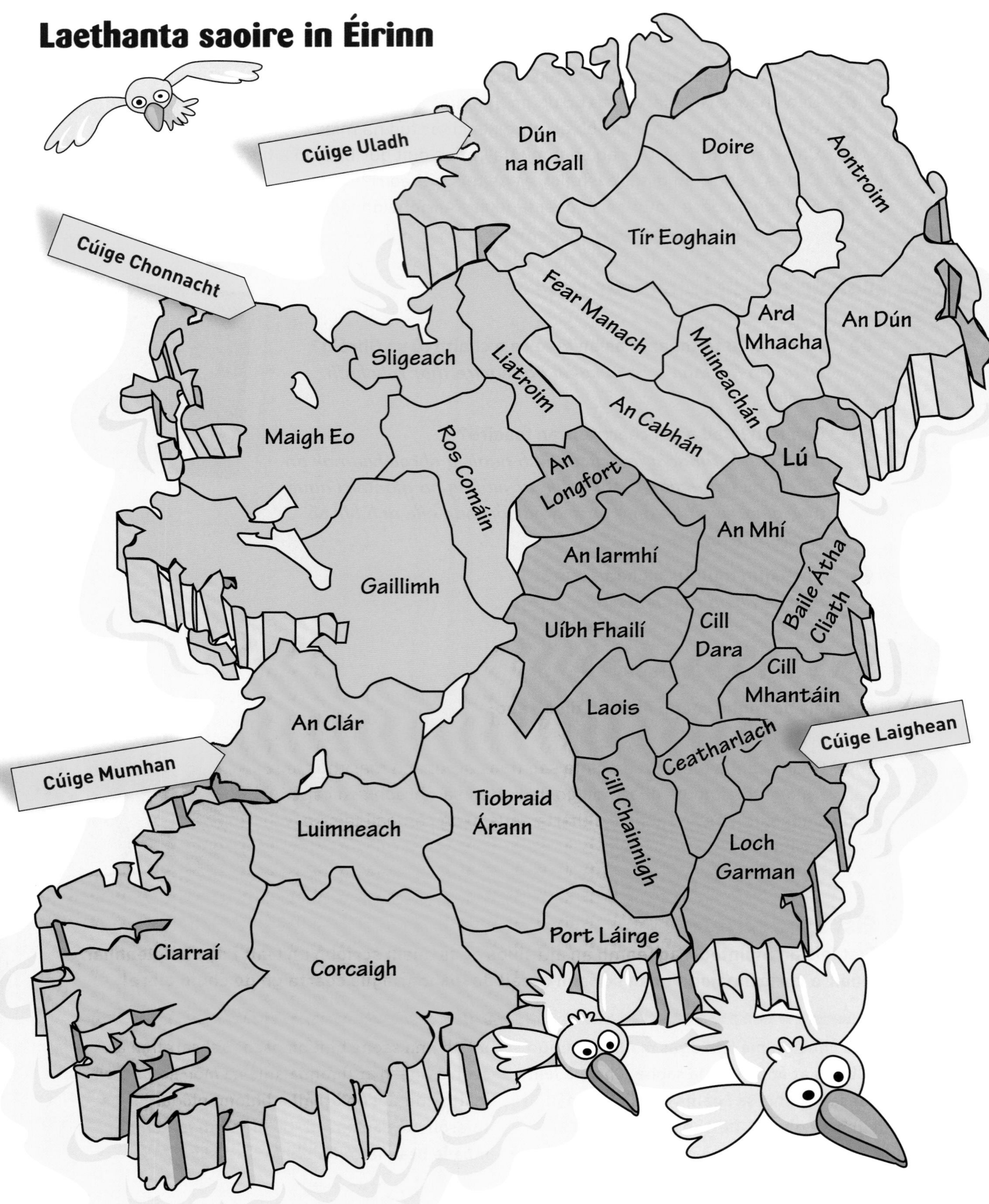

Labhair amach ... labhair os ard!

Éist leis an múinteoir ag léamh amach na gcontaetha agus abair iad ina d(h)iaidh.

Cúige Laighean		Cúige Uladh	
Lú	Contae Lú	**Dún na nGall**	Contae Dhún na nGall
An Mhí	Contae na Mí	**Doire**	Contae Dhoire
Baile Átha Cliath	Contae Bhaile Átha Cliath	**Aontroim**	Contae Aontroma
Cill Mhantáin	Contae Chill Mhantáin	**An Dún**	Contae an Dúin
Loch Garman	Contae Loch Garman	**Ard Mhacha**	Contae Ard Mhacha
Cill Dara	Contae Chill Dara	**Muineachán**	Contae Mhuineacháin
Ceatharlach	Contae Cheatharlach	**An Cabhán**	Contae an Chabháin
Cill Chainnigh	Contae Chill Chainnigh	**Fear Manach**	Contae Fhear Manach
Laois	Contae Laoise	**Tír Eoghain**	Contae Thír Eoghain
Uíbh Fhailí	Contae Uíbh Fhailí		
An Iarmhí	Contae na hIarmhí		
An Longfort	Contae Longfoirt		
Cúige Mumhan		**Cúige Chonnacht**	
Port Láirge	Contae Phort Láirge	**Gaillimh**	Contae na Gaillimhe
Corcaigh	Contae Chorcaí	**Maigh Eo**	Contae Mhaigh Eo
Ciarraí	Contae Chiarraí	**Sligeach**	Contae Shligigh
An Clár	Contae an Chláir	**Liatroim**	Contae Liatroma
Tiobraid Árann	Contae Thiobraid Árann	**Ros Comáin**	Contae Ros Comáin
Luimneach	Contae Luimnigh		

Cleachtadh ag scríobh

1. **I do chóipleabhar, scríobh amach na contaetha a bhaineann le do shaol – an áit ar rugadh tusa, do thuismitheoirí, do sheantuismitheoirí, na háiteanna a dtéann agus a ndeachaigh tú ar laethanta saoire thar na blianta.**
2. **Déan cur síos ar an gcontae is fearr leat as na contaetha ar fad.**

Mar shampla:
Rugadh mé i gContae Cheatharlach.
Rugadh m'athair is mo mháthair i gContae Luimnigh.
Téimid go dtí Contae an Chláir gach samhradh.
Caithimid an samhradh cois trá i Loch Garman.
Is aoibhinn liom an contae sin mar tá mo ghaolta ar fad ann.

Cúinne na Gramadaí

An briathar 'bí'

Tá dhá aimsir láithreach ag an mbriathar 'bí':

- An **Aimsir Láithreach** le cúr síos a dhéanamh ar an rud atá ar siúl anois; mar shampla: **Táim** ag léamh an leabhair seo anois.
- An **Aimsir Ghnáthláithreach** chun cur síos a dhéanamh ar rud a dhéantar go minic; mar shampla: **Bím** ag léamh an leabhair seo **gach lá**.

Le foghlaim!

Déan staidéar ar an tábla thíos. Cad a thugann tú faoi deara?

An Aimsir Láithreach	An Aimsir Ghnáthláithreach
táim/nílim	bím/ní bhím
tá tú/níl tú	bíonn tú/ní bhíonn tú
tá sé/sí/níl sé/sí	bíonn sé/sí/ní bhíonn sé/sí
táimid/nílimid	bímid/ní bhímid
tá sibh/níl sibh	bíonn sibh/ní bhíonn sibh
tá siad/nil siad	bíonn siad/ní bhíonn siad
táthar/níltear	bítear/ní bhítear

Labhair amach ... labhair os ard!

1. **Inis dom faoin aimsir a bhíonn againn in Éirinn.**
   De ghnáth bíonn an aimsir go dona in Éirinn. Bíonn sé ag cur báistí beagnach gach lá. Tá sé ag cur báistí anois. Fiú sa samhradh ní bhíonn an ghrian ag taitneamh go rómhinic.

2. **Arbh fhearr leat a bheith i do chónaí thar lear?**
   Uaireanta ceapaim gurbh fhearr, san Iodáil mar shampla. Bíonn an ghrian ag scoilteadh na gcloch ann sa samhradh agus ní bhíonn sé ag stealladh báistí go rómhinic. Ach d'aireoinn mé uaim mo chlann agus mo chairde.

Cleachtadh ag scríobh

1. **Cuir an leagan ceart den bhriathar 'bí' isteach sna habairtí seo.**
   a) ________________ an ghrian ag taitneamh anois.
   b) ________________ Seán ag obair gach deireadh seachtaine sa siopa.
   c) Ní ________________ na páistí in am don rang riamh agus ________________ an múinteoir crosta.
   d) ________________ mo mháthair ag caint lena cara ar an bhfón anois.
   e) De ghnáth ________________ m'athair ag obair sa ghairdín gach deireadh seachtaine.

2 Cuir an leagan ceart den bhriathar 'bí' isteach sna habairtí seo.

a) Ar an drochuair ní ________________ an ghrian ag taitneamh go rómhinic in Éirinn.

b) ________________ a lán obair bhaile le déanamh agam anois.

c) ________________ na siopaí plódaithe ar an Satharn.

d) Téimid ar ár laethanta saoire go dtí an Spáinn mar ní ________________ sé ag cur báistí ann go minic.

e) ________________ dhá thicéad agam don cheolchoirm san O2 agus beidh mé ag dul ann le mo chara.

Éire

Mar is eol duit tá 32 contae in Éirinn – mar sin is tír bheag í Éire. Tabhair faoi deara go bhfuil trí litriú éagsúla ar an bhfocal **Ireland** sa Ghaeilge.

- An tuiseal ainmneach agus cuspóireach: Is í **Éire** mo thír dhúchais; Is maith liom **Éire**.
- An tuiseal tabharthach: in **Éirinn**; as **Éirinn**; faoi **Éirinn**; go **hÉirinn**.
- An tuiseal ginideach: muintir na h**Éireann**; Gaeilge na h**Éireann**; bratach na h**Éireann**.

Cleachtadh ag scríobh

1 Líon na bearnaí seo a leanas leis an leagan ceart: Éire, Éirinn nó Éireann

a) Tagann mo ghaolta go ________________ ar a laethanta saoire gach bliain.

b) D'éirigh go maith le foireann na ________________ sna Cluichí Oilimpeacha.

c) Níor mhaith liom cónaí in aon áit eile ach in ________________.

d) Tá __________ an cheann de na tíortha is lú san Eoraip.

e) Is é 'Amhrán na bhFiann' amhrán náisiúnta na ________________.

2 Ceartaigh na botúin san alt seo.

Chaith mé coicís ar saoire in Éire anuraidh. Thaitin sé go mór liom mar is aoibhinn liom muintir na hÉirinn. Tá siad an-chairdiúil. De ghnáth taistealaím go hÉireann ar an mbád nó ar an eitleán. Is aoibhinn liom Éire. Dá mbeadh an t-airgead agam cheannóinn teach saoire in Éireann.

Ag Ullmhú don Scrúdú: Ceapadóireacht

Díospóireacht

- Tá leathanach go leith ag teastáil.
- Bíonn tús, lár agus deireadh ag an díospóireacht.

Tús na díospóireachta

A chathaoirligh, a mholtóirí, a lucht an fhreasúra agus a chomhdhaltaí ...

Is é an rún atá á phlé againn inniu ná .... Ba cheart do mhuintir na hÉireann a laethanta saoire a chaitheamh in Éirínn.

Aontaíonn m'fhoireann go huile is go hiomlán leis an rún seo, agus tá súil agam go dtiocfaidh sibh lenár n-argóintí faoi dheireadh na díospóireachta.
nó
Táimse agus m'fhoireann glan in aghaidh an rúin seo, agus taispeánfaimid bréige an rúin daoibh faoi dheireadh na díospóireachta.

Croí na díospóireachta

ar an gcéad dul síos ...

Tá an freasúra ag iarraidh dallamullóg a chur oraibh.

dúirt captaen na foirne eile ...

mar a dúirt mo chomhchainteoir ...

seafóid amach is amach atá san argóint sin

Críoch na díospóireachta

Tá mo chuid argóintí cloiste agaibh anois...

Tá súil agam go n-aontaíonn sibh le mo chuid argóintí.

Go raibh maith agaibh as éisteacht liom.

slán abhaile

Sampla

Scríobh an chaint a dhéanfá i ndíospóireacht scoile ar son an rúin seo nó ina aghaidh:
Ba cheart do mhuintir na hÉireann a laethanta saoire a chaitheamh in Éirínn.

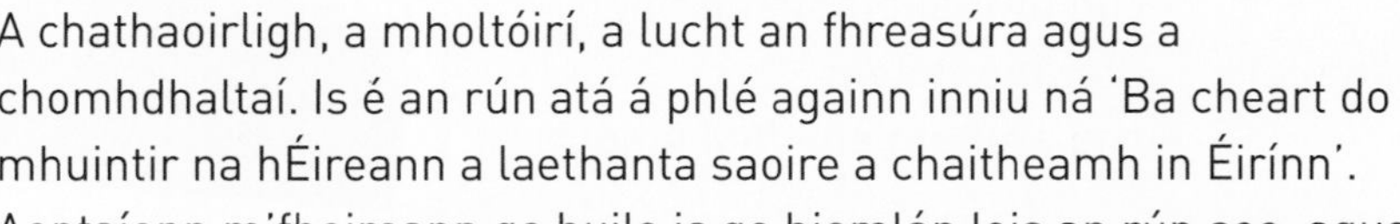

A chathaoirligh, a mholtóirí, a lucht an fhreasúra agus a chomhdhaltaí. Is é an rún atá á phlé againn inniu ná 'Ba cheart do mhuintir na hÉireann a laethanta saoire a chaitheamh in Éirínn'. Aontaíonn m'fhoireann go huile is go hiomlán leis an rún seo, agus tá súil agam go dtiocfaidh sibh lenár n-argóintí faoi dheireadh na díospóireachta.

Nuair atáimid ag caint faoi laethanta saoire, 'séard atá i gceist againn ná sos nó briseadh deas a fháil ó **strus an tsaoil**[1]. Táimid go léir **ag streachailt**[2] leis an saol na laethanta seo. **Domhnach is dálach**[3], tá fadhb éigin le **sárú**[4] againn – brú scoile, brú airgid, **dífhostaíocht**[5] b'fhéidir. Má bhíonn an t-ádh orainn saoire a fháil, cén fáth a gcuirfimis a thuilleadh struis orainn féin ag fanacht i scuainí fada ag an aerfort, ag fanacht le heitleán a bheadh curtha **ar ceal**[6] ag an nóiméad deireanach b'fhéidir? Agus ansin nuair a shroichimid ár gceann scríbe faighimid amach nach ionann an tuairisc sna bróisiúir agus an réaltacht. Nach mbeadh sé i bhfad níos ciallmhaire an strus sin a sheachaint agus ár scíth a ligean ar thránna deasa na hÉireann.

Labhair captaen na foirne eile faoin drochaimsir a bhíonn go rialta againn in Éirinn. Glacaim leis nach féidir brath ar an aimsir i gcónaí ach cuirim an cheist seo oraibh, nuair a bhíonn sibh ag smaoineamh siar ar bhur laethanta saoire, ceard iad na cuimhní a bhíonn agaibh? An aimsir nó an spórt agus an spraoi a bhain sibh as comhluadar bhur gclann agus bhur gcairde?

Mar is eol do chách tá **cúlú eacnamaíochta**[7] ar siúl agus tá fadhbanna móra sa tír seo. Tá sé de **dhualgas**[8] ar gach duine a sheacht ndícheall a dhéanamh chun an tír a tharraingt as an t**sáinn**[9] ina bhfuilimid. **In ionad**[10] ár gcuid airgid a chaitheamh i dtíortha iasachta ba cheart dúinn pé airgead atá againn a chaitheamh anseo ag baile. **Cheana féin**[11] tá a lán óstán agus bialann dúnta agus a lán daoine as obair. Dá gcaithfeadh daoine a laethanta saoire in Éirinn thiocfadh feabhas ar an scéal go tapa.

Tá mo chuid argóintí cloiste agaibh anois agus tá súil agam go n-aontaíonn sibh liom, gur cheart do mhuintir na hÉireann a laethanta saoire a chaitheamh in Éirínn.

Cabhair!

[1] stress of life
[2] struggling
[3] day in, day out
[4] overcome
[5] unemployment
[6] postpone
[7] economic recession
[8] duty
[9] fix
[10] instead
[11] already

Ag cleachtadh don scrúdú

Maidir le do rogha ceann amháin de na rúin seo scríobh an chaint a dhéanfá i ndíospóireacht scoile ar son nó in aghaidh an rúin seo:

i) 'Is rud maith é dul ar chúrsa Gaeilge sa Ghaeltacht.'
ii) 'Áit álainn í Éire le saoire a chaitheamh inti.'

Ag Ullmhú don Scrúdú: Litir Phearsanta

Tá tú ar do laethanta saoire faoin tuath. Scríobh litir abhaile chuig do chara.

I do litir luaigh:

- an aimsir
- an áit ina bhfuil tú ag fanacht
- na daoine eile atá ann
- rud amháin faoin áit nach dtaitníonn leat
- rud amháin eile faoi tsaoire

Ionad Campála na Rinne
Baile na Coille
Co. Liatroma
20 Meitheamh 2015

A Choilm, a chara,

Cén chaoi a bhfuil tú? Tá súil agam go bhfuil tusa agus do theaghlach i mbarr na sláinte. Mar is eol duit, táim ar saoire campála le mo theaghlach féin anseo i gContae Liatroma. Thángamar anseo Dé Sathairn seo caite. Tá sé fiche bliain ó bhí mo thuistí ag campáil ***cheana***[1] *agus rinne siad dearmad ar gach a mbaineann le cúrsaí campála. Ní raibh siad ábalta an* ***puball***[2] *a chur suas i gceart. Thóg sé ceithre huaire an chloig chun é a chur suas.*

Ansin thosaigh an bháisteach. Tá sé ag stealladh báistí anois le trí lá i ndiaidh a chéile. Tá ***tuillte***[3] *san ionad campála agus nuair a bhí orm dul go dtí an siopa an-bheag anseo bhí mé ag dul* ***i mbá sa láib***[4] *agus mé ar mo bhealach ar ais. Ar ndóigh bhí mé fliuch go craiceann agus tá slaghdán orm ó shin.*

Níl ***tada***[5] *le déanamh anseo. Níl ach siopa amháin an-bheag agus linn snámha anseo ach cén* ***mhaitheas***[6] *é sin leis an aimsir uafásach seo? Níl ach clanna le páistí an-óg anseo. Níl oiread is duine amháin atá níos sine ná deich mbliana d'aois anseo. Tá dioscó ann gach oíche ach níl ach páistí seacht nó ocht mbliana d'aois ann. Bheadh náire orm dul ann! Táim* ***bréan***[7] *agus tinn tuirseach den áit. Ní rachaidh mé ar saoire le mo theaghlach riamh arís. Táim ag tnúth go mór le teacht abhaile.*

Slán go fóill,
Pádraig

Cabhair!

[1] before
[2] tent
[3] floods
[4] drowning in mud
[5] anything
[6] good
[7] bored

Cleachtadh ag scríobh

Líon na bearnaí seo.

1. Bhí sé ag cur báistí ar feadh na hoíche agus ar maidin bhí ____________ i ngach áit.
2. Chuaigh mé agus mo chairde ar _________ ___________ i Loch Gorman anuraidh agus bhí sé go hiontach.
3. Thit mé isteach sa __________ agus bhí mé salach ó bhonn go baithis.
4. Bhí ____________ an domhain ar an gcailín nuair a thit sí sa láib os comhair na scoile ar fad.
5. Bhí mé tinn _____________ den obair bhaile a thug an múinteoir dúinn.
6. Ní raibh mo thuismitheoirí ábalta an ____________ a chur suas nuair a chuamar ag campáil.

saoire campála, puball, tuillte, láib, náire, tuirseach

Ag cleachtadh don scrúdú

Tá tú ar laethanta saoire thar lear. Scríobh litir chuig do chara ag insint di/dó faoi na laethanta saoire.

I do litir luaigh:

- an áit a bhfuil tú ag fanacht
- an aimsir atá ann
- na háiseanna atá ann
- rud amháin faoin áit a thaitníonn leat
- rud amháin faoin áit nach dtaitníonn leat

Éist agus scríobh

Éist leis an múinteoir ag léamh an ailt thíos agus ansin scríobh an t-alt i do chóipleabhar. Nuair a chríochnaíonn tú ag scríobh oscail do leabhar agus ceartaigh do chuid oibre!

Bíonn siúlach scéalach, agus is fíor don seanfhocal sin. Is maith liom taisteal. Baineann buntáistí le taisteal. Foghlaimíonn tú faoi thíortha agus faoi chultúir eile. Má tá tú ag foghlaim teanga nua is féidir leat í a chleachtadh. Tá sé go deas cuairt a thabhairt ar áiteanna stairiúla. Is maith liom dul ag taiscéaladh i mo thír féin freisin. Tá tírdhreach álainn againn anseo in Éirinn ach is trua nach bhfuil aimsir na hÉireann thar mholadh beirte. Sin an fáth a gcuireann a lán daoine laethanta saoire in áirithe thar lear gach bliain. Ach i ndeireadh na dála níl aon tinteán mar do thinteán féin.

1 Faigh amach cén cúige lena mbaineann na Gaeltachtaí.
2 An bhfuil na Gaeltachtaí i lár tíre nó cois cósta?

An Ghaeltacht

Léamhthuiscint Aoife Nic Uaid

Léigh na bíoga agus freagair na ceisteanna a ghabhann leo.

Aoife Nic Uaid:
ag leanúint 235
leantóirí 60

@Aoife Nic Uaid

Aoife Nic Uaid
@ Megan Ní Bhriain @ Niamh Ní Shearraigh
Anseo i gColáiste Chamuis le coicís anois. Tá sé go hiontach ar fad. Tá na múinteoirí, na ceannairí agus na mná tí an-deas agus an-chairdiúil. Bia blasta agus neart de. #ar fheabhas

Megan Ní Bhriain
@ Aoife Nic Uaid @ Niamh Ní Shearraigh
Is maith liom an coláiste anseo in Anagaire. Tá na ranganna ar maidin go maith agus tá feabhas ag teacht ar mo chuid Gaeilge. Tá a lán cairde nua déanta agam freisin. #go maith

Niamh Ní Shearraigh
@ Aoife Nic Uaid @ Megan Ní Bhriain
Tá coláiste Bhaile an Fheirtéaraigh ar fheabhas freisin. Is fearr liom an tráthnóna nuair a imrímid cluichí nó nuair a théimid ag snámh. Tá an-chraic ag baint leis na céilithe san oíche. Táim an-**aclaí**[1] anois tar éis an spóirt agus an damhsa ar fad. #spórtúil

Aoife Nic Uaid
@Megan Ní Bhriain @ Niamh Ní Shearraigh
Is aoibhinn liom na **comórtais tallainne**[2] a bhíonn againn uair sa tseachtain. Bhuaigh mo theach an comórtas an tseachtain seo caite. Chanamar cúpla amhrán le Justin Bieber as Gaeilge. Bhí sé an-ghreannmhar. #greannmhar

Megan Ní Bhriain
@ Aoife Nic Uaid @ Niamh Ní Shearraigh
Bhí cuid de na buachaillí **i dtrioblóid**[3] aréir. Nuair a tháinig na múinteoirí ag seiceáil na dtithe bhí cúigear as láthair. Chuaigh na múinteoirí ag cuardach agus fuair siad iad taobh amuigh den bhialann ghasta ar an mbaile. Níl cead ag na buachaillí páirt a ghlacadh in aon chluiche ná comórtas go dtí an tseachtain seo chugainn. #i dtrioblóid

Niamh Ní Shearraigh
@ Aoife Nic Uaid @ Megan Ní Bhriain
Tá mo chuid Gaeilge ag feabhsú. Ba mhaith liom teacht ar ais mar chinnire anseo an bhliain seo chugainn. Buailfidh mé libh sa chathair an Satharn seo chugainn agus labhróimid faoi na cúrsaí. Slán tamall. #cinnire

Cabhair!

[1] fit
[2] talent competitions
[3] in trouble

1. Céard iad na Gaeltachtaí atá luaite sna bíoga (*tweets*)?
2. Cá bhfuil na Gaeltachtaí seo?
3. Cén tairbhe atá le baint as cúrsa sa Ghaeltacht?
4. Luaigh trí cinn de na himeachtaí a bhíonn ar siúl ag na cailíní.
5. Scríobh amach na haidiachtaí atá sa phíosa thuas.

Labhair amach ... labhair os ard!

1. **An raibh tú riamh sa Ghaeltacht?**
   Bhí mé ar an gCeathrú Rua anuraidh ar feadh trí seachtaine. Bhain mé an-taitneamh as.
2. **Céard iad na rudaí a thaitin leat?**
   Thaitin gach rud liom. Bhí na ranganna ***an-spraoiúil*** [1] *ar maidin. D'fhoghlaim mé a lán nathanna cainte.*
3. **Céard a rinne sibh sa tráthnóna?**
   Bhí cluichí éagsúla againn sa tráthnóna, eitpheil, cispheil nó peil Ghaelach b'fhéidir. Nuair a bhí an aimsir go maith chuamar ag snámh san fharraige.
4. **An raibh a lán céilithe ar siúl?**
   Bhí céilí nó dioscó againn cúpla uair sa tseachtain. Chomh maith leis sin bhí ***tráth na gceist*** [2] *nó comórtas tallainne againn. Bhí siad an-taitneamhach.*
5. **An ndearna tú a lán cairde nua?**
   Rinne mé a lán cairde nua. Chuaigh mé ann i m'aonar agus mar sin bhí orm labhairt le daoine nua. Bím ag scríobh chuig cúpla cara ón gcúrsa fós, ar Facebook nó ar Twitter.

Cabhair!

[1] enjoyable
[2] quiz

Cleachtadh ag scríobh

Scríobh alt gairid i do chóipleabhar faoi chúrsa samhraidh a rinne tú sa Ghaeltacht.

Obair ghrúpa sa rang

Téigh ar an idirlíon agus léigh na bróisiúir atá ag mealladh déagóirí go dtí an Ghaeltacht. Ansin dean do bhróisiúr féin chun déagóirí a mhealladh go dtí an Ghaeltacht.

An Aimsir

Ní hé lá na báistí lá na bpáistí.

Le foghlaim!

Foghlaim na focail seo a bhaineann leis an aimsir.

an ghrian ag taitneamh	sun shining	**tirim**	dry
an ghrian ag scoilteadh na gcloch	sun splitting the rocks	**triomach**	drought
aimsir the	hot weather	**ganntanas báistí**	lack of rain
meirbh	sultry	**fuar**	cold
teas láidir	strong heat	**préachta leis an bhfuacht**	frozen with the cold
ina rósta	roasting	**ag cur sneachta**	snowing
an bháisteach	the rain	**ag cur seaca**	freezing
ag stealladh báistí	lashing rain	**gaoth láidir ag séideadh**	strong wind blowing
fliuch báite	soaking wet	**stoirmeach**	stormy
tuillte	floods	**gaofar**	windy
ag cur thar maoil	overflowing	**ceomhar**	foggy
tintreach	lightning	**an teocht faoi bhun an reophointe**	the temperature below freezing point
toirneach	thunder		

Cleachtadh ag scríobh

1. **Fíor nó bréagach? Scríobh na habairtí atá ceart i do chóipleabhar agus ceartaigh na cinn atá mícheart.**
   - **a)** Bíonn tuillte ann nuair a bhíonn ganntanas báistí ann.
   - **b)** Bhí an ghrian ag scoilteadh na gcloch agus mar sin bhí sé ina rósta.
   - **c)** Bíonn tú préachta leis an bhfuacht nuair a bhíonn sé ag cur seaca.
   - **d)** Bíonn tuillte ann nuair a bhíonn triomach ann.
   - **e)** Bíonn an ghaoth ag séideadh nuair a bhíonn sé gaofar.
2. **Scríobh cur síos ar an aimsir atá againn inniu.**
3. **Éist le réamhaisnéis na haimsire ar TG4 anocht agus scríobh na príomhphointí i do chóipleabhar. Cén chaoi a mbeidh an aimsir i do cheantar?**

Obair ghrúpa sa rang

Pléigh an tionchar a bhíonn ag an aimsir ar shaol an duine. Scríobh cuid de do phointí ar an gclár bán.

Téigh go dtí edco.ie/iontas3.

Cúinne na Gramadaí

Céimeanna comparáide na n-aidiachtaí

Bunchéim	Breischéim	Sárchéim
costasach	níos costas**aí**	is costas**aí**
uaign**each**	níos uaign**í**	is uaign**í**
gníomh**ach**	níos gníomh**aí**	is gníomh**aí**
sláint**iúil**	níos sláint**iúla**	is sláint**iúla**
cáil**iúil**	níos cáil**iúla**	is cáil**iúla**
caird**iúil**	níos caird**iúla**	is caird**iúla**
fuar	níos fuair**e**	is fuair**e**
geal	níos gil**e**	is gil**e**
ciúin	níos ciúin**e**	is ciúin**e**
iargúlta	níos iargúlta	is iargúlta
síochánta	níos síochánta	is síochánta
teasaí	níos teasaí	is teasaí
maith	níos fearr	is fearr
dona	níos measa	is measa
álainn	níos áille	is áille
fada	níos faide	is faide

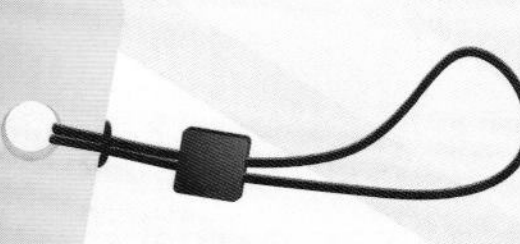

Cleachtadh ag scríobh

1 Líon na bearnaí thíos.

Bíonn sé níos ________________ in Éirinn ná sa Spáinn agus tá sé níos ________________ freisin. Níl aon rud níos ________________ ná dul ar do laethanta saoire agus fanacht in áit atá chomh ________________ leis an uaigh.

2 Líon na bearnaí thíos.

a) Is é m'athair an duine is ________________ (cancrach) i mo theach.
b) Tá rudaí i bhfad níos ______________ (saor) thar lear ná in Éirinn.
c) Tá sé níos ____________ (ciúin) amuigh faoin tuath ná istigh sa chathair.
d) Bíonn na laethanta níos ____________ (fada) i rith an tsamhraidh.

Na Séasúir An t-earrach agus an samhradh

Míonna an earraigh	Míonna an tsamhraidh
Mí Feabhra	Mí na Bealtaine
Mí an Mhárta	Mí an Mheithimh
Mí Aibreáin	Mí Iúil

An té nach gcuireann san earrach ní bhaineann sé san fhómhar.

Lá Fhéile Bríde	Saint Brigid's Day	**cuacha**	cuckoos
ag dul i bhfad	getting longer	**fáinleoga ag filleadh go hÉirinn**	swallows returning to Ireland
ag dul i ngiorracht	getting shorter	**na feirmeoirí ag obair go dian**	farmers working hard
ag dul i bhfeabhas	improving	**Lá Fhéile Pádraig**	Saint Patrick's Day
ag cur síolta	planting seeds	**Domhnach Cásca**	Easter Sunday
ag teacht ar an saol	being born	**an dúlra faoi bhláth**	nature in bloom
ag tógáil a neadacha	building their nests	**éiríonn an aimsir níos gile**	the weather gets brighter
bachlóga ar na crainn	buds on the trees	**an lá is faide**	the longest day
sabhaircíní	primroses	**ceiliúraim**	I celebrate
lusanna an chromchinn	daffodils	**ceiliúrtar**	is celebrated

Meaitseáil

Meaitseáil tús abairte ó A le críoch abairte ó B.

A	B
1 Bíonn na laethanta ag dul	**a)** i bhfad san earrach
2 Titeann Lá Fhéile Pádraig	**b)** ag teacht ar an saol
3 Éiríonn an aimsir	**c)** i rith an earraigh
4 Bíonn na hoícheanta	**d)** níos gile sa samhradh
5 Bíonn na feirmeoirí	**e)** ag cur síolta
6 San earrach bíonn ainmhithe	**f)** ag dul i ngiorracht

Cleachtadh ag scríobh

Fíor nó bréagach?

	Fíor	Bréagach
1 Bíonn na hoícheanta ag dul i bhfad sa samhradh.	☐	☐
2 Bíonn an aimsir ag dul i bhfeabhas sa samhradh.	☐	☐
3 Bíonn sabhaircíní agus lusanna an chromchinn le feiceáil san earrach.	☐	☐
4 Bíonn an lá is faide sa bhliain ar 21 Meitheamh.	☐	☐

Léamhthuiscint Na séasúir

Léigh an léamhthuiscint seo agus déan na cleachtaí a ghabhann leis.

Is aoibhinn liom séasúir an earraigh agus an tsamhraidh. Tá an dá shéasúr seo lán le solas agus **dóchas**[1]. Tá laethanta **gruama**[2] an gheimhridh thart agus bíonn gach duine ag súil le teas na gréine. Cuirtear na cloig ar aghaidh san earrach agus tosaíonn na laethanta ag dul i bhfad agus na hoícheanta ag dul i ngiorracht. Bíonn muintir na tuaithe an-ghnóthach **ag treabhadh**[3] na talún agus ag cur na bplandaí a bhainfear san fhómhar. Bíonn an dúlra faoi bhláth, na huain agus na **gamhna**[4] ag léim timpeall na bpáirceanna, na crainn lán le bachlóga agus bláthanna ag fás.

Ceiliúrtar Lá Fhéile Pádraig san earrach. Caitheann muintir na hÉireann, **i bhfad is i gcéin**[5], an tseamróg le bród agus bíonn **paráidí**[6] móra timpeall an domhain.

Níl aon **amhras**[7] faoi ach go bhfuil samhraí na tíre ag éirí níos fliche agus ní haon ionadh go n-éalaíonn na mílte thar lear, ag cuardach theas na gréine. Ceiliúraim mo bhreithlá sa samhradh agus **de ghnáth**[8] bíonn cóisir dheas agam le mo chairde. De ghnáth téimid amach go dtí bialann áitiúil le haghaidh béile. Bíonn císte lá breithe le coinnle air agus tugann mo mhuintir agus mo chairde bronntanais dom.

Go hiondúil[9] caithimid coicís faoin tuath ansin. Buailimid lenár ngaolta ar fad agus bíonn saoire iontach againn, ag snámh, ag siúl nó ag luí faoin ngrian má bhíonn an aimsir **oiriúnach**[10]. Mura mbíonn caithimid an t-am ag imirt cártaí, ag féachaint ar an teilifís, ag léamh nó ag imirt cluichí boird. I ndáiríre is cuma faoin aimsir toisc go mbainimid an oiread sin taitnimh as comhluadar a chéile.

Cabhair!

1 hope
2 miserable
3 ploughing
4 calves
5 far and near
6 parades
7 doubt
8 usually
9 de ghnáth
10 suitable

1 Freagair na ceisteanna seo.

- **a)** Cad í an difríocht idir an dá shéasúr seo agus an geimhreadh?
- **b)** Cad a thugtar faoi ndeara nuair a chuirtear na cloig ar aghaidh?
- **c)** Cad a dhéanann muintir na tuaithe san earrach?
- **d)** Cén fáth a bhfágann daoine Éire sa samhradh?
- **e)** Cad a dhéanann an teaghlach agus drochaimsir acu ar a laethanta saoire?

Téigh go dtí edco.ie/iontas3.

❷ **Cum na ceisteanna a mbeidh na focail seo mar fhreagraí orthu.**

a) an-ghnóthach
b) Lá Fhéile Pádraig
c) ag dul i bhfad
d) Téann siad amach go dtí bialann áitiúil.
e) ag luí faoin ngrian
f) Bíonn an tsaoire an-taitneamhach.

Labhair amach ... labhair os ard!

Cén séasúr is fearr leat?

Is fearr liom an t-earrach thar aon séasúr eile. Bíonn na laethanta ag dul i bhfad agus na hoícheanta ag dul i ngiorracht. Bíonn ***aoibh***[1] *níos fearr ar dhaoine san earrach toisc go mbíonn an samhradh ag teacht is dócha. Tá sé go hálainn na héin a chloisteáil go moch ar maidin ag canadh go* ***meidhreach***[2]*. Is aoibhinn liom na huain a fheiceáil ag léim sna páirceanna agus bláthanna an earraigh a fheiceáil freisin.*

Cabhair!

[1] mood
[2] happily

Téigh go dtí edco.ie/iontas3.

Cleachtadh ag scríobh

Líon na bearnaí thíos.

Bíonn na laethanta ag dul i ________ san earrach agus na hoícheanta ag dul i ____________. Tógann na héin a ___________ agus bíonn na feirmeoirí ___________ san earrach freisin. __________ lá Fhéile Pádraig i rith an earraigh freisin. Téann daoine ar laethanta saoire sa samhradh. Má bhíonn an aimsir ___________ téann siad cois trá ach go __________ bíonn sé ag stealladh báistí.

an-ghnóthach, ceiliúrtar, bhfad, hiondúil, neadacha, ngiorracht, oiriúnach

An fómhar agus an geimhreadh

Dá mbeadh soineann go Samhain bheadh breall ar dhuine éigin.

Míonna an Fhómhair	Míonna an Gheimhridh
Mí Lúnasa	Mí na Samhna
Mí Mheán Fómhair	Mí na Nollag
Mí Dheireadh Fómhair	Mí Eanáir

go drogallach	reluctantly	**Lá Nollag**	Christmas Day
go tromchroíoch	heavy hearted	**Oíche Chinn Bliana**	New Year's Eve
Éiríonn an aimsir níos fuaire.	The weather gets colder.	**Lá Caille**	New Year's Day
Éiríonn an aimsir níos fliche.	The weather gets wetter.	**an la is giorra sa bhliain**	the shortest day of the year
duilleoga ildathacha	multi-coloured leaves	**Éiríonn an aimsir níos dorcha.**	The weather gets darker.
Oíche Shamhna	Halloween	**Filleann na héin ar a dtír dhúchais.**	The birds return to their native country.
ceiliúraim	I celebrate	**Téann na hoícheanta i bhfad.**	The nights get longer.
maisiúcháin na Nollag	Christmas decorations	**ag baint an fhómhair**	saving the harvest
Oíche Nollag	Christmas Eve	**ag baint móna**	saving the turf

Meaitseáil

Meaitseáil tús abairte ó A le críoch abairte ó B.

A	B
1 Bíonn na hoícheanta ag dul	**a)** i rith an gheimhridh
2 Bíonn an lá is giorra sa bhliain	**b)** i bhfad san fhómhar
3 Titeann an Nollaig	**c)** ag baint an fhómhair
4 Éiríonn an aimsir	**d)** go drogallach ar an scoil
5 Bíonn na héin ag filleadh	**e)** níos fliche agus níos fuaire
6 Filleann na daltaí	**f)** ar a dtír dhúchais
7 Bíonn na feirmeoirí	**g)** duilleoga ildathacha
8 San fhómhar titeann	**h)** ar 21 Nollaig

Léamhthuiscint An geimhreadh

Léigh an léamhthuiscint seo agus déan na cleachtaí a ghabhann leis.

Is maith liom an geimhreadh mar is aoibhinn liom séasúr na Nollag. Ní chuireann sé isteach nó amach orm go mbím préachta nó fliuch báite an chuid is mó den am. Ó bhí mé i mo pháiste óg is é séasúr an gheimhridh an séasúr is fearr liom.

Tosaíonn an Nollaig i mo theach ar 8 Nollaig le féasta Mhuire gan Smál. Cuirimid suas an **mainséar**[1], na **maisiúcháin**[2], **síshoilse**[3], **cuileann**[4], tinsil, cártaí Nollag agus ar ndóigh an crann Nollag. Bíonn mo dheartháireacha óga (agus mé féin) **ar bís**[5] ag feitheamh le teacht Dhaidí na Nollag oíche Nollag.

Lá Nollag, osclaímid na bronntanais agus bíonn bricfeasta mór, míshláintiúil againn. Tar éis dul go dtí an séipéal, réitímid dinnéar na Nollag. Turcaí, **liamhás**[6], **bachlóga Bhruiséile**[7] agus ansin an **mharóg**[8] agus cáca Nollag. Is cuimhin liom an Nollaig seo caite agus an sneachta **go tiubh**[9] ar an talamh. Chaitheamar cuid mhaith den lá amuigh ag siúl agus ag tógáil fear sneachta.

Is éagsúil go deo na **nósanna**[10] Nollag atá ar fáil timpeall na cruinne. Sa Spáinn mar shampla, bíonn tarbh le fáil sa mhainséar agus cé go bhfaigheann na daoine fásta na bronntanais lá Nollag, caithfidh na páistí bochta fanacht go dtí 6 Eanáir, Nollaig na mBan! Ní dóigh liom go bhfuil sé sin cothrom in aon chor! Tá sé i bhfad níos fearr sa Ghearmáin. Tagann Naomh Nioclás ar 5 Nollaig. Fágann na páistí a mbróga amach in aice leis an doras tosaigh an oíche roimh réidh. Má bhí siad go maith i rith na bliana fágann Naomh Nioclás seacláid, oráistí agus cnónna istigh iontu. Má bhí siad dána, áfach, ní fhágann sé ach **brosna**[11] iontu!

Cabhair!

1 crib
2 decorations
3 fairy lights
4 holly
5 excited
6 ham
7 Brussels sprouts
8 pudding
9 thick
10 customs
11 firewood

1 Freagair na ceisteanna seo a leanas.

a) Cén chaoi a mbíonn an aimsir sa gheimreadh?
b) Céard iad na rudaí a chuirtear suas i dtithe na hÉireann ag an Nollaig?
c) Cén fáth a mbíonn na páistí ar bís?
d) Cathain a fhaigheann páistí na Spáinne a mbronntanais?
e) Cén nós atá acu sa Ghearmáin?
f) Cad a tharlaíonn do pháistí dána sa Ghearmáin ag an Nollaig?

2 Líon na bearnaí thíos.

a) Ba mhaith liom dul timpeall na ______________ nuair a bheidh mé críochnaithe ar scoil.
b) Cuirimid suas ______________ na Nollag inár dteach cúpla seachtain roimh an lá mór.
c) Bhailigh mé ______________ don tine sa choill inné.
d) Níl sé ______________ go bhfaigheann na daoine fásta a mbronntanais roimh na páistí sa Spáinn.
e) Ní íosfainn ______________ ______________ ar ór na cruinne.

maisiúcháin, cruinne, cothrom, bachlóga Bhruiséile, brosna

Obair ghrúpa sa rang

Dear cártaí ag ceiliúradh fhéilte na bliana sa rang.
Seo cuid de na beannachtaí a bheidh ag teastáil:

Beannachtaí na Féile	Nollaig faoi shéan is faoi mhaise duit
Nollaig mhór mhaith agaibh	Nollaig shona duit
Nollaig shona agus Athbhliain faoi mhaise	Go mbeirimid beo ag an am seo arís
Breithlá sona duit	Go maire tú an chéad
Beannachtaí na Féile Pádraig ort	Beannachtaí na Cásca ort

An Bhéaltriail
Ag Ullmhú don Scrúdú CD 1 Rian 17–20

1 Éist leis na samplaí thíos ar an dlúthdhiosca, Rian 18–19. Ullmhaigh píosa eolais fút féin. Léigh na samplaí thíos.

A Sa samhradh téim chuig an nGaeltacht le mo chairde. Bíonn an-chraic againn. Ansin caithim saoire i dteach samhraidh mo mhamó i nDún na nGall. Nuair a bhíonn an aimsir grianmhar siúlaim chuig an trá le mo dheirfiúr. Is aoibhinn linn ag snámh san fharraige. Caithim a lán ama sa samhradh ag imirt spóirt le mo chairde. Téimid chuig an bpáirc agus imrímid peil.

B Taitníonn an geimhreadh go mór liom. Faighimid laethanta saoire na Nollag i rith an gheimhridh. Tagann mo mhamó agus mo dhaideo chuig an teach agus bíonn dinnéar mór againn. Faighim a lán bronntanas ó mo thuismitheoirí de ghnáth. Ní bhíonn orm éirí go luath agus caithim a lán ama ag féachaint ar an teilifís.

2 Freagair na ceisteanna thíos. Éist leis na freagraí samplacha ar an dlúthdhiosca, Rian 20.

a) Cén séasúr is fearr leat?
b) Céard iad míonna an gheimhridh?
c) Céard a dhéanann tú lá Nollag?
d) Cén sórt aimsire a bhíonn againn san fhómhar?
e) Céard a dhéanann tú sa samhradh?
f) An raibh tú riamh sa Ghaeltacht?
g) Ar thaitin an Ghaeltacht leat?
h) An raibh tú riamh ag campáil?
i) An dtéann tú amach le do chairde Oíche Shamhna?
j) An mbíonn craic agaibh sa rang i rith Sheachtain na Gaeilge?

An Chluastuiscint CD 1 Rian 57–62

Cuid A

Cloisfidh tú giota cainte ó dhuine óg sa chuid seo. Cloisfidh tú an giota *faoi dhó*. Éist go cúramach leis agus líon isteach an t-eolas atá á lorg sna greillí thíos.

An chéad chainteoir

Ainm	*Siobhán Ní Shé*
Cá mbeidh Siobhán ag dul ag an deireadh seachtaine?	
Conas a bheidh an aimsir?	
Cá bhfuil Úna faoi láthair?	

Cuid B

Cloisfidh tú fógra nó píosa nuachta anois. Cloisfidh tú é *faoi dhó*. Éist go cúramach leis.

Fógra

1. Cén fáth a mbeidh imeachtaí ar siúl ag am lóin an tseachtain seo chugainn?
2. Céard a bheidh ar siúl sa leabharlann Dé Céadaoin?
3. Cá mbeidh an seisiún ceoil ar siúl?

Cuid C

Cloisfidh tú comhrá sa chuid seo. Cloisfidh tú é *faoi dhó*. Cloisfidh tú an comhrá ó thosach deireadh an chéad uair. Ansin cloisfidh tú é ina dhá mhír an dara huair.

Comhrá

An chéad mhír

1. Cén fáth nach mbeidh Seán ag dul chuig teach Chiara oíche Nollag?

An dara mír

2. Cá rachaidh siad san oíche?
3. Cén dáta a fhillfidh siad abhaile?

Súil Siar ar Aonad a Ceathair

❶ **Bí cinnte go bhfuil an foclóir agus na nathanna nua a d'fhoghlaim tú san aonad seo scríofa i do chóipleabhar nótaí.**

❷ **Líon na bearnaí thíos.**

a) Bíonn na laethanta ag dul i _______________ sa gheimhreadh.
b) Tá teach _______________ ag mo chara sa Spáinn agus caitheann sí an samhradh ar fad ann.
c) Tá radhairc _______________ álainn i gCiarrai.
d) Ní maith liom dul go dtí áit a mbíonn _______________ le turasóirí.
e) Bhí an _______________ ar fud na mias nuair a bhris an carr síos i rith stoirme.
f) Bíonn _______________ an-fhada ag an aerfort i rith an tsamhraidh.
g) Bhíomar fliuch go _______________ tar éis na báistí.
h) Is aoibhinn liom lá nuair a bhíonn an ghrian ag _______________ na gcloch.
i) Bíonn lusanna an _______________ le feiceáil san earrach.
j) Bíonn daoine i gcéin is i _______________ ag ceiliúradh Lá Fhéile Pádraig.

❸ **Scríobh cúig bhuntáiste agus cúig mhíbhuntáiste a bhaineann le laethanta saoire a chaitheamh thar lear.**

❹ **Ceartaigh na botúin san alt seo.**

Cónaím le mo teaghlach in Éireann. Is aoibhinn orm Éirinn. Ní maith liom dul thar lear, b'fearr liom fanacht in Éire. Tá rudaí níos daor in Éirinn ach is cuma liom faoi sin. Ní maith liom an Frainc nó an t-Iodáil. In Éireann téann na laethanta i fad sa earrach agus i ghiorracht sa geimhreadh. Bíonn sé níos te i dtíortha eile. Cheiliúrtar lá Nollaig ar 25 Nollaig.

❺ **Trialacha teanga comhthéacsúla**

Bíonn na laethanta ag dul i _______________ [**(a)** fad **(b)** bhfad **(c)** fhad)] _______________ earrach. Is iad Feabhra, Márta agus Aibreán míonna an _______________. Bíonn bachlóga ag fás ar na _______________ [**(a)** crann **(b)** crainnte **(c)** crainn] agus bíonn aoibh mhaith _______________ gach duine. Is fuath ___________ an drochaimsir mar bím préachta leis an___________ [**(a)** fuacht **(b)** fhuacht **(c)** bhfuacht]. Is fearr ___________ an samradh.

5 Aonad a Cúig

Sláinte

Is fearr an tsláinte ná na táinte

An Corp

Scríobh na lipéid ar an gcorp seo. Mura dtuigeann tú focal sa liosta, téigh ag cuardach san fhoclóir!

an croí
an béal
an aghaidh
an chorróg
an rúitín
na bacáin
na cosa
na fiacla
na lámha
na leicne
an tsrón
an uillinn
an bolg
an ceann
an muineál
an rosta
na beola
na cluasa
na glúine
na guaillí
na méara
na súile
an clár éadain
na ceathrúna

Obair ghrúpa sa rang

Tabhair póstaer isteach den cheoltóir/aisteoir is fearr leat agus déan cur síos air/uirthi. Inis don rang faoi/fúithi gan ainm an duine a thabhairt féachaint an féidir leis an gcuid eile den rang a oibriú amach cé atá ann ón gcur síos a thug tú.

Cluiche 90 soicind!

Tá 90 soicind agat chun an oiread ball coirp agus is féidir a scríobh amach. Ansin malartaigh é le do chara chun é a cheartú.

Airde

Labhair amach … labhair os ard!

Cén airde thú?

Táim méadar (ar airde).	I'm one metre (tall).
Táim céad is a haon (déag) (ceintiméadar).	I'm 101 (111) cm.
Táim céad is dhá/trí/ceithre/cúig/sé (déag) cheintiméadar.	I'm 102/103/104/105/106 (116) cm.
Táim méadar agus seacht/ocht/naoi gceintiméadar.	I'm 107/108/109 cm.
Táim méadar agus deich gceintiméadar.	I'm 110 cm.
Táim méadar agus aon/dhá/trí/ceithre/cúig/ sé cheintiméadar déag.	I'm 111/112/113/114/115/116 cm.
Táim méadar agus seacht/ocht/naoi gceintiméadar déag.	I'm 117/118/119 cm.
Táim méadar agus fiche ceintiméadar.	I'm 120 cm.
Táim méadar tríocha dó ceintiméadar.	I'm 132 cm.
Táim méadar daichead a trí ceintiméadar.	I'm 143 cm.
Táim méadar caoga a ceathair ceintiméadar.	I'm 154 cm.
Táim méadar seasca a cúig ceintiméadar.	I'm 165 cm.
Táim méadar seachtó sé ceintiméadar.	I'm 176 cm.
Táim méadar ochtó a seacht.	I'm 187 cm.
Táim méadar nócha a hocht.	I'm 198 cm.
Táim dhá mhéadar.	I'm 2 m.

Cleachtadh ag scríobh

1 Líon na bearnaí thíos.

a) Tá Deirdre (160 cm) ________________ ar airde.

b) Is é Pádraig an duine ia airde sa rang: tá sé (170 cm) ________________ ar airde.

c) Is í Úna an cailín is lú sa rang: tá sí (150 cm) ________________ ar airde.

d) Níl aon duine sa rang níos airde ná (199 cm) ________________.

e) Tá a lán de na mainicíní timpeall ar dhá ________________.

2 Téigh go dtí Guinness World Records agus faigh amach cé hiad na daoine is airde/is lú ar domhan anois agus sna blianta a chuaigh thart. Scríobh tuairisc fúthu i do chóipleabhar.

Obair ghrúpa sa rang

Déan suirbhé bunaithe ar airde na ndaltaí sa rang. Déan cairt ansin. Cé hé an duine is airde? An duine is lú? An bhfuil mórán difríochtaí idir airde daoine?

Mo Shláinte

Le foghlaim!

Foghlaim na nathanna seo.

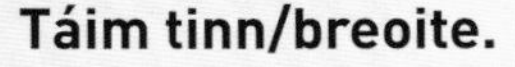

Táim tinn/breoite.	I am sick.
Tá tinneas cinn orm.	I have a headache.
Táim ag cur allais.	I'm sweating.
Tá slaghdán ort.	You have a cold.
ag sraothartach	sneezing
ag casacht	coughing
Bhí fuil sróine agam.	I had a nose bleed.
Tá tinneas fiacaile air.	He has a toothache.
ag caitheamh aníos	vomiting
Ní raibh aon ghoile aige.	He had no appetite.
Bhí pian i mo bholg.	I had a tummy ache.
Bhí fiabhras uirthi.	She had a temperature.
Bhí spotaí uirthi ó bhonn go baithis.	She was covered in spots.
Dhóigh mé mo lámh.	I burned my hand.
plúchadh	asthma
galar tógálach	contagious disease
plucamas	mumps
triuch	whooping cough
Stoitheadh m'fhiacail.	I had a tooth extracted.
Líonadh m'fhiacail.	I had a filling.

Cleachtadh ag scríobh

1 Líon na bearnaí thíos.

Bhí slaghdán ar Mháire inné. Bhí sí ag ________________ i rith na hoíche. Ansin bhí fuil ________________ aici. Bhí pian ina ________________ ansin agus bhí sí ag ________________ aníos nuair a d'ith sí aon rud. Bhí sí ag gearán go raibh ________________ cinn uafásach uirthi. Thóg a máthair a teocht agus bhí ________________ uirthi.

tinneas, caitheamh, casacht, sróine, fiabhras, bolg

2 Déan cur síos ar na pictiúir seo.

Pictiúr a haon

Pictiúr a dó

Le foghlaim!

Foghlaim na nathanna seo.

Leon mé mo rosta/rúitín.	I sprained my wrist/ankle.	**Bhí mé sínte ar an talamh.**	I was stretched out on the ground.
ghortaigh mé	I injured	**Bhí tinneas scornaí air.**	He had a sore throat.
Shleamhnaigh mé ar an leac oighir.	I slipped on the ice.	**pianmhar**	painful
Táim bacach.	I'm limping.	**bruitíneach**	measles
Ghearr sí a méar.	She cut her finger.	**meinigíteas**	meningitis
ag cur fola	bleeding	**slaghdán teaspaigh**	hay fever
Thit mé i laige.	I fainted.	**Mhothaigh mé lag.**	I felt weak.
Bhí sé gan aithne gan urlabhra.	He was unconscious.	**Ní raibh aon fhuinneamh agam.**	I had no energy.
Bhain timpiste díom.	I had an accident.		

Cleachtadh ag scríobh

1 Líon na bearnaí thíos.

Shleamhnaigh mé ar an ______________ oighir agus ______________ mé mo rúitín. Bhí mé ______________ ar an talamh. Ceapaim gur thit mé i ______________. Nuair a tháinig mé chugam féin bhí mo rúitín ______________.

laige, sínte, leon, pianmhar, leac

2 Scríobh alt i do chóipleabhar faoi chuid de na tinnis a bhí ort thar na blianta.

3 Déan cur síos ar na pictiúir seo.

Pictiúr a haon

Pictiúr a dó

Téigh go dtí edco.ie/iontas3.

Léamhthuiscint Cian Ó Ruairc

Léigh an sliocht seo agus déan na cleachtaí a ghabhann leis.

Dia daoibh! Cian Ó Ruairc is ainm dom. An Luan seo caite dhúisigh mé le tinneas cinn uafásach. Mhothaigh mé go dona ar fad. Tar éis deich nóiméad nó mar sin thosaigh mé ag caitheamh aníos. Ghlaoigh mé amach i n**glór fann**[1] ar mo thuismitheoirí ach níor chuala siad mé. **B'éigean dom**[2] éirí as mo leaba. Shiúil mé amach ar **léibheann**[3] an staighre ach thit mé i laige.

Dhúisigh mo thuismitheoirí ansin agus cheap siad go raibh gadaí sa teach agus baineadh geit astu nuair a chonaic siad mé sínte amach gan aithne gan urlabhra. Tháinig mé chugam féin ansin. Chabhraigh siad liom dul ar ais go dtí mo leaba agus thit mo chodladh orm arís. Dhúisigh mé tar éis uair nó dhó eile agus bhí mé fós tinn. Bhí mo thuismitheoirí ag éirí **an-bhuartha**[4] fúm agus rinne mo mháthair **coinne**[5] dom leis an dochtúir.

Scrúdaigh an dochtúir mé agus chuir sí cúpla ceist orm. D'inis mé di faoin mbia a d'ith mé an lá roimhe sin. Dúirt sí go raibh **tinneas goile**[6] orm. Thug sí oideas dom. Cheannaigh mo mham an leigheas dom agus tar éis cúpla uair an chloig thosaigh biseach ag teacht orm. Is fuath liom a bheith tinn agus **de ghnáth**[7] bíonn sláinte an bhradáin agam.

Cabhair!

[1] weak voice
[2] I had to
[3] landing
[4] very worried
[5] appointment
[6] stomach ache
[7] usually

Freagair na ceisteanna seo a leanas.

1. Céard iad na comharthaí tinnis a bhí ag Cian?
2. Cén fáth ar baineadh geit as a thuismitheoirí?
3. Cad a bhí cearr le Cian?
4. Cén cineál duine é Cian, an dóigh leat? Roghnaigh trí aidiacht le cur síos a dhéanamh air.
5. Scríobh an píosa thuas amach sa tríú pearsa. *Cian Ó Ruairc is ainm dó ...*
6. Pioc amach deich mbriathar san Aimsir Chaite sa sliocht thuas.

Obair bheirte sa rang

Ag obair leis an duine in aice leat, déan cur síos ar an uair a bhuail tinneas thú.

Léamhthuiscint Ag teacht chugat féin

Léigh na teachtaireachtaí seo agus déan an cleachtadh a ghabhann leo.

Máire: Bhí mé san ospidéal an tseachtain seo caite. Thit mé ar an leac oighir nuair a bhí mé amuigh.

Ciara: Mo ghraidhin thú! An bhfuil tú ceart go leor anois?

Máire: Táim. Rinne an dochtúir scrúdú ar mo chos agus fuair mé x-ghathú. Thóg siad **mo theocht**[1] freisin. Níor chuir siad plástar ar mo chos toisc nach raibh sí briste. Bhí sí **leonta**[2] ceart go leor agus thug siad **maidí croise**[3] dom. Táim bacach faoi láthair.

Seán: An cuimhin leat anuraidh nuair a ghearr mé mo lámh? Bhí sé **an-phianmhar**[4]. Agus ag cur fola. Ba bheag nár thit mé i laige. Bhí an méid sin fola ann gur chuir mo mháthair fios ar an otharcharr. Thug an altra **instealladh**[5] dom don phian.

Máire: Nílim ag iarraidh dul in aice leis an ospidéal arís. Tá na dochtúirí agus na haltraí an-deas ach tá rud éigin faoi ospidéil nach maith liom. Bím **ar crith**[6] ag smaoineamh faoi.

Cabhair!

1 my temperature
2 sprained
3 crutches
4 very painful
5 injection
6 shaking

1 Freagair na ceisteanna seo.

a) Cad a tharla do Mháire?
b) Cén fáth nár cuireadh plástar ar a cos?
c) Cén chaoi a bhfuil sí faoi láthair?
d) Cad a tharla do Sheán anuraidh?
e) Cad a cheapann Máire faoin ospidéal?

2 Déan staidéar ar an dá phictiúr seo agus aimsigh na difríochtaí eatarthu.

Cabhair!

an Roinn Timpiste agus Éigeandála	Accident and Emergency Department
scuaine	queue
seomra feithimh	waiting-room
guailleán	sling

Obair bheirte sa rang

Scríobh comhrá ar Facebook faoin uair a bhí tú féin san ospidéal.

Léamhthuiscint Sinéad Ní Fhatharta

Léigh an sliocht seo agus déan na cleachtaí a ghabhann leis.

Sinéad Ní Fhatharta is ainm dom agus is altra mé in ospidéal na Gaillimhe. Táim ag obair sa roinn Timpistí agus Éigeandála. Is aoibhinn liom mo phost cé go mbíonn sé an-**ghnóthach**[1]. Bíonn gach lá difriúil. Ar maidin mar shampla tháinig cailín óg isteach lena máthair. Bhí spotaí uirthi ó bhonn go baithis agus bhí fiabhras uirthi freisin. Bhí a máthair buartha go raibh meiningíteas uirthi. Rinne mé féin agus an dochtúir scrúdú uirthi. Ní raibh meiningíteas uirthi; bhí bruitíneach uirthi. Bhí **faoiseamh**[2] mór ar gach duine. Tógadh seanbhean isteach **níos déanaí**[3] san otharcharr. Tugadh an bhean bhocht síos an staighre agus bhí dhrochphian uirthi. Fuair sí x-ghathú agus chonaic an dochtúir gur bhris sí a corróg.

Uaireanta bíonn an obair an-deacair. An tseachtain seo caite bhí timpiste bhóthair ann. Thug an t-otharcharr triúr fear óg isteach san ospidéal. Bhí siad go léir gan aithne gan urlabhra. **Ba léir**[4] go raibh siad gortaithe go dona. Bhí orthu dul **faoi scian**[5]. Tá siad fós san ospidéal, san **aonad dianchúraim**[6], agus beidh ar feadh cúpla seachtain eile.

Is maith liom an obair. Tá sé go deas biseach cabhrú le dhaoine. Uaireanta nuair a thagann othair agus a ngaolta isteach anseo bíonn siad an-bhuartha agus imníoch agus tá sé go deas cabhrú leo. Déanaimid ár seacht ndícheall do gach duine anseo. Ní athróinn mo phost **ar ór na cruinne**[7].

Cabhair!

1 busy
2 relief
3 later
4 it was clear
5 operation
6 intensive care unit
7 for all the gold in the world

1 Freagair na ceisteanna seo.

- **a)** Cén post atá ag Sinéad?
- **b)** Céard iad na cúiseanna ar maith le Sinéad a post?
- **c)** Céard iad na haidiachtaí a chuireann síos ar Shinéad?
- **d)** Déan cur síos gairid ar na cásanna a raibh Sinéad ag plé leo an lá sin.
- **e)** An post deacair é post an altra? Tabhair fáthanna le do thuairim.

❷ **Cuir na focail seo a leanas in abairtí:**
a) ar ór na cruinne **b)** faoi scian **c)** ó bhaithis go bonn **d)** corróg
e) gortaithe go dona **f)** ár seacht ndícheall

❸ **Líon na bearnaí thíos.**
Nuair a dhúisigh mé ar maidin bhí mé clúdaithe le spotaí ó bhonn go ___________. Bhí __________ orm freisin. Bhí mo thuismitheoirí an-bhuartha agus chuir siad glao ar an __________. Rinneadh _________ orm agus scrúdaigh an dochtúir mé. Bhí mé ceart go leor; ní raibh ach an __________ orm. Bhí othair eile san ospidéal a bhí _____ aithne gan __________. Fad is a bhí mé ann bhí an t-ionad __________ an-ghnóthach. Déanann na haltraí a seacht ___________ gach lá.
dianchúraim, otharcharr, baithis, x-ghathú, fiabhras, fliú, ndícheall, gan, urlabhra

Obair bheirte sa rang

Déan cur síos ar an obair a dhéanann altra. Ar mhaith leat a bheith i d'altra nó i do dhochtúir?

Labhair amach ... labhair os ard!

❶ **An raibh tú riamh san ospidéal?**
Nuair a bhí mé seacht mbliana d'aois.

❷ **Cad a bhí cearr?**
Thit mé nuair a bhí mé ag rith. Bhris mé mo chos. Chaith mé cúig lá san ospidéal.

❸ **Céard iad na cuimhní atá agat ar an am sin?**
Is cuimhin liom go raibh mé i mbarda le triúr páistí eile. Bhí na haltraí an-deas agus an-tuisceanach. Bhí buachaill amháin agus bhíodh sé ag caoineadh i gcónaí ach bhí na haltraí an-fhoighneach leis.

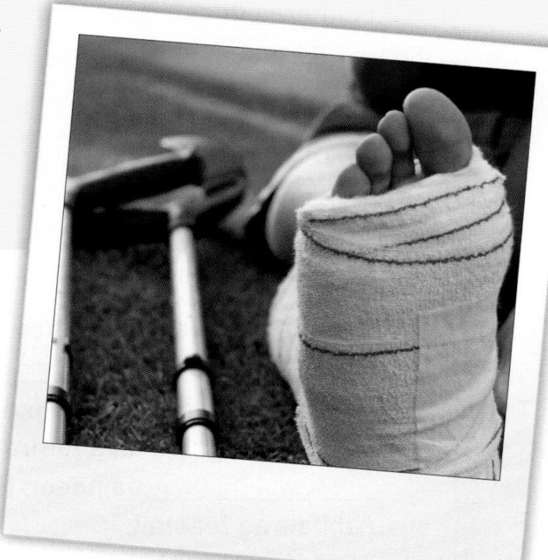

Craic sa rang

Imir cluiche searáidí bunaithe ar na galair éagsúla.

Ag Ullmhú don Scrúdú: Ceapadóireacht

Aiste: An lá a chuaigh mé go dtí an fiaclóir

Is maith is cuimhin liom an lá. Dhúisigh mé i lár na hoíche agus bhí m'fhiacail **ag preabadh**[1] leis an bpian. Ní bhfuair mé **néal codlata**[2]. Ar maidin rinne mo mháthair coinne dom leis an bhfiaclóir ag leathuair tar éis a deich.

Éirím an-neirbhíseach ag smaoineamh faoi dhul go dtí an fiaclóir. Nuair a bhí mé óg d'inis m'athair a lán **scéalta scanrúla**[3] dom faoina óige agus a **chuairteanna**[4] ar an bhfiaclóir. **Stoith**[5] an fiaclóir a lán fiacla uaidh. Níor thaitin siad leis in aon chor. Ar aghaidh liom ag a deich go dtí an fiaclóir. Shuigh mé sa **seomra feithimh**[6] le mo mháthair. Bhí an phian agus an eagla **ag méadú**[7]. Cheap mé gur chuala mé othar ag caoineadh i seomra an fhiaclóra. Chuimhnigh mé ar scéalta m'athar. Chaill mé **mo mhisneach**[8]. Thosaigh mé féin **ag sileadh na ndeor**[9]. Ansin ghlaoigh an t-altra orm. Chuaigh mé isteach go drogallach go dtí an fiaclóir.

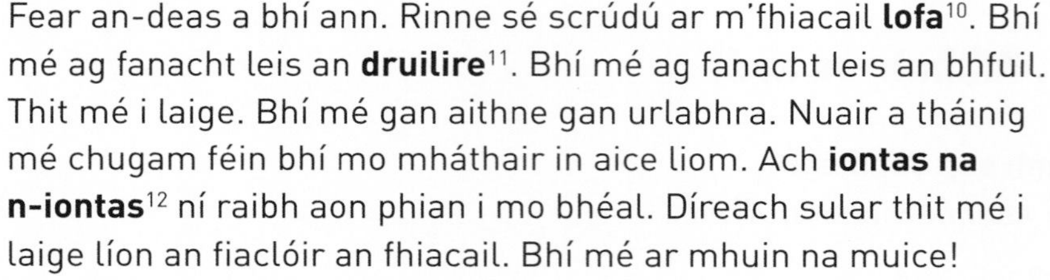

Fear an-deas a bhí ann. Rinne sé scrúdú ar m'fhiacail **lofa**[10]. Bhí mé ag fanacht leis an **druilire**[11]. Bhí mé ag fanacht leis an bhfuil. Thit mé i laige. Bhí mé gan aithne gan urlabhra. Nuair a tháinig mé chugam féin bhí mo mháthair in aice liom. Ach **iontas na n-iontas**[12] ní raibh aon phian i mo bhéal. Díreach sular thit mé i laige líon an fiaclóir an fhiacail. Bhí mé ar mhuin na muice!

Ansin thug sé caint mhór dom faoi bhia agus deoch. Dúirt sé go raibh sé soiléir go raibh mé ag ithe an iomarca milseán agus ag ól an iomarca **deochanna súilíneacha**[13]. Déanann siad a lán dochair do na fiacla. D'éirigh mé astu ar **an toirt**[14]. Níor mhaith liom dul go dtí an fiaclóir arís.

Cabhair!

1 throbbing
2 wink of sleep
3 frightening story
4 visits
5 extracted
6 waiting-room
7 increasing
8 my courage
9 crying
10 rotten
11 drill
12 wonder of wonders
13 fizzy drinks
14 immediately

❶ **Scríobh achoimre (thart ar 100 focal) ar an aiste thuas.**

❷ **Líon na bearnaí san alt seo.**

Bhí m'fhiacail ag ______________ leis an bpian. Ní bhfuair mé ______________ codlata an oíche ar fad. Rinne mé ______________ leis an bhfiaclóir. Nuair a chuaigh mé isteach go dtí an seomra ______________ bhí an áit plódaithe. Bhí cailín óg ag ______________ na ndeor. Ba bheag nár chaill mé mo ______________ ach bhí cabhair ag teastáil. ______________ an fiaclóir m'fhiacail lofa.

feithimh, mhisneach, néal, sileadh, stoith, coinne, preabadh

Labhair amach ... labhair os ard!

1. **An raibh tú riamh tinn?**
Ar an drochuair bhí mé tinn an tseachtain seo caite.

2. **Cad a bhí cearr leat?**
Bhí slaghdán orm. Thosaigh sé le tinneas scornaí agus ansin bhí tinneas cinn orm. Bhí mé ag sraothartach agus ag casacht ar feadh na hoíche ar fad. Dhúisigh mé mo mhuintir ar fad agus ní mó ná sásta a bhí siad liom.

3. **Conas a tháinig biseach ort?**
Chaith mé dhá lá sa leaba agus d'ól mé a lán deochanna.

4. **An ndeachaigh tú go dtí an dochtúir?**
Ní dheachaigh mé. Tá sé costasach dul go dtí an dochtúir agus ní dhéanann antaibheathach (antibiotic) *aon mhaitheas do shlaghdán.*

5. **An raibh tú riamh ag an bhfiaclóir?**
Faraor[1]*, bhí mé.*

6. **Inis dom faoi.**
Nuair a bhí mé óg fuair mé dhá ***líonadh***[2]*. Ní raibh sé pianmhar* ***i ndáiríre***[3] *ach tá rud éigin faoi dhul go dtí an fiaclóir. Bhí a lán scéalta scanrúla ag mo thuismitheoirí faoin bhfiaclóir. Dhá bhliain ó shin fuair mé* ***teanntáin***[4] *mo chuid fiacla.*

Cabhair!

[1] alas	[3] really
[2] filling	[4] braces

Ag cleachtadh don scrúdú

Scríobh aiste ar do rogha ceann amháin de na hábhair seo:

- **i)** Sláinte mhaith
- **ii)** Cuairt ar an dochtúir
- **iii)** Drochnósanna a bhíonn ag roinnt daoine óga

Éist agus scríobh

Éist leis an múinteoir ag léamh an ailt thíos agus ansin scríobh an t-alt i do chóipleabhar. Nuair a chríochnaíonn tú ag scríobh oscail do leabhar agus ceartaigh do chuid oibre!

Tugadh ceathrar cailíní as an scoil chéanna go dtí an t-ospidéal inné. D'éirigh siad tinn nuair a bhí siad ar scoil. Thosaigh siad ag cur allais agus ag caitheamh aníos. Bhí na múinteoirí an-bhuartha nuair a dúirt siad go raibh tinneas cinn uafásach orthu. Chuir an príomhoide fios ar otharcharr agus tháinig sé gan mhoill. Faoin am a tháinig sé bhí beirt de na cailíní gan aithne gan urlabhra agus bhí spotaí ó bhonn go baithis ar chailín amháin eile. Tugadh na cailíní go dtí an t-ospidéal agus rinneadh tástálacha orthu. Tá siad fós istigh ann, san aonad dianchúraim, ach buíochas le Dia tá siad ag teacht chucu féin arís.

Bia agus Deoch

Biachlár bricfeasta	
Sú oráiste nó sú úill	*Orange or apple juice*
Leite, calóga arbhair, ubh bhruite	*Porridge, cornflakes, boiled egg*
Griolladh measctha le hispíní, slisíní, trátaí, ubh	*Mixed grill with sausages, rashers, tomatoes, egg*
Biachlár lóin	
Ceapairí, bonnóga, anraith, iógart, torthaí	*Sandwiches, scones, soup, yoghurt, fruit*
Sólaistí: muifíní, pióg úill, cáca milis, cáca seacláide	*Pastries: muffins, apple tart, cake, chocolate cake*
Biachlár dinnéir	
Stéig, circeoil, burgair, píotsa, stobhach, iasc	*Steak, chicken, burgers, pizza, stew, fish*
Le glasraí	
Cairéid, piseanna, pónairí, cabáiste	*Carrots, peas, beans, cabbage*
Milseog	
Uachtar reoite, súnna talún, súnna craobh, pióg úill, torthaí, sméara	*Ice cream, strawberries, raspberries, apple tart, fruit, berries*
Deochanna	
Tae, caife, deochanna súilíneacha, deochanna boga, fíon	*Tea, coffee, fizzy drinks, soft drinks, wine*

Obair ghrúpa sa rang

Déan *suirbhé* sa rang chun a fháil amach cad a bhíonn ag do chairde de ghnáth le haghaidh bricfeasta, lóin agus dinnéir. An bia sláintiúil nó míshláintiúil a itheann sibh?
Ar an gclár bán, scríobh an bia a itear don: a) bricfeasta b) lón c) dinnéar.
Scríobh an litir 's' in aice leis an mbia atá sláintiúil agus 'ms' in aice leis an mbia atá míshláintiúil.

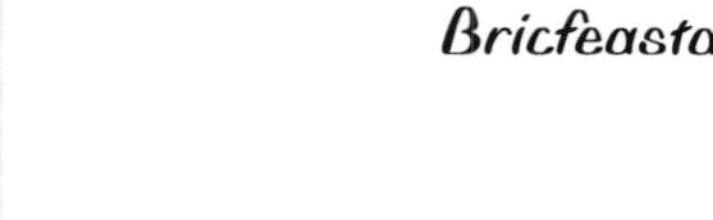

Bricfeasta

Lón

Dinnéar

Cluiche 90 soicind!

Tá 90 soicind agat chun an oiread cineálacha bia agus is féidir leat a scríobh amach. Malartaigh do liosta le do chara chun é a cheartú.

Suirbhé

Craic sa rang

Labhair amach ... labhair os ard!

Roghnaigh dalta amháin sa rang agus faigh amach an duine sláintiúil é/í. Cuir na ceisteanna thíos ar an dalta agus scríobh tuairisc (*report*) ar shláinte an dalta. Léigh an tuairisc os ard sa rang.

Sláinte mo charad

1 Ainm an dalta ____________________

2 Aois ____________________

3 An siúlann tú ar scoil? ____________________

4 An rothaíonn tú ar scoil? ____________________

5 An itheann tú bricfeasta gach lá? ____________________

6 Céard a bhíonn agat don bhricfeasta? ____________________

7 An ndéanann tú corpoideachas ar scoil? ____________________

8 An nglacann tú cleachtadh coirp gach lá? ____________________

9 An itheann tú bia sláintiúil don lón? ____________________

10 An imríonn tú spórt? ____________________

11 Cén spórt? ____________________

12 An mó toradh a itheann tú gach lá? ____________________

13 An mó glasra a itheann tú gach lá? ____________________

14 An bhfaigheann tú cleachtadh coirp ag an deireadh seachtaine? ____________________

15 Aon eolas breise? ____________________

16 An dalta sláintiúil é an dalta seo? ____________________

Léigh an tuairisc shamplach.

Rinne mé tuairisc ar shláinte Aoife Ní Ruairc.

1. *Tá Aoife ceithre bliana déag d'aois.*
2. *Siúlann nó rothaíonn sí ar scoil gach lá.*
3. *Itheann sí calóga arbhair agus ólann sí sú oráiste don bhricfeasta.*
4. *Déanann Aoife dhá rang corpoideachais gach seachtain ar scoil.*
5. *Glacann Aoife cleachtadh coirp gach lá. Imríonn sí leadóg ag am lóin.*
6. *Itheann sí úll agus ceapaire don lón.*
7. *Téann sí ag sodar* (jogging) *nó ag snámh gach lá.*
8. *Aon eolas breise: ní ólann Aoife aon deoch shúilineach.*
9. *Is duine sláintiúil í Aoife …*

Téigh go dtí edco.ie/iontas3.

Labhair amach … labhair os ard!

1. **An itheann tusa bia sláintiúil, an dóigh leat?** *Déanaim* ***iarracht***[1] *é sin a dhéanamh.*
2. **Cad a bhíonn agat le haghaidh do bhricfeasta?** *Go* ***hiondúil***[2] *bíonn calóga arbhair agus gloine bhainne agam.*
3. **Cad a thugann tú ar scoil don lón?** *Ceapairí,* ***iógart***[3] *agus torthaí, úll nó piorra. Uair sa tseachtain ceannaím rud éigin ó* ***na hinnill***[4] *sa scoil, críospaí nó barra seacláide.*
4. **An dóigh leat go n-itheann a lán déagóirí bia míshláintiúil?** *Is dóigh liom go n-itheann. Téann a lán cairde liom go dtí* ***bialann ghasta***[5] *cúpla uair sa tseachtain agus tá a fhios ag* ***madraí an bhaile***[6] *nach mbíonn an bia ansin sláintiúil.*
5. **An itheann tú feoil?** *Ithim ach is* ***veigeatóir***[7] *í mo chara Sorcha. Ní itheann sí feoil ar bith. Itheann sí a lán glasraí,* ***cnónna***[8] *agus torthaí.*

Cabhair!

[1] attempt
[2] usually
[3] yoghurt
[4] the machines
[5] fast food restaurant
[6] everybody
[7] vegetarian
[8] nuts

Cleachtadh ag scríobh

Scríobh alt fút féin anois maidir le cúrsaí sláinte.

Blag Thomáis

Tá Tomás tinn san ospidéal agus scríobhann sé ar a bhlag faoi.

Mo Bhlag Blag Thomáis

Táim dhá lá san ospidéal. Bhí mé amuigh le mo theaghlach ag ceiliúradh bhreithlá mo Mham ar an Luan. An oíche sin d'éirigh mé an-tinn. Bhí mé ag caitheamh aníos gan stad. Nuair a tháinig an dochtúir dúirt sí le mo thuismitheoirí mé a thabhairt go dtí an roinn timpistí agus éigeandála. Dúirt siad go raibh **nimhiú bia**[1] agam. Bhí **sliogiasc**[2] agam ach bhí blas ait air. As seo amach ní íosfaidh mé ach bia blasta Éireannach, stobhach, bagún agus cabáiste nó circeoil rósta.

Chuala mé go raibh Aoife ag gearán faoin mbia atá ar díol sa siopa. Dar léi, bíonn deochanna súilíneacha mar chóla ar díol agus sólaistí cosúil le criospaí. Tá sí an-chrosta nach bhfuil níos mó torthaí agus ceapairí ar díol ann. I roinnt scoileanna tá **cosc**[3] ar aon bhia míshláintiúil. Tá riail ann go bhfuil ar gach dalta píosa toraidh a thabhairt leo agus níl cead acu deochanna súilíneacha a ól, seachas uisce.

Cabhair!

[1] food poisoning
[2] shellfish
[3] ban

1 Freagair na ceisteanna seo.

a) Cad a bhí cearr le Tomás?
b) Cén chomhairle a bhí ag an dochtúir?
c) Conas a fuair Tomás an nimhiú bia?
d) Cen cineál bia a íosfaidh Tomás as seo amach?
e) Cén gearán atá ag Aoife faoin mbia scoile?
f) Cén riail atá i bhfeidhm i roinnt scoileanna?

2 Líon na bearnaí thíos.

a) Is ________ an mac an saol mar a deir an seanfhocal.
b) Éiríonn a lán daoine tinn má itheann siad ________________.
c) Is duine ______________ í agus ní itheann sí aon bhia próiseáilte.
d) Dúnadh an bhialann mar fuair a lán daoine ________ _________ nuair a d'ith siad ann.
e) Is aoibhinn le páistí óga deochanna _______________.
f) Tá ________ ar ghuma coganta i mo scoil.
g) Bhí Seán ag caint ____ ___________ sa rang agus d'éirigh an múinteoir an-chrosta leis.

nimhiú bia, sliogiasc, cosc, ait, gan stad, sláintiúil, súilíneacha

Obair ghrúpa sa rang

Tá tú féin agus do chairde ar Facebook ag caint faoi bheith i do veigeatóir. I ngrúpaí, scríobh na tuairimí éagsúla a bheadh ag daoine faoi seo.

Ag Ullmhú don Scrúdú: Litir Phearsanta

Chuir tú isteach ar chomórtas cócaireachta.
Scríobh litir chuig do chara ag insint dó/di faoi.

I do litir luaigh:

- conas a d'éirigh leat
- cé a chabhraigh leat
- cén chócaireacht a rinne tú
- dhá rud eile faoin gcomórtas

3 Radharc na Mara
Cora Droma Rúisc
Co. Liatroma
3 Bealtaine 2018

A Aoife, a chara,

Cén chaoi a bhfuil tú? Tá súil agam go bhfuil cúrsaí go maith leat agus le do mhuintir. Cén chaoi ar éirigh le Tomás sna scrúduithe?

Fan go gcloise tú. Bhí mé ar fhoireann cócaireachta na scoile a tháinig sa tríú háit i gcomórtas cócaireachta scoileanna Liatroma. Bhí beirt againn ar an bhfoireann, mé féin agus Laoise Ní Shé. Ba é téama an chomórtais ná 'BESS – Béile éasca, saor agus sláintiúil'. Rinneamar béile blasta do chlann.

Mar is eol duit is garraíodóir iontach é mo dhaid agus fuair mé glasraí uaidh. Fuaireamar prátaí, oinniúin agus cairéid úra uaidh. Cheannaíomar feoil ón mbúistéir agus rinneamar stobhach don phríomhchúrsa. Don chúrsa tosaigh rinneamar anraith glasraí agus arís tháinig na glasraí ó ghairdín mo dhaid. Rinneamar cáca milis don ***mhilseog***[1] *agus bhí sé deas éadrom.*

Mhol na ***breithimh***[2] *an béile,* ***go háirithe***[3] *an príomhchúrsa. Thaitin sé go mór leo gur úsáideamar* ***glasraí áitiúla úra***[4]*. Chailleamar marcanna toisc nár úsáideamar aon torthaí sa bhéile. Bhíomar an-sásta linn féin. Bhuamar* ***dearbhán***[5] *€50 an duine agus cúrsa cócaireachta lae i mBaile Uí Mhaolmhuaidh. Táimid ag tnúth go mór le dul ann.*

Feicfidh mé go luath thú. Abair le Seán go raibh mé ***ag cur a thuairisce***[6]*. Déanfaidh mé béile blasta daoibh nuair a thiocfaidh sibh ar cuairt chugam.*

Slán tamall,
Do chara buan,
Éilis

Cabhair!

[1] dessert
[2] judges
[3] especially
[4] fresh local vegetables
[5] voucher
[6] asking for him

Cleachtadh ag scríobh

1 Freagair na ceisteanna seo a leanas:

a) Cé a bhí ar an bhfoireann?
b) Conas a chabhraigh a hathair le hÉilís?
c) Cad a rinne siad leis na comhábhair (*ingredients*)?
d) Cad a thaitin leis na breithimh?
e) Cad a bhuaigh na cailíní?

2 Cuir na focail seo a leanas in abairtí chun a mbrí a léiriú.

a) comórtas **b)** béile blasta **c)** garraíodóir
d) áitiúla úra **e)** ag tnúth **f)** dearbhán

Ag cleachtadh don scrúdú

Bhí tú san ospidéal le déanaí. Scríobh litir chuig do chara ag insint dó/di faoin ospidéal.

I do litir luaigh:

- an fáth a raibh tú ann
- na hothair eile a bhí sa bharda leat
- na daoine a tháinig ar cuairt chugat
- rud amháin faoin ospidéal a thaitin leat
- rud amháin faoin ospidéal nár thaitin leat

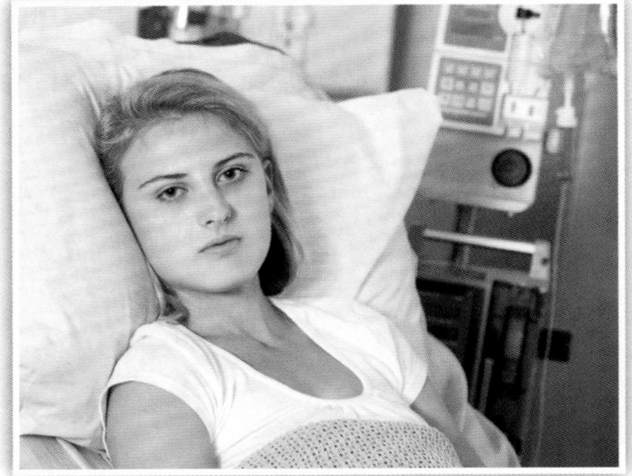

Timpistí

ag tiomáint go róthapa	driving too fast	**na seirbhísí éigeandála**	the emergency services
Sciorr an carr ar an leac oighir.	The car skidded on the ice.	**cuireadh fios ar ...**	... was sent for
Bhuail an carr in éadan an bhalla.	The car crashed into the wall.	**an bhriogáid dóiteáin**	the fire brigade
ar luas lasrach	very fast	**Chuaigh an carr trí thine.**	The car went on fire.
Bhí an bóthar sleamhain.	The road was slippery.	**Theip ar na coscáin.**	The brakes failed.
Chaill sé smacht ar an gcarr.	He lost control of the car.	**Bhí an roth pollta.**	The tyre was flat.
Bhuail an carr agus an leoraí faoina chéile.	The car and lorry collided.	**ag caitheamh clogaid**	wearing a helmet
Bhí na déagóirí ag rásaíocht ar an mbóthar.	The teenagers were racing on the road.	**ag caitheamh crios sábhála**	wearing a seat-belt
Bhuail an carr in aghaidh cuaille.	The car crashed into a pole.	**Níor stop sé ag na soilse tráchta.**	It/he didn't stop at the traffic lights.

Cleachtadh ag scríobh

1 Líon na bearnaí thíos.

a) Ní raibh Seán ábalta dul amach ag rothaíocht toisc go raibh an roth ________________.

b) Níor gortaíodh an rothaí go dona toisc go raibh sé ag caitheamh ________________.

c) ________________ an carr ar an leac oighir agus ________________ sé i gcoinne an bhalla.

d) Níor stop an carr ag na soilse tráchta mar gur theip ar na ________________.

e) Tháinig na seirbhísí ________________ go han-tapaidh go dtí láthair na timpiste.

2 Déan cur síos ar na timpistí a tharla sna pictiúir seo.

Pictiúr a haon

Pictiúr a dó

3 Scríobh alt faoi thimpiste bhóthair a tharla le déanaí.

Dóiteán

boladh deataigh	smell of smoke	**píobáin uisce**	water hoses
Bhuail splanc thintrí an teach.	The house was struck by lightning.	**Bhí sé fánach acu.**	Their effort was to no avail.
Chuaigh an áit trí thine.	The place went on fire.	**Bhí an áit scriosta.**	The place was destroyed.
Cuireadh dréimire in aice leis an bhfuinneog.	A ladder was put to the window.	**Rith siad isteach sa teach dóite agus shábháil siad an leanbh.**	They ran into the burning house and rescued the child.
Bhí mé sceimhlithe i mo bheatha.	I was terrified.	**lasracha**	flames
Bhí an áit dóite go talamh.	The place was burned to the ground.	**d'éalaigh siad amach**	they escaped
aláram tine	smoke alarm	**i bpreabadh na súl**	in the blink of an eye

Cleachtadh ag scríobh

1 Líon na bearnaí thíos.

Bhuail ______________ thintrí an teach agus chuaigh an teach trí ______________. Fuair mé an ______________ deataigh agus chuir mé fios ar an mbriogáid ______________. Scaip na ______________ go tapaidh agus bhí an áit ______________ go talamh. Chas an lucht dóiteáin na ______________ uisce ar an tine ach bhí sé ______________ acu toisc go raibh an tine an-láidir.

2 Déan cur síos ar an dóiteán a tharla sa phictiúr seo.

Pictiúr a haon

Pictiúr a dó

3 Scríobh alt faoi dhóiteán a tharla le déanaí.

Labhair amach … labhair os ard!

Conas a chaith tú Oíche Shamhna?

Chuaigh mé amach le mo chairde go dtí an tine chnámh sa pháirc áitiúil. Bhí gach duine ag baint taitnimh as an oíche. Ansin d'éirigh gaoth láidir agus i bpreabadh na súl bhí na tine as smacht. Chuir duine éigin fios ar an mbriogáid dóiteáin agus tháinig siad go tapa. Chas siad píobáin uisce ar na lasracha agus mhúch siad an tine.

Timpiste san Uisce

D'iompaigh an bád bun os cionn.	The boat capsized.	**ar ámharaí an tsaoil**	a piece of good luck
ag caitheamh seaicéad tarrthála	wearing life jackets	**Léim an bhean chróga isteach i mo dhiaidh.**	The brave woman jumped in after me.
D'éirigh an ghaoth.	The wind rose.	**Tharraing sí amach as an uisce mé.**	She pulled me from the water.
tonnta ollmhóra	huge waves	**Chuir sé cóir leighis orm.**	He gave me medical treatment.
bád tarrthála	lifeboat	**bádh an long**	the ship sank
ag imeacht i dtreo na gcarraigeacha	drifting towards the rocks	**bádh an fear**	the man drowned
Thit sé isteach san uisce.	He fell into the water.	**Tugadh an créatúr bocht go dtí an t-ospidéal.**	The poor creature was taken to hospital.
Ní raibh snámh aige.	He couldn't swim.	**slán sábháilte**	safe and sound

Cleachtadh ag scríobh

1 Líon na bearnaí thíos.

a) Thosaigh an bád ag ______________ i dtreo na gcarraigeacha nuair a d'éirigh an ______________.

b) Bhí mé ______________ i mo bheatha nuair a thit mé isteach san uisce toisc nach raibh ______________ agam.

c) Bhí gach duine an-bhuíoch as an mbád ______________ nuair a shábháil an criú na hiascairí.

d) Bhí an buachaill as a mheabhair dul ag iascach nuair a bhí tonnta ______________ san fharraige.

e) D'iompaigh an bád bun ______________ ______________, ach ar ámharaí an ______________ bhí bád eile in aice leis agus ______________ sé na daoine.

2 Déan cur síos ar an timpiste a tharla sna pictiúir seo.

Pictiúr a haon

Pictiúr a dó

❸ **Déan cur síos ar eachtra a tharla duit nuair a bhí tú ar do laethanta saoire cois farraige.**

Labhair amach ... labhair os ard!

Inis dom faoi do laethanta saoire an samhradh seo caite.

Chaith mé coicís cois farraige i bPort Láirge. Is aoibhinn le mo theaghlach aon rud a bhaineann leis an bhfarraige. Bhí saoire iontach againn ach lá amháin bhí ar mo dhaid léim isteach san fharraige mar bhí cailín beag i dtrioblóid san uisce. Ní raibh snámh ag an gcailín bocht ach bhí m'athair an-chróga agus tharrtháil sé an cailín.

Obair ghrúpa sa rang

Tabhair nuachtáin isteach sa rang agus léigh faoi thimpistí a tharla le déanaí. Ansin ullmhaigh mír nuachta faoin timpiste nó faoin tine a tharla agus léigh amach don rang é.

Craic sa rang

Suigh i gciorcal. Tosaíonn dalta amháin ar scéal faoi thimpiste éigin. Mar shampla:
Bhí sé ag stealladh báistí aréir.

Leanann an dara dalta ach caithfidh sé/sí an chéad abairt a athrá agus a (h)abairt féin a rá freisin. Mar shampla:
Bhí sé ag stealladh báistí aréir agus bhí na bóithre sleamhain.

Tá cuimhne mhaith ag teastáil mar tá ar an duine deireanach gach abairt a athrá! (Má tá sé seo ródheacair, d'fhéadfaí an rang a roinnt ina dhá leath.)

Éist agus scríobh

Éist leis an múinteoir ag léamh an ailt thíos agus ansin scríobh an t-alt i do chóipleabhar. Nuair a chríochnaíonn tú ag scríobh oscail do leabhar agus ceartaigh do chuid oibre!

Tharla timpiste mara inné. D'éirigh stoirm agus d'iompaigh bád bun os cionn san fharraige amuigh ó chósta na Gaillimhe. Bhí an t-ádh dearg leis na daoine a bhí ar bhord an bháid. Chonaic duine ar an trá an timpiste agus chuir sé fios ar na seirbhísí éigeandála. Tháinig an bád tarrthála amach go tapaidh agus shábháil an criú gach duine a bhí ar an mbád. Bádh an bád ina dhiaidh sin mar gur bhuail sé i gcoinne na gcarraigeacha. Tugadh na daoine go dtí an t-ospidéal áitiúil. Ní raibh aon duine gortaithe go dona.

Ag Ullmhú don Scrúdú: Ceapadóireacht

Scéal/Eachtra: Eachtra bóthair a tharla duit le déanaí

Is maith is cuimhin liom an lá. Bhí sé **ag stealladh báistí**[1] **ó mhaidin**[2] agus bhí na bóithre sleamhain. De ghnáth tugann mo mháthair síob ar scoil dom ach an mhaidin seo ní raibh sí ar fónamh. Nuair a dhúisigh sí bhí spotaí uirthi ó bhonn go baithis agus bhí sí cinnte go raibh an bhruitíneach uirthi. Bhí orm rothaíocht ar scoil. Ní raibh mé **ag tnúth**[3] leis mar go raibh an aimsir **go hainnis**[4] agus bheinn **fliuch báite**[5].

D'fhág mé an teach go drogallach. Chuir mé mo mhála trom ar chúl an rothair agus chuir mé an clogad ar mo cheann. Ar aghaidh liom sa bháisteach. Taobh istigh de chúpla nóiméad bhí mé fliuch go craiceann agus ní raibh mé ábalta aon rud a fheiceáil mar go raibh mo spéaclaí **smeartha le huisce**[6].

Níl a fhios agam cad a tharla ina dhiaidh sin. Dhúisigh mé san ospidéal. **De réir dealraimh**[7] bhain timpiste dom. Bhí pian i mo lámha agus i mo chosa. Bhí mé **briste brúite**[8]. Ní raibh a fhios agam ó thalamh an domhain cad a tharla. Dúirt na gardaí gur thit mo mhála scoile den **iomprán**[9] agus chuaigh sé **i bhfostú**[10] sa roth. Nuair a **tharraing mé**[11] na coscáin sciorr an rothar ar an mbóthar fliuch agus thit mé **tóin thar ceann**[12] ar an talamh. Bhí an t-ádh liom go raibh clogad orm mar, **murach sin**[13], bheinn marbh.

Mar a tharla sé[14], bhí mo lámh dheis briste. Cuireadh plástar uirthi agus chaith mé oíche amháin san ospidéal, **ar eagla na heagla**[15]. Tháinig mo thuismitheoirí isteach ar cuairt. Baineadh geit astu nuair a chonaic siad m'aghaidh bhán. **Dála an scéil**[16], ní raibh an bhruitineach ar mo mháthair. Cheannaigh sí **uachtar coirp**[17] nua agus é sin ba chúis leis na spotaí! Bhí brón uirthi nár thug sí síob dom an mhaidin sin.

Cabhair!

1 lashing rain
2 since morning
3 looking forward
4 terrible
5 soaked to the skin
6 smeared with water
7 apparently
8 battered and bruised
9 carrier
10 entangled
11 I pulled
12 head over heels
13 if it wasn't for that
14 as it happened
15 just in case
16 by the way
17 body lotion

Scríobh achoimre (thart ar 100 focal) ar an scéal thuas.

Ag cleachtadh don scrúdú

i) Ceap scéal a mbeidh an giota seo thíos oiriúnach mar thús leis: 'Ní dhéanfaidh mé dearmad go deo ar an turas sin...'

ii) Déan cur síos ar eachtra a tharla nuair a chuaigh tú ar cuairt ar do chara san ospidéal.

An Bhéaltriail
Ag Ullmhú don Scrúdú CD 1 Rian 21–24

1 **Éist leis na samplaí thíos ar an dlúthdhiosca, Rian 22–23. Ullmhaigh píosa eolais fút féin. Léigh na samplaí thíos.**

A Máirín is ainm dom. Is duine sláintiúil mé. Déanaim mo dhícheall bia sláintiúil a ithe agus déanaim cleachtadh coirp go rialta. Siúlaim ar scoil gach maidin le mo chara Seán agus imrímid cispheil sa chlós ag am lóin. Ag an deireadh seachtaine buailimid le chéile san ionad spóirt agus téimid ag snámh. Is aoibhinn linn spóirt.

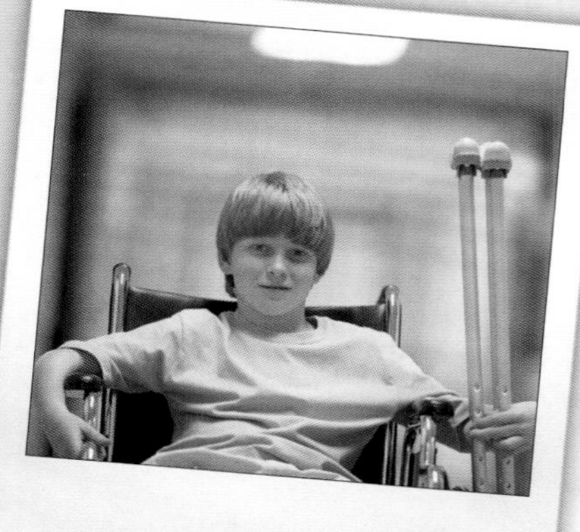

B Bhris mé mo chos an tseachtain seo caite. Bhí mé ag imirt rugbaí ar fhoireann na scoile nuair a bhris mé mo chos. Tháinig otharcharr agus bhí orm dul chuig an roinn timpiste agus éigeandála. Rinne an dochtúir scrúdú orm agus ansin glacadh x-gha de mo chos. Bhí an-bhrón orm nuair a fuair mé amach gur briseadh mo chos. Beidh mé ar na maidí croise go ceann míosa.

2 **Freagair na ceisteanna thíos. Éist leis na freagraí samplacha ar an dlúthdhiosca, Rian 24.**

a) An raibh tú riamh sa roinn timpiste agus éigeandála?
b) Ar bhris tú do chos nó do lámh riamh?
c) An itheann tú bia sláintiúil?
d) An itheann tú lón sláintiúil?
e) Céard a bhíonn agat don lón de ghnáth?
f) An dtéann tú chuig an linn snámha go minic?
g) An siúlann tú ar scoil?
h) An nglacann tú cleachtadh coirp?
i) An bhfaca tú timpiste bhóthair riamh?
j) An bhfaca tú tine riamh?
k) An dtéann tú chuig an bhfiaclóir go minic?

An Chluastuiscint CD 1 Rian 63–68

Cuid A

Cloisfidh tú giota cainte ó dhuine óg sa chuid seo. Cloisfidh tú an giota *faoi dhó*. Éist go cúramach leis agus líon isteach an t-eolas atá á lorg sna greillí thíos.

An chéad chainteoir

Ainm	*Dara Ó Searcaigh*
Cén fáth nach raibh Dara ar scoil inniu?	
Céard a dúirt an dochtúir le Dara?	
Céard a thug an dochtúir dá mham?	

Cuid B

Cloisfidh tú fógra nó píosa nuachta anois. Cloisfidh tú é faoi dhó. Éist go cúramach leis.

Píosa nuachta

1	Cathain a bheidh Pobalscoil Íde dúnta?
2	Cén fáth ar gortaíodh beirt fhear?
3	Cár thosaigh an dóiteán?

Cuid C

Cloisfidh tú comhrá sa chuid seo. Cloisfidh tú é *faoi dhó*. Cloisfidh tú an comhrá ó thosach deireadh an chéad uair. Ansin cloisfidh tú é ina dhá mhír an dara huair.

Comhrá

An chéad mhír

1	Céard a tharla do Úna sa timpiste?

An dara mír

2	Cén cuireadh a thug Úna do Leo don Satharn?
3	Cé mhéad atá ar na ticéid?

Súil Siar ar Aonad a Cúig

1 Bí cinnte go bhfuil an foclóir agus na nathanna nua a d'fhoghlaim tú san aonad seo scríofa i do chóipleabhar nótaí.

2 Líon na bearnaí thíos.

a) Chuaigh mé go dtí an fiaclóir toisc go raibh tinneas ________________ orm.

b) Bhí an fear bocht sínte ar an talamh gan ________________ ________________ urlabhra.

c) Bhí an bhruitíneach ar an bpáiste agus bhí spotaí air ó ________________ go ________________.

d) Is é Seán an buachaill is ________________ sa rang; tá sé méadar daichead a trí ach níl éinne eile chomh hard leis sin.

e) Bhí Síle ag caitheamh ________________ an oíche ar fad nuair a bhí ________________ bia aici.

f) Bhuail splanc ________________ an teach agus chuaigh sé ________________ thine go tapa.

g) Bhí na buachaillí ag troid agus bhí siad briste ________________ ina dhiaidh.

h) Bhí an teach ________________ go ________________ tar éis na tine móire.

i) Ní rachainn go dtí an fiaclóir ________________ ór na ________________.

j) Dar leis an bhfiaclóir níl deochanna ________________ go maith do na fiacla.

3 Scríobh cur síos ar an timpiste sa phictiúr seo.

4 Líon isteach na baill coirp.

5 Trialacha teanga comhthéacsúla

Bhí tinneas scornaí ________________ agus mar sin rinne mo mháthair ________________ [**(a)** coinne **(b)** coine **(c)** coinín] dom leis an dochtúir. Nuair a shroicheamar an seomra ________________ [**(a)** fheithimh **(b)** feitheamh **(c)** feithimh] bhí an áit plódaithe. D'fhan mé sa scuaine agus faoi dheireadh glaodh ________________. Rinne an dochtúir ________________ orm agus dúirt sé go raibh an fliú orm. Thug sé oideas ________________.

6 Aonad a Sé
Caithimh Aimsire

Is trom an t-ualach an leisce.

Mo Chaitheamh Aimsire

Le foghlaim!

ag féachaint ar an teilifís	ag dul go dtí an dioscó	ag seinm ceoil
ag éisteacht le ceol	ag déanamh cúrsaí	ag freastal ar ranganna ceoil
ag dul amach le mo chairde	ag léamh	ag damhsa
ag siopadóireacht	ag scríobh scéalta	ag dul ag campáil
ag imirt spóirt	ag dul ag an bpictiúrlann	ag plé leis an Ifón
ag dul amach ag siúl	ag déanamh scannán	ag dul go dtí an club óige

ag aisteoireacht	acting
ranganna aisteoireachta	acting classes
ag imirt cluichí ríomhairí	playing computer games
ag glacadh grianghraf	taking photographs
ag déanamh obair charthanachta	doing charity work
ag cócaireacht	cooking
ag íoslódáil ceoil	downloading music
ag fanacht i dteagmháil le mo chairde	keeping in touch with my friends

Cleachtadh ag scríobh

Freagair na ceisteanna seo.

1. Céard iad na caithimh aimsire ón liosta thuas a bhaineann le cúrsaí ceoil?
2. Céard iad na caithimh aimsire ón liosta atá saor in aisce (*free*) le déanamh?
3. Céard iad na caithimh aimsire ón liosta a dhéanann duine ina aonar?
4. Céard iad na caithimh aimsire atá agat féin?
5. Cé chomh minic is a dhéanann tú na caithimh aimsire sin?
6. Cathain a thosaigh tú an caitheamh aimsire seo?

Léamhthuiscint

Sibéal Davitt – bean ildánach

Léigh an léamhthuiscint seo agus déan na cleachtaí a ghabhann leis.

Is bean óg **chumasach**[1] **ildánach**[2] í Sibéal Davitt a bhfuil **bua**[3] an damhsa aici. Is Gaeilgeoir í freisin a chónaíonn i mbruachbhaile i mBaile Átha Cliath. Tá sí ag damhsa ó bhí sí ábalta siúl agus bhuaigh sí a lán comórtas. Déanann sí damhsa ar an **sean-nós**[4], is é sin damhsa a thosaigh sa Ghaeltacht fadó, agus go dtí fiche nó tríocha bliain ó shin fir amháin a rinne an stíl rince seo. Anois glacann beagnach an méid céanna fear is ban páirt sa damhsa. Bhuaigh Sibéal an comórtas Glas Vegas ar TG4 cúpla bliain ó shin; mar dhuais, thaistil sí go dtí Las Vegas, áit ar dhamhsaigh sí i gcuid de na **casaíní**[5] cáiliúla ann. Ina dhiaidh sin bhí sí ina **breitheamh**[6] ar chuid de na cláir thallaine ar TG4, ag moladh agus ag spreagadh damhsóirí óga eile.

Chomh maith leis an damhsa, tá an-suim ag Sibéal sa scannánaíocht. Rinne sí staidéar ar an scannánaíocht i gColáiste na Tríonóide i mBaile Átha Cliath. Anois is aoibhinn léi físeáin cheoil agus damhsa a dhéanamh. Mheasc sí a dá shuim le chéile sa scannán *Restless*. Bhí cúig dhamhsóir déag ag glacadh páirte ann agus **stiúir**[7] Sibéal féin an scannán. Tá an t-ádh dearg le Sibéal i ndáiríre mar go bhfuil sí ábalta **slí mhaireachtála**[8] a dhéanamh as a caitheamh aimsire. **Nach méanar di**[9].

Cabhair!

1 capable
2 multi-talented
3 gift
4 old way
5 casinos
6 judge
7 directed
8 livelihood
9 Isn't it well for her.

1 Freagair na ceisteanna seo.

- **a)** Cén caitheamh aimsire a bhí ag Sibéal ó bhí sí óg?
- **b)** Conas a d'athraigh damhsa ar an sean-nós thar na blianta?
- **c)** Cén fáth a raibh Sibéal in Las Vegas?
- **d)** Cad a bhí sa scannán *Restless*?
- **e)** Cén fáth a ndeirtear go bhfuil an t-ádh dearg le Sibéal?

2 Fíor nó bréagach? Scríobh na habairtí atá fíor i do chóipleabhar agus ceartaigh na cinn eile.

- **a)** Cónaíonn Sibéal i nGaillimh.
- **b)** Thosaigh damhsa ar an sean-nós sa Ghaeltacht.
- **c)** Níor bhuaigh Sibéal aon chomórtas rince.
- **d)** Bhí Sibéal ag staidéar i gColáiste na Tríonóide.
- **e)** Bhí deichniúr damhsóirí sa scannán *Restless*.

3. **Scríobh alt gairid (10 líne nó mar sin) faoin gcaitheamh aimsire atá agat féin.**
4. **Téigh go dtí suíomh idirlín Shibéal chun í a fheiceáil ag damhsa ar an sean-nós.**

Labhair amach … labhair os ard!

1. **Cén caitheamh aimsire atá agat?**
Is maith liom dul amach le mo chairde agus dul go dtí an club óige.
2. **Inis dom faoin gclub óige.**
Téim ann gach Aoine le mo chairde. Imrímid leadóg boird b'fhéidir nó cispheil. Uair sa mhí bíonn dioscó ann. Téimid ar shiúlóidí sa samhradh.
3. **Céard é an rud is fearr faoin gclub óige?**
Tá sé go deas a bheith ann le mo chairde. Tá na ceannairí an-deas agus ***an-tacúil*** *[1]. Bímid ag caint faoi na* ***deacrachtaí*** *[2] agus na fadhbanna a bhíonn ag déagóirí ach* ***ní cháineann aon duine tú*** *[3].*

Cabhair!

[1] supportive
[2] difficulties
[3] no one criticises you

Téigh go dtí edco.ie/iontas3.

Cleachtadh ag scríobh

Líon na bearnaí thíos.

1. Is duine ______________ é m'athair – tá sé go maith ag ceol, ag ealaín agus ag spórt.
2. Tá _______ an cheoil i mo chara agus bíonn sí i gcónaí ag canadh agus ag seinm.
3. Dá mbeinn i mo ___________ ar chlár *X Factor* bheinn níos deise ná Simon Cowell.
4. Is aoibhinn liom scannáin agus ba mhaith liom staidéar a dhéanamh ar an ____________ amach anseo.

Leabhar, Scannán agus Clár Teilifíse

Na cineálacha éagsúla

scannán grinn	comedy film
scannán eachtraíochta	action film
scannán uafáis	horror film
scannán ficsean-eolaíochta	science fiction film
scannán grá	romantic film
scannán staire	historical film
scannán caointeach	weepy film
scannán foréigneach	violent film
scannán dúlra	nature film
scannán faisnéise	documentary film
scannán bleachtaireachta	detective film
scannán fantasaíochta	fantasy film
scannán taistil	travel film
scannán ceoil	music film
scannán beathaisnéise	biographical film
sobalchlár	soap
cúrsaí reatha	current affairs
sraithe	series

Meaitseáil

Meaitseáil tús abairte ó A le críoch abairte ó B.

A	B
1 Bím sna trithí gáire	**a)** ón gclár dúlra
2 Bhí mé ag gol go fuíoch	**b)** cosúil le *Coronation Street*
3 Tá an-suim aige sa pholaitíocht agus mar sin	**c)** nuair a chonaic mé an scannán caointeach
4 Is maith liom na leabhair fantasaíochta	**d)** nuair a fhéachaim ar scannán grinn
5 Bíonn eagla an domhain orm	**e)** faoi Johnny Depp
6 Is maith liom na sobalchláir	**f)** nuair a léim leabhar uafáis
7 Is aoibhinn liom foghlaim faoi thíortha iasachta	**g)** cosúil le Harry Potter
8 D'fhoghlaim mé a lán faoin mbéar bán	**h)** agus féachaint ar chláir thaistil
9 Léigh mé leabhar beathaisnéise iontach le déanaí	**i)** ghníomhaíochta cosúil le James Bond
10 Níl aon suim agam sna scannáin	**j)** is aoibhinn leis clár cúrsaí reatha

Blag Eoin

Léigh an blag seo agus déan na cleachtaí a ghabhann leis.

Mo Bhlag Blag Eoin

Táim **díreach tar éis**[1] an **tsraith**[2] leabhar *The Hunger Games* a léamh. Thaitin sé go mór liom cé nach bhfuil an plota **réadúil**[3] (tá súil agam nach bhfuil). Sa scéal seo tá deireadh leis na Stáit Aontaithe agus tá tír nua, Panem, **bunaithe**[4]. Tá an tír nua seo **faoi smacht**[5] an Capitol agus tá sé **roinnte**[6] i dtrí cheantar déag. Is í Katniss Everdeen an scéalaí. Cailín sé bliana déag d'aois í agus tá cónaí uirthi i gceantar 12, áit a bhfuil **gual**[7] le fáil go **flúirseach**[8]. Is **sárbhoghadóir**[9] í Katniss mar bhí uirthi dul ag **fiach**[10] chun bia a fháil don chlann ón am a fuair a hathair bás. Gach bliain eagraítear The Hunger Games. **Roghnaítear**[11] buachaill amháin agus cailín amháin ó gach ceantar chun páirt a ghlacadh i dtroid mhór. Maraíonn na hiomaitheoirí a chéile go dtí nach mbíonn ach **iomaitheoir**[12] amháin fágtha. **Craoltar**[13] an troid ar fad ar an teilifís. Ghlac Katniss páirt sna cluichí in ionad a deirféar óige Primrose. Is é Peeta Mellark an t-iomaitheoir atá léi. Oibríonn siad le chéile agus iad ag iarraidh fanacht beo.

Suzanne Collins a scríobh na leabhair. Lá amháin bhí sí ag féachaint ar an teilifís. Ar stáisiún amháin bhí **clár réaltachta**[14] ar siúl agus ar stáisiún eile chonaic sí saighdiúirí ag **ionsaí**[15] na hIaráice. Thug an dá chlár sin inspioráid di an scéal a chumadh. Is scéal **corraitheach**[16] é an scéal seo agus uaireanta bíonn sé foréigneach ach ceapaim gur fiú iad a léamh agus bhain mé féin an-taitneamh astu.

Cabhair!

1 just after
2 series
3 realistic
4 established
5 under the control
6 divided
7 coal
8 plentiful
9 excellent archer
10 hunting
11 is chosen
12 competitor
13 is broadcast
14 reality programme
15 attack
16 exciting

Cleachtadh ag scríobh

1 Fíor nó bréagach?

	Fíor	Bréagach
a) Tá deireadh leis an tír Panem sna leabhair seo.	☐	☐
b) Tá Panem roinnte i dtrí cheantar déag.	☐	☐
c) Is í Katniss ceannaire cheantar 12.	☐	☐
d) Is duine gránna leithleach í Katniss.	☐	☐
e) Thug an cogadh san Iaráic inspioráid don údar.	☐	☐
f) Is í JK Rowling a scríobh *The Hunger Games*.	☐	☐

2 Freagair na ceisteanna seo.

a) Cén cáineadh a bhí le déanamh faoin bplota?
b) Scríobh síos trí phíosa eolais faoin tír nua.
c) Dar leat, cén cineáil duine í Katniss?
d) Cad a thug inspioráid don údar?

3 Scríobh léirmheas gairid (10 líne nó mar sin) ar leabhar a léigh tú le déanaí.

Labhair amach ... labhair os ard!

❶ **Cad é an clár is fearr leat ar an teilifís?**
Is maith liom an clár X Factor. *Is comórtas ceoil atá ann. Gach bliain cuireann na mílte isteach air. Is é brionglóid gach* ***iomaitheora*** [1] *an comórtas a bhuachan agus éirí cáiliúil agus saibhir.*

❷ **Cén fáth ar maith leat an clár?**
Bíonn sé an-suimiúil féachaint ar na hiomaitheoirí ón tús. Mothaíonn tú go bhfuil aithne agat orthu faoi dheireadh an chláir agus bíonn tú ar bís ag súil go mbeidh an bua ag an duine is fearr leat.

❸ **An bhfuil aon rud faoin gclár nach dtaitníonn leat?**
Uaireanta ní bhíonn na ***moltóirí*** [2] *deas leis na hiomaitheoirí. Cáineann siad iad agus gortaíonn siad iad. Ní maith liom é nuair a bhíonn na hiomaitheoirí ag caoineadh.*

Cabhair!

[1] contestant
[2] judges

Ag scríobh léirmheasa

corraitheach	exciting	**leadránach**	boring
réadúil	realistic	**neamhréadúil**	unrealistic
fíorspéisiúil	gripping	**ní raibh sé thar mholadh beirte**	left much to be desired
B'iomaí cor agus casadh a bhí ann.	It was full of twists and turns.	**Choimeád sé ar bís mé.**	It kept me in suspense.
Bhí sé millte ag ...	It was ruined by ...	**seafóideach**	silly
ar fheabhas/thar cionn	excellent	**chuirfeadh sé aois ort**	you'd grow old
claonta	biased	**Chuaigh sé thar fóir.**	It went overboard.
Bhí na híomhánna go hálainn.	The images were lovely.	**Bhí bá agam leis na carachtair.**	I sympathised with the characters.
gruama	depressing	**Ní raibh aon rud nua ann.**	There was nothing new in it.
seanscéal agus meirg air a bhí ann	same old, same old	**Cur amú ama atá ann.**	It's a waste of time.

Cleachtadh ag scríobh

❶ **Déan iarracht leabhar nó clár teilifíse nó scannán a chur le gach ceann de na nathanna thuas.**
Mar shampla: *Tá an tsraith leabhar* Harry Potter *corraitheach.*

❷ **Scríobh léirmheas faoi leabhar i do chóipleabhar.**

Teideal an leabhair	**Údar an leabhair**
Foilsitheoir an leabhair	**Fad an leabhair**
Aoisghrúpa	**Seánra an leabhair**
Príomhcharachtair an leabhair	**Achoimre ar an bplota**
Moladh	**Cáineadh**
Léigh an leabhar	**Ná léigh an leabhar**

Sampla

Léigh mé leabhar le Ruth Rendell le déanaí. Bhain an scéal le bleachtaire darbh ainm Wexford. Bhí sé ar fheabhas. Bhí sé an-chorraitheach agus bhí an plota réadúil. Bhí mé ar bís an t-am ar fad. Bhí sé deacair a oibriú amach cé a rinne an dúnmharú toisc gurbh iomaí cor agus casadh a bhí sa scéal. Molaim an leabhar seo d'aon duine a léann leabhair bhleachtaireachta. Ní bheidh díomá oraibh.

Obair ghrúpa sa rang

Roghnaigh an leabhar céanna as leabharlann na scoile nó as an leabharlann áitiúil is a roghnaíonn do chara. Pléigh an scéal, an plota agus na carachtair nuair a bheidh an leabhar á léamh agus léite agaibh.

Craic sa rang

Féach ar an gclár *Aifric* agus scríobh léirmheas air ina dhiaidh sin.

Téigh go dtí edco.ie/iontas3.

Éist agus scríobh

Éist leis an múinteoir ag léamh an ailt thíos agus ansin scríobh an t-alt i do chóipleabhar. Nuair a chríochnaíonn tú ag scríobh oscail do leabhar agus ceartaigh do chuid oibre!

Táim i mo bhall den chlub scannán anseo sa scoil. Bhunaigh an múinteoir Béarla an club dhá bhliain ó shin agus tá rath mór air. Taispeántar gach cineál scannáin ann: scannáin ghrinn, eachtraíochta, chaointeach, faisnéise agus bheathaisnéise. Tá tóir mhór ar na scannáin, go háirithe na cinn uafáis. Freastalaíonn timpeall tríocha dalta ar an gclub gach coicís. I ndiaidh an scannáin, pléitear an plota agus an aisteoireacht. An t-aon mhíbhuntáiste a bhaineann leis an gclub ná go mbíonn orainn léirmheas a scríobh ar an scannán. Tá an club ar fheabhas agus is caitheamh aimsire an-taitneamhach é.

Cúinne na Gramadaí

An chopail

is aoibhinn liom	I love	**ní aoibhinn liom**	I don't love
is maith liom	I like	**ní maith liom**	I don't like
is fearr liom	I prefer	**ní fearr liom**	I don't prefer
is fuath liom	I hate	**ní fuath liom**	I don't hate

An Aimsir Láithreach	An Aimsir Chaite/Modh Coinníollach
Is scannán corraitheach é.	Ba scannán corraitheach é.
Is sraith réadúil í.	Ba shraith réadúil í.
Ní clár grinn é.	Níor chlár grinn é.
Ní amhrán deas é	Níorbh amhrán deas é.
Is fear cabhrach é an stiúrthóir.	B'fhear cabhrach é an stiúrthóir.
Ní fear cabhrach é an stiúrthóir.	Níorbh fhear cabhrach é an stiúrthóir.

Cleachtadh ag scríobh

1 Cuir isteach an leagan ceart den chopail sna habairtí thíos.

a) _______________ buachaill dána é Seán.
b) _______________ mhaith liom an áit sin riamh.
c) _______________ dalta staidéarach í Máire agus faigheann sí marcanna maithe i gcónaí.
d) _______________ bean chainteach í; ní osclaíonn sí a béal riamh.
e) _______________ cheoldráma iontach é.

2 Cuir isteach an leagan ceart den chopail sna habairtí thíos.

a) _______________ údar rathúil é Eoin Colfer.
b) _______________ mhúinteoir spreagúil í an múinteoir Béarla.
c) _______________ é an t-uaigneas téama an leabhair sin.
d) _______________ duine carthanach í an t-aisteoir Anne Hathaway.
e) _______________ aisteoir rathúil é; ní bhfuair sé aon pháirt riamh.

3 Ceartaigh na botúin san alt seo.

Ba bean an-deas í Bean Uí Chiagáin nuair a bhí mé ar scoil. Is mhaith liom í go mór. Níorbh bhean chrosta í riamh. Bhí sí tuisceanach i gcónaí. Ba múinteoir ceoil iontach é. B'fearr liom ceol ná aon ábhar eile nuair a bhí mé ar scoil.

Léamhthuiscint Anne Hathaway

Léigh an léamhthuiscint seo agus déan na cleachtaí a ghabhann leis.

Rugadh an t-aisteoir Anne Hathaway i Nua-Eabhrac sa bhliain 1982. B'aisteoir í a máthair a spreag a hiníon chun saol an aisteora a leanúint. Bhí sé soiléir ó aois an-óg go raibh tallann **ar leith**[1] inti. Nuair a bhí sí fós sa mheánscoil ghlac sí páirt in a lán drámaí agus ceoldrámaí. Chomh maith le bheith ina haisteoir maith is amhránaí den scoth í freisin. Ghlac sí páirt sa scannán *The Princess Diaries*, scannán a bhí an-**rathúil**[2] ar fad.

B'**eiseamláir**[3] do dhaoine óga í sna scannáin luatha a rinne sí ach ó 2005 ar aghaidh ghlac sí páirt i scannáin a bhí **dírithe**[4] ar **lucht féachana**[5] ní ba shine. I measc na scannán sin bhí *Brokeback Mountain*, *The Devil Wears Prada* agus *Becoming Jane*, dráma a bhí bunaithe ar shaol an scríbhneora *Jane Austen*.

Tá **guthú**[6] déanta aici freisin do na sraitheanna grinn *The Simpsons* (bhuaigh sí gradam Emmy dó seo) agus *Family Guy*. Tá a glór álainn le cloisteáil agus í ag canadh sa scannán *Les Misérables* atá bunaithe ar an gceoldráma sin.

Is duine cineálta, carthanach í agus nuair nach bhfuil sí ag aisteoireacht caitheann sí roinnt mhaith ama le hobair charthanachta. Tugann sí cúnamh airgid agus **aitheantas**[7] do charthanachtaí a bhaineann le **cearta daonna**[8], le leigheas a fháil do pháistí breoite agus le hamharclanna. Tuigeann sí go bhfuil an **saol ar a toil**[9] aici agus teastaíonn uaithi rud éigin a thabhairt ar ais do dhaoine nach bhfuil chomh maith as is atá sí féin.

Cabhair!

1 special
2 successful
3 role model
4 aimed
5 audience
6 voiceover
7 recognition
8 human rights
9 great life

1 Freagair na ceisteanna seo.

- **a)** Cén ghairm a bhí ag máthair Anne?
- **b)** Cén fáth a ndeirtear go raibh tallann ar leith inti?
- **c)** Cén difríocht atá le tabhairt faoi deara sna scannáin a rinne sí ó 2005 ar aghaidh?
- **d)** Cén guthú atá déanta aici?
- **e)** Cén fáth a ndéanann sí obair charthanachta?
- **f)** Aimsigh trí shampla den chopail san alt thuas.

2 Cum na ceisteanna do na freagraí seo.

- **a)** Nua-Eabhrac
- **b)** *The Princess Diaries*
- **c)** *Les Misérables*
- **d)** cúnamh airgid agus aitheantas

3 Scríobh alt gairid faoin aisteoir is fearr leat féin nó faoi scannán a chonaic tú le déanaí.

Ag Ullmhú don Scrúdú: Litir Fhoirmiúil

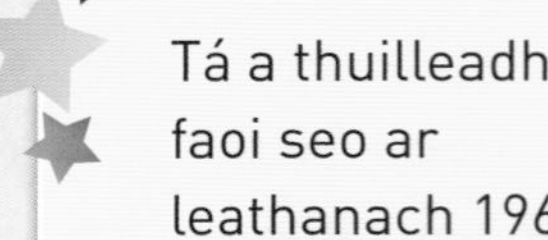

Tá a thuilleadh faoi seo ar leathanach 196.

- Tá leathleathanach ag teastáil.
- Bí cinnte go scríobhann tú faoi na pointí a thugtar duit.
- Tá idir trí agus sé líne ag teastáil ar gach pointe.
- Foghlaim nathanna cainte a bheidh úsáideach agus tú ag scríobh na litreach.
- Foghlaim leagan amach na litreach – seoladh, dáta, beannú, corp agus críoch na litreach.

Leagan amach na litreach

Is ionann an leagan amach don seoladh (1) agus don dáta (2) i litir phearsanta.

3 Beannú agus cúpla abairt ghinearálta

A eagarthóir, a chara,	Táim ag scríobh chugat thar ceann ...
A bhainisteoir, a chara,	Táim ag scríobh chugat chun gearán a dhéanamh.
A phríomhoide, a chara,	Ba mhaith liom a chur in iúl chomh sásta/míshásta is a bhí mé ...
A chara,	Ní raibh an ... thar mholadh beirte.
A dhuine uasail,	Tá sibh le moladh.

4 Corp na litreach

Dírigh ar na treoracha a thugtar.

5 Críoch na litreach

Iniata leis seo gheobhaidh tú ...
Táim ag súil le freagra uait ar do chaoithiúlacht.
Tá súil agam nach dtarlóidh a leithéid arís.
Is mise, le meas

Teastaíonn uait club drámaíochta a thosú i do scoil. Scríobh litir chuig an bpríomhoide faoin gclub.

I do litir luaigh:

- cé atá ag iarraidh club a thosú
- an tairbhe a bhaineann le club drámaíochta
- na drámaí a dhéanfadh sibh
- cathain a bheadh an club ar siúl

Bliain 3
Coláiste na Carraige 1
Liatroim
2 Meán Fómhair 2018 2

3 *A phríomhoide, a chara,*

Laoise Ní Riain is ainm dom agus táim ag scríobh chugat ***thar ceann***[1] *Bhliain 3. Táimid ag lorg cead uait chun club drámaíochta a thosú sa scoil. Tá suim ag timpeall fiche dalta* ***ar a laghad***[2] *sa drámaíocht. Tá cúpla*
4 *cailín agus buachaill ina mbaill de chlub drámaíochta* ***taobh amuigh***[3] *den scoil agus beidh siad in ann cabhrú leis an gclub.*

Mar is eol duit a Bhean Uí Laoire, tá a lán ***brú***[4] *ar dhaltaí i mBliain 3. Bímid ag staidéar ó* ***dhubh go dubh***[5] *agus ceapaimid go mbeadh sé go deas briseadh a fháil ón staidéar ar feadh tamaill. Chabhródh an club linn freisin taitneamh a bhaint as na drámaí Béarla atá le déanamh don chúrsa Béarla. Ba mhaith linn drámaí Béarla agus Gaeilge a dhéanamh* ***más féidir***[6]*.*

Tá a lán daltaí sa bhliain nach bhfuil a lán suime acu sa spórt agus bheadh club drámaíochta mar rogha acu. Mothaíonn cuid de na daltaí anseo go bhfuil ***an iomarca béime***[7] *ar chúrsaí spóirt sa scoil.* ***Ar an ábhar sin***[8] *bheadh sé go hiontach dá mbeadh club drámaíochta ar siúl sa scoil ar an gCéadaoin, ag an am a bhíonn daltaí eile ag imirt spóirt.*

Go raibh míle maith agat as an litir seo a léamh agus tá súil againn go mbeidh club drámaíochta na scoile ***bunaithe***[9] ***sar i bhfad***[10]*.*

5 *Is mise, le meas,*

Laoise Ní Riain

Cabhair!

[1] on behalf
[2] at least
[3] outside
[4] pressure
[5] from morning till night
[6] if possible
[7] too much emphasis
[8] for that reason
[9] established
[10] before long

Ag cleachtadh don scrúdú

Osclaíodh club óige i do cheantar le déanaí. Scríobh litir chuig eagarthóir an nuachtáin áitiúil faoin gclub óige.

I do litir luaigh:

- an oscailt oifigiúil
- imeachtaí a bhíonn ar siúl sa chlub
- pointe eolais eile faoin gclub
- áiseanna atá sa chlub
- na táillí a bhaineann leis an gclub

An Ceol i Mo Shaol

Seinnim an pianó/an giotár/an fhidil/an veidhlín/an fhliúit/na drumaí.	I play the piano/the guitar/the fiddle/the violin/the flute/the drums.
Seinnim i gceolfhoireann/i mbanna ceoil.	I play in an orchestra/in a band.
íoslódálaim/éistim le	I download/I listen to
ceol traidisiúnta/clasaiceach/tíre	traditional/classical/country music
rac-cheol/rapcheol/popcheol	rock/rap/pop music
Freastalaím ar ranganna ceoil.	I go to music lessons.
Déanaim dhá uair an chloig cleachtaidh gach lá.	I practise for two hours every day.
Déanaim dearmad ar chúrsaí eile nuair a éistim le ceol.	I forget everything when I listen to music.
ag canadh	singing
ag cleachtadh le mo bhanna ceoil	practising with my band
Is í/é _________ an t-amhránaí is fearr liom.	_________ is my favourite singer.
Is iad _________ an banna ceoil is fearr liom.	_________ is my favourite group.
Bhí an t-ádh liom ticéad a fháil dá ceolchoirm.	I was lucky enough to get a ticket to her concert.

Cleachtadh ag scríobh

1. **Freagair na ceisteanna seo.**
   - **a)** Cén cineál ceoil a thaitníonn leat?
   - **b)** Conas a éisteann tú le ceol?
   - **c)** An seinneann tú aon uirlis cheoil? Cén ceann?
   - **d)** Déan cur síos ar an gcleachtadh a dhéanann tú.
2. **Scríobh cuntas gairid (10 líne nó mar sin) ar cheolchoirm ar fhreastail tú uirthi.**
3. **Déan cur síos ar an gceoltóir is mó a thaitníonn leat.**

Éist agus scríobh

Éist leis an múinteoir ag léamh an ailt thíos agus ansin scríobh an t-alt i do chóipleabhar. Nuair a chríochnaíonn tú ag scríobh oscail do leabhar agus ceartaigh do chuid oibre!

Taitníonn ceol lena lán daoine óga na laethanta seo. Is iomaí gléas ceoil a sheinneann daoine, mar shampla an fhidil, an fhliúit nó an giotár. Íoslódálann daoine a lán ceoil agus is annamh anois a cheannaítear dlúthdhioscaí. Is maith le daoine dul go dtí ceolchoirmeacha ach bíonn na ticéid an-chostasach de ghnáth. Tá tóir mhór ar chláir cheoil freisin.

Léamhthuiscint Fhleá Cheoil na hÉireann

Léigh na bíoga agus freagair na ceisteanna a ghabhann leo.

Pádraigín Nic Uaid:
ag leanúint 235
leantóirí 60

@Pádraigín Nic Uaid

Pádraigín Nic Uaid
@ Anna Ní Chatháin @ Muireann Ní Laoire
Anseo ag Fleá Cheoil na hÉireann sa Chabhán. **Beocht agus cuisle**[1]. Ceol le cloisteáil gach áit, ar na sráideanna, sna tithe tábhairne agus sna hóstáin. #cuisle

Muireann Ní Laoire
@ Anna Ní Chatháin @ Pádraigín Nic Uaid
Ranganna iontacha **feadóg stáin**[2] agus bodhráin. Fiche sa rang, gach aois agus ó gach tír. #ranganna iontacha.

Anna Ní Chatháin
@ Pádraigín Nic Uaid @ Muireann Ní Laighin
Bhuail mé le daoine ó Éirinn, ó Mheiriceá agus ó Albain. Vanessa Millar as Co. an Chláir a bhuaigh comórtas an **chnaipchairdín**[3]. #cnaipchairdín

Pádraigín Nic Uaid
@ Anna Ní Chatháin @ Muireann Ní Laoire
Idir óg agus aosta, **ó chian is ó chóngar**[4] anseo. Ceol Éireannach **beo beathach**[5]. #beo beathach

Muireann Ní Laoire
@ Anna Ní Chatháin @ Pádraigín Nic Uaid
Comhaltas Ceoltóirí Éireann a **d'eagraigh**[6] gach rud. An Fhleá ag dul **ó neart go neart**[7] gach bliain. #ó neart go neart

Anna Ní Chatháin
@ Pádraigín Nic Uaid @ Muireann Ní Laoire
Buaicphointe[8] mo shamhraidh teacht go dtí an Fhleá. Ní chaillfinn é ar ór na cruinne. #buaicphointe

Cabhair!

[1] buzzing
[2] tin whistle
[3] button accordion
[4] from home and abroad
[5] alive and well
[6] organised
[7] from strength to strength
[8] highlight

Freagair na ceisteanna seo.

1. Cá raibh an Fhleá Cheoil ar siúl?
2. Cá bhfuil an ceol le cloisteáil?
3. Cad as a dtagann na ceoltóirí agus an lucht éisteachta?
4. Céard iad na ranganna a bhí ar siúl?
5. Cén uirlis cheoil a sheinneann Vanessa Millar?
6. Cé a eagraíonn an Fhleá?

An Tairbhe a Bhaineann le Caithimh Aimsire

FACSS

Foghlaim an foclóir seo.

Féach Abair Clúdaigh	Béarla	Scríobh	Seiceáil
suimiúil	interesting		
dúshlánach	challenging		
oideachasúil	educational		
taitneamhach	enjoyable		
tairbheach	beneficial		
cabhrach	helpful		
suaimhneach	soothing		
sláintiúil	healthy		
Is mór an spórt é.	It's great fun.		
Déantar dearmad ar chúrsaí scoile/ar fhadhbanna.	School/problems are forgotten.		
Déantar cairdeas trí chaithimh aimsire.	Friendship is made through hobbies.		
Tugann siad sos duit ó ...	They give you a break from ...		
Ní bhíonn leadrán ort.	You aren't bored.		
Foghlaimíonn tú a lán.	You learn a lot.		

Léamhthuiscint Eolaí óg

Léigh an comhrá seo agus freagair na ceisteanna a ghabhann leis.

Sorcha: An bhfuil aon duine agaibh ag cur isteach ar Chomórtas an Eolaí Óig i mbliana? Bhí an múinteoir eolaíochta ag caint faoin gcomórtas inniu agus ag spreagadh an ranga chun páirt a ghlacadh ann.

Seán: Ba bhreá liom mar is aoibhinn liom mata agus eolaíocht, mar is eol daoibh. Bheadh sé oideachasúil agus b'fhéidir go mbuafaimis duais.

Neasa: Nach bhfuil a fhios againn gur maith leat mata! Ní stopann tú ag caint faoin mata ó éirí go dtí dul faoi na gréine.

Sorcha: Is é mata an caitheamh aimsire is spéisiúla atá ann. Is aoibhinn liom **pátrún**[1] a oibriú amach. Is í Sarah Flannery mo **laoch**[2].

Seán: Cé hí sin?

Neasa: Bhuaigh sí Comórtas an Eolaí óig sa bhliain 1999 le tionscnamh a rinne sí ar **chriptiúchán**[3]. Tá fís an-suimiúil fúithi ar YouTube. Bhain sí **céim**[4] amach in Cambridge ina dhiaidh sin agus d'éirigh léi a caitheamh aimsire a chasadh ina post. Cumann sí cluichí ríomhaire anois i Meiriceá.

Sorcha: Caithfidh go bhfuil sí an-**éirimiúil**[5].

Seán: Tá, ach tá sí stuama freisin agus baineann sí an-taitneamh as an saol. Ba bhreá liom a bheith chomh **rathúil**[6] is atá sí féin.

Neasa: Bhuel, an gcuirfimid isteach ar an gcomórtas mar sin?

Cabhair!

[1] patterns
[2] hero
[3] encryption
[4] degree
[5] intelligent
[6] successful

1. **Freagair na ceisteanna seo.**
   - **a)** Cad a bhí ar siúl ag an múinteoir eolaíochta?
   - **b)** Luaigh cuid de na buntáistí a bhaineann leis an gcomórtas.
   - **c)** Tabhair trí phíosa eolais faoi Sarah Flannery.
   - **d)** Céard iad na tréithe a bhaineann le Sarah?
2. **Líon na bearnaí thíos.**
   Is é Dara Ó Briain mo __________. Is duine __________ é agus bhain sé __________ amach sa mhata agus san fhisic. Tá sé an- __________, go háirithe sa Bhreatain. Is iomaí clár __________ atá aige ach is duine __________ é freisin. Is cuma leis faoi cháil.
   céim, grinn, laoch, éirimiúil, stuama, rathúil

Obair ghrúpa sa rang

Déan taighde faoi Chomórtas an Eolaí Óig agus scríobh an t-eolas i do chóipleabhar.

Téigh go dtí edco.ie/iontas3.

1. Cathain a thosaigh sé?
2. An mó cailín nó buachaill a bhuaigh é?
3. Cad atá á dhéanamh ag cuid de na buaiteoirí anois?
4. An nglacann do scoil féin páirt ann?

Labhair amach ... labhair os ard!

1. **Ar ghlac tú páirt in aon chomórtas agus tú ar scoil?**
2. **Inis dom faoi.**
3. **Cén duine ar an teilifís is mó a thaitníonn leat?**

Na Míbhuntáistí a Bhaineann le Caithimh Aimsire

Le foghlaim!

trealamh costasach	expensive equipment
Éiríonn daoine gafa le ...	People become addicted to ...
Téann daoine thar fóir le ...	People go overboard with ...
Bhaineann baol le ...	There's danger linked to ...
seomraí cainte	chat rooms
Bíonn siad ag ligean orthu gur déagóirí iad.	They pretend they are teenagers.
Éiríonn daoine leisciúil agus marbhánta ina suí os comhair scáileáin.	People become lazy and lethargic in front of the screen.
Ní fhaigheann daoine cleachtadh coirp.	People don't get any exercise.
Cuirtear brú ar thuismitheoirí an fón is déanaí a cheannach.	Parents are pressurised to buy the latest phone.
Déantar faillí san obair scoile.	School work is neglected.
Ní labhraíonn daoine lena chéile.	People don't speak to one another.
Deirtear go mbaineann baol leis na fóin.	It's said there's a danger from the phones.
Feiceann páistí a lán foréigin.	Children see a lot of violence.
Téann daoine i dtaithí ar an bhforéigean.	People become used to violence.
Déantar cibearbhulaíocht ar dhaoine.	People are cyber-bullied.

Cleachtadh ag scríobh

1. **Freagair na ceisteanna seo.**
   - **a)** Conas a d'fhéadfadh caitheamh aimsire cur isteach ar obair scoile?
   - **b)** Conas a d'fhéadfadh caitheamh aimsire cur isteach ar shláinte an duine?
   - **c)** Cén baol a d'fhéadfadh a bheith ag an idirlíon do dhaoine óga?
2. **Déan cur síos ar na pictiúir seo.**

Pictiúr a haon

Pictiúr a dó

Léamhthuiscint I dtrioblóid ar scoil

Léigh an sliocht seo agus freagair na ceisteanna a ghabhann leis.

Dia daoibh! Is mise Cian agus bhí mé i dtrioblóid ar scoil inniu mar ní raibh m'aiste staire déanta agam. Chuaigh mé ar an idirlíon cúpla oíche ó shin chun taighde a dhéanamh ach thosaigh mé ag labhairt le mo chairde agus d'imigh an t-am. Tá sé an-éasca am a chur amú ar an idirlíon. Bhí fadhb ag mo dheartháir óg leis an ríomhaire anuraidh. Fuair sé cluiche nua ríomhaire agus bhí sé ag caitheamh gach nóiméad den lá á imirt. Ní dhearna sé aon obair bhaile, níor ith sé a bhéilí agus níor labhair sé le haon duine sa teach. Bhí mo thuismitheoirí an-bhuartha faoi.

Míbhuntáiste eile a bhaineann leis an idirlíon ná an chibearbhulaíocht. Bhí scéal brónach ar an nuacht faoi chailín agus rinneadh cibearbhulaíocht uirthi. Thosaigh daoine ag scríobh rudaí gránna fúithi agus ag gáire agus ag magadh fúithi. Bhí an cailín bocht cráite agus in ísle brí. Sa deireadh bhí ar a tuismitheoirí glao a chur ar na gardaí agus rug siad ar na **bulaithe**[1].

Ag an am céanna baineann buntáistí leis an **nuatheicneolaíocht**[2]. Tá sé go hiontach fanacht i dteagmháil le cairde ar Facebook, go háirithe na cairde a dhéanann tú sa Ghaeltacht nó ar chúrsa eile. Ar ndóigh tá sé i bhfad níos saoire ná glaonna fóin. Ceapaim go mbeadh an domhan trí chéile gan an ríomhaire glúine agus an Ifón anois. Má bhíonn daoine cúramach agus ciallmhar beidh siad ceart go leor.

Cabhair!

[1] bullies
[2] modern technology

1. Cén fáth a raibh Cian i dtrioblóid?
2. Cén fhadhb a bhí ag a dheartháir?
3. Cad é an míbhuntáiste eile a luann Cian?
4. Céard iad na buntáistí a bhaineann leis an nuatheicneolaíocht?
5. Cén scéal brónach a bhí ar an nuacht?

Obair ghrúpa sa rang

Ag obair leis an dalta in aice leat, pléigh na buntáistí agus na míbhuntáistí a bhaineann le caithimh aimsire. Bíodh cúig phointe réidh agaibh le scríobh ar an gclár bán.

Éist agus scríobh

Éist leis an múinteoir ag léamh an ailt thíos agus ansin scríobh an t-alt i do chóipleabhar. Nuair a chríochnaíonn tú ag scríobh oscail do leabhar agus ceartaigh do chuid oibre!

Baineann buntáistí agus míbhuntáistí le caithimh aimsire. Is faoiseamh iontach iad ó obair scoile agus ó fhadhbanna an tsaoil. Bíonn sé go hiontach dul amach le do chairde, dul ag siúl nó tú féin a chailliúint i leabhar éigin. Ar an drochuair is iomaí míbhuntáiste a bhaineann leo freisin. Uaireanta éiríonn daoine gafa le caitheamh aimsire agus caitheann siad gach nóiméad den lá ag plé leis. Déantar faillí san obair scoile nó san obair tí. Cosnaíonn roinnt caitheamh aimsire a lán airgid toisc go bhfuil an trealamh costasach. Mar sin féin is maith an rud é go bhfuil sos ag déagóirí ó bhrú an tsaoil.

Ag Ullmhú don Scrúdú: Ceapadóireacht

Scéal/Eachtra: Eachtra a tharla ag an dioscó

Is maith is cuimhin liom an oíche. Chaith mé féin agus mo chara Sinéad an lá ag ullmhú. Bhíomar ar **mhuin na muice**[1], **cinnte**[2] go mbeadh an-oíche againn. Thug m'athair síob dúinn go dtí an halla mar go raibh sé ag stealladh báistí faoin am sin. Bhí scuaine taobh amuigh den halla ach bhí ár dticéid againn agus isteach linn **gan mhoill**[3].

Bhí an halla **plódaithe**[4]. Bhí a lán cailíní agus buachaillí ón scoil ann agus bhíomar ag damhsa agus ag caint lena chéile. Bhí an ceol ar fheabhas agus chas an ceirneoir **pé**[5] ceol a theastaigh uainn. Bhí mé an-sona nuair a thosaigh mé ag rince le Marcus. Is é sin an chuimhne dheiridh atá agam. An chéad rud eile dhúisigh mé san ospidéal le pianta móra i mo cheann agus i mo dhroim.

D'inis mo chara Sinéad an scéal dom. Bhris triúr fear isteach in oifig an dioscó agus thosaigh siad ag robáil. Bhí airgead, cótaí, málaí agus a lán fón póca ann mar go mbíonn sé **de nós**[6] againn aon rud **luachmhar**[7] a fhágáil istigh ansin. Thug an bainisteoir na gadaithe faoi ndeara agus thosaigh sé ag troid leo. Rith siad isteach go dtí halla an dioscó. Bhí ar a laghad scian amháin agus cúpla bata acu. Bhí gach duine sceimhlithe ina mbeatha. Thosaigh a lán de na buachaillí ag iarraidh breith ar na gadaithe (mo Mharcus cróga ina measc) agus bhí daoine eile **ag screadach**[8] **in ard a gcinn is a ngutha**[9]. Bhí **rí rá agus ruaille buaille**[10] ann. Bhí daoine **ag brú**[11] agus ag béiceach agus bhuail duine de na gadaithe mé lena bhata. Thit mé go talamh gan aithne gan urlabhra. Cuireadh glao ar otharcharr agus ar na gardaí. Tugadh go dtí an t-ospidéal áitiúil mé ach cé go raibh mé **brúite**[12] ní raibh aon chnámh briste. Rugadh ar na gadaithe agus tá siad sa phríosún faoi láthair.

Is olc an ghaoth nach séideann maith do dhuine éigin agus táim féin agus Marcus **do-scartha**[13] ón oíche sin. Bhí sé chomh **cróga**[14] sin ....

Cabhair!

1 on top of the world
2 certain
3 without delay
4 packed
5 whatever
6 custom
7 valuable
8 screaming
9 at the top of their voices
10 commotion
11 pushing
12 bruised
13 inseparable
14 brave

Ag cleachtadh don scrúdú

Freagair do rogha ceann amháin díobh seo:

i) Ceap scéal a mbeadh an giota seo thíos oiriúnach mar thús leis:
'Ní dhéanfaidh mé dearmad go deo ar an lá a chuaigh mé ag campáil leis na gasóga.'

ii) Déan cur síos ar eachtra a tharla nuair a bhí tú ag ceolchoirm.

Aiste: An tábhacht a bhaineann le caithimh aimsire

Is dócha go bhfuil caitheamh aimsire de shaghas éigin ag gach déagóir. Is iomaí caitheamh aimsire atá ag na daltaí i mo rang. Is maith le cúpla cailín leabhair a léamh agus a scríobh agus is **baill ghníomhacha**[1] iad den chlub leabhar anseo sa scoil. Tá roinnt buachaillí sa rang agus is **saineolaithe**[2] scannán iad. Téann siad go dtí an phictiúrlann uair nó dhó sa mhí agus i rith laethanta saoire an tsamhraidh freastalaíonn siad ar ranganna scannánaíochta agus stiúrann siad a bpictiúir féin.

'**Ní lia tír ná nós**[3]' mar a deir an seanfhocal agus tá daoine eile i mo rang a chaitheann a gcuid ama ag plé le ceol nó teilifís, ríomhairí nó grianghrafadóireacht. Tá cairde agam sna gasóga, idir ghasóga na mara agus ghasóga tíre.

Tá seans maith ann go bhfuil an chéad réalta scannán eile ann i mo bhliain. Caitheann Aisling Ní Thuathail gach nóiméad saor atá aici ag dul go dtí ranganna nó comórtais aisteoireachta. **Cheana féin**[4] ghlac sí **an phríomhpháirt**[5] sa dráma scoile agus ní bréag a rá gur aisteoir den scoth í. Níl a fhios agam an drumadóir den chéad scoth é mo dheartháir Eoin ach caitheann sé a lán, lán ama ag cleachtadh agus tá an teaghlach agus na comharsana **ciaptha cráite**[6] aige. Toisc nach féidir na drumaí a bhogadh timpeall tagann a chairde go dtí ár dteach ag cleachtadh. Tá beirt ghiotáraithe, sacsafónaí agus amhránaí amháin sa ghrúpa agus ardaíonn siad an díon nuair a thosaíonn an cleachtadh.

Mar a deir an seanfhocal 'is trom an t-**ualach**[7] an leisce' agus is rud an-taitneamhach agus an-tairbheach é caitheamh aimsire a bheith ag duine. Meascann agus buaileann déagóirí le daoine eile nuair a bhíonn siad ag plé le caitheamh aimsire éigin. Uaireanta bíonn na déaga deacair, go háirithe má bhíonn tú cúthail. Tugann caitheamh aimsire **ábhar cainte**[8] duit agus bíonn sé níos éasca cairde a dhéanamh ansin. Ba cheart go mbeadh caitheamh aimsire ag gach déagóir beo!

Cabhair!

1 active members
2 experts
3 so many customs
4 already
5 the lead role
6 tormented
7 burden
8 topic of conversation

Ag cleachtadh don scrúdú

Scríobh aiste ar do rogha ceann amháin de na hábhair seo:

i) Aoibhneas na léitheoireachta
ii) An taitneamh agus an tairbhe a bhaineann le caitheamh aimsire
iii) Iarradh ort alt a scríobh d'iris na scoile faoi cheolchoirm speisialta a bhí i do scoil le déanaí. Scríobh an t-alt a chuirfeá chuig eagarthóir iris na scoile.

An Bhéaltriail Ag Ullmhú don Scrúdú CD 1 Rian 25–28

❶ **Éist leis na samplaí thíos ar an dlúthdhiosca, Rian 26-27. Ullmhaigh píosa eolais fút féin. Léigh na samplaí thíos.**

A Is mise Séamus. Tá a lán caitheamh aimsire agam. Is aoibhinn liom dul amach le mo chairde ag an deireadh seachtaine. Tá rothar nua agam agus téimid ag rothaíocht faoin tuath. Bíonn an-chraic againn le chéile. Nuair a bhíonn an aimsir fliuch imrímid cluichí ríomhaire nó téimid chuig an bpictiúrlann. Taitníonn scannáin bhleachtaireachta go mór linn.

B Is mise Chloe. Nuair a bhíonn am le spáráil agam is aoibhinn liom bualadh le mo chairde. Ar an Satharn téimid isteach sa chathair ag siopadóireacht. Bíonn lón againn sa chathair agus nuair a bhíonn ár gcuid siopadóireachta críochnaithe againn faighimid an bus abhaile.
Is aoibhinn liom ceol freisin. Caithim a lán ama ag féachaint ar fhíseáin ar YouTube. Nuair a bhíonn an t-airgead agam ceannaím amhráin agus éistim leo ar m'iPod. Tá cuntas Facebook agam agus labhraím le mo chairde ar Facebook gach oíche tar éis dom mo chuid obair bhaile a chríochnú.

❷ **Freagair na ceisteanna thíos. Éist leis na freagraí samplacha ar an dlúthdhiosca, Rian 28.**

a) Céard iad na caithimh aimsire is fearr leat?
b) Céard a dhéanann tú ag an deireadh seachtaine?
c) An bhfuil club óige i do cheantar? An dtéann tú ann go minic?
d) An dtéann tú chuig an bpictiúrlann go minic?
e) Cén t-aisteoir is fearr leat?
f) Cén scannán is fearr leat?
g) An maith leat a bheith ag léamh?
h) Cén clár teilifíse is fearr leat?
i) Cathain a fhéachann tú ar an teilifís?
j) An bhfuil fón póca agat?
k) An bhfuil cuntas Facebook nó Twitter agat?
l) An úsáideann tú an ríomhaire go minic?

An Chluastuiscint CD 1 Rian 69–74

Cuid A

Cloisfidh tú giota cainte ó dhuine óg sa chuid seo. Cloisfidh tú an giota *faoi dhó*. Éist go cúramach leis agus líon isteach an t-eolas atá á lorg sna greillí thíos.

An chéad chainteoir

Ainm	*Áine de Barra*
Cár chuir Áine na ticéid in áirithe?	
Céard a cheannaigh Áine sa phictiúrlann?	
Cén saghas scannáin a chonaic siad?	

Cuid B

Cloisfidh tú fógra nó píosa nuachta anois. Cloisfidh tú é faoi dhó. Éist go cúramach leis.

Fógra

1	Cá mbeidh Justin Bieber an Satharn seo chugainn ar a trí a chlog?
2	Cá mbeidh na ticéid ar fáil?
3	Cén fáth a mbeidh Justin i mBaile Átha Cliath?

Cuid C

Cloisfidh tú comhrá sa chuid seo. Cloisfidh tú é *faoi dhó*. Cloisfidh tú an comhrá ó thosach deireadh an chéad uair. Ansin cloisfidh tú é ina dhá mhír an dara huair.

Comhrá

An chéad mhír

1	Céard a fuair Séamus ó Liam agus Niall maidin Dé Sathairn?

An dara mír

2	Cén cuireadh a thug Séamus do Rút?
3	Cá bhfuair Séamus na ticéid?

Súil Siar ar Aonad a Sé

1. **Bí cinnte go bhfuil an foclóir agus na nathanna nua a d'fhoghlaim tú san aonad seo scríofa i do chóipleabhar nótaí.**

2. **Líon na bearnaí thíos.**
   - **a)** Is buachaill ________________ é toisc go bhfuil sé in ann ceol a sheinm, scéalta a scríobh agus spórt a imirt.
   - **b)** Is maith liom ceol a ________________ ón idirlíon.
   - **c)** Is fuath liom an clár ________________ *Strictly Come Dancing*.
   - **d)** Bíonn na múinteoirí ________________ nuair a bhíonn fadhb agam.
   - **e)** Is iontach an rud é caitheamh ________________ a bheith agat.
   - **f)** Ní maith liom nuair a bhíonn mo chara ag gol ag scannán ________________.
   - **g)** Tá an iomarca ________________ ar an teilifís, cosúil le *Coronation Street* agus *Eastenders*.
   - **h)** Seanscéal agus ________________ air a bhí sa scannán nua sin.
   - **i)** Bhí an lucht ________________ ag screadaíl nuair a tháinig an banna ceoil amach ar an ardán.
   - **j)** Ba mhaith léi a bheith ina haisteoir agus mar sin bíonn sí ag freastal ar ranganna ________________ gach Satharn.

3. **Déan cur síos ar eachtra a tharla nuair a bhí tú sa phictiúrlann le deanaí.**

4. **Ceartaigh na botúin san alt seo.**
   Fuair mé ríomhaire le dhéanaí. Is maith liom dul ar an suíomh idirlíon agus labhairt le mo chairde. Tá sé cur amú ama bheith ar an idirlín an lá ar fhad. Bíonn daoine gafa don ríomhaire agus ní déanann siad aon chleachtadh corp. fanann siad i teaghmháil le daoine ar an idirlíon ach níor labhraíonn siad le haon duine ina gclann féin.

5. **Trialacha teanga comhthéacsúla**
   Bhí Seán ag labhairt ________________ ceann an ranga nuair a chuaigh sé go dtí an príomhoide. ________________ mhaith leis na daltaí club damhsa a thosú sa scoil. Bhí an príomhoide tacúil agus thug sí cead ________________ na daltaí. Bhí áthas uirthi go mbeadh damhsa beo ________________ [**(a)** beatha **(b)** beathach **(c)** bheathach] sa scoil. Tá an club ag dul ó neart ________________ neart anois agus is ________________ an spórt é.

7 Aonad a Seacht

Spórt

Spórt – cleachtadh a dhéanann máistreacht.

Léamhthuiscint

Katie Taylor – curadh cróga an chró[1]

Léigh an t-alt seo agus déan na cleachtaí a ghabhann leis.

Rugadh Katie Taylor sa bhliain 1986 agus is as Bré, Contae Chill Mhantáin di. Le linn a hóige d'imir sí a lán spórt éagsúil – sacar, dornálaíocht, an pheil Ghaelach, camógaíocht, **lúthchleasaíocht**[2] agus an **chispheil**[3].

Thosaigh Katie ar an dornálaíocht nuair a bhí sí deich mbliana d'aois nó mar sin. Bhí sí 15 bliana d'aois nuair a bhí a céad troid aici in aghaidh Alanna Audley as Béal Feirste agus ar ndóigh bhuaigh Katie. B'shin an chéad troid ag mná in Éirinn, sa bhliain 2001.

Bhí Katie 18 mbliana d'aois nuair a bhuaigh sí **Craobhchomórtas**[4] na hEorpa den chéad uair in 2005 agus bhuaigh sí arís in 2006, 2007, 2009 agus 2011. Bhuaigh sí **Corn an Domhain**[5] an chéad uair nuair a bhí sí 20 bliain d'aois in 2006 agus arís sa bhliain 2008, 2010 agus 2012. Bhí laethanta deacra ag Katie freisin agus chaill sí a lán troideanna i gcomórtais **idirnáisiúnta**[6]. Dar le Katie, tá sí níos fearr mar dhornálaí de bharr na dtroideanna a chaill sí mar d'fhoghlaim sí a lán as na troideanna sin.

Ní gan **dua**[7] a bhuaigh Katie an bonn óir sin sna Cluichí Oilimpeacha. Bíonn sí ag traenáil cúig nó sé lá sa tseachtain agus dhá uair sa lá nuair a bhíonn comórtas **ar na bacáin**[8]. Is é a hathair a traenálaí agus is é an traenálaí is fearr ar domhan é, dar lena iníon! Is Críostaí í Katie agus cuidíonn a creideamh léi chun í féin a ullmhú don troid. Éisteann sí leis na hamhráin áirithe chéanna Chríostaí ar an iPod roimh throid agus léann sí na véarsaí céanna as an m**Bíobla**[9] freisin.

Bhí ríméad agus bród ar mhuintir na hÉireann nuair a bhuaigh Katie an bonn óir i ndornálaíocht na mban ag na Cluichí Oilimpeacha i Londain sa bhliain 2012. Ba í sin an chéad uair a bhí cead ag ban-dornálaithe páirt a ghlacadh sna Cluichí. '**Fíorú aislinge**'[10] a bhí sa bhonn óir sin a dúirt Katie. Níl aon **amhras**[11] go raibh a bua **tuillte**[12] ag an mbean dhiongbháilte chumasach **aclaí**[13] seo.

Cabhair!

[1] brave champion of the ring
[2] athletics
[3] basketball
[4] final
[5] World Cup
[6] international
[7] difficulty
[8] on the cards
[9] Bible
[10] a dream come true
[11] doubt
[12] deserved
[13] athletic

1 Fíor nó bréagach? Scríobh na habairtí atá fíor i do chóipleabhar agus ceartaigh na cinn atá mícheart.

a) Bhuaigh Alanna Audley i gcoinne Katie sa bhliain 2001.
b) Bhuaigh Katie Craobhchomórtas na hEorpa den chéad uair sa bhliain 2011.
c) Is imreoir sacair den chéad scoth í Katie.
d) Cabhraíonn creideamh Katie go mór léi agus í ag ullmhú don troid.
e) Is í máthair Katie a traenálaí.

❷ **Freagair na ceisteanna seo.**

a) Ainmnigh ceithre spórt a d'imir Katie agus í óg.
b) Céard iad na craobhacha idirnáisiúnta a bhuaigh Katie?
c) Cén fáth a ndeirtear go raibh blianta deacra aici?
d) Céard iad na rudaí éagsúla a chabhraíonn le Katie a bheith ina curadh?
e) Cén rud stairiúil a bhain lena bua ag na cluichí i Londain? Cén fáth a ndeirtear go raibh an bua tuillte aici?

Domhan an Spóirt

An spórt a imrítear

iománaíocht	hurling	**peil ghaelach**	Gaelic football
camógaíocht	camoige	**haca**	hockey
sacar	soccer	**rugbaí**	rugby
leadóg	tennis	**leadóg bhoird**	table tennis
cispheil	basketball	**eitpheil**	volleyball
líonpheil	netball	**liathróid láimhe**	handball
lúthchleasaíocht	athletics	**rothaíocht**	cycling
clárscátáil	skateboarding	**snámh**	swimming
seoltóireacht	sailing	**tonnmharcaíocht**	surfing
dornálaíocht	boxing	**marcaíocht**	riding

Trealamh spóirt

camán	hurley	**sliotar**	hurley ball
liathróid	ball	**clogad**	helmet
raicéad	racket	**líontán**	net
bróga reatha	runners	**éadaí spóirt**	sports clothes
clár scátála	skateboard	**tonnchlár**	surfboard
miotóga dornálaíochta	boxing gloves	**culaith shnámha**	swimsuit
bróga peile	football boots	**gloiní cosanta**	goggles
trealamh binse	bench equipment	**mála dornála**	punch bag
maidí gailf	golf clubs	**tí**	tee

Áiteanna spóirt

páirc imeartha	playing pitch	**cúirt leadóige**	tennis court
cúirt cispheile	basketball court	**halla spóirt**	sports hall
cró dornálaíochta	boxing ring	**linn snámha**	swimming pool
raon reatha	running track	**páirc scátála**	skateboard park
an fharraige	the sea	**giomnáisiam**	gym
machaire gailf	golf course	**plásóg (gailf)**	green

Meaitseáil

Meaitseáil tús abairte ó A le críoch abairte ó B.

A	B
1 Caitear clogad nuair a bhíonn tú	a) cluiche leadóige ar siúl
2 Téann daoine ag rith	b) ar an bhfarraige
3 Caitear miotóga dornálaíochta nuair atá tú	c) ag imirt camógaíochta
4 Úsáidtear sliotar	d) gloiní cosanta
5 Téann daoine ag tonnmharcaíocht	e) i halla spóirt
6 Caitheann a lán snámhóirí	f) i gcluiche iománaíochta
7 Imrítear peil agus camógaíocht	g) ag clárscátáil
8 Imrítear leadóg bhoird	h) ar pháirc imeartha
9 Tá clár scátála ag teastáil má bhíonn tú	i) ag dornálaíocht
10 Tá raicéad agus liathróid de dhíth nuair atá	j) ar raon reatha

Cleachtadh ag scríobh

1 Fíor nó bréagach?

	Fíor	Bréagach
a) Caitear clogadh sa linn snámha.	☐	☐
b) Úsáidtear mála dornála agus tú ag traenáil don dornálaíocht.	☐	☐
c) Bíonn maidí agus tíonna ag teastáil nuair a bhíonn tú ag imirt gailf.	☐	☐
d) Camán agus sliotar a úsáidtear sa pheil ghaelach.	☐	☐
e) Imrítear cispheil ar raon reatha.	☐	☐
f) Raicéad agus liathróid atá ag teastáil le haghaidh cluiche leadóige.	☐	☐

2 Roghnaigh cúig cinn de na spóirt thuas agus déan cur síos orthu: cé a imríonn iad, an trealamh a theastaíonn agus an áit a n-imrítear iad.

Labhair amach ... labhair os ard!

Céard iad na spóirt a imrítear sa scoil seo?

Imrítear a lán spórt sa scoil. Imríonn na buachaillí iománaíocht agus imríonn na cailíní camógaíocht. Tá lúthchleasaíocht ar fáil freisin.

Cén spórt a imríonn tú féin?

Is aoibhinn liom lúthchleasaíocht. Téim ag traenáil ar an raon reatha trí lá sa tseachtain agus bíonn rás agam beagnach gach deireadh seachtaine.

Obair ghrúpa sa rang

Déan suirbhé chun a fháil amach na cineálacha spóirt a imrítear i do rang. Scríobh an toradh ar an gclár bán.

Éist agus scríobh

Éist leis an múinteoir ag léamh an ailt thíos agus ansin scríobh an t-alt i do chóipleabhar. Nuair a chríochnaíonn tú ag scríobh oscail do leabhar agus ceartaigh do chuid oibre!

Is iomaí spórt a imrítear in Éirinn. Ar ndóigh imrítear na cluichí gaelacha mar pheil ghaelach, iománaíocht, camógaíocht agus liathróid láimhe. Tá na mílte ball ag an gCumann Lúthchleas Gael. Le cúpla bliain anuas tá rath mór ar an rugbaí sa tír agus freastalaíonn na mílte ar na cluichí idirnáisiúnta gach bliain. Is maith le roinnt daoine cluichí foirne ach is fearr le daoine eile cluichí aonair. Pé spórt a thaitníonn leat is iontach an rud é páirt a ghlacadh sa spórt agus a bheith aclaí agus sláintiúil. Cinnte bíonn trealamh spóirt costasach uaireanta, rudaí cosúil le clogad, maidí gailf, miotóga dornálaíochta agus cláir scátála. Tá sé i bhfad níos fearr airgead a chaitheamh ar an trealamh sin ná ar bhia gasta nó billí dochtúra.

An Pháirc Imeartha

Scríobh ainm an imreora is fearr (ó fhoireann ar bith).

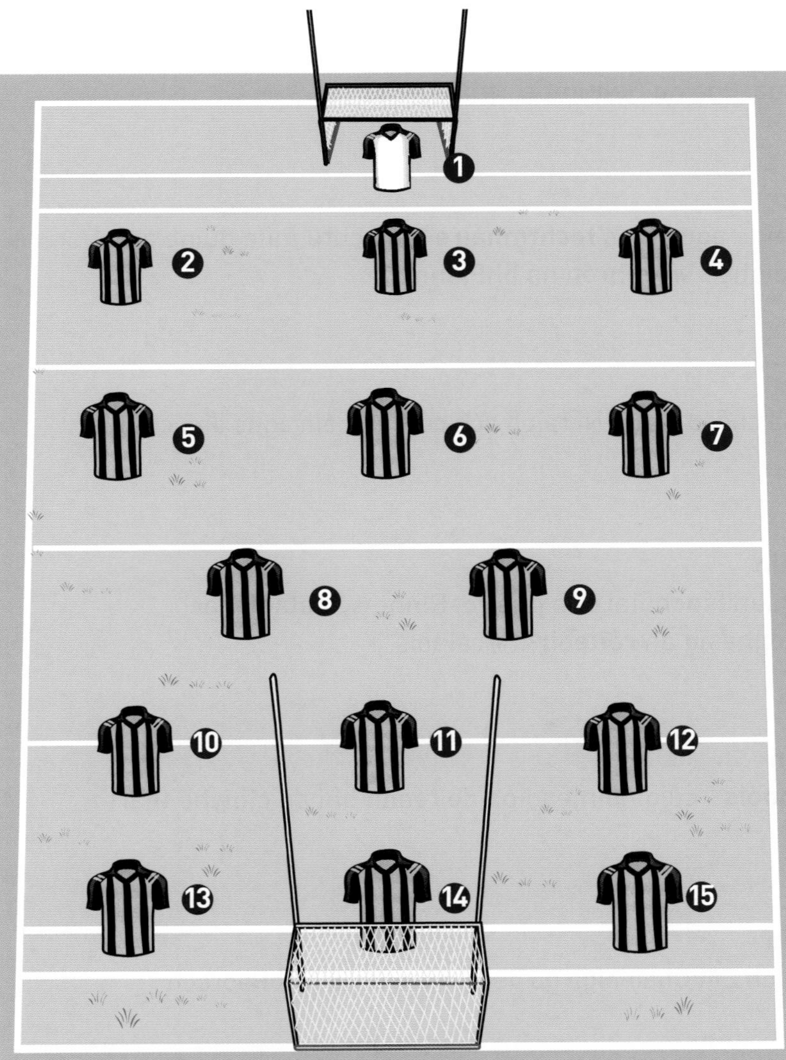

1	cúl báire	8/9	imreoir lárpháirce
2	lánchúlaí ar dheis	10	leatosaí ar dheis
3	lánchúlaí	11	leatosaí láir
4	lánchúlaí ar chlé	12	leatosaí ar chlé
5	leathchúlaí ar dheis	13	lántosaí ar dheis
6	leathchúlaí láir	14	tosaí láir
7	leathchúlaí ar chlé	15	lántosaí ar chlé

Ceol sa rang

Bí cinnte go bhfuil na focail den amhrán náisiúnta ar eolas agat.

Amhrán na bhFiann
Sinne Fianna Fáil,
atá faoi gheall ag Éirinn,
Buíon dár slua
thar toinn do ráinig chughainn,
Faoi mhóid bheith saor
Seantír ár sinsear feasta,
Ní fhágfar faoin tíorán ná faoin tráill.
Anocht a théam sa bhearna baoil,
Le gean ar Ghaeil, chun báis nó saoil,
Le gunna scréach faoi lámhach na
bpiléar,
Seo libh canaig amhrán na bhfiann.

Léamhthuiscint Pádraig Ó Cíosóg

Léigh na bíoga agus freagair na ceisteanna a ghabhann leo.

Pádraig Ó Cíosóg:
ag leanúint 74
leantóirí 53

@Pádraig Ó Cíosóg

Pádraig Ó Cíosóg
@Liam Ó Sibhleáin @Máire Ní Chainin
Bua iontach arís inné ag foireann Chill Chainnigh san iománaíocht. Na Cait ar fheabhas **mar is gnáth**[1]. #na cait abú

Liam Ó Sibhleáin
@ Pádraig Ó Cíosóg @Máire Ní Chainin
An ceart agat. Is **draíodóirí**[2] iad le camáin agus sliotar. #draíodóirí

Máire Ní Chainin
@ Pádraig Ó Cíosóg @ Liam Ó Sibhleáin
Bhí Páirc an Chrócaigh lomlán, **bratacha dubha agus ómracha**[3] Chill Chainnigh **ar foluain**[4] chomh maith le bratacha bána agus marúna na Gaillimhe. #bratacha

Pádraig Ó Cíosóg
@Liam Ó Sibhleáin @Máire Ní Chainin
An bhfuil rud ar bith ar domhan níos áille agus níos **tochtmhaire**[5] ná ochtú míle duine ag canadh Amhrán na bhFiann lá na craoibhe? #Amhrán na bhFiann

Liam Ó Sibhleáin
@ Pádraig Ó Cíosóg @Máire Ní Chainin
Bhí an dá fhoireann an-ghar dá chéile sa chéad leath. Ní raibh ach **cúl**[6] amháin agus dhá **chúilín**[7] eatarthu. #an-ghar

Máire Ní Chainin
@ Pádraig Ó Cíosóg @ Liam Ó Sibhleáin
D'athraigh an cluiche nuair a cuireadh an lánchúlaí den pháirc. Rinne sé **calaois**[8] ar lárchúlaí na foirne eile. Ní raibh aon rogha ag an **réiteoir**[9]. #calaois

Pádraig Ó Cíosóg
@Liam Ó Sibhleáin @Máire Ní Chainin
Nuair a fuair Cill Chainnigh an **cic pionóis**[10] cúig nóiméad ón deireadh bhí an cluiche thart. #cic pionóis

Liam Ó Sibhleáin
@ Pádraig Ó Cíosóg @Máire Ní Chainin
Beidh lá eile ag an bPaorach. Ní bhuafaidh Cill Chainnigh go deo. #lá eile ag an bPaorach

Máire Ní Chainin
@ Pádraig Ó Cíosóg @ Liam Ó Sibhleáin
Táim ag súil go mór leis an gcluiche idirnáisiúnta rugbaí idir Éire agus Sasana an mhí seo chugainn. Meas tú cé mhéad **úd**[11] a gheobhaidh Éire? #úd

Pádraig Ó Cíosóg
@Liam Ó Sibhleáin @Máire Ní Chainin
Beidh atmaisféar iontach sa staid Aviva don chluiche. Buafaidh Éire, cinnte. #Staid Aviva

Cabhair!

[1] as usual	[6] goal
[2] magicians	[7] point
[3] black and amber flags	[8] foul
[4] fluttering	[9] referee
[5] more emotional	[10] penalty kick
	[11] try

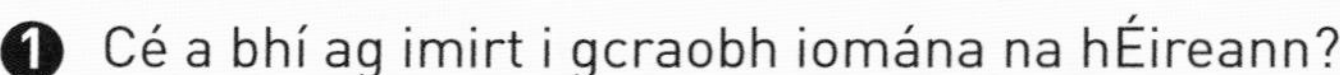

1. Cé a bhí ag imirt i gcraobh iomána na hÉireann?
2. Cén chuma a bhí ar Pháirc an Chrócaigh?
3. Cén fáth ar cuireadh imreoir den pháirc?
4. Cad a bheidh ar siúl sa Staid Aviva?
5. Cé a bhuafaidh an cluiche sin?

Na Comórtais

Le foghlaim!

An chraobh/An cluiche ceannais *The final*

An leathchraobh/An cluiche leathcheannais *The semi-finals*

Cluiche ceathrú ceannais *The quarter-finals*

Na chéad bhabhtaí *The first rounds*

Obair ghrúpa sa rang

Roghnaigh an spórt is fearr leat agus déan cairt amach mar atá déanta thuas ag taispeáint mar a d'éirigh le d'fhoireann anuraidh. Murar éirigh leo dul chomh fada leis an gcraobh, scríobh isteach na foirne a bhí ann.

Labhair amach ... labhair os ard!

1. **An imríonn tú aon spórt?**
Imrím peil ghaelach. Imrím i lár na páirce ach anois is arís éiríonn liom cúilín a fháil.

2. **Cathain a thosaigh tú ag imirt?**
Thosaigh mé ag imirt nuair a bhí mé seacht mbliana d'aois, nuair a bhí mé sa bhunscoil. Táim ag imirt leis an bhfoireann chéanna ó shin i leith.

3. **Ar éirigh go maith leis an bhfoireann thar na blianta?**
D'éirigh go maith linn. Bhuamar ***craobh***[1] *na mbunscoileanna bliain amháin agus craobh an chontae faoi shé déag bliain eile.*

4. **An mbíonn tú ag traenáil go rialta[2]?**
Bíonn traenáil againn uair sa tseachtain agus de ghnáth bíonn cluiche againn ag an deireadh seachtaine. Déanaimid oíche traenála eile má bhíonn cluiche ar na bacáin.

Cabhair!

[1] final
[2] regularly

Na Pearsana Spóirt

Le foghlaim!

Foghlaim na focail seo a leanas.

lúthchleasaí/lúthchleasaithe	athlete(s)	**réiteoir(í)**	referee(s)
dornálaí/dornálaithe	boxer(s)	**marcach/marcaigh**	rider(s)
captaen/captaein	captain(s)	**reathaí/reathaithe**	runner(s)
curadh/curaidh	champion(s)	**urraitheoir(í)**	sponsor(s)
rothaí/rothaithe	cyclist(s)	**ionadaí/ionadaithe**	substitute(s)
peileadóir(í)	footballer(s)	**lucht féachana**	spectators
galfaire/galfairí	golfer(s)	**snámhóir(í)**	swimmer(s)
laoch/laochra	hero(es)	**foireann/foirne**	team(s)
iománaí/iománaithe	hurler(s)	**traenálaí/traenálaithe**	trainer(s)
bainisteoir(í)	manager(s)	**buaiteoir(í)**	winner(s)
imreoir(í)	player(s)		

Cúinne na Gramadaí

An uimhir iolra den ainmfhocal

Ar thug tú faoi deara an chaoi a gcuirtear roinnt ainmfhocal san uimhir iolra?

- Má chríochnaíonn an t-ainmfhocal ar **-eoir/óir**, ní gá ach **-í** a chur leis: imreoirí/peileadóirí.
- Má chríochnaíonn an t-ainmfhocal ar **-aí**, athraítear an deireadh go dtí **-aithe**: dornálaithe/traenálaithe.

Cleachtadh ag scríobh

Líon na bearnaí thíos.

1. Is é Alex Ferguson an _______________ is rathúla i ndomhan an spóirt. Tá sé i gceannas ar _______________ Manchester Utd leis na blianta. Tá meas ag na _______________ go léir air. Oibríonn a lán _______________ leis freisin. Tá lucht _______________ an-dílis ag an bhfoireann.

   fhoireann, peileadóirí, bainisteoir, leanúna, traenálaithe

2. Lig an lucht féachana scread astu nuair a rith na _______________ amach ar an bpáirc. Bhí na _______________ ar an taobhlíne. Chaith an _______________ an liathróid isteach agus thosaigh an cluiche. Bhí na _______________ go dona agus cuireadh _______________ isteach ina n-áit. Ní mó ná sásta a bhí na _______________ nuair a chríochnaigh an cluiche ar comhscór.

   lántosaithe, hurraitheoirí, peileadóirí, réiteoir, bainisteoirí, ionadaithe

Obair ghrúpa sa rang

Roghnaigh cúig spórt agus abair cé hiad is na himreoirí is fearr ag an spórt sin.
Mar shampla: *Is é Rory McIlroy an galfaire is fearr ar domhan.*

Éist agus scríobh

Éist leis an múinteoir ag léamh an ailt thíos agus ansin scríobh an t-alt i do chóipleabhar. Nuair a chríochnaíonn tú ag scríobh oscail do leabhar agus ceartaigh do chuid oibre!

Níl aon amhras ach go bhfuil ag éirí go hiontach le lucht spóirt na hÉireann. Tá curadh domhanda sa dornálaíocht agus sa ghalf againn agus tá ag éirí go hiontach le cuid de na marcaigh agus de na lúthchleasaithe Éireannacha freisin. Tá an Cumann Lúthchleas Gael ag dul ó neart go neart freisin. Bíonn Páirc an Chrócaigh lomlán nuair a bhíonn an chraobh ar siúl san iománaíocht agus sa pheil. An bhfuil aon radharc níos deise ná bratacha do chontae a fheiceáil ar foluain lá na craoibhe? Tá an spórt an-tábhachtach do mhuintir na hÉireann.

Léamhthuiscint Na Cluichí Oilimpeacha

Léigh an t-alt seo agus déan na cleachtaí a ghabhann leis.

1 Tá na Cluichí Oilimpeacha ar siúl ón mbliain 776 BC nuair a thosaigh siad in áit darbh ainm Olympia sa Ghréig. Bhí an comórtas spóirt is mó ar domhan ar siúl ní ba ghaire do bhaile sa bhliain 2012 nuair a bhí siad ar siúl i Londain. Ghlac foireann na hÉireann páirt i mbreis is fiche spórt, ina measc lúthchleasaíocht, snámh, **eachaíocht**[1], badmantan, seoltóireacht, rothaíocht, **rámhaíocht**[2] agus ar ndóigh dornálaíocht.

2 D'éirigh le ceathrar dornálaithe boinn a bhuachan. Bhain Katie Taylor **bonn óir**[3], bhain John Joe Nevin **bonn airgid**[4] agus bhain Paddy Barnes agus Michael Conlon **bonn cré-umha**[5] an duine. Bhí an tír ar fad, **thuaidh agus theas**[6], an-bhródúil astu ar fad agus níl aon dabht faoi ach go mbeidh an dornálaíocht ag dul ó neart go neart anois. Ba rud an-speisialta é 'Amhrán na bhFiann' a chloisteáil sa staid dornálaíochta agus bratach na hÉireann á ardú os cionn Katie. Ar ndóigh bhuaigh Éire bonn cré-umha eile nuair a d'éirigh le Cian O'Connor san eachaíocht ar a chapall Blue Loyd.

3 Is dócha go raibh áthas an domhain ar gach duine beo a bhí sa staid Oilimpeach ag féachaint ar an reathaí is tapúla agus is cáiliúla ar domhan, Usain Bolt as Iamáice, ag rith. Ag leanúint ar aghaidh ón **éacht**[7] a bhain sé amach ag na cluichí in 2008, bhuaigh sé an rás céad méadar agus dhá chéad méadar, an chéad lúthchleasaí riamh a bhuaigh na rásaí sin in dhá chluiche Oilimpeacha **i ndiaidh a chéile**[8]. Bhris sé an churiarracht Oilimpeach sa rás céad méadar agus rith sé an rás i 9 soicind 63. Ba rás dochreidte é.

Cabhair!

[1] equestrian
[2] rowing
[3] gold medal
[4] silver medal
[5] bronze medal
[6] north and south
[7] achievement
[8] consecutively

1 Fíor nó bréagach? Scríobh na habairtí atá ceart i do chóipleabhar agus ceartaigh na cinn atá mícheart.

- **a)** Thosaigh na Cluichí Oilimpeacha sa bhliain 76 BC.
- **b)** Bhuaigh John Joe Nevin bonn cré-umha ag na cluichí.
- **c)** Bhuaigh Katie Taylor bonn óir sa dornálaíocht.
- **d)** Bhuaigh Paddy Barnes bonn cré-umha san eachaíocht.
- **e)** Bhuaigh Usain Bolt na rásaí céad agus dhá chéad méadar ag na Cluichí.

2 Freagair na ceisteanna seo a leanas.

- **a)** Luaigh trí cinn de na spóirt a raibh na hÉireannaigh ag imirt iontu ag na Cluichí Oilimpeacha.
- **b)** Cé mhéad bonn a bhuaigh foireann na hÉireann ag na cluichí i Londain?
- **c)** Cén fáth arbh é Cian O'Connor an t-éan corr (*odd man out*) i measc na mbuaiteoirí?
- **d)** Cén t-alt sa sliocht thuas a dtagraíonn an abairt seo a leanas dó?
  'D'éirigh go maith le foireann na hÉireann ag na Cluichí Oilimpeacha.'

Ag Ullmhú don Scrúdú: Ceapadóireacht

Scéal/Eachtra

Ceap scéal a mbeadh an giota seo thíos oiriúnach mar thús leis:
Ní dhéanfaidh mé dearmad go deo ar an gcluiche sin ...

Lá gaofar a bhí ann, lá **an chluiche cheannais**[1]. Bhíomar ag traenáil ar feadh na míonna roimh an gcraobh. Ba lántosaí mise agus bhí mé réidh agus aclaí. Bhí mé sceitimíneach agus neirbhíseach freisin mar chailleamar an cluiche leathcheannais an bhliain roimhe i gcoinne na foirne céanna. Cluiche **díoltais**[2] a bhí ann.

Bhí slua mór ón dá scoil i láthair. Bhí bratacha na scoile ar foluain timpeall na páirce agus bhí **sonóg**[3] ag an dá scoil. Bhí atmaisféar iontach ann, an dá lucht féachana **ag spochadh**[4] as a chéile. Chaith an réiteoir an liathróid isteach agus thosaigh an cluiche. Bhí mé ag imirt go maith agus chuir mé an liathróid **thar an trasnán**[5] cúpla uair sa chéad leath. Rinne mé iarracht **báire a chur**[6] ach ar an drochuair chuaigh an liathróid **ar foraoil**[7]. Ag leath ama bhí an fhoireann eile cúl agus trí chúilín **chun tosaigh**[8] orainn agus bhíomar ag éirí buartha. Labhair bainisteoir na foirne linn, an múinteoir corpoideachais agus chuir sé **comhairle**[9] mhaith orainn. Bhíomar réidh don dara leath.

Amach linn ar an bpáirc arís ach taobh istigh de chúig nóiméad bhíomar ceithre chúl **chun deiridh**[10]. Níor chailleamar ár **misneach**[11] **ámh**[12] agus leanamar orainn. Diaidh ar ndiaidh thosaíomar ag fáil cúilíní agus nuair a cuireadh imreoir ón bhfoireann eile den pháirc toisc go ndearna sé **calaois**[13] orm, bhí ár lá tagtha. B'shin mo sheans. Shiúil mé go mall agus thóg mé an **cic éirice**[14]. Buíochas mór le Dia chuaigh sé i gcúl an líontáin agus den chéad uair sa chluiche bhí an dá fhoireann ar **comhscór**[15]. Bhí ár lucht leanúna ag screadaíl in ard a gcinn is a ngutha, dár spreagadh.

Bhíomar lán le fuinneamh agus le **paisean**[16] anois. Mise á rá leat, thugamar ceacht peile don fhoireann eile an lá sin agus bhí an lá linn. Faoi dheireadh an chluiche bhíomar trí chúl agus seacht gcúilín chun tosaigh. **Ainmníodh**[17] mise mar imreoir an chluiche agus bhí mé ar mhuin na muice. Nuair a bronnadh an **corn**[18] ar an bhfoireann bhíomar go léir an-bhródúil asainn féin. Cinnte, ní dhéanfaidh mé dearmad go deo ar an gcluiche sin ...

Cabhair!

1 final	10 behind
2 revenge	11 courage
3 mascot	12 however
4 slagging	13 foul
5 over the bar	14 penalty kick
6 score a goal	15 level
7 wide	16 passion
8 ahead	17 was named
9 advice	18 cup

Ag cleachtadh don scrúdú

Freagair do rogha ceann amháin díobh seo:

i) Léigh mé an teachtaireacht a bhí ar m'fhón póca: 'Cuir glao orm láithreach. Tá ticéad agam duit don chraobh ...'

ii) Déan cur síos ar eachtra a tharla nuair a bhí tú ag cluiche.

Téigh go dtí edco.ie/iontas3.

Cúinne na Gramadaí

Na briathra atá ag teastáil don spórt

Briathar	An Aimsir Láithreach	An Aimsir Chaite	An Aimsir Fháistineach
rith	rithim, rithimid	rith mé, ritheamar	rithfidh mé, rithfimid
caith	caithim, caithimid	chaith mé, chaitheamar	caithfidh mé, caithfimid
buail	buailim, buailimid	bhuail mé, bhuaileamar	buailfidh mé, buailfimid
buaigh	buaim, buaimid	bhuaigh mé, bhuamar	buafaidh mé, buafaimid
caill	caillim, caillimid	chaill mé, chailleamar	caillfidh mé, caillfimid
ciceáil	ciceálaim, ciceálaimid	chiceáil mé, chiceálamar	ciceálfaidh mé, ciceálfaimid
sroich	sroichim, sroichimid	shroich mé, shroicheamar	sroichfidh mé, sroichfimid
pléasc	pléascaim, pléascaimid	phléasc mé, phléascamar	pléascfaidh mé, pléascfaimid
tit	titim, titimid	thit mé, thiteamar	titfidh mé, titfimid
traenáil	traenálaim, traenálaimid	thraenáil mé, thraenálamar	traenálfaidh mé, traenálfaimid
tosaigh	tosaím, tosaímid	thosaigh mé, thosaíomar	tosóidh mé, tosóimid
imir	imrím, imrímid	d'imir mé, d'imríomar	imreoidh mé, imreoimid
gortaigh	gortaím, gortaímid	ghortaigh mé, ghortaíomar	gortóidh mé, gortóimid

Cleachtadh ag scríobh

Líon na bearnaí thíos.

1. Nuair a (caith) ________________ an réiteoir an liathróid isteach (tosaigh) ________________ an cluiche.
2. (Buail) ________________ le mo chairde ag an traenáil gach Satharn.
3. Bhí díomá an domhain orainn nuair a (caill) ________________ an chraobh.
4. Buafaidh na buachaillí an cluiche má (imir) ________________ siad go maith.
5. Bhris mé mo rúitín nuair a (tit) ________________ mé ar an talamh.
6. (Ciceáil) ________________ Seán an liathróid chomh láidir sin gur (pléasc) ________________ sé.
7. Má (buaigh) ________________ Cill Chainnigh arís (caill) ________________ na foirne eile misneach.

Labhair amach … labhair os ard!

An imríonn tú aon spórt?

Ní imrím spórt ar bith agus níl suim dá laghad agam sa spórt. Tá an iomarca béime ar an spórt sa tír seo agus ar scoil. B'fhearr liom i bhfad a bheith ag féachaint ar scannán maith.

Ag Ullmhú don Scrúdú: Litir Phearsanta

Bhí tú ar cuairt in Wimbledon le déanaí. Scríobh litir chuig do chara ag insint dó/di faoin gcuairt.
I do litir luaigh:

- an áit a bhfuil tú ag fanacht
- dhá rud faoi chluiche leadóige a chonaic tú
- dhá rud a dhéanfaidh tú i Londain

3 Bóthar an Phrionsa
Wimbledon
Londain SW 19
Sasana
3 Iúil 2016

A Dhónail, a chara,

Beatha agus sláinte. Creid é nó ná creid ach táim anseo i Londain. Táim ag fanacht le mo mháthair bhaiste Nóra agus tá an t-ádh dearg liom mar go bhfuil cúirteanna leadóige Wimbledon ar leac an dorais. Thug sí ticéad do ***leathchraobh*** [1] *na mban dom do mo bhreithlá.*

Bhí lá iontach againn ag an leathchraobh. Bhí atmaisféar iontach ann. Bhí suíocháin an-mhaith againn agus bhíomar ábalta gach ***buille*** [2] *a fheiceáil. Bhí Caroline agus Maria an-ghar sa chéad* ***sraith*** [3] *agus bhí an cluiche an-****teann*** [4]*. Bhuaigh Caroline an chéad sraith le dhá* ***ás*** [5]*. Mar is eol duit is í Caroline mo laoch agus bhí mé an-sásta leis an toradh.*

Tá cúpla lá eile agam i Londain sula bhfillfidh mé abhaile. Beidh mé ag dul ar thuras timpeall na cathrach amárach agus ag siopadóireacht an lá dar gcionn. Ceannóidh mé bronntanas deas duit.

Caithfidh mé imeacht anois mar go mbeidh ***an chraobh*** [6] *ar siúl i gceann cúpla nóiméad. Tá súil agam go mbeidh an bua ag Caroline arís.*

Abair le Siobhán go raibh mé ag cur a tuairisce. Feicfidh me sibh nuair a fhillfidh mé abhaile. B'fhéidir go rachaimid go dtí an phictiúrlann.

Slán tamall,
Do chara,
Eithne

Cabhair!

[1] semi-final
[2] shot
[3] set
[4] tense
[5] ace
[6] the final

Ag cleachtadh don scrúdú

Léigh tú alt i nuachtán faoin ábhar seo: 'Níl aon mhaitheas i lucht spóirt na hÉireann.' Scríobh litir chuig eagarthóir an nuachtáin i dtaobh an ailt sin.

I do litir luaigh:
- dhá mhórphointe a bhí san alt ar an ábhar
- dhá thuairim eile uait féin ar an ábhar
- pointe amháin eile faoin alt

Ag Ullmhú don Scrúdú: Ceapadóireacht

Díospóireacht

Scríobh an chaint a dhéanfá i ndíospóireacht scoile ar son an rúin sin nó ina aghaidh: 'Is mó an mhaith ná an t-olc a dhéanann an spórt.'

Cabhróidh na pointí seo a leanas libh.

Maitheas an spóirt

Is caitheamh aimsire sláintiúil é.	Éiríonn tú aclaí (*fit*).
Buaileann tú le cairde.	Is maith an rud é a bheith rannpháirteach (*involved*) i spórt.
Foghlaimíonn tú scileanna.	Bíonn tú sona.
Foghlaimíonn tú conas déileáil le daoine eile.	Téann tú i dtaithí ar dhíomá (*get used to disappointment*).
Cuireann tú sprioc (*goal*) os do chomhair.	Cuireann tú dúshlán (*challenge*) os do chomhair.
Méadaíonn d'fhéinmhuinín.	Ní bhíonn leadrán (*boredom*) ort.
Bíonn daoine ag obair go deonach (*voluntary*) ann.	Cothaíonn an spórt spiorad pobail (*it creates a community spirit*).
Tugann sé ardú meanman (*it raises the spirit*).	spórt amaitéarach (*amateur*)

An t-olc a bhaineann le spórt

Déantar dúshaothrú ar an lucht leanúna.	Fans are exploited.
Éiríonn roinnt daoine an-iomaíoch.	Some people become too competitive.
Is é an bua an rud is tábhachtaí dóibh.	Winning is the most important thing for them.
Is é an t-airgead an chloch is mó ar a bpaidrín.	Money is the most important thing for them.
Uaireanta éiríonn daoine gafa (*addicted*) leis.	Cuireann daoine an iomarca brú orthu féin.
Tógann imreoirí drugaí.	Déanann imreoirí damáiste don chorp.
Cuireann daoine a sláinte i mbaol.	Téann daoine thar fóir (*too far*).
Déantar faillí (*neglect*) san obair scoile.	Bíonn na ticéid an-chostasach.
Is gnó é an spórt.	Tá an spórt millte ag cúrsaí airgid.
Bíonn an trealamh agus na héadaí spóirt an-daor.	Caitheann daoine a lán ama istigh ag féachaint ar chluichí ar an teilifís.
Ag traenáil ó dhubh go dubh.	Gortaítear imreoirí.
Cuireann urraitheoirí (*sponsors*) brú ar imreoirí.	Téann daoine i muinín (*resort to*) drugaí.
Bíonn caimiléireacht (*cheating*) ar siúl.	Éiríonn daoine tinn.
spórt gairmiúil (*professional*)	Tuilleann (*earn*) daoine an iomarca airgid.

Díospóireacht

'Is mó an mhaith ná an t-olc a dhéanann an spórt.'

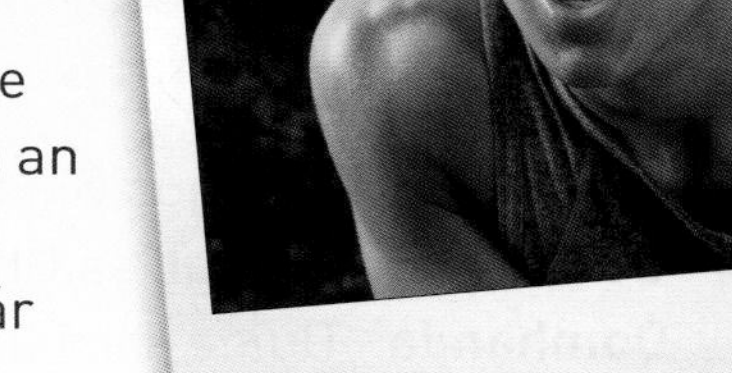

A chathaoirligh, a mholtóirí, a lucht an fhreasúra agus a chairde Gael, is é an rún atá á phlé againn inniu ná 'Is mó an mhaith ná an t-olc a dhéanann an spórt'. Táimse agus m'fhoireann go láidir i bhfabhar an rúin seo agus tá súil agam go n-aontóidh sibh lenár n-argóintí faoi dheireadh na díospóireachta.

Cheana féin chuala sibh an freasúra ag caint faoi dhrugaí sa spórt. Dar leo tá an spórt millte ag drugaí. Níl aon amhras faoi go nglacann roinnt daoine drugaí agus aontaím gur cás náireach é cás Lance Armstrong, an rothaí cáiliúil a chaill na buanna a bhí aige sa Tour de France toisc go raibh sé ag glacadh drugaí. Tá a fhios ag madraí na sráide go nglacann roinnt lúthchleasaithe drugaí ach **ní hionann sin is a rá**[1] gur mó an t-olc ná an mhaith a dhéanann an spórt. Déanann an spórt i bhfad níos mó maitheasa ná **a mhalairt**[2].

An raibh sibh riamh amuigh ar oíche fhuar fhliuch gheimhriúil, faoin tuath nó sna bailte? Má bhí is dócha go bhfaca sibh na céadta, idir óg agus aosta, ina seasamh ar pháirc imeartha éigin. Téann traenálaithe deonacha amach i ngach cineál aimsire chun daoine óga a thraenáil. Bíonn a dtuismitheoirí ann freisin, mar thraenálaithe nó mar lucht féachana. Cothaíonn an spórt spiorad pobail agus is iontach an rud é a bheith rannpháirteach ann.

Is léir don dall go mbíonn an duine spórtúil sláintiúil agus aclaí. B'fhéidir go dtéann duine nó beirt thar fóir ach nach bhfuil sé i bhfad níos fearr a bheith gafa le spórt ná le cluiche ríomhaire nó clár teilifíse éigin? Thug foireann na hÉireann ardú meanman don tír nuair a d'éirigh leo na cúig bhonn a bhuachan ag na Cluichí Oilimpeacha i Londain.

Níl aon rud sa saol seo gan locht. Tá a lán le **cáineadh**[3] i ndomhan an spóirt. **Cinnte dearfa**[4] bíonn daoine gafa leis agus cuireann siad a saol i mbaol nuair a dhéanann siad an iomarca traenála nó a dhéanann siad faillí i rudaí eile. Don ghnáthdhuine, ámh, is iontach an rud é an spórt. Fiú mura mbíonn tú an-ghníomhach ann, ardaíonn lá na craoibhe i bPáirc an Chrócaigh spiorad na tíre, bratacha ildathacha ar foluain agus Amhrán na bhFiann ag ardú an dín. Mar sin, a chairde, táim cinnte go bhfuil sibh ar aon fhocal liom anois nuair a deirim gur mó an mhaith ná an t-olc a dhéanann an spórt.

Cabhair!

[1] that's not to say
[2] the opposite
[3] criticise
[4] definitely

Ag cleachtadh don scrúdú

i) Iarradh ort alt a scríobh d'iris na scoile faoi thábhacht an spóirt i saol an déagóra. Scríobh an t-alt a chuirfeá chuig eagarthóir iris na scoile.

ii) Chaith tú dhá lá ag na Cluichí Oilimpeacha. Scríobh cuntas do www.foinse.ie faoi.

Léamhthuiscint

Na Cluichí Parailimpeacha

Léigh an t-alt seo agus déan na cleachtaí a ghabhann leis.

1 **Néar-mháinlia**[1] agus Giúdach ab ea an Dochtúir Ludwig Guttman a chónaigh sa Ghearmáin roimh an **Dara Cogadh Domhanda**[2]. Duine carthanach cabhrach a bhí ann agus shábháil sé a lán Giúdach ó na Naitsithe. Tháinig sé go Sasana sa bhliain 1939 agus chuaigh sé ag obair san ospidéal i Stoke Manderville. Má bhí daoine ag fulaingt le **gortú dromlaigh**[3] ag an am sin fágadh na hothair sin ina suí nó ina luí an t-am ar fad. Níor aontaigh an Dr Guttman leis sin in aon chor. Cheap sé gurbh fhearr i bhfad a bheith ag gluaiseacht agus ag bogadh thart.

2 Mar gheall ar an Dara Cogadh Domhanda bhí a lán saighdiúirí le gortú dromlaigh ag freastal ar an ospidéal i Stoke Mandeville. D'eagraigh an Dr Guttman comórtais do na hothair chun iad a spreagadh agus chun dóchas a thabhairt dóibh. D'eagraigh sé na chéad chluichí san ospidéal sa bhliain 1948 nuair a bhí na Cluichí Oilimpeacha ar siúl i Londain. **Boghdóireacht rothaí**[4] an chéad chluiche a bhí ar súil agus ghlac ceithre fhear déag agus beirt bhan páirt ann. Sa bhliain 2012 bhí 4,200 lúthchleasaí **faoi mhíchumas**[5] as 166 foireann ag glacadh páirte sna Cluichí Parailimpeacha i Londain. Ina measc siúd bhí foireann hÉireann, le 49 lúthchleasaí ag glacadh páirte i ndeich n-imeacht spóirt.

3 Ba í Daráine Ní Mhaolmhichíl as Baile Átha Cliath aghaidh na gCluichí don stáisiún teilifíse Channel 4 sa Bhreatain. Nuair a bhí sí fós ar scoil bhuail meiningíteas í agus chaill sí a cosa agus méara a lámh. Cé gur chaill sí bliain sa mheánscoil, lean sí ar aghaidh lena hoideachas agus bhain sí **céim**[6] amach sa **chumarsáid**[7].

4 D'éirigh le foireann na hÉireann sé bhonn déag a bhuachan san iomlán. Bhuaigh an reathaí Michael McKillop bonn óir sa rás 800 méadar agus sa rás 1,500 méadar. Nach iontach an rud é an spórt!

Cabhair!

[1] neurosurgeon
[2] Second World War
[3] spinal injury
[4] wheelchair archery
[5] disabled
[6] degree
[7] communications

❶ **Líon na bearnaí thíos.**

Bhí a lán __________ sna hospidéil mar gheall ar an Dara __________ Domhanda. Bhain gortú __________ do roinnt de na saighdiúirí. Chabhraigh an spórt go mór leo. Tharla na chéad chluichí ______________ sa bhliain 1948 agus ghlac seisear déag lúthchleasaí faoi __________ páirt iontu. __________ na lúthchleasaithe go léir a lán deacrachtaí ina saol. Is __________ é gach lúthchleasaí.

parailimpeacha, laoch, othar, mhíchumas, Cogadh, dromlaigh, sháraigh

❷ **Freagair na ceisteanna seo a leanas.**

a) Cén ghairm a bhí ag an Dr Guttman?

b) Cén dearcadh a bhí ag an Dr Guttman faoi conas leigheas a chur ar othair le gortú dromlaigh?

c) Cén fáth ar eagraigh sé comórtais?
d) Cé mhéad lúthchleasaí a ghlac páirt sna Cluichí i Londain?
e) Cén fáth ar roghnaíodh Daráine chun na Cluichí a chur i láthair?
f) Conas a d'éirigh le foireann na hÉireann ag na Cluichí?
g) Cén t-alt sa sliocht thuas a dtagraíonn an abairt seo a leanas dó?
'Thuig an Dr Guttman tábhacht an spóirt.'
h) Cén t-alt sa sliocht thuas a dtagraíonn an abairt seo a leanas dó?
'Tháinig fás agus forbairt iontach ar na Cluichí Parailimpeacha.'

Obair bheirte sa rang

Thug sibh faoi ndeara nach raibh mórán clár faoi na Cluichí Parailimpeacha ar siúl ar RTÉ. Ag obair le chéile, scríobh an t-alt gearáin a chuirfeadh sibh chuig ceannasaí an stáisiúin faoi seo.

Déan taighde ar an idirlíon faoi na lúthchleasaithe a ghlac páirt sna Cluichí Parailimpeacha agus scríobh aiste bunaithe orthu.

Labhair amach ... labhair os ard!

An maith leat spórt?

Is aoibhinn liom spórt. Téim ag rith dhá uair sa tseachtain agus imrím leadóg ag an deireadh seachtaine. Is clann spórtúil sinn agus imríonn m'athair agus mo dheartháir galf agus imríonn mo mháthair leadóg freisin. Táimid go léir inár mbaill den mhórionad spóirt anseo ar an mbaile. Tá linn snámha san ionad chomh maith le cúirteanna leadóige agus cispheile.

Obair ghrúpa sa rang

Déan taighde ar na Cluichí Oilimpeacha is déanaí a bhí ar siúl. Faigh amach líon na mbonn a bhuaigh na tíortha éagsúla agus na spóirt inar buadh na boinn. Cuir an t-eolas ar phóstaer agus croch sa rang é.

An Bhéaltriail
Ag Ullmhú don scrúdú CD 1 Rian 29–32

1 Éist leis na samplaí thíos ar an dlúthdhiosca Rian 30–31. Ullmhaigh píosa eolais fút féin. Léigh na samplaí thíos.

A Is mise Laoise. Tá an-suim agam sa spórt. Táim i mo bhall den chlub snámha áitiúil. Téim ag snámh go luath ar maidin. Éirím ar a cúig a chlog agus tugann mo dhaid síob dom chuig an linn snámha. Fanaim sa linn snámha ar feadh dhá uair an chloig. Ina dhiaidh sin glacaim cith agus téim ar scoil. Is maith liom leadóg freisin. Ag an deireadh seachtaine téim chuig an gclub leadóige le mo chairde.

B Is mise Naoise. Taitníonn spórt go mór liom. Is ball mé den Chumann Lúthchleas Gael. Naomh Fionnbarra an t-ainm atá ar an gclub. Tá an clubtheach suite ar imeall an bhaile agus téim ann cúpla uair sa tseachtain. Imrím ar an bhfoireann faoi shé déag. Bíonn cluiche againn gach Satharn ar na páirceanna imeartha atá taobh thiar den chlubtheach.

2 Freagair na ceisteanna thíos. Éist leis na freagraí samplacha ar an dlúthdhiosca, Rian 32.

a) Cén spórt a imríonn tú?
b) An imríonn tú spórt ar scoil?
c) An bhfuil tú ar aon fhoireann?
d) Cathain a bhíonn traenáil agaibh?
e) Ar bhuaigh sibh an chraobh riamh?
f) Ainmnigh na clubanna spóirt atá i do cheantar.
g) An raibh tú riamh i bPáirc an Chrócaigh?
h) An raibh tú riamh sa Staid Aviva?
i) An bhféachann tú ar na Cluichí Oilimpeacha?
j) Cén spórt is fearr leat sna Cluichí Oilimpeacha?
k) An maith leat a bheith ag féachaint ar spórt ar an teilifís?
l) Cén phearsa spóirt is fearr leat?

An Chluastuiscint CD 1 Rian 75–80

Cuid A

Cloisfidh tú giota cainte ó dhuine óg sa chuid seo. Cloisfidh tú an giota *faoi dhó*. Éist go cúramach leis agus líon isteach an t-eolas atá á lorg sna greillí thíos.

An chéad chainteoir

Ainm	*Siobhán Ní Chuinn*
Cá bhfuil Siobhán ag dul?	
Cén dá fhoireann a bheidh ag imirt?	1 2
Cén spórt a imríonn Siobhán ar fhoireann na scoile?	

Cuid B

Cloisfidh tú fógra nó píosa nuachta anois. Cloisfidh tú é *faoi dhó*. Éist go cúramach leis.

Fógra

1	Cé a osclóidh an linn snámha nua?
2	Cé mhéad a bheidh ar dhaltaí a íoc chun an linn snámha a úsáid?
3	Cathain a bheidh ceachtanna snámha ar siúl?

Cuid C

Cloisfidh tú comhrá sa chuid seo. Cloisfidh tú é *faoi dhó*. Cloisfidh tú an comhrá ó thosach deireadh an chéad uair. Ansin cloisfidh tú é ina dhá mhír an dara huair.

Comhrá

An chéad mhír

1	Cá raibh Órlaith ag obair?

An dara mír

2	Céard iad na comórtais a thaitin le Pól?
3	Cathain a bhuailfidh Pól trasna chuig teach Órlatha?

Súil Siar ar Aonad a Seacht

❶ **Bí cinnte go bhfuil an foclóir agus na nathanna nua a d'fhoghlaim tú san aonad seo scríofa i do chóipleabhar nótaí.**

❷ **Líon na bearnaí thíos.**

a) Is í Katie Taylor ________________ an domhain sa dornálaíocht.
b) Is aoibhinn liom dul amach ag ________________ ar an bhfarraige.
c) Tá sé an-tábhachtach go gcaithfeadh iománaithe agus dornálaithe ________________.
d) Ghlac timpeall 49 ________________ ó Éirinn páirt sna Cluichí Parailimpeacha i Londain.
e) Bím an-bhródúil nuair a chloisim an t-amhrán ________________ á chanadh ag cluiche.
f) Is í Páirc an ________________ baile an Chumainn Lúthchleas Gael.
g) Níl a fhios agam cé mhéad uair a bhuaigh Cill Chainnigh an ________________ san iománaíocht.
h) I rith an chluiche cheannais bhí na ________________ ina seasamh ar an taobhlíne ag súil le seans a fháil dul ag imirt.
i) Is í aidhm gach iomaitheora bonn ________________ a bhuachan ag na Cluichí Oilimpeacha.
j) Cuireadh triúr peileadóirí den pháirc nuair a rinne siad ________________ ar chúl báire na foirne eile.

❸ **Déan cur síos ar spórt a imríonn tú – ar an trealamh a úsáidtear, ar an gcaoi a n-imrítear an spórt sin agus ar na daoine eile a bhíonn ag imirt leat.**

❹ **Ceartaigh na botúin san alt seo.**

Uaireanta cuireann imreoirí a sláinte i bhaol agus iad ag imirt spórt. Téann siad thar fhóir leis an spórt. Déanann siad faillí san obair scoile freisin. Bíonn an lucht féachaint gafa le spórt freisin. Bíonn siad ag screadach in ard a gceann is a ngutha agus cuireann siad brú ar na himreoirí. Mar sin féin níl aon ócáid spóirt níos fearr ná na Cluichí Oilimpeach.

❺ **Trialacha teanga comhthéacsúla**

Bhí an dá ________________ [**(a)** foirne **(b)** foireann **(c)** fhoireann] amuigh ar an bpáirc ________________ [**(a)** imirt **(b)** imeartha **(c)** imirte] nuair a thosaigh an cluiche. Bhí na bratacha ________________ foluain timpeall na páirce agus bhí an lucht ________________ ag canadh Amhrán na ________________ [**(a)** Fiann **(b)** bhFiann **(c)** Fhiann] ________________ ard a gcinn is a ngutha. Sa deireadh chaith an réiteoir an liathróid ________________ agus thosaigh an cluiche.

8 Aonad a hOcht

Saol an Lae Inniu

Na trí cairde is fearr agus na trí naimhde is measa: tine, gaoth is uisce.

An Timpeallacht/An Comhshaol

Le foghlaim!

ag éirí níos fliche	getting wetter	**comhshaol**	environment
ag éirí níos teo	getting hotter	**Déantar dochar don timpeallacht.**	The environment is damaged.
ag fáil bháis	dying	**fiadhúlra**	wildlife
an iomarca carranna	too many cars	**gnáthóga faoi bhagairt**	habitats under threat
Ba cheart bruscar a athchúrsáil.	Rubbish should be recycled.	**iompar poiblí**	public transport
Bailíonn brobh beart.	Every little helps.	**ionad dumpála**	dump site
bainc buidéal	bottle banks	**Is mór an náire é.**	It's a disgrace.
bruscar	litter	**leithleach**	selfish
caite ar fud na háite	thrown all about	**Is cuma le daoine faoin timpeallacht.**	People don't care about the environment.
Caithfear dul i ngleic leis an bhfadhb.	The problem must be tackled.		
carranna leictreacha	electric cars		

Cleachtadh ag scríobh

Líon na bearnaí thíos.

Tá an comhshaol i mbaol agus is cuma le roinnt daoine faoi seo. In áiteanna áirithe bíonn bruscar caite ar fud ________ ________________. Tá a lán ainmhithe ag fáil ________________ mar go bhfuil a ngnáthóga ag imeacht. Dá mbeadh ________________ ar siúl ag gach duine agus dá dtógfadh daoine a mbuidéil go dtí an ________________ buidéal laghdódh sé sin an fhadhb. Mar a deir an seanfhocal 'bailíonn ________________ beart'. Dá n-úsáidfeadh daoine iompar ________________ nó carranna ______________ bheimis ag dul i ____________ leis an bhfadhb.

banc, ngleic, athchúrsáil, bháis, poiblí, na háite, brobh, leictreacha

Meaitseáil

Meaitseáil tús abairte ó A le críoch abairte ó B.

A	B
1 Caithfear dul i ngleic	**a)** faoin gcomhshaol
2 Is mór an náire é	**b)** níos teo agus níos fliche
3 Is cuma le roinnt daoine	**c)** go bhfuil gnáthóga faoi bhagairt
4 Tá an domhan ag éirí	**d)** le fadhb na timpeallachta
5 Bheadh sé níos fearr don chomhshaol dá n-úsáidfeadh daoine	**e)** carranna leictreacha agus iompar poiblí

Le foghlaim!

lorg carbóin	carbon footprint	**téamh domhanda**	global warming
Má dhéanann gach duine a chion féin ...	If everybody does a little bit ...	**Tá an tír scriosta ag ...**	The country is destroyed by ...
Maraítear ainmhithe agus éin.	Animals and birds are killed.	**timpeallacht**	environment
muilte gaoithe	wind turbines	**Tiocfaidh feabhas ar chúrsaí.**	Things will improve.
Níl meas madra acu ar an gcomhshaol.	They have no respect for the environment.	**trácht ar na bóithre**	traffic on the roads
painéil ghréine	solar panels	**truailliú**	pollution
poll san ózón	hole in the ozone	**truailliú na timpeallachta**	pollution of the environment
santach	greedy	**tuillte**	floods
séarachas	sewage	**triomach**	drought
Tá an fhadhb ag dul in olcas.	The problem is getting worse.		

Cleachtadh ag scríobh

Líon na bearnaí thíos.

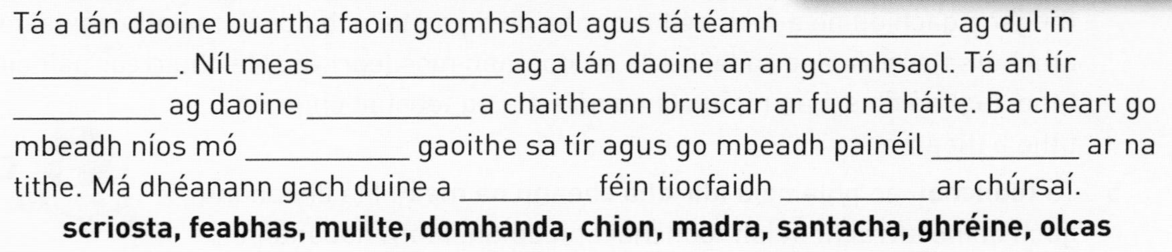

Tá a lán daoine buartha faoin gcomhshaol agus tá téamh __________ ag dul in __________. Níl meas __________ ag a lán daoine ar an gcomhsaol. Tá an tír __________ ag daoine __________ a chaitheann bruscar ar fud na háite. Ba cheart go mbeadh níos mó __________ gaoithe sa tír agus go mbeadh painéil __________ ar na tithe. Má dhéanann gach duine a __________ féin tiocfaidh __________ ar chúrsaí.

scriosta, feabhas, muilte, domhanda, chion, madra, santacha, ghréine, olcas

Meaitseáil

Meaitseáil tús abairte ó A le críoch abairte ó B.

A	B
1 Ní úsáideann mo dhaid carr agus tá lorg	**a)** ar na bóithre
2 Tá an iomarca tráchta	**b)** ainmhithe agus éin
3 Ba cheart go mbeadh	**c)** carbóin beag aige
4 Mar gheall ar thruailliú maraítear	**d)** dul in olcas
5 Tá an fhadhb ag	**e)** painéil gréine i ngach scoil

Léamhthuiscint

An timpeallacht – an bhfuil sí i mbaol?

Léigh an sliocht seo agus déan na ceisteanna a ghabhann leis.

1 Níl aon amhras faoi ach go bhfuil an comhshaol ag athrú. Tá an aimsir ag athrú. Tá an domhan ag éirí níos teo agus níos fliche gach bliain agus cuirtear an locht ar théamh domhanda. Cheana féin tá poll sa chiseal ózóin agus tá an leac oighir sa Mhol Thuaidh ag leá. Tá ainmhithe i mbaol mar go bhfuil a ngnáthóga á scrios. Tá níos lú ainmhithe agus éan ann anois ná mar a bhí caoga bliain ó shin.

2 Is fadhb mhór í truailliú na timpeallachta. Gach samhradh bíonn scéalta ann faoi shéarachas ar na tránna agus éiríonn daoine tinn nuair a ólann siad uisce truaillithe. Tá an domhan ag rith as ola agus as gás. Tá a lán carranna ar na bóithre agus truaillíonn siad an t-atmaisféar. Ba cheart go mbeadh níos mó muilte gaoithe ann chun fuinneamh a chur ar fáil don domhan.

3 Is féidir le gach duine a chion féin a dhéanamh chun an timpeallacht a shábháil. Is féidir linn ar fad athchúrsáil a dhéanamh agus ár mbruscar a scaradh. Cuireann sé fearg an domhain orm nuair a fheicim daoine ag caitheamh bruscair timpeall na háite. Tá daoine ann agus is cuma leo faoin gcomhshaol. Cuireann roinnt úinéirí madraí **le báiní**[1] mé nuair nach nglanann siad suas i ndiaidh a bpeataí agus ansin siúlann daoine isteach sa salachar.

4 Níl aon dabht faoi ach gur féidir a lán a dhéanamh chun an timpeallacht a chaomhnú. Má thugann gach duine a mbuidéil fholmha go dtí an banc buidéal, má athúsáideann nó má athchúrsálann daoine rudaí beidh an domhan níos fearr as. Má chuirtear painéil ghréine ar na tithe, laghdóidh sin an méid ola nó gáis atá ag teastáil chun na tithe a théamh.

5 Tá **todhchaí**[2] an phláinéid **idir dhá cheann na meá**[3]. Má dhéanann gach duine iarracht beidh todhchaí ann dúinn. Mura ndéanann …

Cabhair!

[1] angry
[2] future
[3] in the balance

❶ a) Cén chaoi a bhfuil an aimsir ag athrú?
b) Cad a deirtear in alt a haon faoin dúlra?

❷ a) Céard iad na fadhbanna a bhíonn ann sa samhradh?
b) Luaigh dhá rud a chuireann fearg ar an scríbhneoir.

❸ a) Cad is féidir leis an duine aonair a dhéanamh chun an timpeallacht a chaomhnú?
b) Cén éifeacht a bheadh ag painéil ghréine ar an timpeallacht?

❹ Cén t-alt sa sliocht thuas a dtagraíonn an abairt seo a leanas dó?
'Tá roinnt daoine an-leithleach.'

❺ Cén t-alt sa sliocht thuas a dtagraíonn an abairt seo a leanas dó?
'Tá ainmhithe á marú de bharr an téaimh dhomhanda.'

Suirbhé

Craic sa rang

Labhair amach ... labhair os ard!

Déan suirbhé sa rang chun a fháil amach céard iad na bealaí a gcabhraíonn sibh agus bhur muintir le caomhnú an chomhshaoil. Nuair atá na freagraí faighte agaibh, cuir ar chairt iad agus croch ar an mballa iad.

Sláinte mo charad

1 *An siúlann tú ar scoil?* ______________________

2 *An rothaíonn tú ar scoil?* ______________________

3 *An dtéann tú ar scoil ar an mbus?* ______________________

4 *An bhfaigheann tú síob ar scoil?* ______________________

5 *An ndéantar athchúrsáil i do theach?* ______________________

6 *An scartar an bruscar i do theach?* ______________________

7 *An dtógtar cith nó folcadh de ghnáth i do theach?* ______________________

8 *An smaoiníonn/labhraíonn sibh faoin gcomhshaol i do theach?* ______________________

Labhair amach ... labhair os ard!

1. **Cén chaoi a dtagann tusa ar scoil gach lá?**
   Siúlaim nó rothaím ar scoil más féidir liom. Má bhíonn sé ag cur báistí tógaim an bus. Tá sé níos sláintiúla siúl nó rothaíocht agus tá sé níos fearr don timpeallacht freisin.

2. **An dóigh leat go bhfuil suim ag daoine sa timpeallacht?**
   Ceapaim go bhfuil suim ag roinnt daoine ann. Déanann gach duine i mo theach athchúrsáil agus bíonn m'athair i gcónaí ag rá linn na soilse a mhúchadh nó gan an iomarca uisce a úsáid.

3. **Cad a dhéantar sa scoil seo chun an comhshaol a chaomhnú?**
   Bíonn comórtas glan agus glas againn. Bíonn comórtais idir na ranganna a spreagann na daltaí chun a seomra ranga agus an scoil a choinneáil glan. Bíonn boscaí bruscair difriúla sa seomra ranga freisin chun athchúrsáil a chur chun cinn.

An Cúlú Eacnamaíochta agus Bochtanas

Le foghlaim!

cúlú eacnamaíochta	economic recession	**Tá a lán daoine ag dul ar imirce.**	A lot of people are emigrating.
Cumann Naomh Uinseann de Pól	Society of St Vincent de Paul	**Níl airgead ann do na billí.**	There's no money for the bills.
i gcruachás	in trouble	**Tá pá ag dul i laghad.**	Pay is decreasing.
i bhfiacha	in debt	**beo bocht**	very poor
in ísle brí	depressed	**ag lorg déirce**	begging
ag streachailt leis an saol	struggling with life	**i ndeireadh na feide**	worn out
Tá daoine dífhostaithe.	People are unemployed.	**ar an nganntchuid**	destitute
Is fadhb mhór í an dífhostaíocht.	Unemployment is a big problem.		

Cleachtadh ag scríobh

Líon na bearnaí thíos.

Tá an cúlú ________________ ag cur isteach ar a lán daoine. Is iomaí duine atá ag ________________ leis an saol agus fiacha móra orthu. Tá a lán daoine ________________ toisc nach bhfuil aon phoist ann dóibh. Tá clanna faoi bhrú. Cabhraíonn Cumann ________________ Uinseann de Pól le daoine atá ________________ bocht agus ar an________________.

dífhostaithe, beo, Naomh, nganntchuid, eacnamaíochta, streachailt

Meaitseáil

Meaitseáil tús abairte ó A le críoch abairte ó B.

A	B
1 Tá a lán daoine beo bocht agus	**a)** ar imirce go dtí an Astráil
2 Is iomaí clann atá ag streachailt	**b)** le híoc ag daoine
3 Téann a lán daoine	**c)** leis an saol
4 Tá billí agus morgáistí móra	**d)** lámh chúnta do dhaoine i gcruachás
5 Tugann eagraíochtaí	**e)** ar an nganntchuid

Léamhthuiscint

Cumann Naomh Uinseann de Pól – is gaire cabhair Dé ná an doras

Léigh an sliocht seo agus déan na ceisteanna a ghabhann leis.

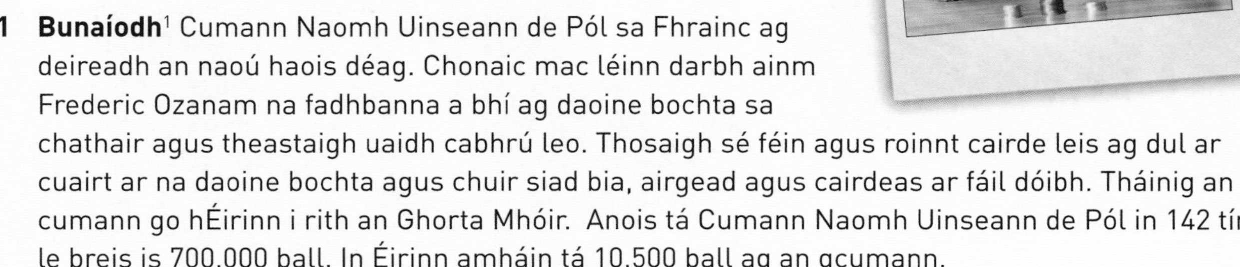

1 **Bunaíodh**[1] Cumann Naomh Uinseann de Pól sa Fhrainc ag deireadh an naoú haois déag. Chonaic mac léinn darbh ainm Frederic Ozanam na fadhbanna a bhí ag daoine bochta sa chathair agus theastaigh uaidh cabhrú leo. Thosaigh sé féin agus roinnt cairde leis ag dul ar cuairt ar na daoine bochta agus chuir siad bia, airgead agus cairdeas ar fáil dóibh. Tháinig an cumann go hÉirinn i rith an Ghorta Mhóir. Anois tá Cumann Naomh Uinseann de Pól in 142 tír le breis is 700,000 ball. In Éirinn amháin tá 10,500 ball ag an gcumann.

2 Mar is eol do chách tá cúlú eacnamaíochta ar siúl in Éirinn agus ar fud na cruinne. Tá a lán daoine ag streachailt leis an saol. Bíonn roinnt daoine faoi líne an bhochtanais. Bíonn morgáistí móra le híoc ag daoine agus lá i ndiaidh lae bíonn praghsanna ola agus gáis ag dul in airde. Tá fiacha móra ar a lán daoine mar tá a bpá ag dul i laghad nó tá siad dífhostaithe. Ar an drochuair tá a lán daoine óga ag dul ar imirce. Is rud an-bhrónach é seo.

3 Tá an cúlú eacnamaíochta le feiceáil gach áit. Tá a lán foirgneamh timpeall na tíre **leath-thógtha**[2] agus is radhairc ghránna iad sin. Tá a lán siopaí dúnta nó ag dúnadh mar níl aon airgead breise ag daoine do shónna an tsaoil. Is iomaí duine atá ar na sráideanna ag lorg déirce. Ag an am céanna tá a lán daoine agus **eagraíochtaí**[3] ann ag cabhrú le daoine atá ar an ngannchuid.

4 Cabhraíonn Cumann Naomh Uinseann de Pól le clanna atá ag streachailt. Téann siad ar cuairt orthu agus tugann siad lámh chúnta dóibh. Tugann siad cairdeas agus comhairle dóibh. Cuireann siad bia ar fáil agus cabhraíonn an Cumann leo na billí a íoc. Cabhraíonn siad le páistí dul ar scoil agus **eagraíonn**[4] siad clubanna obair bhaile dóibh. Ag an Nollaig déanann siad cinnte de go dtagann Daidí na Nollag ar cuairt chucu. Déanann siad a **seacht ndícheall**[5] cabhrú le daoine atá i gcruachás agus molann siad polasaithe don rialtas.

Cabhair!

[1] was founded
[2] half-built
[3] organisations
[4] organise
[5] very best

❶ **a)** Cén fáth ar bunaíodh Cumann Naomh Uinseann de Pól?
b) Cé mhéad ball atá ag an gCumann anois?

❷ **a)** Cén fáth a mbíonn fiacha móra ar dhaoine?
b) Cén chaoi a bhfuil an cúlú eacnamaíochta le feiceáil timpeall na tíre?

❸ **a)** Cén chabhair phraiticiúil a thugann Cumann Naomh Uinseann de Pól do dhaoine atá ag streachailt?
b) Conas a chabhraíonn Cumann Naomh Uinseann de Pól le páistí?

❹ Cén t-alt sa sliocht thuas a dtagraíonn an abairt seo a leanas dó?
'Is eagraíocht an-sean é Cumann Naomh Uinseann de Pól.'

❺ Cén t-alt sa sliocht thuas a dtagraíonn an abairt seo a leanas dó?
'Ní dhéantar dearmad ar na páistí.'

Cleachtadh ag scríobh

Líon na bearnaí thíos.

Tá a lán ______________ ag daoine inniu mar gheall ar an gcúlú ______________. Tá daoine ag ______________ leis an saol, ní amháin in Éirinn ach ar fud na ______________. Tá na billí tí ag dul in ______________ ach tá a lán daoine tar éis a bpost a chailliúint agus mar sin tá siad ______________. Ach tá eagraíochtaí ann a thugann lámh ______________ do dhaoine bochta atá i ______________.

streachailt, fadhbanna, airde, gcruachás, dífhostaithe, eacnamaíochta, cruinne, chúnta

Obair ghrúpa sa rang

Déan taighde faoi eagraíocht dheonach atá ag cabhrú le daoine atá ag streachailt leis an saol, in Éirinn nó thar lear. Faigh amach stair na heagraíochta agus an obair a bhíonn ar siúl aici inniu. Cuir an taighde i láthair os comhair an ranga ansin.

Labhair amach ... labhair os ard!

1. **An gceapann tú go bhfuil an cúlú eacnamaíochta ag cur isteach ar dhaoine in Éirinn?**
   Gan amhras, tá. Tá a lán daoine dífhostaithe agus ag streachailt leis an saol.
2. **Céard iad na fadhbanna atá ag daoine?**
   Uaireanta níl go leor airgid ag daoine chun na billí a íoc agus bíonn fiacha móra orthu. Tá a lán daoine freisin ag dul ar imirce go dtí an Astráil nó Ceanada agus bíonn uaigneas ar a muintir in Éirinn.
3. **An bhfuil aon réiteach ar an bhfadhb?**
   Níl a fhios agam. Tá cúlú eacnamaíochta ar siúl timpeall an domhain. Tá súil agam go mbeidh réiteach ann go luath mar go bhfuil a lán daoine ag fulaingt.

Ainmhithe

An té a bhuailfeadh mo mhadra bhuailfeadh sé mé féin.

FACSS

Foghlaim na focail seo.

Féach Abair Clúdaigh	Béarla	Scríobh	Seiceáil
peata	pet		
madra	dog		
cat	cat		
iasc órga	goldfish		
capall	horse		
capaillín	pony		
muc ghuine	guinea pig		
coinín	rabbit		
luch	mouse		
hamstar	hamster		
cró	stable/kennel		
glanaim amach	I clean out		
iall	lead		
salachar	excrement		
Is aoibhinn liom mo pheata.	I love my pet.		
Is comhluadar iontach é an madra.	The dog is great company.		
madra treorach	guide dog		
Cabhraíonn peataí le daoine faoi mhíchumas.	Pets help people with disabilities.		
madra cosanta	guard dog		
Foghlaimíonn tú conas aire a thabhairt do …	You learn how to care for …		
Bíonn an-spraoi agam le mo pheata.	I have great fun with my pet.		
Faighim cleachtadh coirp.	I get exercise.		
croíbhriste	brokenhearted		
Bíonn mo mháthair cráite ag …	My mother is tormented by …		
boladh bréan	terrible smell		
Tugann mo pheata grá dom.	My pet loves me.		

Cleachtadh ag scríobh

Líon na bearnaí thíos.

Is aoibhinn liom ainmhithe. Déanann peataí ______________ do dhaoine. Cabhraíonn siad le daoine atá faoi ______________. Is______________ iontach iad peataí do dhaoine atá ina gcónaí leo féin. Tugann madraí treorach ______________ do dhaoine dalla. Má bhíonn peata i gclann tá ar dhaoine______________ a thabhairt dóibh. Caitheann siad an ______________ a ghlanadh amach go rialta. Is fuath liom daoine nach nglanann ______________ a madraí den bhóthar.

neamhspleáchas, comhluadar, salachar, maitheas, mhíchumas, cró, aire

Meaitseáil

Meaitseáil tús abairte ó A le críoch abairte ó B.

A	B
1 Ní maith le robálaithe	**a)** boladh bréan uathu
2 Mura nitear peataí bíonn	**b)** nuair a shiúlann a bpáistí i salachar madraí
3 Cabhraíonn madra treorach le	**c)** iad peataí
4 Bíonn tuismitheoirí cráite	**d)** madraí cosanta
5 Is comhluadar iontach	**e)** daoine atá dall

Labhair amach … labhair os ard!

1. **An bhfuil peata agat?**
   Tá, tá madra agam. Fuaireamar é trí bliana ó shin. Lapaí is ainm dó.
2. **Cé a thugann aire don mhadra?**
   Tugaimid go léir aire dó ach i rith na seachtaine is í mo mháthair is mó a thugann aire dó.
3. **Cén aire a thugann tusa dó?**
   Tógaim Lapaí amach ag siúl ag an deireadh seachtaine. Is aoibhinn liom dul ag siúl leis agus faigheann an bheirt againn cleachtadh coirp. Bíonn orm a chró a ghlanadh amach freisin.

Léamhthuiscint

An tábhacht a bhaineann le hainmhithe

Léigh an sliocht seo agus déan na ceisteanna a ghabhann leis.

1 Is aoibhinn liom ainmhithe. Dá mbeadh peata ag gach duine bheadh an domhan ní ba dheise. Má tá peata agat bíonn tú níos sona agus níos gealgháirí. Ní bhíonn tú riamh i d'aonar. Níl aon rud níos deise ná siúl isteach i do theach agus do pheata madra ag **tafann**[1] le háthas. Is iontach an **comhluadar**[2] iad peataí, go háirithe ag seandaoine. Mothaíonn daoine níos sábháilte freisin má bhíonn madra acu. Ní maith le gadaithe madraí!

2 Foghlaimíonn páistí óga a lán ó ainmhithe freisin. Foghlaimíonn siad conas aire a thabhairt do rud éigin eile. Tuigeann siad go mbíonn **dualgas**[3] orthu bia agus aclaíocht a thabhairt don pheata. Ní maith le daoine é ach caithfear cró madra nó coinín a ghlanadh amach nó éireoidh na peataí tinn. Ar ndóigh beidh boladh bréan ar fud an tí mura nglantar an cró amach agus mura nitear an peata ó am go ham.

3 Ní chaitheann gach duine go maith le hainmhithe faraor. Is minic a bhíonn scéalta sna nuachtáin faoi dhaoine a bhaineann **mí-úsáid**[4] as ainmhithe. Bíonn **Cumann na hÉireann um Fhóirithint ar Ainmhithe**[5] an-ghnóthach sa tír seo, go háirithe tar éis na Nollag nuair a **thréigtear**[6] a lán peataí toisc nach bhfuil daoine **leithleacha**[7] sásta aire a thabhairt dóibh.

4 Tá ainmhithe an-tábhachtach sa saol seo. Athraíonn madraí treorach saol na ndall. Tugann siad neamhspleáchas dóibh. Má tá daoine uaigneach agus in ísle brí cabhraíonn peataí go mór leo. Samhlaigh domhan gan ainmhithe – nach mbeadh sé róchiúin agus an-leadránach?

Cabhair!

1 barking
2 company
3 responsibility
4 abuse
5 Irish Society for the Prevention of Cruelty to Animals
6 are abandoned
7 selfish

❶ **a)** Cén difríocht a dhéanfadh peataí don domhan?
b) Cén fáth nach maith le gadaithe madraí?

❷ **a)** Céard a fhoghlaimíonn daoine óga má bhíonn peata acu?
b) Cén ghné de pheataí nach maith le daoine?

❸ Cad a tharlaíonn do roinnt ainmhithe tar éis na Nollag?

❹ Cén t-alt sa sliocht thuas a dtagraíonn an abairt seo a leanas dó?
'Tá roinnt daoine an-chruálach.'

An Ghaeilge

Tír gan teanga, tír gan anam.

Le foghlaim!

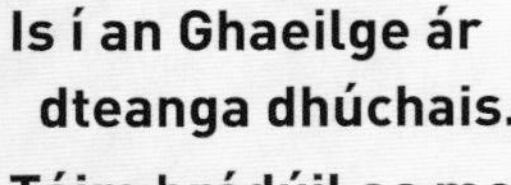

Is í an Ghaeilge ár dteanga dhúchais.	Irish is our native language.	**líofa sa teanga**	fluent in the language
Táim bródúil as mo theanga.	I'm proud of my language.	**Tá cúpla focal ag gach duine.**	Everybody has a few words.
Is teanga ársa í an Ghaeilge.	Irish is an ancient language.	**ag fás is ag forbairt**	growing and developing
Is aoibhinn liom Gaeilge a labhairt.	I love speaking Irish.	**Is fiú go mór dul go dtí an Ghaeltacht.**	It's really worth going to the Gaeltacht.
Is maith liom Gaeilge a labhairt thar lear.	I like speaking Irish abroad.	**Tá TG4 go hiontach.**	TG4 is wonderful.
Tá an Ghaeilge beo beathach.	Irish is alive and well.		

Cleachtadh ag scríobh

Líon na bearnaí thíos.

Is í an Ghaeilge teanga ________________ na hÉireann. Is mór an trua nach bhfuil a lán daoine ________________ sa teanga. Tá an Ghaeilge beo ________________ sna Gaeltachtaí. Is aoibhinn liom í a labhairt go háirithe nuair a théim thar________________. Tír gan teanga, tír gan ________________ agus táim ________________ as mo theanga.

beathach, bródúil, lear, dhúchais, líofa, anam

Meaitseáil

Meaitseáil tús abairte ó A le críoch abairte ó B.

A	B
1 Tír gan teanga, tír	**a)** dhúchais
2 Tá an Ghaeilge beo	**b)** ag fás is ag forbairt sa todhchaí
3 Is aoibhinn liom mo theanga	**c)** líofa sa Ghaeilge
4 Tá súil agam go mbeidh an Ghaeilge	**d)** gan anam
5 Is trua nach bhfuil níos mó daoine	**e)** beathach sna Gaeltachtaí

Léamhthuiscint

An Ghaeilge – teanga na nGael

Léigh an sliocht seo agus déan na ceisteanna a ghabhann leis.

1 Is cuimhin liom nuair a bhí mé ar mo laethanta saoire anuraidh. Bhí mé san Iodáil le mo theaghlach. Bhí mé féin agus m'athair ag caint is ag comhrá as Gaeilge. Bhíomar inár seasamh i scuaine ag ceannach uachtar reoite nuair a chas fear thart agus d'fhiafraigh sé dínn cén teanga a bhí á labhairt againn. Bhí ionadh an domhain air nuair a dúramar leis go rabhamar ag caint as Gaeilge. Ní raibh a fhios aige go raibh a leithéid ann agus bhí idir bhrón is bhród orainn ag míniú dó go raibh ár dteanga féin againn in Éirinn ach faraor nár labhair mórán daoine í.

2 Tá an Ghaeilge beo beathach sna Gaeltachtaí. Déanann a lán scoláirí cúrsa Gaeltachta gach samhradh. Bíonn siad ag imirt spóirt agus ag rince as Gaeilge agus sar i bhfad bíonn siad líofa sa teanga.

3 Bunaíodh TG4 sa bhliain 1996 agus féachann thart ar 800,000 duine air gach lá. Bíonn an chuid is mó de na cláir as Gaeilge air. Tá Raidió na Gaeltachta agus Raidió na Life ann freisin agus déanaim iarracht éisteacht le stáisiún amháin uair nó dhó sa tseachtain agus cabhraíonn sé sin go mór liom agus mé ag foghlaim na Gaeilge.

4 Tá súil agam go dtiocfaidh fás ar an líon daoine a labhróidh Gaeilge sa todhchaí. 'Beatha teanga í a labhairt' agus níl aon rud níos deise ná daoine a chloisteáil ag spalpadh Gaeilge le chéile. Tá an cúpla focal ag beagnach gach duine sa tír agus dá labhródh gach duine iad bheadh ár dteanga dhúchais ag dul i neart arís.

1. **a)** Cén eachtra a tharla don scríbhneoir agus í ar a laethanta saoire?
   b) Cén fáth a raibh ionadh ar an bhfear?
2. **a)** Cén chaoi a bhfuil an Ghaeilge sna Gaeltachtaí?
   b) Cén t-eolas atá sa sliocht faoi TG4?
3. **a)** Céard iad na stáisiúin raidió Ghaeilge atá ann?
   b) Cén dóchas atá ag an scríbhneoir?
4. Cén t-alt sa sliocht thuas a dtagraíonn an abairt seo a leanas dó?
   'Tá meáin chumarsáide Ghaeilge ann.'

Labhair amach ... labhair os ard!

1. **An raibh tú riamh sa Ghaeltacht?**
   Bhí mé ann anuraidh agus thaitin sé go mór liom. Chaith mé trí seachtaine ann agus tháinig feabhas ar mo chuid Gaeilge.
2. **An bhféachann tú ar TG4?**
   Anois is arís. Déanaim iarracht féachaint ar an nuacht cúpla uair sa tseachtain. Is bealach éasca é chun focail Ghaeilge a fhoghlaim.

Daoine Óga agus Daoine Fásta

Mol an óige agus tiocfaidh sí;
cáin an óige agus titfidh sí.

Le foghlaim!

múinte/mímhúinte	well/bad-mannered	**téann siad ar cuairt ar**	they visit
i gcónaí ag caint ar an bhfón	always talking on the phone	**Níl meas madra ag daoine ar ...**	People have no respect for ...
ag brú daoine as an mbealach	pushing people out of the way	**Tugann daoine fásta drochshampla don aos óg.**	Adults give a bad example to young people.
ag cabhrú le	helping	**teannas**	tension
ag tabhairt lámh chúnta do	giving a helping hand	**míthuiscint**	misunderstanding
Déanann siad obair charthanach.	They do charity work.	**glúin**	generation

Cleachtadh ag scríobh

Líon na bearnaí thíos.

Uaireanta bíonn ________________ idir daoine óga agus daoine fásta. Ceapann an tseanghlúin go bhfuil daoine óga________________. Ní fheiceann siad an obair charthanach a dhéanann daoine óga. Tugann siad lámh ________________ do na heagraíochtaí deonacha. Téann siad ar ________________ go minic ar sheandaoine. Is trua go bhfuil an ________________ sin ann idir an dá ________________.

mhíthuiscint, cuairt, ghlúin, teannas, mímhúinte, chúnta

Meaitseáil

Meaitseáil tús abairte ó A le críoch abairte ó B.

A	B
1 Tugaim lámh	**a)** ag roinnt daoine óga ar sheandaoine
2 Níl meas madra	**b)** obair charthanach
3 Bhí na fir ag troid toisc	**c)** míbhéasacha
4 Déanann a lán den aos óg	**d)** chúnta sa teach
5 Is fuath liom daoine	**e)** go raibh míthuiscint eatarthu

Léamhthuiscint

Daoine óga agus daoine fásta – ní i gcónaí a réitíonn siad lena chéile

Léigh an sliocht seo agus déan na ceisteanna a ghabhann leis.

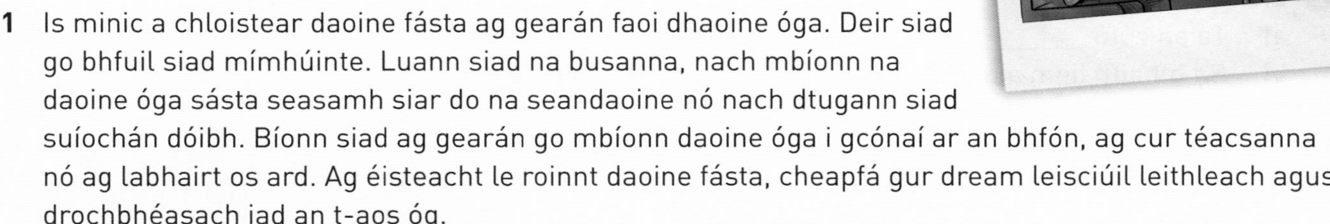

1 Is minic a chloistear daoine fásta ag gearán faoi dhaoine óga. Deir siad go bhfuil siad mímhúinte. Luann siad na busanna, nach mbíonn na daoine óga sásta seasamh siar do na seandaoine nó nach dtugann siad suíochán dóibh. Bíonn siad ag gearán go mbíonn daoine óga i gcónaí ar an bhfón, ag cur téacsanna nó ag labhairt os ard. Ag éisteacht le roinnt daoine fásta, cheapfá gur dream leisciúil leithleach agus drochbhéasach iad an t-aos óg.

2 Ceapann a lán daoine fásta go bhfuil **saol an mhadra bháin**[1] ag daoine óga. Ceapann siad nach dtuigeann siad **cruatan an tsaoil**[2]. Níl sé seo fíor in aon chor. Tuigeann daoine óga go bhfuil cúlú eacnamaíochta ann agus go bhfuil a dtuismitheoirí ag streachailt leis an saol.

3 Bíonn a bhfadhbanna féin ag daoine óga. Uaireanta déantar **bulaíocht**[3] ar dhéagóirí agus bíonn siad **ag fulaingt**[4]. Bíonn brú orthu go minic a bheith ag ól nó ag glacadh drugaí.

4 Ag an am céanna tá níos mó **deiseanna**[5] ag daoine óga. Bíonn deiseanna oideachais agus taistil ag daoine óga anois nach raibh ag a seantuismitheoirí. Téann a lán daoine óga ar aghaidh go dtí an coláiste anois ach na blianta ó shin níor tharla sé sin.

5 Dá gcaithfeadh daoine óga agus daoine fásta níos mó ama lena chéile b'fhéidir nach mbeadh aon teannas ná **míthuiscint**[6] ann. De ghnáth ceapann seantuismitheoirí go bhfuil a ngarpháistí go hiontach. Is maith le garpháistí am a chaitheamh le daideo nó le mamó toisc nach gcáineann siad iad. Mar a deir an seanfhocal, 'Mol an óige agus tiocfaidh sí; cáin an óige agus titfidh sí'.

Cabhair!

[1] great life
[2] hardship of life
[3] bullying
[4] suffering
[5] opportunities
[6] misunderstanding

❶ **a)** Cén gearán a bhíonn ag daoine fásta faoi dhaoine óga?
b) Cén tuairim atá ag roinnt seandaoine faoin aos óg?

❷ **a)** Céard iad na fadhbanna a bhíonn ag roinnt daoine óga?
b) Cén difríocht atá idir saol an aosa óig agus saol daoine fásta sa lá atá inniu ann?

❸ **a)** Cén réiteach a mholtar don fhadhb idir na glúine?
b) Cén fáth a luaitear an seanfhocal sin in alt 5?

Labhair amach … labhair os ard!

❶ **An bhfuil aithne agat ar mhórán seandaoine?**
Tá comharsana béal dorais againn agus tá siad sna seachtóidí. Tá siad go deas agus is maith liom a bheith ag caint leo.

❷ **An ndéanann tú aon jabanna dóibh?**
Má bhím ag dul go dtí an siopa déanaim siopadóireacht dóibh agus sa samhradh gearrann mo dheartháir an féar dóibh. Bíonn siad an-bhuíoch dínn.

Súil Siar ar Aonad a hOcht

1 **Bí cinnte go bhfuil an foclóir agus na nathanna nua a d'fhoghlaim tú san aonad seo scríofa i do chóipleabhar nótaí.**

2 **Líon na bearnaí thíos.**

a) Tá an cúlú ________________ ag cur isteach ar a lán daoine.
b) Ba mhaith liom a bheith ________________ sa Ghaeilge agus a bheith ábalta í a labhairt gan stró.
c) Cabhraíonn madra ________________ go mór le daoine dalla.
d) Níor ghlan sé cró an choinín le dhá mhí agus bhí boladh ________________ uaidh.
e) Tá a lán ainmhithe ag fáil bháis toisc go bhfuil a ________________ á scrios.
f) ________________ an eagraíocht Concern chun cabhrú le daoine bochta.
g) Is iomaí duine atá ag ________________ leis an saol na laethanta seo.
h) Is mór an ________________ nach bhfuil meas ag daoine ar an timpeallacht.
i) Bíonn a lán daoine óga faoi ________________ drugaí a ghlacadh.
j) Is an Ghaeilge teanga ________________ na hÉireann.

3 **Déan cur síos ar eachtra a tharla nuair a chuaigh tú amach ag siúl le do mhadra.**

4 **Ceartaigh na botúin san alt seo.**

Deir roinnt daoine go bhfuil an aos óg mímúinte. Ní aontím leis seo. Tugann a lán daoine óg lámh cúnta do dhaoine eile. Seasann siad thiar do dhaoine ar na busanna. Téann siad ar chuairt ar sheandaoine go minic. Mol an óige agus titfidh sí mar a deir an seanfhocal.

5 **Trialacha teanga comhthéacsúla**

Níl meas ________________ ag roinnt daoine ________________ an gcomhshaol. Caitheann siad bruscar ar fud na ________________ [**(a)** áite **(b)** háite **(c)** n-áit]. Ba mhaith liom níos mó ________________ gaoithe a fheiceáil. Tá an domhan ag éirí níos ________________ [**(a)** te **(b)** the **(c)** teo]. Tá ainmhithe ag ________________ bháis toisc go bhfuil ________________ ngnáthóga á scrios.

9 Aonad a Naoi

Treoracha don Scrúdú Scríofa

Cleachtadh a dhéanann máistreacht.

Litir

Litir fhoirmiúil

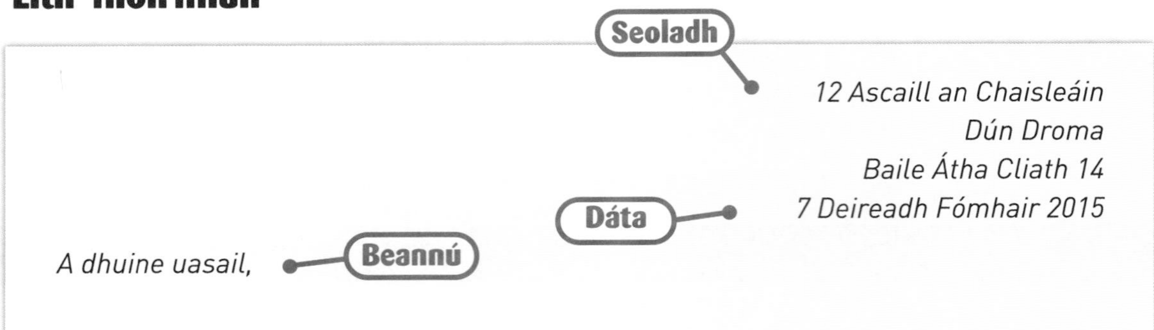

Seo na príomhrudaí atá ag teastáil don litir fhoirmiúil is cuma cén t-ábhar a thugtar duit.

1 Seoladh

Bóthar na Trá	An Bóthar Buí
Conamara	Áth Luain
Co. na Gaillimhe	Co. na hIarmhí

2 Dáta

19 Márta 2015
24 Iúil 2016

3 Beannú

De ghnáth, tá tú ag scríobh chuig eagarthóir (*editor*) nuachtáin nó teilifíse nó chuig bainisteoir (*manager*) éigin.

A eagarthóir, a chara,	A dhuine uasail,
A bhainisteoir, a chara,	A chara,

4 Corp na litreach

Tú féin a chur in aithne

Is dalta meánscoile mé	I'm a secondary school student.
Táim ag scríobh thar ceann mo ranga.	I'm writing on behalf of my class.
Tá an-suim agam i ...	I'm very interested in ...
Táim ag leanúint fhoireann Bhaile Átha Cliath le fada.	I have been following the Dublin team for a long time.
Is ball mé de ...	I'm a member of ...
Táim ar an gcoiste timpeallachta sa scoil.	I'm on the environmental committee in the school.
Táim ag scríobh chugat chun gearán a dhéanamh faoi ...	I'm writing to complain about ...
Táim ag scríobh chugat chun mo bhuíochas a ghabháil leat as ...	I'm writing to thank you for ...
ar dtús báire	first of all

Uaireanta bíonn tú ag easaontú le tuairimí a bhí sa nuachtán nó sa chlár nó ag gearán faoi shéirbhís.

Léigh mé alt sa nuachtán a chuir fearg an domhain orm.	I read a newspaper article that really angered me.
Bhí an scríbhneoir maslach agus aineolach.	The writer was insulting and ignorant.
Ní thuigeann sé cúrsaí an tsaoil in aon chor.	He doesn't understand life at all.
Ní aontaím le tuairimí an scríbhneora in aon chor.	I don't agree with the writer's opinion at all.
Níl insint béil ar chomh hainnis is a bhí an lá/clár.	There's no describing how awful the day/programme was.
D'fhoilsigh sibh alt faoi ...	You published an article about ...
Chraol sibh clár faoi ...	You broadcast a programme about ...
Dúradh sa chlár ...	It was said in the programme ...
anuas air sin	on top of that
Is oth liom a rá ...	I regret to say ...
Ní raibh sé thar mholadh beirte.	It left much to be desired.

Do mholtaí

Ba mhaith liom cláir/ailt ní b'fhearr a fheiceáil as seo amach.	I'd like to see better programmes/articles from now on.
Ba mhaith liom ailt ní ba chothroime a fheiceáil.	I'd prefer to see fairer articles.
Ba mhaith liom cúiteamh a fháil.	I'd like to get compensation.
Táim ag súil le leithsceál a fháil.	I expect to get an apology.
Ba mhaith liom an taobh eile den argóint a chloisteáil.	I'd like to hear the other side of the argument.
Tá súil agam go dtiocfaidh feabhas ar an gcaighdeán as seo amach.	I hope the standard will improve from now on.

Téigh go dtí edco.ie/iontas3.

Uaireanta bíonn tú ag aontú le tuairimí a bhí sa nuachtán nó sa chlár nó ag moladh rud éigin.

Aontaím go huile is go hiomlán le tuairimí an scríbhneora.	I totally agree with the writer's views.
Táim ar aon intinn leis an scríbhneoir.	I agree with the writer.
Bhí an taithí chéanna agam.	I had the same experience.
Bhí an t-alt/clár an-suimiúil.	The article/programme was very interesting.
Ba mhaith liom a thuilleadh alt/clár mar seo a fheiceáil.	I'd like to see more articles/programmes like this.
Tá an scríbhneoir le moladh.	The writer is to be praised.
Is léir go dtuigeann sibh an saol.	It's clear that you understand things.

Táim ag súil le freagra ar do chaoithiúlacht.	I'm looking forward to receiving an answer at your convenience.
D'fhoghlaim mé a lán ón gclár.	I learned a lot from the programme.
Ba léir go raibh suim ag an láithreoir san ábhar.	It was clear that the presenter was interested in the topic.
Meallann cláir/ailt mar seo daoine óga.	Programmes/articles like this appeal to young people.
Ní raibh an clár claonta.	The programme wasn't biased.
Fuair mé léiriú maith ar ...	I got a good insight into ...
Bhí an clár an-spreagúil.	The programme was very inspiring.

5 Críoch na litreach

Is mise, le meas,	Is mise, le meas,
Aoife de Barra	Cormac Ó Ruairc

Litir fhoirmiúil faoi phost samhraidh

Ba mhaith leat post samhraidh a fháil san ollmhargadh áitiúil. Scríobh litir chuig bainisteoir an ollmhargaidh faoi phost.

I do litir luaigh:

- eolas fút féin
- an taithí oibre atá agat
- cathain a bheidh tú ar fáil
- an obair a dhéanfaidh tú
- pointe amháin eile

1 *2 Páirc na Coille*
Bóthar na Coille
Sligeach
2 *2 Bealtaine 2017*

A bhainisteoir, a chara, 3

Ruairí de Búrca is ainm dom agus ba mhaith liom post samhraidh a fháil i d'ollmhargadh. Chonaic mé an fógra sa siopa inné. Táim sé bliana déag d'aois agus táim ag dul isteach san ***idirbhliain***[1].

4 *Beidh mé saor don samhradh ar fad* ***cé is moite de***[2] *choicís ag tús mhí Iúil nuair a bheidh mé ag dul ar saoire le mo mhuintir. Is oibrí maith mé agus ní chuireann obair chrua isteach orm. An samhradh seo caite bhí mé féin agus mo chara Eoin ag obair. Chuamar timpeall ar m'eastát tithíochta agus rinneamar poist do na daoine. Bhíomar ag glanadh fuinneog,* ***ag baint féir***[3]*, ag glanadh gairdíní agus ag ní carranna. Thaitin an obair linn cé go raibh sé dian.*

Táim sásta aon chineál oibre a dhéanamh san ollmhargadh. Líonfaidh mé na seilfeanna, glanfaidh mé na hurláir, cabhróidh mé leis na custaiméirí, líonfaidh mé na málaí dóibh. Is cuma liom ach post a fháil. Deir mo chairde gur duine gealgháireach agus cairdiúil mé.

Tá litreacha molta agam ó mo chomharsana san eastát anseo chomh maith le ***litir mholta***[4] *ó mo phríomhoide.*

Táim ***ag súil***[5] *le litir agus freagra uait* ***ar do chaoithiúlacht***[6].

Is mise, le meas,
Ruairí de Búrca

Cabhair!

[1] transition year
[2] apart from
[3] cutting grass
[4] reference
[5] hoping
[6] at your convenience

Cleachtadh ag scríobh

Líon na bearnaí thíos.

1. Bhí ______________ sa siopa ag rá go mbeadh gach rud an-saor an lá sin.
2. Chuaigh an rang ar fad ar an turas scoile cé is ______________ de Pheadar.
3. Dá mbuafainn an Crannchur rachainn ar ______________ go dtí Disney World.
4. Bíonn mo dhaid ag ______________ an fhéir gach seachtain i rith an tsamhraidh.
5. Is maith leis na ______________ margadh maith a fháil sna siopaí.
6. Toisc go raibh mo chara i gcónaí dána ar scoil níor thug an múinteoir litir ______________ di.
7. Bhí na daltaí go léir ag ______________ leis na laethanta saoire.

custaiméirí, fógra, tnúth, moite, baint, saoire, mholta

Litir phearsanta

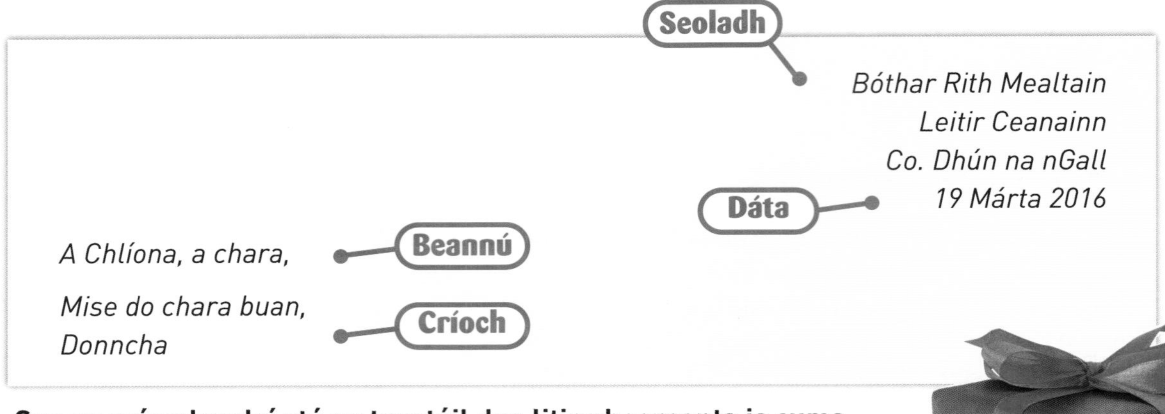

Seo na príomhrudaí atá ag teastáil don litir phearsanta is cuma cén t-ábhar a thugtar duit.

1 Seoladh

Bóthar na Trá	An Bóthar Buí
Conamara	Áth Luain
Co. na Gaillimhe	Co. na hIarmhí

2 Dáta

19 Márta 2015
24 Iúil 2016

3 Beannú agus cúpla abairt ghinearálta

De ghnáth, tá tú ag scríobh chuig cara/tuismitheoir/gaol leat.

A Chiara,	a chara,	A Phádraig,	a chara,	A Mham,	a stór,

Cuir ceist faoin duine

Tá súil agam go bhfuil tú i mbarr na sláinte.	I hope you're fit and well.
Cén chaoi a bhfuil tú?	How are you?
Aon scéal?	Any news?
Conas mar atá cúrsaí i Luimneach?	How are things in Limerick?
An bhfuil biseach ort anois?	Are you better now?
Conas a thaitníonn ... leat?	How do you like ...?

4 Corp na litreach

Fan go gcloise tú!	Wait till you hear!
Mar is eol duit ...	As you know ...
Ar chuala tú faoi?	Did you hear about?
Táim fíorbhuíoch díot as ucht do litreach.	I'm very grateful for your letter.
Tá cúrsaí go maith liomsa.	Things are good with me.
Tá cúrsaí go hainnis anseo.	Things are terrible here.
Ba bhreá liom tú a fheiceáil.	I'd love to see you.
Go raibh maith agat as an gcuireadh.	Thanks for the invitation.
Go raibh maith agat as an mbronntanas.	Thanks for the present.
Ba mhaith liom cuireadh a thabhairt duit chuig ...	I'd like to invite you to ...

5 Críoch na litreach

Caithfidh mé imeacht anois.	I have to go now.
Feicfidh mé go luath thú.	I'll see you soon.
Buailfidh mé leat an tseachtain seo chugainn.	I'll meet you next week.
Scríobhfaidh mé chugat arís.	I'll write to you again.
Tabharfaidh mé an bronntanas duit nuair a fheicfidh mé tú.	I'll give you the present when I see you.
Abair le hÉabha go raibh mé ag cur a tuairisce.	Tell Éabha I was asking for her.
Abair le hOscar go raibh mé ag cur a thuairisce.	Tell Oscar I was asking for him.
Abair leis na cailíní go raibh mé ag cur a dtuairisce.	Tell the girls I was asking for them.
Scríobh chugam go luath.	Write soon.

Lé grá	**Do chara buan**
Do mhac díl	**D'iníon dhíl**

Cleachtadh ag scríobh

Ceartaigh na botúin sna habairtí seo:

1. Tá súil dom nach mbeidh sé ag cur báistí amárach.
2. Bhí an bhean i mbarr an tsláinte tar éis cúpla lá san ospidéal.
3. Bhuail mé le mo chairde an tseachtain seo chaite sa chathair.
4. Go raibh míle maith agat do na bronntanais a thug tú dom.
5. Ar ámharaí an saol níor bhris mé aon rud nuair a thit mé sa sneachta.
6. Bhí an leanbh ar mbís roimh an Nollaig.
7. Phós siad toisc go raibh siad i ghrá lena chéile.
8. Bí cinnte go ndeir tú le Seán go raibh mé ag cur a tuairisce.
9. Tá súil agam dul go dtí an phictiúrlann an deireadh seachtain seo chugainn.
10. Níor fhéad Síle a shúile a chreidiúint nuair a chonaic sí an peata.

Litir phearsanta faoi lá breithe

Bhí do bhreithlá ann le déanaí. Scríobh litir chuig do chara ag insint dó/di faoi.

I do litir luaigh:

- an bronntanas a thug do chara duit
- dhá phointe faoin mbronntanas a fuair tú ó do thuismitheoirí
- cathain a fheicfidh tú do chara arís
- aon phointe eolais eile

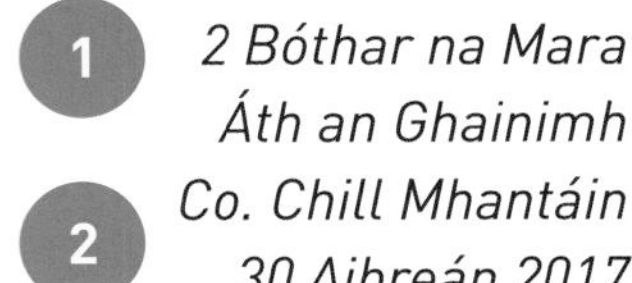

1 *2 Bóthar na Mara*
Áth an Ghainimh
2 *Co. Chill Mhantáin*
30 Aibreán 2017

A Chiara, a chara, 3

Tá súil agam go bhfuil tú féin agus do mhuintir i mbarr na sláinte. Tá gach duine anseo go maith.

Mar is eol duit bhí mo bhreithlá ann an tseachtain seo caite. Go raibh míle maith agat as an mbronntanas a sheol tú chugam. Ar ámharaí an tsaoil níor léigh mé an leabhar sin. Thosaigh mé air inné agus táim ar bís ag iarraidh a fháil amach cad a tharlóidh ann.

4 *Fan go gcloise tú. Thug mo thuismitheoirí peata madra dom mar bhronntanas. Níor fhéad mé mo shúile ná mo chluasa a chreidiúint nuair a chonaic agus nuair a chuala mé an madra* ***gleoite***[1]*. Tá sé* ***beag bídeach***[2] *agus bíonn sé* ***ag tafann***[3] *i gcónaí.* ***Coileán***[4] *ceithre mhí d'aois atá ann. Táim i ngrá leis. Téim amach ag siúl leis gach lá tar éis scoile.*

Aon scéal agat féin? An raibh tú ag caint le Seán nó Sinéad le déanaí? Abair leo go raibh mé ag cur a dtuairisce.

Tá orm imeacht anois. Cloisim 'Sooty' ag tafann.

B'fhéidir go mbuailfimid le chéile an deireadh seachtaine seo chugainn? Cuirfidh mé glao ort Dé hAoine seo chugainn.

Slán tamall,
Do chara,
Ríona

Cabhair!

[1] gorgeous
[2] tiny
[3] barking
[4] pup

Cleachtadh ag scríobh

Líon na bearnaí thíos.

1. Bhí an bhean i ______________ na sláinte nuair a tháinig sí amach ón ospidéal.
2. Bhí an cailín beag ar ______________ roimh a breithlá.
3. Bhí an madra ag ______________ i lár na hoíche agus dhúisigh sé gach duine sa teach.
4. Bhris sé a chos agus mar sin níor ______________ sé peil a imirt ar feadh cúpla mí.

mbarr, bís, fhéad, tafann

An Cheapadóireacht

Díospóireacht

Tús na díospóireachta

A chathaoirligh, a mholtóirí, a lucht an fhreasúra agus a chomhscoláirí ...	Chairperson, adjudicators, members of the opposition and my fellow students ...
Is é an rún atá á phlé againn inniu ná ...	The motion we are debating today is ...
Aontaím m'fhoireann go huile is go hiomlán leis an rún seo agus tá súil agam go dtiocfaidh sibh lenár n-argóintí faoi dheireadh na díospóireachta.	My team and I agree totally with the motion and hope that you will agree with our arguments by the end of the debate.
Táimse agus m'fhoireann glan in aghaidh an rúin seo agus taispeánfaimid bréag an rúin seo faoi dheireadh na díospóireachta.	My team and I are totally opposed to the motion and we will show you the falsehood of this motion by the end of the debate.

Lár na díospóireachta

Ná héist le bréaga an fhreasúra.	Don't listen to the lies of the opposition.
Tá an freasúra ag iarraidh dallamullóg a chur oraibh.	The opposition are trying to fool you.
Dúirt captaen na foirne eile ...	The captain of the other team said ...
Seafóid amach is amach atá san argóint sin.	That argument is total nonsense.

Críoch na díospóireachta

Tá mo chuid argóintí cloiste agaibh anois.	You have heard my arguments now.
Tá súil agam go n-aontaíonn sibh go léir le mo chuid argóintí.	I hope you all agree with my arguments.
Go raibh maith agaibh as éisteacht liom.	Thank you for listening to me.

Díospóireacht

Scríobh an chaint a dhéanfá i ndíospóireacht scoile ar son an rúin seo nó ina aghaidh: 'Tá saol níos fearr ag daoine óga sa chathair ná mar atá acu faoin tuath.'

A chathaoirligh, a mholtóirí, a lucht an fhreasúra agus a chomhscoláirí, 'sé an run atá á phlé againn inniu ná, 'Tá saol níos fearr ag daoine óga sa chathair ná mar atá acu faoin tuath'. Táim féin agus m'fhoireann i bhfabhar an rúin seo agus táim cinnte dearfa go mbeidh sibh go léir ar aon intinn linn faoi dheireadh na díospóireachta.

Tá an t-ádh le daoine óga a chónaíonn sa chathair. Tá gach áis ar **leac an dorais**[1] againn. Tá rogha mhaith scoileanna agus siopaí againn. Bíonn **rogha**[2] ábhar níos leithne sna scoileanna freisin. I mo scoil is féidir linn Gearmáinis, Fraincis agus Spáinnis a dhéanamh ach tá a fhios agam ó chuid de mo chairde a chónaíonn faoin tuath nach féidir leo ach teanga **iasachta**[3] amháin a dhéanamh.

Locht[4] eile a bhaineann le saol na tuaithe ná an **easpa**[5] caitheamh aimsire. Tá a fhios agam gur labhair an fhoireann eile faoi na clubanna spóirt agus iascaigh atá faoin tuath ach cad a tharlaíonn mura bhfuil suim agat sa spórt? Tá tú fágtha ar an **trá thirim**[6]! Tá an fhoireann eile **ag cur dallamullóg**[7] orthu féin ag rá go bhfuil saol níos fearr ag daoine óga faoin tuath ná mar atá acu sa chathair.

Ceapann an freasúra go bhfuil saol na tuaithe **cosúil le neamh**[8]! Dar leo níl fadhb ar bith faoin tuath. Níl aon **truailliú**[9] ná bruscar ann faoin tuath, níl ach aer **folláin**[10] sláintiúil, fuaimeanna áille an dúlra agus radhairc iontacha sléibhte ann. Bhuel, an uair dheireanach a bhí mise faoin tuath chonaic mé bruscar caite ar fud na háite. Tá dea-scéala agam do lucht an fhreasúra freisin.

Creid é nó ná creid é ach tá éin againn sa chathair agus canann siad! Ní gá cónaí in áit iargúlta, i bhfad ó gach áis agus seirbhís iompair chun an dúlra a fheiceáil agus a chloisteáil.

Mar fhocal scoir[11] ba mhaith liom a rá go bhfuil saol níos fearr ag daoine óga sa chathair ná mar atá acu faoin tuath toisc go bhfuil níos mó **deiseanna**[12] againn sa chathair. Tá daoine óga sa chathair **níos neamhspleáiche**[13] freisin mar nílimid **ag brath**[14] ar ár dtuismitheoirí chun síob ná airgead a thabhairt dúinn i gcónaí.

Cabhair!

1 on the doorstep
2 choice
3 foreign
4 fault
5 lack
6 high and dry
7 hoodwinking
8 like heaven
9 pollution
10 healthy
11 as a last word
12 opportunities
13 more independent
14 depending

Cleachtadh ag scríobh

Líon na bearnaí thíos.

1. Siúlaim ar scoil mar go bhfuil an scoil ar ________ an dorais.
2. Tá aer ______________ faoin tuatha.
3. Tá súil agam go mbeidh mé níos _________ nuair a bheidh mé ag obair.

neamhspleáiche, leac, folláin

Scéal/Eachtra

Tús an scéil/eachtra

Is maith is cuimhin liom an lá sin.	I remember that day well.
Ní dhéanfaidh mé dearmad ar an eachtra sin go deo.	I will never forget that incident.
Lá aláinn a bhí ann.	It was a beautiful day.
Oíche dhubh dhorcha a bhí ann.	It was a very dark night.

An Aimsir

Abair rud éigin faoin aimsir (féach an foclóir faoin aimsir ar leathanach 100 in Aonad 4).

Na mothúcháin

Abair rud éigin faoi na mothúcháin.

Bhí mé ar bís.	I was excited.	**Bhí náire an domhain air.**	He was very embarrassed.
Bhí sceitimíní orm.	I was excited.	**Bhí mo chroí i mo bhéal.**	My heart was in my mouth.
Bhí eagla/imní an domhain orm.	I was very frightened/worried.	**Bhí mé sceimhlithe i mo bheatha.**	I was frightened out of my wits.
Bhí ionadh/áthas an domhain orm.	I was very surprised/delighted.	**Bhí mé ag crith le heagla.**	I was shaking with fear.

Inis an scéal

i bpreabadh na súl	in the blink of an eye	**Bhí greim an duine bháite agam ar an gcailín.**	I held on tightly to the girl.
ar ámharaí an tsaoil	as luck would have it	**Ní raibh duine ná deoraí le feiceáil.**	There wasn't a soul to be seen.
Bhí sé gan aithne gan urlabhra.	He was unconscious.	**Bhí an áit chomh ciúin leis an uaigh.**	The place was as quiet as the grave.
Thit sí i laige.	She fainted.	**Chuala mé torann aisteach.**	I heard a strange noise.
gan a thuillleadh moille	without further delay	**Chuir mé glao ar na seirbhísí tarrthála.**	I called for the rescue services.
go tobann	suddenly	**le luas lasrach**	very fast
gan rabhadh	without warning	**Bhí sé gan aithne gan urlabhra.**	He was unconscious.
A thiarcais!	My goodness!	**Scread sé in ard a chinn is a ghutha.**	He screamed at the top of his voice.
Fóir orm! Fóir orm!	Help! Help!		

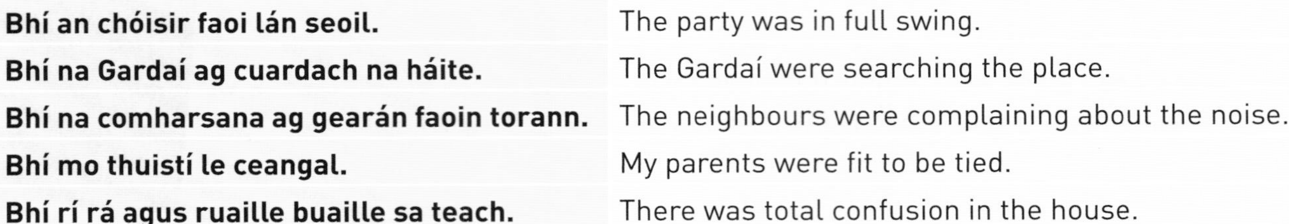

Ní raibh gíog ná míog le cloisteáil.	There wasn't a sound to be heard.
Ba bheag nár thit sé i laige.	He almost fainted.
gan a thuilleadh moille	without further delay
boladh deataigh	smell of smoke
dóite go talamh	burnt to the ground
D'imigh sé gan tásc gan tuairisc.	He disappeared without a trace.

Bhí an chóisir faoi lán seoil.	The party was in full swing.
Bhí na Gardaí ag cuardach na háite.	The Gardaí were searching the place.
Bhí na comharsana ag gearán faoin torann.	The neighbours were complaining about the noise.
Bhí mo thuistí le ceangal.	My parents were fit to be tied.
Bhí rí rá agus ruaille buaille sa teach.	There was total confusion in the house.

Críoch an scéil

Sin é mo scéal, creid é nó ná creid.	That's my story, believe it or not.
D'fhoghlaimíomar go léir ceacht an lá sin.	We all learned a lesson that day.
Ní bhfuair mé néal codlata an oíche sin.	I didn't get a wink of sleep that night.
Chodail mé go sámh an oíche sin.	I slept soundly that night.
Bhíomar go léir sona sásta.	We were all very happy.
Bhí sé slán sábháilte, buíochas le Dia.	He was safe and sound, thank God.

Seanfhocail

Bain úsáid as seanfhocal i lár nó ag deireadh an scéil, más féidir.

Mar a deir an seanfhocal ...	As the proverb says ...	**Is fearr an tsláinte ná na táinte.**	Health is better than wealth.
Níl aon tinteán mar do thinteán féin.	There's no place like home.	**Dá mbeadh soinneann go Samhain bheadh breall ar dhuine éigin.**	You can't please everybody.
An chiall cheannaithe an chiall is fearr.	Experience is the best teacher.	**Ní bhíonn saoi gan locht.**	Nobody's perfect.
Ní féidir ceann críonna a chur ar cholainn óg.	You can't put an old head on young shoulders.	**Is trom an t-ualach an leisce.**	Laziness is a heavy burden.
Níl in aon rud ach seal.	Nothing lasts forever.	**Ní mar a shíltear a bhítear.**	Things aren't always as they seem.
Is glas iad na cnoic i bhfad uainn.	The far-off hills are green.	**Tús maith leath na hoibre.**	A good start is half the work.
Is maith an scéalaí an aimsir.	Time will tell.		

Eachtra

Déan cur síos ar eachtra a tharla sa chlub óige.

Oíche dhubh dhorcha i lár an gheimhridh rinne mé coinne chun bualadh le mo chairde sa chlub óige. Bhí an club suite ar imeall na cathrach. Chuaigh mé ann ar mo rothar. Nuair a shroich mé an club ag leathuair tar éis a seacht bhí mo chairde go léir ann romham, ag imirt cluichí agus ag caint lena chéile. Chuir mé mo rothar **faoi ghlas**[1] taobh amuigh den chlub agus isteach liom. Chaith mé an oíche ag imirt leadóg bhoird le mo chairde agus ag caint agus ag comhrá. Ag a leathuair tar éis a naoi cheap mé go raibh sé in am dom imeacht abhaile mar bhí an oíche fliuch agus gaofar agus níor mhaith liom a bheith ródhéanach. Bhí mo chara Neasa ag dul abhaile ag an am céanna ar a rothar nua a fuair sí an tseachtain roimhe sin dá breithlá.

Nuair a chuamar amach ní raibh **tásc ná tuairisc**[2] ar na rothair. Bhí siad imithe **amhail is**[3] dá **slogfadh**[4] an talamh iad. A thiarcais! Bhí Neasa beagnach ag caoineadh agus gan bréag a insint, bhí mise an-bhuartha freisin. Chuardaíomar an clós taobh amuigh den chlub agus tháinig ár gcairde amach ag cabhrú ach ní raibh aon mhaitheas ann – bhí na rothair imithe. Bhíomar **i gcruachás**[5], gan amhras.

Bhí fón póca agam agus chuir mé glao ar na Gardaí agus ar mo thuismitheoirí. Dúirt na Gardaí liom dul isteach go dtí an stáisiún an lá dár gcionn agus na **sonraí**[6] go léir a thabhairt dóibh. Bhí díomá agus fearg ar mo mháthair nuair a chuala sí cad a tharla ach tháinig sí sa charr agus thug sí síob abhaile domsa agus do Neasa. **Ní mó ná sásta**[7] a bhí tuismitheoirí Neasa nuair a chuala siad cad a tharla. 'An rud a fhaightear go bog, caitear go bog,' a dúirt ár dtuismitheoirí ar fad.

An lá dár gcionn chuaigh an bheirt againn isteach sa stáisiún. Scríobh na Gardaí na sonraí síos. Dúirt siad go raibh **drong**[8] ag dul timpeall sa cheantar le cúpla lá roimhe agus go raibh fiche rothar goidte acu faoin am seo. Ní raibh na Gardaí **dóchasach**[9] go bhfaighimis na rothair riamh arís. Chuamar abhaile **go gruama**[10] an lá sin. Bhí an ceart ag na Gardaí – ní bhfuaireamar na rothair ar ais.

Cabhair!

1 locked
2 any sign
3 as if
4 would swallow
5 in a quandary
6 details
7 not very pleased
8 gang
9 hopeful
10 depressed

Cleachtadh ag scríobh

Líon na bearnaí thíos.

1. Bhí an páiste go dona tinn nuair a _______________ sé an nimh ón mbuidéal.
2. Goideadh a rothar toisc nár chuir sé _______________ ghlas é.
3. Thóg na Gardaí na _______________ ar fad nuair a briseadh isteach inár dteach.

shlog, faoi, sonraí

Aiste/Alt

Seo cuid de na teidil a tugadh thar na blianta.

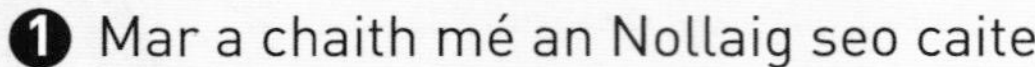

1. Mar a chaith mé an Nollaig seo caite
2. Peata atá agam
3. An banna ceoil is fearr liom
4. Is breá an rud é a bheith óg.
5. Bia folláin – an tábhacht a bhaineann leis i saol an duine
6. Iarradh ort alt a scríobh d'iris na scoile faoi phost samhraidh a bhí agat. Scríobh an t-alt a chuirfeá chuig eagarthóir iris na scoile.
7. Chaith tú seachtain ag campáil le déanaí. Scríobh cuntas do www.foinse.ie faoi.
8. Iarradh ort alt a scríobh d'iris na scoile faoin mbulaíocht i measc na ndaltaí i do scoil féin. Scríobh an t-alt a chuirfeá chuig eagarthóir iris na scoile.
9. Bhí tú ag ceolchoirm mhór le déanaí. Iarradh ort léirmheas a scríobh ar an gceolchoirm do nuachtán áitiúil. Scríobh an t-alt a chuirfeá chuig an eagarthóir faoin ábhar sin.
10. Tá an nuachtán *Foinse* ag lorg alt ó dhaoine óga faoin ábhar 'An Ghaeilge i do Scoilse'. Scríobh an t-alt a chuirfeá chuig eagarthóir an nuachtáin faoin ábhar sin.

Seo anois cuid de na nathanna cainte a bheidh úsáideach agus tú i mbun aiste nó alt a scríobh.

Níl aon amhras faoi ach ...	There's no doubt but ...
ó mo thaithí féin	from my own experience
Is iomaí fadhb atá ann.	There are many problems.
sa lá atá inniu ann	in this day and age
Domhnach is dálach	day in, day out
Níl lá dá dteann thart nach gcloistear scéal faoi ...	Not a day goes by that there isn't a story about ...
Tá cuimhní iontacha agam de ...	I have great memories of ...
Is cuimhin liom go maith ...	I well remember ...
Bhí an áit lán go doras.	The place was full.
ar bís/sceitimíneach	excited
is é mo thuairim láidir	it's my firm opinion
Ní aontaím in aon chor leis an tuairim gur dream leisciúil iad daoine óga.	I don't agree at all that young people are a lazy group.
Tá saol an mhada bháin acu.	They have a great life.
Tá siad ar mhuin na muice.	They're on the pig's back.
Níl cíos, cás ná cathú orthu.	They have no worries.
Bhuail cúpla smaoineamh mé nuair a chonaic mé teideal na haiste.	I had a few ideas when I saw the essay title.
chun an fhírinne a rá	to tell the truth
Is eiseamláir iontach é/í (iad).	He/she is (they are) a great example.

Alt

Bhí ceolchoirm speisialta i do scoil le déanaí. Iarradh ort alt a scríobh d'iris na scoile faoin gceolchoirm sin. Scríobh an t-alt a chuirfeá chuig eagarthóir na hirise.

Mar is eol do chách[1] faoin am seo, tá Scoil Mhuire céad bliain d'aois i mbliana agus bhí ceolchoirm speisialta i halla na scoile Dé hAoine seo caite chun an breithlá iontach sin a cheiliúradh. Bhí ceoltóirí agus amhránaithe go leor ag glacadh páirte ann agus bhí ceol ann a thaitin le gach duine idir óg is aosta.

Bhí **coiste**[2] sa scoil a **d'eagraigh**[3] an cheolchoirm agus bhí idir dhaltaí, thuismitheoirí agus mhúinteoirí ar an gcoiste. Rinne siad a seacht ndícheall ceolchoirm den scoth a chur ar fáil dúinn agus d'éirigh **thar cionn**[4] leo. Ar ndóigh, tá a lán oibre i gceist le ceolchoirm a eagrú agus bhí gach ball den choiste ag obair **ó dhubh go dubh**[5].

Bhí an cheolchoirm féin ar fheabhas. Bhí halla na scoile lán go doras agus roinnt daoine ina seasamh. Chuir an grúpa 'Na Sméara Dubha' tús leis an gceolchoirm. Téann baill an ghrúpa go dtí Scoil Mhuire agus bhí gach aon duine bródúil astu. Nílim róchinnte ar thaitin siad leis na daoine fásta sa lucht féachana (chuala mé tuismitheoir amháin ag rá go raibh siad an-ghlórach) ach fuair siad bualadh bos an-mhór ó na scoláirí. Bhí cúpla duine **ag tuar**[6] gurbh iad sin an chéad U2 eile. Is maith an scéalaí an aimsir!

Tá traidisiún an rince go láidir i Scoil Mhuire agus thar na blianta ghlac cúpla iarscoláire páirt in Riverdance. Tháinig na rinceoirí sin ar ais don oíche speisialta seo agus tar éis a bheith ag féachaint orthu bhí fonn ar bheagnach gach duine dul ag damhsa. Bhí siad **thar barr**[7]. Ní raibh **gíog ná míog**[8] as éinne fad is a bhí Muireann Ní Mhuirí ag seinm an veidhlín. Bhíomar ar fad **faoi dhraíocht**[9] ag a ceol fíorbhinn.

Le cúpla seachtain roimh an gceolchoirm bhí **ráflaí**[10] ag dul thart faoi cé a bheadh mar **aoi**[11] speisialta. Luadh daoine cosúil le One Direction, Sharon Shannon nó Jedward. Níor chreid aon duine sa lucht féachana a súile nuair a shiúil Justin Bieber amach ar an stáitse. Ba bheag nár baineadh an díon den halla leis na **gártha ollmhóra**[12] a bhí le cloisteáil. Nuair a bhí ciúnas ann mhínigh Justin go raibh a mháthair an-chairdiúil leis an bpríomhoide agus gur shocraigh an bheirt acu an t-ionadh seo don oíche. Ar aghaidh leis ansin ag canadh cúpla amhrán agus táim cinnte de nach ndéanfadh aon duine dearmad go deo ar an gceolchoirm speisialta sin.

Tá **ardmholadh**[13] **tuillte**[14] ag gach duine, ach go háirithe ag an bpríomhoide!

Cabhair!

1 as everybody knows
2 committee
3 organised
4 excellent
5 from morning till night
6 predicting
7 excellent
8 a peep
9 spellbound
10 rumours
11 guest
12 huge shouts
13 high priase
14 deserved

Cleachtadh ag scríobh

Líon na bearnaí thíos.

1. Bhí an tír ar fad ag ______________ nuair a bhuaigh Katie Taylor bonn óir.
2. Bhí an leanbh faoi ________________ ag an gceol álainn a chan a mháthair dó.
3. Bhí gach duine ag obair ó ___________ go dubh chun an scoil a ghlanadh don cheolchoirm.
4. Bhí an feirmeoir ag __________ go mbeadh báisteach ann agus bhí an ceart ar fad aige.
5. Ní raibh gíog ná ________ as aon duine nuair a bhí an príomhoide ag tabhairt amach dúinn.
6. Bhí na _____________ ollmhóra le cloisteáil nuair a bhuaigh foireann na scoile an chraobh.
7. Cheap gach duine go raibh an duais _____________ aige mar gur oibrigh sé go dian.
8. Fuair an rang ___________ ón múinteoir nuair a bhuamar comórtas an Eolaí Óig.
9. De ghnáth tagann _________ speisialta isteach chun labhairt le bliain a ceathair ag deireadh na bliana.
10. Tá an scoil bródúil as na ______________ a rinne go maith sa saol.

aoi, hiarscoláirí, dhraíocht, tuar, dhubh, ceiliúradh, míog, ardmholadh, gártha, tuillte

10 Aonad a Deich

An Bhéaltriail

Réamhrá: An Bhéaltriail

- Beidh 40 faoin gcéad den mhóriomlán marcanna ag gabháil leis an mBéaltriail Roghnach i scrúdú Gaeilge an Teastais Shóisearaigh.
- Mairfidh an Bhéaltriail 11/12 nóiméad san iomlán.
- Líon na marcanna don Bhéaltriail: 160 marc.

Leagan amach an scrúdaithe

1 Fáiltiú — **1 nóiméad** — **10 marc**

- Ainm
- Scrúduimhir
- Dáta breithe
- Rang

2 Cur síos ar shraith pictiúr — **3 nóiméad** — **30 marc**

- Beidh na topaicí bunaithe ar an siollabas don Teastas Sóisearach.
- Beidh cúig shraith pictiúr ann.
- Beidh seans agat na sraitheanna pictiúr a chleachtadh sa rang Gaeilge.
- Beidh na sraitheanna go léir béal faoi *(face down)* ar an mbord ar lá an scrúdaithe.
- Roghnóidh tú sraith pictiúr amháin go randamach *(randomly).*
- Gheobhaidh tú nóiméad amháin sa scrúdú chun an tsraith pictiúr a ullmhú.

3 Rólghlacadh — **3 nóiméad** — **40 marc**

- Beidh ábhar na gcártaí a bheidh in úsáid don chuid seo den scrúdú bunaithe ar thopaicí as an siollabas don Teastas Sóisearach. Seo na topaicí thíos:

Scoil | **Caithimh Aimsire** | **Laethanta Saoire** | **Bia agus Deoch**

- Beidh ocht gcárta san iomlán ann, dhá chárta bunaithe ar gach ceann de na ceithre thopaic atá luaite thuas.
- Beidh na cártaí go léir béal faoi ar an mbord ar lá an scrúdaithe.
- Roghnóidh tú cárta amháin go randamach.
- Gheobhaidh tú nóiméad amháin sa scrúdú chun an rólghlacadh a ullmhú.
- Cuirfidh tú ceisteanna ar an scrúdaitheoir faoin gcárta.

4 Comhrá — **4/5 nóiméad** — **80 marc**

- Cuirfidh an scrúdaitheoir ceisteanna ort bunaithe ar na topaicí atá leagtha amach sa siollabas don Teastas Sóisearach.
- Tosóidh an scrúdú le roinnt mioncheisteanna. Ní bheidh ach freagraí gairide simplí ón scrúdaitheoir ar na ceisteanna seo.
- Beidh na ceisteanna bunaithe ar do shaol.
- Gheobhaidh tú seans labhairt ar ábhair a bhfuil spéis agat iontu.

An tSraith Pictiúr: Treoracha

- Beidh cúig shraith pictiúr ann.
- Beidh na sraitheanna pictiúr go léir béal faoi ar an mbord ar lá an scrúdaithe.
- Roghnóidh tú (an t-iarrthóir) sraith pictiúr amháin go randamach as na cúig shraith pictiúr. Beidh nóiméad amháin agat chun staidéar agus anailís a dhéanamh ar an tsraith a roghnóidh tú.
- Ansin déanfaidh tú cur síos ar ábhar na sraithe.
- Leanfaidh an chuid seo den scrúdú 3 nóiméad – nóiméad amháin chun an staidéar agus anailís a dhéanamh agus dhá nóiméad don chur síos a dhéanamh.
- Tá 30 marc ag dul don chur síos.

Sraith Pictiúr 1

Pictiúr 1

Pictiúr 2

Pictiúr 3

Pictiúr 4

I bpictiúr a haon/sa chéad phictiúr

Beirt atá sa phictiúr, deartháir agus deirfiúr ceapaim.
Breathnaíonn an bheirt acu an-chosúil lena chéile.
Tá gruaig dhubh ar an mbeirt acu.
Tá siad gléasta ina n-éide scoile.
Ceapaim go bhfuil siad ag freastal ar an scoil chéanna toisc go bhfuil an éide scoile chéanna orthu.
Caitheann siad geansaí, léine agus carbhat stríocach.
Tá Aoife agus Ciarán ag déanamh a gcuid obair bhaile.
Nílim cinnte cén obair bhaile atá á déanamh acu.
B'fhéidir go bhfuil siad ag déanamh taighde nó ag scríobh aiste.
Tá siad sa seomra suí.
Tá sé a cúig a chlog.
Tá lampa sa seomra agus tá pictiúr ar an mballa.
Tá siad ina suí ag bord.
Ag scríobh atá Aoife agus ag staidéar atá Ciarán.
Tá an chuma orthu go bhfuil siad ag staidéar go dian.
Tá leabhair os a gcomhair amach ar an mbord.

I bpictiúr a dó/sa dara pictiúr

Faigheann (nó cuireann) Aoife glao fóin.
Tá sé leathuair tar éis a cúig anois.
Fad is atá Aoife ag caint ar an bhfón, tá Ciarán fós ag déanamh a chuid obair bhaile.
Tá sé an-díograiseach.
Tá Aoife ag caint is ag comhrá lena cara.
Féachann siad gealgháireach agus sona.
Tá meangadh mór ar a haghaidh.
Tá sí ag déanamh pleananna le cara léi dul amach go dtí an phictiúrlann.

I bpictiúr a trí/sa tríú pictiúr

Socraíonn Aoife agus Ciarán dul amach ach níl a dtuismitheoirí ag baile.
Tá Aoife ag cur ríomhphoist chuig a máthair ag míniú di go bhfuil sí féin agus Ciarán ag dul amach.
Tá sí ina suí os comhair an ríomhaire agus tá sí ag clóscríobh.
Tá a méara ar an méarchlár.
Is dócha go bhfuil sí ag insint dá máthair cá bhfuil siad ag dul agus cén uair a bheidh siad ar ais.
Níl a fhios agam cad a cheapfaidh a máthair faoi seo.

I bpictiúr a ceathair/sa cheathrú pictiúr

Tá Aoife, Ciarán agus cara leo ina seasamh taobh amuigh den phictiúrlann.
Tá siad ag dul chun scannán a fheiceáil.
Fuair (nó gheobhaidh) siad ticéid in oifig na dticéad.
Tá trí phictiúrlann san ionad.
Ceapaim go bhfuil an aimsir fuar mar go bhfuil siad go léir ag caitheamh cótaí.
Tá cuma ghealgháireach ar aghaidh gach duine acu.
Cairde atá iontu.
Is dócha go bhfuil áthas orthu briseadh a fháil ón staidéar.

Sraith Pictiúr 2

Pictiúr 1

Pictiúr 2

Pictiúr 3

Pictiúr 4

I bpictiúr a haon/sa chéad phictiúr

Tagann Eoin go dtí an doras agus osclaíonn Míde an doras dó.
Cailín ard í Míde agus tá gruaig fhada fhionn uirthi.
Tá Míde ag caitheamh sciorta agus t-léine le bláth deas uirthi.
Tá áthas uirthi Eoin a fheiceáil.
Tá meangadh mór áthais ar a haghaidh.
Tá Eoin ag caitheamh brístí géine agus t-léine dhubh.
Tá Eoin ard freisin agus tá gruaig ghearr dhubh air.
Tá aoibh an gháire ar a aghaidh.
B'fhéidir go bhfuil siad ag dul amach lena chéile. Is léir go dtaitníonn siad lena chéile.

I bpictiúr a dó/sa dara pictiúr

Tá Eoin agus Míde ina suí sa seomra suí.
Tá siad ina suí ar chathaoir uilleann.
Tá teilifíseán le feiceáil ann chomh maith le leabhragán.
Tá pictiúr de bhád seoil ar crochadh ar an mballa.
Tá bord caife sa seomra agus vása le bláthanna istigh ann.
Tugann Eoin cuireadh do Mhíde teacht leis go dtí an dioscó a bheidh ar siúl ag a naoi a chlog an oíche sin.
Tá áthas ar Mhíde an cuireadh a fháil agus glacann sí go fonnmhar leis.

I bpictiúr a trí/sa tríú pictiúr

Míníonn Míde go bhfuil fadhb aici.
Níl a tuismitheoirí ag baile.
Níor mhaith léi imeacht gan an scéal a mhíniú dá tuismitheoirí.
Is cailín freagrach í.
Ba mhaith léi dul go dtí an dioscó le hEoin.
Tagann sí ar réiteach na faidhbe.
Socraíonn sí nóta a fhágáil ag míniú dá tuismitheoirí go bhfuil sí ag dul amach.

I bpictiúr a ceathair/sa cheathrú pictiúr

Tá Míde ag scríobh nóta chuig a tuismitheoirí.
Míníonn sí dóibh go bhfuil sí ag dul go dtí an dioscó le hEoin.
Deir sí leo cá bhfuil an dioscó ar siúl agus cén t-am a bheidh sí ar ais.
Tá sí féin agus Eoin ar mhuin na muice go bhfuil sí ábalta dul go dtí an dioscó.
Tá an bheirt acu sona sásta agus ag súil go mór leis an dioscó.

Sraith Pictiúr 3

Pictiúr 1

Pictiúr 2

Pictiúr 3

Pictiúr 4

I bpictiúr a haon/sa chéad phictiúr

Tá Marcus agus Cáit ag siúl cois locha.
Tá gruaig dhubh ar Mharcus agus gruaig fhionn ar Cháit.
Is dócha go bhfuil siad amuigh don lá toisc go bhfuil mála droma an duine acu.
Tá siad ag caitheamh seaicéad agus brístí chomh maith le bróga siúil.
Tá siad ag caint is ag comhrá lena chéile.
Tá fear i mbád ag iascach ar an loch.
Tá an t-iascaire ag caitheamh seaicéad tarrthála.
Tá an bád ar ancaire aige.
Tá comhartha ann ag fógairt go mbaineann dainséar leis an uisce.
Is léir go bhfuil sé baolach dul ag snámh sa loch.
Tá plandaí agus cnocáin le feiceáil ar an taobh eile den loch.

I bpictiúr a dó/sa dara pictiúr

Ní thugann an bheirt acu aird ar bith ar an rabhadh agus téann siad isteach sa loch.
Tá a gcultacha snámha orthu.
Tá an chuma ar an scéal go bhfuil snámh brollaigh á dhéanamh ag Cáit ach fanann sí gar don bhád.
Téann Marcus níos faide amach sa loch.
Níl ciall ar bith acu mar deirtear go bhfuil baol ag baint leis an loch.
Is é mo thuairim go bhfuil siad as a meabhair ag snámh i loch dainséarach.

I bpictiúr a trí/sa tríú pictiúr

Tá Marcus i dtrioblóid.
Tá cabhair ag teastáil go géar uaidh.
Tá sé i mbaol a bháite.
B'fhéidir go bhfuil sruth láidir ann nó b'fhéidir go bhfuil sé i bhfostú sna plandaí atá ag fás sa loch.
B'fhéidir gur bhuail crampa é.
Tosaíonn sé ag screadach in ard a chinn is a ghutha.
Tá eagla an domhain air.

I bpictiúr a ceathair/sa cheathrú pictiúr

Tá an t-ádh dearg le Marcus go bhfuil an t-iascaire in aice láimhe.
Cloiseann an t-iascaire Marcus ag screadach agus rámhaíonn sé gan mhoill go dtí Marcus.
Beireann Marcus greim an duine bháite ar an iascaire.
Tarraingíonn an t-iascaire Marcus amach as an uisce.
Buíochas le Dia tá Marcus ceart go leor agus tá sé in ann siúl as an mbád nuair a shroicheann siad bruach an locha.
Tá áthas an domhain air a bheith ar ais ar thalamh tirim.
Tá slua bailithe faoin am seo agus cabhraíonn duine amháin leis teacht amach as an mbád.
Ní gá a rá go bhfuil faoiseamh mór ar Cháit go bhfuil a cara Marcus slán sábháilte.
Laoch a bhí san iascaire an lá sin agus amadán ab ea Marcus ag dul ag snámh i loch dainséarach.
Mar a deir an seanfhocal, 'An chiall cheannaithe an chiall is fearr'.
Déarfainn gur fhoghlaim an bheirt acu ceacht an lá sin.

Sraith Pictiúr 4

Pictiúr 1

Pictiúr 2

Pictiúr 3

Pictiúr 4

I bpictiúr a haon/sa chéad phictiúr

Tá Máire agus Liam san ionad siopadóireachta.
Tá mála gualainne ag Máire chomh maith le seaicéad agus brístí géine.
Tá siad ag féachaint isteach i bhfuinneog an tsiopa chrua-earraí.
Tá siad ag féachaint ar na hearraí leictreacha. Tá teilifíseán agus seinnteoir dlúthdhiosca ar díol sa siopa.
Tá praghsanna éagsúla ar na hearraí.
'Ó Murchú' is ainm don siopa.
Tá an chuma ar an mbeirt go bhfuil siad sásta leis na praghsanna.
Tá siopa seodóra in aice le siopa Uí Mhurchú agus tá cloig le feiceáil san fhuinneog.
'Ó Sé' is ainm don siopa seodóra.
Tá siopa grósaera san ionad freisin darb ainm 'An Grianán' agus tá anainn ar díol ann.
Tá beirt seanóirí ina suí ar bhinse.
Tá maide siúil ag duine amháin de na seanóirí.
Tá siad ag caint is ag comhrá lena chéile. Dar le clog an ionaid tá sé a trí a chlog.

I bpictiúr a dó/sa dara pictiúr

Feiceann siad cailín óg ag caoineadh.
Tá an cailín bocht trína chéile toisc go bhfuil sí caillte.
Níl a fhios aici cá bhfuil a tuismitheoirí.
Tá gruaig dhubh uirthi agus tá sí ag caitheamh gúna, riteoga agus bróga.
Tá trua ag Máire agus Liam di.

I bpictiúr a trí/sa tríú pictiúr

Beireann Máire agus Liam greim láimhe ar an gcailín bocht agus téann siad go dtí an deasc eolais léi.
Tá bean ard ag obair ag an deasc.
Faigheann Máire agus Liam amach gur Bríd is ainm don chailín agus go bhfuil sí ceithre bliana d'aois.
Fógraíonn an bhean go bhfuil Bríd caillte agus cuireann sí an cur síos amach fúithi ar an gcallaire.
Beidh gach duine sa siopa ábalta an fógra a chloisteáil.
Tá bean ag siúl in aice leis an deasc eolais agus tá dhá mhála siopadóireachta aici.

I bpictiúr a ceathair/sa cheathrú pictiúr

Chuala tuismitheoirí Bhríde an fógra agus i bpreabadh na súl bhí siad ar ais lena n-iníon.
Bhí áthas an domhain ar Bhríd a tuismitheoirí a fheiceáil agus léim sí isteach i lámha a máthar.
Déarfainn go raibh imní an domhain ar a tuismitheoirí fad is a bhí Bríd caillte.
Tugann an t-athair fiche euro do Mháire agus do Liam chun a bhuíochas a chur in iúl.
Tá críoch shona leis an scéal agus tá aoibh an gháire ar gach duine sa phictiúr.
Ní dhéanfaidh aon duine acu dearmad ar an lá sin go deo.

Sraith Pictiúr 5

Pictiúr 1

Pictiúr 2

Pictiúr 3

Pictiúr 4

I bpictiúr a haon/sa chéad phictiúr

Tagann Pól go dtí an doras. Buaileann sé cnag ar an doras.
Freagraíonn Ciarán, deartháir Aoife, an doras.
Tá Pól ag caitheamh t-léine dhubh agus tá gruaig chatach dhubh air.
Caitheann Ciarán t-léine bhán le dearadh deas uirthi.
Tá gruaig dhíreach fhionn air.
Tá Pól ag iarraidh labhairt le hAoife agus fiafraíonn sé de an bhfuil Aoife sa bhaile.

I bpictiúr a dó/sa dara pictiúr

Míníonn Ciarán do Phól nach bhfuil Aoife ag baile.
De réir dealraimh chuaigh sí amach ní ba luaithe.

I bpictiúr a trí/sa tríú pictiúr

Tá Pól ag scríobh nóta d'Aoife.
Bhí an bheirt acu le dul amach an oíche sin.
Níl Pol in ann dul amach le hAoife anois.
Deir sé sa nóta go bhfuil brón air nach mbeidh sé in ann dul amach léi.
B'fhéidir go bhfuil air dul amach lena thuismitheoirí nó aire a thabhairt dá dheartháir óg.
Tá sé múinte mar fágann sé an nóta di. Níor mhaith leis go rachadh Aoife go dtí an áit coinne agus nach mbeadh sé féin ann.

I bpictiúr a ceathair/sa cheathrú pictiúr

Tá an nóta scríofa ag Pól.
Iarrann Pól ar Chiarán an nóta a thabhairt d'Aoife.
Ar ndóigh, tá Ciarán lánsásta é sin a dhéanamh agus glacann sé leis an nóta.
Fágann Pól slán ag Ciarán ansin agus imíonn sé abhaile.

Rólghlacadh: Treoracha

Cabhair!

Is iad seo a leanas na topaicí don chuid seo den scrúdú: Scoil; Caithimh Aimsire; Laethanta Saoire; Bia agus Deoch.

- Beidh ocht gcárta san iomlán ann, dhá chárta bunaithe ar gach ceann de na ceithre thopaic atá luaite thuas.
- Beidh na cártaí béal faoi ar an mbord lá an scrúdaithe. Roghnóidh tú (an t-iarrthóir) cárta amháin go randamach as na hocht gcárta. Beidh nóiméad amháin agat chun staidéar agus anailís a dhéanamh ar an gcárta a roghnóidh tú.
- Ansin cuirfidh tú ceisteanna ar an scrúdaitheoir faoin gcárta a roghnóidh tú. Beidh an dara ceann den chárta céanna i seilbh an scrúdaitheora. Beidh ról idirghníomhach ag an scrúdaitheoir sa chuid seo den Bhéaltriail nuair is gá leis sin.
- Deich gceist ar fad a chuirfidh an t-iarrthóir.
- Leanfaidh an chuid seo den scrúdú 3 nóiméad – nóiméad amháin chun an staidéar agus anailís a dhéanamh agus dhá nóiméad chun na ceisteanna a chur.
- Tá 40 marc ag dul do na ceisteanna seo.

Rólghlacadh: Scoil

Tasc a haon

Coláiste Bhríde
Gaeltacht Chiarraí

Trí chúrsa

Cúrsa A: 01/06/10 – 22/06/2010
Cúrsa B: 24/06/10 – 15/07/2010
Cúrsa C: 17/07/10 – 07/08/2010

Caitheamh Aimsire

Spórt
Ceol
Rince
Snámh
Siúlóidí
Céilí gach oíche

Beir leat uirlisí ceoil agus feisteas spóirt.

Táille €800

Teagmháil

Rúnaí – Liam Ó Sé
Teileafón – 066 34567
Suíomh gréasáin – www.colaistebhride.ie

1	**An t-iarrthóir:** **An scrúdaitheoir:**	**Cad is ainm don choláiste?** *Coláiste Bhríde is ainm dó.*
2	**An t-iarrthóir:** **An scrúdaitheoir:**	**Cá bhfuil Coláiste Bhríde?** *Tá sé i nGaeltacht Chiarraí.*
3	**An t-iarrthóir:** **An scrúdaitheoir:**	**Cé mhéad cúrsa atá ar fáil ann?** *Tá trí chúrsa ar fáil ann.*
4	**An t-iarrthóir:** **An scrúdaitheoir:**	**Céard iad dátaí an chéad chúrsa?** *Tá cúrsa A ar siúl ón gcéad lá go dtí an dara lá is fiche de mhí an Mheithimh.*
5	**An t-iarrthóir:** **An scrúdaitheoir:**	**Céard iad na dátaí do chúrsa B?** *Tá cúrsa B ar siúl ón gceathrú lá fichead de mhí an Mheithimh go dtí an cúigiú lá déag de mhí Iúil.*
6	**An t-iarrthóir:** **An scrúdaitheoir:**	**Céard iad na dátaí do chúrsa C?** *Tá cúrsa C ar siúl ón seachtú lá déag de mhí Iúil go dtí an seachtú lá de mhí Lúnasa.*
7	**An t-iarrthóir:** **An scrúdaitheoir:**	**An mbíonn spórt ar siúl ar na cúrsaí?** *Bíonn.*
8	**An t-iarrthóir:** **An scrúdaitheoir:**	**An mbíonn ceol agus rince ar siúl sa choláiste?** *Bíonn.*
9	**An t-iarrthóir:** **An scrúdaitheoir:**	**An féidir dul ag snámh ann?** *Is féidir.*
10	**An t-iarrthóir:** **An scrúdaitheoir:**	**Cé chomh minic is a bhíonn céilí ar siúl?** *Bíonn céilí ar siúl gach oíche.*
11	**An t-iarrthóir:** **An scrúdaitheoir:**	**Ar cheart dom aon rud a thabhairt liom?** *Ba cheart uirlisí ceoil agus feisteas spóirt a thabhairt leat.*
12	**An t-iarrthóir:** **An scrúdaitheoir:**	**Cé mhéad a chosnaíonn an cúrsa?** *€800 (ocht gcéad euro).*
13	**An t-iarrthóir:** **An scrúdaitheoir:**	**Cé hé rúnaí an choláiste?** *Liam Ó Sé.*
14	**An t-iarrthóir:** **An scrúdaitheoir:**	**Cad í uimhir teileafóin an choláiste?** *066 34567.*
15	**An t-iarrthóir:** **An scrúdaitheoir:**	**Cad é suíomh gréasáin an choláiste?** *www.colaistebhride.ie*

Rólghlacadh: Scoil

Tasc a dó

Pobalscoil Áine
Ráth Maonais
Baile Átha Cliath

Scoil Chomhoideachais
Rogha Leathan Ábhar

Imeachtaí Eile
Spórt – sacar, eitpheil, cispheil
Cluichí boird – ficheall, beiriste
Díospóireachtaí

Áiseanna
Páirceanna imeartha
Halla spóirt
Linn snámha
Saotharlanna
Lárionad ríomhairí
Ceaintín

Teagmháil
Rúnaí – Úna de Bláca
Teileafón – 01 398 754
Suíomh gréasáin – www.pobalscoilaine.ie

1	**An t-iarrthóir:** **An scrúdaitheoir:**	**Cad is ainm don scoil?** *Pobalscoil Áine is ainm don scoil.*
2	**An t-iarrthóir:** **An scrúdaitheoir:**	**Cá bhfuil an scoil suite?** *Tá an scoil suite i Ráth Maonais, Baile Átha Cliath.*
3	**An t-iarrthóir:** **An scrúdaitheoir:**	**Cén cineál scoile í?** *Is scoil chomhoideachais í.*
4	**An t-iarrthóir:** **An scrúdaitheoir:**	**An bhfuil rogha leathan ábhar le fáil inti?** *Tá.*
5	**An t-iarrthóir:** **An scrúdaitheoir:**	**Cén spórt a imrítear sa scoil?** *Imrítear sacar, eitpheil agus cispheil sa scoil.*
6	**An t-iarrthóir:** **An scrúdaitheoir:**	**An mbíonn cluichí boird á n-imirt sa scoil?** *Bíonn. Imrítear ficheall agus beiriste inti.*
7	**An t-iarrthóir:** **An scrúdaitheoir:**	**An mbíonn díospóireachtaí ar siúl inti?** *Bíonn.*
8	**An t-iarrthóir:** **An scrúdaitheoir:**	**An bhfuil páirceanna imeartha agaibh?** *Tá.*
9	**An t-iarrthóir:** **An scrúdaitheoir:**	**An bhfuil halla spóirt agaibh?** *Tá.*
10	**An t-iarrthóir:** **An scrúdaitheoir:**	**An bhfuil aon áiseanna spóirt eile agaibh?** *Tá linn snámha againn chomh maith.*
11	**An t-iarrthóir:** **An scrúdaitheoir:**	**An bhfuil saotharlanna agus lárionad ríomhairí sa scoil?** *Tá.*
12	**An t-iarrthóir:** **An scrúdaitheoir:**	**Cá n-itheann na daltaí a lón?** *Itheann siad a lón sa cheaintín.*
13	**An t-iarrthóir:** **An scrúdaitheoir:**	**Cad is ainm do rúnaí na scoile?** *Úna de Bláca is ainm di.*
14	**An t-iarrthóir:** **An scrúdaitheoir:**	**Cad í uimhir theileafóin na scoile?** *01 398 754.*
15	**An t-iarrthóir:** **An scrúdaitheoir:**	**Cad é suíomh gréasáin na scoile?** *www.pobalscoilaine.ie*

Rólghlacadh: Caithimh Aimsire

Tasc a haon

CLUB ÓIGE
BAILE NA hINSE
DAOINE ÓGA IDIR 12 AGUS 16

Imeachtaí
Cluichí Páirce
Spórt Uisce
Drámaíocht
Dioscónna
Snúcar
Beárbaiciú sa Samhradh

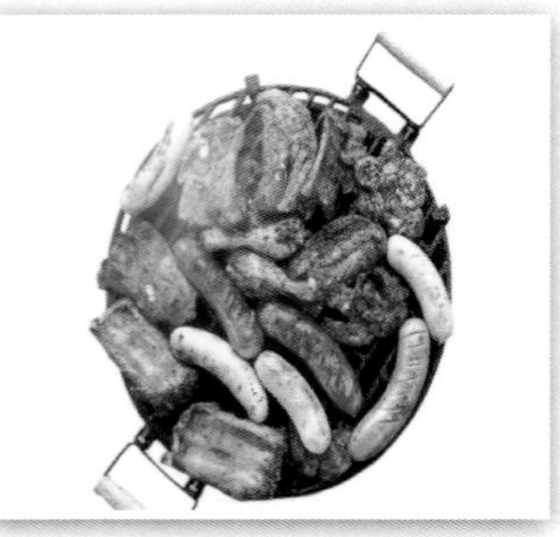

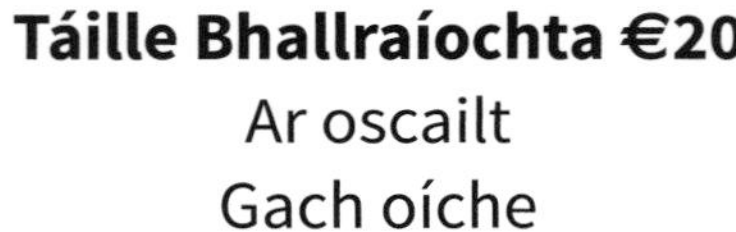

Táille Bhallraíochta €20
Ar oscailt
Gach oíche
7.00 p.m. – 10.00 p.m.

Tuilleadh eolais
Rúnaí an chlub – Cáit Ní Néill
Teileafón – 065 689 324
Suíomh gréasáin – www.cluboigenahinse.ie

1	An t-iarrthóir: An scrúdaitheoir:	**Cá bhfuil an Club Óige?** *Tá sé i mBaile na hInse.*
2	An t-iarrthóir: An scrúdaitheoir:	**Cé a bhíonn ag freastal ar an gclub?** *Daoine óga idir dhá bhliain déag agus sé bliana déag.*
3	An t-iarrthóir: An scrúdaitheoir:	**Céard iad na himeachtaí a bhíonn ar siúl ann?** *Bíonn cluichí páirce, spóirt uisce agus snúcar ar siúl ann.*
4	An t-iarrthóir: An scrúdaitheoir:	**Mura bhfuil suim agat sa spórt, an bhfuil aon rud ar siúl duit?** *Bíonn drámaíocht ar siúl ann.*
5	An t-iarrthóir: An scrúdaitheoir:	**An mbíonn dioscónna ar siúl sa chlub?** *Bíonn.*
6	An t-iarrthóir: An scrúdaitheoir:	**An mbíonn aon rud difriúil ar siúl sa samhradh?** *Bíonn beárbaiciú ann sa samhradh.*
7	An t-iarrthóir: An scrúdaitheoir:	**Cad é an táille ballraíochta?** *Is é €20 (fiche euro) an táille.*
8	An t-iarrthóir: An scrúdaitheoir:	**Cathain a bhíonn an club ar oscailt?** *Bíonn sé ar oscailt gach oíche.*
9	An t-iarrthóir: An scrúdaitheoir:	**Cén t-am a osclaíonn an club?** *Osclaíonn sé ag a seacht gach oíche.*
10	An t-iarrthóir: An scrúdaitheoir:	**Cén t-am a dhúnann an club san oíche?** *Dúnann sé ag a deich gach oíche.*
11	An t-iarrthóir: An scrúdaitheoir:	**Cé hé rúnaí an chlub?** *Is í Cáit Ní Néill rúnaí an chlub.*
12	An t-iarrthóir: An scrúdaitheoir:	**Cá bhfuil a thuilleadh eolais ar fáil?** *Tá a thuilleadh eolais ar fáil ó rúnaí an chlub.*
13	An t-iarrthóir: An scrúdaitheoir:	**Conas is féidir dul i dteagmháil leis an rúnaí?** *Is féidir glao a chur uirthi ag 065 689 324.*
14	An t-iarrthóir: An scrúdaitheoir:	**An bhfuil suíomh gréasáin ag an gclub?** *Tá.*
15	An t-iarrthóir: An scrúdaitheoir:	**Cad é seoladh an tsuímh?** *www.cluboigenahinse.ie*

Rólghlacadh: Caithimh Aimsire

Tasc a dó

CEOLCHOIRM

O2

BLUR

Dé hAoine 09/10/10 – 12/10/10

Bannaí Ceoil Taca:
Rage Against the Machine
Kings of Leon
The Prodigy
The Verve

Láthair Champála
€20 ar champáil
thar oíche

Ticéid ar fáil:
Ticketmaster
Praghas – €224.50

Tuilleadh Eolais
Teileafón – 0404 98345
Suíomh gréasáin – www.feilebhailephuinse.ie
Caithfidh duine fásta a bheith le déagóirí faoi 17 mbliana

❶	**An t-iarrthóir:** **An scrúdaitheoir:**	**Cad is ainm don cheolchoirm?** *Oxegen is ainm don cheolchoirm.*
❷	**An t-iarrthóir:** **An scrúdaitheoir:**	**Cá mbeidh an cheolchoirm ar siúl?** *Beidh sé ar siúl i mBaile Phuinse.*
❸	**An t-iarrthóir:** **An scrúdaitheoir:**	**Cathain a bheidh an cheolchoirm ar siúl?** *Beidh sé ar siúl ón Aoine, an naoú lá de mhí Dheireadh Fómhair, go dtí an Luan, an dara lá déag de mhí Dheireadh Fómhair.*
❹	**An t-iarrthóir:** **An scrúdaitheoir:**	**Cén príomhghrúpa a bheidh ag seinm ann?** *Is é Blur an príomhghrúpa a bheidh ag seinm.*
❺	**An t-iarrthóir:** **An scrúdaitheoir:**	**Cé mhéad banna ceoil taca a bheidh ag seinm?** *Beidh ceithre bhanna ceoil taca ann.*
❻	**An t-iarrthóir:** **An scrúdaitheoir:**	**Céard iad na bannaí ceoil taca a bheidh ann?** *Rage Against the Machine, Kings of Leon agus The Prodigy.*
❼	**An t-iarrthóir:** **An scrúdaitheoir:**	**An mbeidh The Verve ag seinm?** *Beidh.*
❽	**An t-iarrthóir:** **An scrúdaitheoir:**	**An mbeidh láthair champála ar fáil?** *Beidh.*
❾	**An t-iarrthóir:** **An scrúdaitheoir:**	**Cén costas a bheidh ar oíche sa láthair champála?** *€20 (fiche euro) an costas atá ar champáil thar oíche.*
❿	**An t-iarrthóir:** **An scrúdaitheoir:**	**Cén praghas atá ar na ticéid?** *Tá €224.50 (dhá chéad, fiche ceathair euro agus caoga cent) ar na ticéid.*
⓫	**An t-iarrthóir:** **An scrúdaitheoir:**	**Cá bhfuil na ticéid ar fáil?** *Tá siad ar fáil ag Ticketmaster.*
⓬	**An t-iarrthóir:** **An scrúdaitheoir:**	**Conas is féidir a thuilleadh eolais a fháil faoin gceolchoirm?** *Tá a thuilleadh eolais ar fáil má ghlaonn tú ar 0404 98345.*
⓭	**An t-iarrthóir:** **An scrúdaitheoir:**	**An bhfuil suíomh gréasáin ann?** *Tá.*
⓮	**An t-iarrthóir:** **An scrúdaitheoir:**	**Cad é seoladh an tsuímh?** *www.feilebhailephuinse.ie*
⓯	**An t-iarrthóir:** **An scrúdaitheoir:**	**An bhfuil aon rialacha ann maidir le daoine óga?** *Caithfidh duine fásta a bheith le déagóirí faoi seacht mbliana déag d'aois.*

Rólghlacadh: Laethanta Saoire

Tasc a haon

MAIDRID
SAOIRE FAOIN nGRIAN
ÓSTÁN VILLA REAL

Saoire choicíse – Mí Iúil

Beirt daoine fásta agus
beirt pháistí – €3,000

Áiseanna

Club do naíonáin
Club do dhéagóirí
Seomra cluichí
Bialann
Teilifís satailíte
Turais eagraithe

Tabhair cuairt ar:

Tarbhchomhrac
agus
Estadio Santiago Bernabéu

Tuilleadh eolais

Gníomhaire Taistil Uí Néill
Teileafón – 094 98345
Suíomh gréasáin – www.gniomhairetaistiluineill.ie

1	An t-iarrthóir: An scrúdaitheoir:	**Cén cineál saoire a bhíonn le fáil in Maidrid?** *Bíonn saoire faoin ngrian le fáil ann.*
2	An t-iarrthóir: An scrúdaitheoir:	**An molfá aon óstán le fanacht ann?** *Mholfainn Óstán Villa Real.*
3	An t-iarrthóir: An scrúdaitheoir:	**Cá fhad a bheidh an tsaoire?** *Saoire choicíse a bheidh ann.*
4	An t-iarrthóir: An scrúdaitheoir:	**Cén costas atá ar shaoire choicíse i mí Iúil?** *€3,000 (trí mhíle euro).*
5	An t-iarrthóir: An scrúdaitheoir:	**Cé mhéad duine atá san áireamh sa phraghas sin?** *Ceathrar.*
6	An t-iarrthóir: An scrúdaitheoir:	**An bhfuil páistí agus daoine fásta i gceist sa phraghas sin?** *Tá beirt daoine fásta agus beirt pháistí i gceist.*
7	An t-iarrthóir: An scrúdaitheoir:	**Céard iad na háiseanna atá ann do pháistí?** *Tá club do naíonáin ann.*
8	An t-iarrthóir: An scrúdaitheoir:	**Céard iad na háiseanna atá ann do dhéagóirí?** *Tá club do dhéagóirí ann.*
9	An t-iarrthóir: An scrúdaitheoir:	**An féidir ithe san óstán?** *Is féidir. Tá bialann ann.*
10	An t-iarrthóir: An scrúdaitheoir:	**Céard iad na háiseanna eile atá ann?** *Tá seomra cluichí agus tá teilifís satailíte ann freisin.*
11	An t-iarrthóir: An scrúdaitheoir:	**An mbíonn turais eagraithe ann?** *Bíonn.*
12	An t-iarrthóir: An scrúdaitheoir:	**An mbeimid ábalta cuairt a thabhairt ar tharbhchomhrac agus ar Estadio Santiago Bernabéu?** *Beidh sibh, cinnte.*
13	An t-iarrthóir: An scrúdaitheoir:	**Cá bhfuil a thuilleadh eolais ar fáil?** *Tá eolas le fáil ó Ghníomhaire Taistil Uí Néill.*
14	An t-iarrthóir: An scrúdaitheoir:	**Cad í uimhir fóin an ghníomhaire?** *094 98345.*
15	An t-iarrthóir: An scrúdaitheoir:	**An bhfuil suíomh gréasáin ag an ngníomhaire taistil?** *Tá, www.gniomhairetaistiluineill.ie*

Rólghlacadh: Laethanta Saoire

Tasc a dó

LÁTHAIR CHAMPÁLA
MÍN NA LEICE
DÚN NA nGALL

Áiseanna

Óstán Ghaoth Dobhair
Iascaireacht
Turas báid – Toraigh
Bádóireacht
Dreapadóireacht – An Earagail
Siúlóid – Páirc Ghleann Bheithe
Galf

Táille

Puball – €10 san oíche
Carbhán – €20 san oíche

Teagmháil

Rúnaí – Gearóid Ó Gallchóir
Teileafón – 074 34567
Suíomh gréasáin –
www.campailminnaleice.ie

1	An t-iarrthóir: An scrúdaitheoir:	Cá bhfuil an láthair champála? *Tá sé i Mín na Leice.*
2	An t-iarrthóir: An scrúdaitheoir:	Cá bhfuil Mín na Leice? *Tá sé i nDún na nGall.*
3	An t-iarrthóir: An scrúdaitheoir:	An bhfuil aon óstán in aice leis an láthair? *Tá Óstán Ghaoth Dobhair in aice leis.*
4	An t-iarrthóir: An scrúdaitheoir:	An féidir dul ag iascaireacht ann? *Is féidir.*
5	An t-iarrthóir: An scrúdaitheoir:	An bhfuil áiseanna eile ann? *Tá. Is féidir dul ar thuras báid nó dul ag bádóireacht.*
6	An t-iarrthóir: An scrúdaitheoir:	Cá dtéann tú ar an turas báid? *Tá turas báid go dtí Oileán Toraigh ann.*
7	An t-iarrthóir: An scrúdaitheoir:	An féidir dul ag dreapadóireacht ann? *Is féidir dul ag dreapadóireacht ar an Earagail.*
8	An t-iarrthóir: An scrúdaitheoir:	An bhfuil siúlóidí sa cheantar? *Tá siúlóid i bPáirc Ghleann Bheithe.*
9	An t-iarrthóir: An scrúdaitheoir:	An bhfuil galfchúrsa sa cheantar? *Tá.*
10	An t-iarrthóir: An scrúdaitheoir:	Céard é an táille chun puball a chur suas? *€10 (deich euro) don oíche.*
11	An t-iarrthóir: An scrúdaitheoir:	Agus cé mhéad a chosnaíonn sé fanacht i gcarbhán ann? *€20 (fiche euro) don oíche.*
12	An t-iarrthóir: An scrúdaitheoir:	Cé hé rúnaí an láthair champála? *Gearóid Ó Gallchóir.*
13	An t-iarrthóir: An scrúdaitheoir:	Conas is féidir dul i dteagmháil leis? *Is féidir glao air ar 074 34567.*
14	An t-iarrthóir: An scrúdaitheoir:	An bhfuil suíomh gréasáin ag an láthair? *Tá.*
15	An t-iarrthóir: An scrúdaitheoir:	Cad é seoladh an tsuímh? *www.campailminnaleice.ie*

Rólghlacadh: Bia agus Deoch

Tasc a haon

MEARBHIA
AN GORT

Rogha Leathan
Burgair
Sceallóga
Sicín
Pizza

Ceiliúir
Do Lá Breithe Linn

Deochanna ar phraghsanna ísle
Mianraí: €1 an ceann

Tairiscintí speisialta
roimh 8.00 p.m.

Ar oscailt
Dé Luain – Dé Domhnaigh
9.00 a.m. – 3.00 a.m.

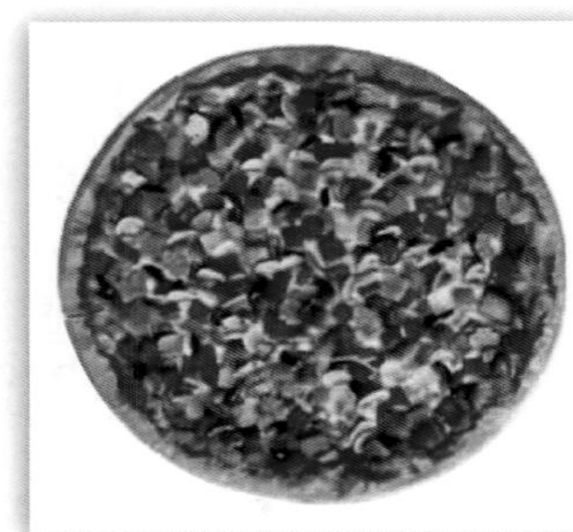

Ordaigh ar líne

Teagmháil
Teileafón – 091 34567
Suíomh gréasáin – www.mearbhia.ie

1	An t-iarrthóir: An scrúdaitheoir:	**Cad is ainm don siopa?** *'Mearbhia' is ainm don siopa.*
2	An t-iarrthóir: An scrúdaitheoir:	**Cá bhfuil an siopa?** *Tá an siopa i nGort.*
3	An t-iarrthóir: An scrúdaitheoir:	**An bhfuil rogha leathan bia ann?** *Tá.*
4	An t-iarrthóir: An scrúdaitheoir:	**An bhfuil burgair agus sceallóga ar díol ann?** *Tá.*
5	An t-iarrthóir: An scrúdaitheoir:	**An ndéanann sibh sicín agus píotsa?** *Déanaimid.*
6	An t-iarrthóir: An scrúdaitheoir:	**An féidir breithlá a cheiliúradh ann?** *Is féidir, cinnte.*
7	An t-iarrthóir: An scrúdaitheoir:	**Cén cineál praghsanna a bhíonn ar na deochanna?** *Tá praghsanna ísle ar na deochanna.*
8	An t-iarrthóir: An scrúdaitheoir:	**Cé mhéad atá ar na mianraí?** *Euro an ceann.*
9	An t-iarrthóir: An scrúdaitheoir:	**An mbíonn tairiscintí speisialta agaibh?** *Bíonn tairiscintí speisialta againn roimh a hocht a chlog.*
10	An t-iarrthóir: An scrúdaitheoir:	**Céard iad na laethanta a bhíonn an siopa ar oscailt?** *Bímid oscailte gach lá, ón Luan go dtí an Domhnach.*
11	An t-iarrthóir: An scrúdaitheoir:	**Cén t-am a bhíonn an siopa ar oscailt?** *Óna naoi ar maidin go dtí a trí ar maidin.*
12	An t-iarrthóir: An scrúdaitheoir:	**An féidir bia a ordú ar líne?** *Is féidir.*
13	An t-iarrthóir: An scrúdaitheoir:	**Conas is féidir dul i dteagmháil leis an siopa?** *Is féidir glao ar an siopa nó dul go dtí an suíomh gréasáin.*
14	An t-iarrthóir: An scrúdaitheoir:	**Cad í an uimhir teileafóin?** *091 34567.*
15	An t-iarrthóir: An scrúdaitheoir:	**Cad é suíomh gréasáin an tsiopa?** *www.mearbhia.com*

Rólghlacadh: Bia agus Deoch

Tasc a dó

AN SIOPA ÁITIÚIL

SRÁID EOIN
LOCH GARMAN

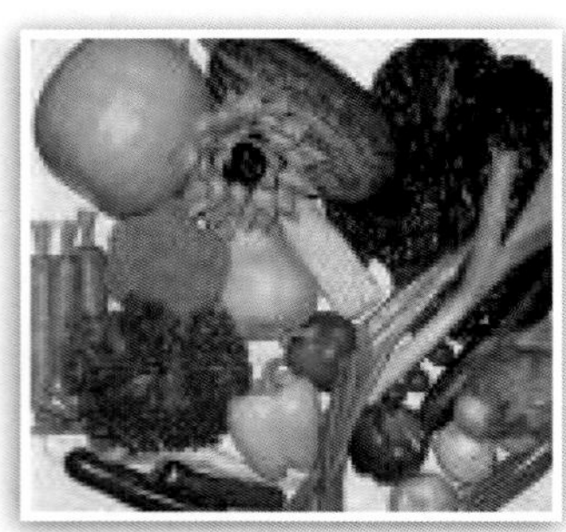

Bia
Torthaí
Glasraí
Arán
Iasc
Feoil

Deochanna
Bainne
Uisce
Mianraí

Ar oscailt seacht lá na seachtaine
9.00 a.m. – 6.00 p.m.
Déanach Dé hAoine
9.00 a.m. – 9.00 p.m.

Praghsanna Ísle
Bainne/€1.00 an lítear
Builín Aráin/90 cent
6 úll/€1.00

Teagmháil
Teileafón – 053 34567
Suíomh gréasáin – www.siopaaitiuil.com

❶	**An t-iarrthóir:** **An scrúdaitheoir:**	**Cad is ainm don siopa?** *'An Siopa Áitiúil' is ainm dó.*
❷	**An t-iarrthóir:** **An scrúdaitheoir:**	**Cá bhfuil An Siopa Áitiúil?** *Tá sé ar Shráid Eoin i Loch Garman.*
❸	**An t-iarrthóir:** **An scrúdaitheoir:**	**An ndíoltar torthaí agus glasraí sa siopa?** *Díoltar.*
❹	**An t-iarrthóir:** **An scrúdaitheoir:**	**An bhfuil iasc agus feoil ar díol ann?** *Tá.*
❺	**An t-iarrthóir:** **An scrúdaitheoir:**	**An ndíoltar deochanna sa siopa?** *Díoltar.*
❻	**An t-iarrthóir:** **An scrúdaitheoir:**	**An bhfuil bainne agus uisce ar díol ann?** *Tá.*
❼	**An t-iarrthóir:** **An scrúdaitheoir:**	**An bhfuil mianraí ar díol sa siopa freisin?** *Tá.*
❽	**An t-iarrthóir:** **An scrúdaitheoir:**	**Céard iad na laethanta a bhíonn an siopa ar oscailt?** *Bímid oscailte seacht lá na seachtaine.*
❾	**An t-iarrthóir:** **An scrúdaitheoir:**	**Cén t-am a bhíonn an siopa oscailte?** *Óna naoi ar maidin go dtí a sé tráthnóna.*
❿	**An t-iarrthóir:** **An scrúdaitheoir:**	**An mbíonn an siopa oscailte déanach ar an Aoine?** *Bíonn, go dtí a naoi a chlog.*
⓫	**An t-iarrthóir:** **An scrúdaitheoir:**	**Cén praghas atá ar lítear bainne?** *Euro amháin.*
⓬	**An t-iarrthóir:** **An scrúdaitheoir:**	**Cén praghas atá ar bhuilín aráin?** *90 cent (nócha cent).*
⓭	**An t-iarrthóir:** **An scrúdaitheoir:**	**Cad a chosnaíonn sé úll?** *Euro amháin.*
⓮	**An t-iarrthóir:** **An scrúdaitheoir:**	**Cad í uimhir theileafóin an tsiopa?** *053 34567.*
⓯	**An t-iarrthóir:** **An scrúdaitheoir:**	**Cad é suíomh gréasáin an tsiopa?** *www.siopaaitiuil.com*

An Comhrá: Treoracha

- Déan cleachtadh don Bhéaltriail gach lá. Cleachtadh a dhéanann máistreacht!
- Féach ar TG4 go minic.
- Déan iarracht Gaeilge a labhairt le do chairde ag am lóin nó sa rang.
- Labhair Gaeilge sa rang Gaeilge.
- Faigh cóipleabhar agus scríobh freagraí ar na ceisteanna san aonad seo i do chóipleabhar.
- Téigh siar ar na ceisteanna atá dírithe ar an mBéaltriail i ngach aonad den leabhar seo.
- Éist leis na freagraí samplacha ar an dlúthdhiosca.
- Ná bí neirbhíseach ... labhair amach!

Clár

Comhrá samplach 1	Mé féin	CD 1 Rian 81
Comhrá samplach 2	Mé féin agus mo theaghlach	CD 1 Rian 82
Comhrá samplach 3	Mo theach	CD 1 Rian 83
Comhrá samplach 4	Mo shaol sa bhaile	CD 1 Rian 84
Comhrá samplach 5	Mo cheantar cónaithe	CD 1 Rian 85
Comhrá samplach 6	Laethanta saoire	CD 2 Rian 1
Comhrá samplach 7	An séasúr is fearr liom	CD 2 Rian 2
Comhrá samplach 8	Lá ag siopadóireacht	CD 2 Rian 3
Comhrá samplach 9	Na caithimh aimsire atá agam	CD 2 Rian 4

Comhrá samplach 1: Mé féin

CD 1 Rian 81

Scrúdaitheoir:	Inis dom fút féin.
Pól:	Pól Ó Néill is ainm dom. Tá mé ceithre bliana déag d'aois. Rugadh mé ar an dara lá de Mhárta.
Scrúdaitheoir:	Cén dath atá ar do chuid gruaige?
Pól:	Tá gruaig chatach dhubh orm agus tá súile donna agam.
Scrúdaitheoir:	An-mhaith, a Phóil. Inis dom cén saghas duine tú.
Pól:	Is duine spórtúil, cairdiúil, cabhrach mé. Is aoibhinn liom bualadh le mo chairde ag an deireadh seachtaine. Téimid chuig an bpáirc agus imrímid peil.
Scrúdaitheoir:	An-mhaith, agus an imríonn tú a lán spóirt?
Pól:	Imrím peil agus iománaíocht leis an gclub áitiúil. Imrím cispheil ar scoil freisin.
Scrúdaitheoir:	An réitíonn tú go maith le do chairde?
Pól:	Gan dabht, réitím go han-mhaith le mo chairde. Bíonn an-chraic againn le chéile. Tá siad cairdiúil agus spórtúil, cosúil liomsa, ar ndóigh.

Leid don scrúdú!

Má chuireann an scrúdaitheoir ceist ort tabhair freagra maith ar an gceist. Agus tú ag déanamh cur síos ort féin ná déan dearmad dul siar ar na haidiachtaí.

Téigh siar ar an ábhar seo in Aonad a hAon.

Comhrá samplach 2: Mé féin agus mo theaghlach CD 1 Rian 82

Scrúdaitheoir:	Déan cur síos ort féin.
Áine:	Is mise Áine. Tá gruaig fhada fhionn orm agus tá súile donna agam.
Scrúdaitheoir:	Cén aois thú, a Áine?
Áine:	Tá mé cúig bliana déag d'aois. Rugadh mé ar an gceathrú lá de mhí na Nollag.
Scrúdaitheoir:	Céard a rinne tú ar do bhreithlá anuraidh?
Áine:	Tháinig mo chairde chuig an teach agus bhí cóisir againn. D'fhéachamar ar scannán. Bhí píotsa againn.
Scrúdaitheoir:	Cén saghas duine tú?
Áine:	Is cailín cainteach, beomhar mé. Is aoibhinn liom a bheith ag bualadh le mo chairde. Téimid isteach sa chathair ag siopadóireacht ag an deireadh seachtaine.
Scrúdaitheoir:	Déan cur síos ar do theaghlach.
Áine:	Tá ceathrar againn sa teaghlach. Tá deartháir amháin agam. Cormac is ainm dó. Tá sé naoi mbliana d'aois. Nuala an t-ainm atá ar mo mham agus Seán an t-ainm atá ar mo dhaid. Is mise an páiste is sine sa teaghlach.
Scrúdaitheoir:	Déan cur síos ar do dheartháir dom.
Áine:	Is buachaill cainteach, spórtúil é Cormac. Tá gruaig ghearr dhonn air agus tá dath donn ar a shúile.
Scrúdaitheoir:	An réitíonn tú go maith leis?
Áine:	Ní réitím go maith leis. Tagann sé isteach lena chairde agus déanann siad a lán torainn timpeall an tí.
Scrúdaitheoir:	Céard a tharlaíonn nuair a bhíonn argóint sa teach?
Áine:	Ní bhíonn mo thuismitheoirí róshásta linn nuair a bhíonn argóintí sa teach. Uaireanta múchann siad an teilifís nó bíonn orainn an seomra suí a ghlanadh. Ní tharlaíonn sé go rómhinic, buíochas le Dia.

Leid don scrúdú!

Má chuireann an scrúdaitheoir ceist ort fút féin nó faoi do theaghlach lean ar aghaidh ag caint. Ná tabhair freagraí gairide gonta! Ullmhaigh na ceisteanna samplacha ar an ábhar thuas.

Téigh siar ar an ábhar seo in Aonad a hAon.

Comhrá samplach 3: Mo theach

CD 1 Rian 83

Scrúdaitheoir:	Cá bhfuil tú i do chónaí?
Tomás:	Cónaím i dteach leathscoite in eastát tithíochta.
Scrúdaitheoir:	Céard iad na seomraí atá sa teach?
Tomás:	Tá a lán seomraí sa teach. Nuair a shiúlann tú isteach an príomhdhoras, tá seomra teilifíse ar clé agus seomra suí ar dheis. Tá cistin mhór againn freisin agus seomra folctha thíos staighre. Thuas staighre, tá ceithre sheomra leapa agus seomra folctha amháin ann.
Scrúdaitheoir:	An bhfuil gairdín agaibh?
Tomás:	Cinnte. Tá gairdín beag os comhair an tí agus tá cúlghairdín an-mhór againn freisin.
Scrúdaitheoir:	An gcaitheann tú a lán ama sa ghairdín?
Tomás:	Ní chaithim. Nuair a bhí mé níos óige chaith mé a lán ama sa ghairdín ach anois téim chuig an bpáirc chun peil a imirt le mo chairde.
Scrúdaitheoir:	An maith le do thuismitheoirí an gairdín?
Tomás:	Is aoibhinn leo an gairdín. Caitheann mo dhaid gach deireadh seachtaine ag obair sa ghairdín. Tá crann úll agus a lán bláthanna áille ag fás sa ghairdín.
Scrúdaitheoir:	An gcabhraíonn tú le do thuismitheoirí an teach a ghlanadh?
Tomás:	Ní chabhraím. Tá a lán staidéir le déanamh agam i mbliana agus ní bhíonn an t-am agam obair tí a dhéanamh. Ag an deireadh seachtaine glanaim mo sheomra leapa.
Scrúdaitheoir:	Cé a ullmhaíonn an dinnéar sa teach gach lá?
Tomás:	Ullmhaíonn mo thuismitheoirí an dinnéar i rith na seachtaine ach ag an deireadh seachtaine cabhraím leo sa chistin. Is aoibhinn le mo dheirfiúr Siobhán an dinnéar a dhéanamh. Bíonn orm na gréithe a ní tar éis an dinnéir. Is fuath liom an jab sin.

Leid don scrúdú!

Má bhaineann an scrúdaitheoir úsáid as briathar sa cheist, bain úsáid as an mbriathar céanna i do fhreagra. Féach ar an sampla thíos.

Ceist: An gcabhraíonn tú ...?
Freagra: *Cabhraím ...*

Déan cleachtadh ar cheisteanna a fhreagairt sa rang.

Ceist: An dtéann tú ...? **Freagra:** ______
Ceist: An gcuireann tú ...? **Freagra:** ______
Ceist: An nglanann tú ...? **Freagra:** ______
Ceist: An dtéann tú ...? **Freagra:** ______

Téigh siar ar an ábhar seo in Aonad a Trí agus ar na briathra san Aimsir Láithreach in Aonad a hAon Déag.

Comhrá samplach 4: Mo shaol sa bhaile CD 1 Rian 84

Scrúdaitheoir:	Céard é an seomra is fearr leat sa teach?
Lísa:	Is é an seomra is fearr liom sa teach ná mo sheomra leapa.
Scrúdaitheoir:	Déan cur síos ar do sheomra leapa dom.
Lísa:	Bhuel, ní seomra mór é ach is seomra compordach é. I lár an tseomra tá leaba mhór chompordach. Tá cuirtíní ildaite ar na fuinneoga agus tá deasc in aice na fuinneoige. Déanaim mo chuid obair bhaile i mo sheomra leapa.
Scrúdaitheoir:	An dtagann do chairde chuig do theach go minic?
Lísa:	Cinnte. Gach Aoine tagann mo chairde chuig mo theach.
Scrúdaitheoir:	Céard a dhéanann sibh?
Lísa:	Uaireanta éistimid le ceol i mo sheomra agus uaireanta eile féachaimid ar an teilifís sa seomra teilifíse.

Scrúdaitheoir:	Déan cur síos ar an seomra teilifíse dom.
Lísa:	Is aoibhinn liom an seomra teilifíse. Tá dhá tholg againn os comhair na tine. Tá ruga deas ar an urlár agus tá lampa in aice an dorais. Tá teilifís mhór sa seomra agus caitheann mo thuismitheoirí a lán ama ag féachaint ar an teilifís.
Scrúdaitheoir:	An éiríonn tú go luath ar maidin?
Lísa:	Ní éirím, tá mé an-leisciúil. Sin a deir mo mham! I rith na seachtaine éirím ar a hocht a chlog. Ullmhaíonn mo dhaid mo lón dom agus bíonn cupán tae agus píosa tósta agam sa chistin. Fágaim an teach ar a leathuair tar éis a hocht.
Scrúdaitheoir:	An bhfanann tú sa leaba ag an deireadh seachtaine?
Lísa:	Fanaim sa leaba go dtí a deich a chlog nó mar sin.
Scrúdaitheoir:	Céard a dhéanann tú ina dhiaidh sin?
Lísa:	Déanaim mo chuid obair bhaile ar feadh tamaill agus ansin buailim le mo chairde. Uaireanta téimid isteach sa chathair ag siopadóireacht.
Scrúdaitheoir:	An bhfuil cónaí ar do theaghlach sa teach le fada?
Lísa:	Bhogamar chuig an teach seo thart ar dheich mbliana ó shin. Bhí mé an-óg ag an am.

Leid don scrúdú!

Ullmhaigh píosa ar na seomraí is fearr leat sa teach. Bí cinnte go bhfuil tú ábalta cur síos a dhéanamh ar do sheomra leapa, ar an seomra teilifíse agus ar an gcistin. Ná déan dearmad na freagraí a scríobh i do chóipleabhar don scrúdú cainte. Ádh mór ort!

Téigh siar ar an ábhar seo in Aonad a Trí.

Comhrá samplach 5: Mo cheantar cónaithe CD 1 Rian 85

Scrúdaitheoir:	Cá bhfuil tú i do chónaí?
Antaine:	Cónaím i sráidbhaile beag i Loch Garman. An Abhainn Dhubh an t-ainm atá ar an sráidbhaile.
Scrúdaitheoir:	Agus an maith leat an sráidbhaile?
Antaine:	Is aoibhinn liom An Abhainn Dhubh. Tá mo chairde ina gcónaí in aice láimhe.
Scrúdaitheoir:	Céard a dhéanann na déagóirí sa cheantar?
Antaine:	Bhuel, ag an deireadh seachtaine téann siad chuig an gclub óige. Buaileann na déagóirí le chéile sa halla, in aice an tséipéil. Bíonn dioscó ar siúl ann uair sa mhí.
Scrúdaitheoir:	An bhfuil a lán siopaí sa sráidbhaile?
Antaine:	Tá cúpla siopa ann. Tá ollmhargadh, oifig an phoist, siopa nuachtán agus gruagaire ann. Tá ceithre theach tábhairne sa sráidbhaile freisin.
Scrúdaitheoir:	An bhfuil do theach suite sa sráidbhaile?
Antaine:	Níl. Tá mo theach suite in aice na trá cúpla míle ón sráidbhaile.
Scrúdaitheoir:	An bhfuil tú i do chónaí ar fheirm?
Antaine:	Níl. Tá feirm mhór in aice linn. Tá capall agam agus téim ag marcaíocht ar mo chapall gach lá.
Scrúdaitheoir:	An dtéann tú ag siopadóireacht go minic?
Antaine:	Is fuath liom siopadóireacht. Téann mo thuismitheoirí chuig an ollmhargadh uair sa tseachtain. Ní théim leo. Nuair a thagann siad abhaile cabhraím leo an bia a chur sna cófraí.
Scrúdaitheoir:	An bhfuil pictiúrlann sa cheantar?
Antaine:	Tá pictiúrlann i Loch Garman. Téim ann anois is arís le mo chairde. Is aoibhinn linn dul chuig an bpictiúrlann.
Scrúdaitheoir:	Conas a théann tú ar scoil gach lá?
Antaine:	Faighim an bus ar scoil gach lá. Buailim le mo chairde sa sráidbhaile agus faighimid an bus le chéile.

Leid don scrúdú!

Foghlaim liosta de na siopaí i do cheantar agus déan cleachtadh sa rang ag déanamh cur síos ar do cheantar. Foghlaim na nathanna cainte thíos:

- in aice na farraige
- ar imeall an bhaile/ar imeall na cathrach
- in aice láimhe
- i lár na cathrach/i lár an bhaile

Téigh siar ar an ábhar seo in Aonad a Trí.

Comhrá samplach 6: Laethanta saoire CD 2 Rian 1

Scrúdaitheoir:	An ndeachaigh tú ar laethanta saoire anuraidh?
Éilis:	Chuaigh. Chuaigh mé ag campáil le mo theaghlach chuig an bhFrainc.
Scrúdaitheoir:	Cár fhan sibh?
Éilis:	D'fhanamar in ionad campála in aice le Cannes.
Scrúdaitheoir:	Conas mar a chaith sibh an tsaoire?
Éilis:	Chaitheamar a lán ama ar an trá. Bhí an aimsir go hálainn agus bhí picnic dheas againn gach lá ar an trá.
Scrúdaitheoir:	Ar thaitin an Fhrainc leat?
Éilis:	Thaitin sé go mór liom. Bhí na daoine an-chairdiúil agus bhí an aimsir te grianmhar gach lá.
Scrúdaitheoir:	Ar bhuail tú le déagóirí eile ar an tsaoire?
Éilis:	Bhuail mé le beirt chailíní ó Chill Chainnigh. Bhí siad ag fanacht in árasán in Cannes. Chaitheamar a lán ama le chéile. Bhí siad an-deas.
Scrúdaitheoir:	Ar chuir tú glao orthu nuair a tháinig tú abhaile?
Éilis:	Chuir mé glao orthu cúpla seachtain ó shin agus tá siad ag teacht chuig mo theach ar cuairt an mhí seo chugainn.
Scrúdaitheoir:	Ar mhaith leat dul ar ais chuig an bhFrainc an samhradh seo chugainn?
Éilis:	Ba mhaith liom dul chuig an Iodáil an samhradh seo chugainn. Bhí mo chara ar saoire i Loch Garda i mbliana agus bhí saoire iontach aici.

Leid don scrúdú!

Ag ullmhú don ábhar seo foghlaim nathanna cainte ag déanamh cur síos ar an aimsir in Aonad a Ceathair. Téigh siar ar na briathra san Aimsir Fháistineach in Aonad a hAon Déag.

Comhrá samplach 7: An séasúr is fearr liom CD 2 Rian 2

Scrúdaitheoir:	Cén séasúr is fearr leat?
Colm:	An séasúr is fearr liom ná an geimhreadh.
Scrúdaitheoir:	Cén fáth a dtaitníonn an geimhreadh leat?
Colm:	Faighimid laethanta saoire na Nollag ón scoil. Is aoibhinn liom an Nollaig. Faighim a lán bronntanas ó mo thuismitheoirí agus bíonn sos againn ón obair bhaile agus ón staidéar.
Scrúdaitheoir:	Céard a dhéanann tú lá Nollag?
Colm:	De ghnáth éirím go luath le mo dheartháir agus mo dheirfiúr. Osclaímid ár mbronntanais agus ansin tugaimid cuairt ar m'aintín agus m'uncail. Tagaimid abhaile ag am lóin agus bíonn dinnéar mór againn.
Scrúdaitheoir:	Céard a dhéanann sibh tar éis dinnéir?
Colm:	Tar éis dinnéir suímid os comhair na teilifíse agus titeann mo dhaid ina chodladh. Tagann mo chol ceathrar ar cuairt agus féachaimid ar an teilifís le chéile.
Scrúdaitheoir:	An maith leat an aimsir sa gheimhreadh?
Colm:	Is fuath liom an aimsir sa gheimhreadh. Bíonn sé fuar agus fliuch go minic sa gheimhreadh. Éiríonn sé dorcha go luath freisin sa gheimhreadh. Ní maith liom an aimsir ar chor ar bith sa gheimhreadh.
Scrúdaitheoir:	An maith leat sneachta?
Colm:	Is aoibhinn liom nuair a thiteann sneachta. An geimhreadh seo caite fuaireamar lá saor ón scoil nuair a thit sneachta trom ar an talamh. Bhí áthas an domhain orm. Chaith mé an lá amuigh sa sneachta le mo chairde.

Leid don scrúdú!

Déan liosta i do chóipleabhar de na rudaí a dhéanann tú sna séasúir éagsúla.

Téigh siar ar an ábhar seo in Aonad a Ceathair.

Comhrá samplach 8: Lá ag siopadóireacht CD 2 Rian 3

Scrúdaitheoir:	An dtéann tú ag siopadóireacht go minic?
Úna:	Téim ag siopadóireacht gach Satharn le mo chairde.
Scrúdaitheoir:	Cá dtéann tú de ghnáth?
Úna:	Téimid isteach sa chathair.
Scrúdaitheoir:	Céard iad na rudaí a cheannaíonn tú nuair a théann tú ag siopadóireacht?
Úna:	Is aoibhinn liom éadaí. Téim isteach sna siopaí faisin. Ceannaím t-léine nó bríste géine de ghnáth.
Scrúdaitheoir:	Cá bhfaigheann tú an t-airgead chun dul ag siopadóireacht?
Úna:	Tugann mo thuismitheoirí airgead dom gach seachtain.
Scrúdaitheoir:	An mbíonn ort obair tí a dhéanamh chun an t-airgead a fháil?
Úna:	Bíonn orm an bord a leagadh don dinnéar gach lá agus glanaim mo sheomra leapa uair sa mhí.
Scrúdaitheoir:	Conas a théann tú isteach sa chathair?
Úna:	Buailim le mo chairde ag stad an bhus agus faighimid an bus le chéile. Bíonn an-chraic againn nuair a théimid ag siopadóireacht.

Téigh siar ar an ábhar seo in Aonad a Trí.

Comhrá samplach 9: Na caithimh aimsire atá agam

CD 2 Rian 4

Scrúdaitheoir:	Céard iad na caithimh aimsire a thaitníonn leat?
Eoin:	Bhuel, taitníonn spórt go mór liom. Imrím rugbaí agus peil ar scoil agus imrím iománaíocht don chlub áitiúil.
Scrúdaitheoir:	An imríonn tú ar fhoireann na scoile?
Eoin:	Imrím peil ar fhoireann na scoile. Ní bhfuair mé áit ar fhoireann rugbaí na scoile i mbliana.
Scrúdaitheoir:	Cathain a bhíonn traenáil agaibh?
Eoin:	Bíonn traenáil againn dhá lá sa tseachtain tar éis scoile ar na páirceanna imeartha.
Scrúdaitheoir:	An maith leat féachaint ar chláir spóirt ar an teilifís?
Eoin:	Bhuel, tar éis mo chuid obair bhaile a dhéanamh is aoibhinn liom féachaint ar chláir spóirt ar an teilifís. Taitníonn galf go mór liom. Féachaim ar na comórtais mhóra le mo dhaid.
Scrúdaitheoir:	An raibh tú riamh i bPáirc an Chrócaigh?
Eoin:	Bhí. Téim chuig Páirc an Chrócaigh go minic. Faigheann m'uncail ticéad dom agus téim ann leis nuair a bhíonn Ciarraí ag imirt. Ba mhaith liom imirt ar fhoireann Chiarraí lá éigin.
Scrúdaitheoir:	An bhfuil na háiseanna spóirt i do cheantar go maith?
Eoin:	Tá áiseanna den scoth againn sa bhaile. Tá ionad spóirt i lár an bhaile agus buaileann na déagóirí go léir ann ag an deireadh seachtaine. Bíonn an-chraic againn le chéile. Tá club leadóige sa cheantar freisin. Tar éis scoile ar an gCéadaoin imrím cluiche le mo chairde.

Leid don scrúdú!

Ullmhaigh cúpla líne ar na hábhair thíos:
- Spóirt a imríonn tú ar scoil
- Clubanna spóirt i do cheantar
- Cuairt a thug tú ar Pháirc an Chrócaigh
- Na háiseanna spóirt i do scoil/do cheantar

Téigh siar ar an ábhar seo in Aonad a Seacht.

11 Aonad a hAon Déag

Gramadach

Na Briathra

Rialacha le foghlaim

Is féidir na briathra a roinnt in dhá ghrúpa, an chéad réimniú agus an dara réimniú.

An chéad réimniú

Briathra le siolla amháin

nó

Briathra le níos mó ná siolla amháin ann a chríochnaíonn ar -áil, -óil, -áin:

dún, bris, fág, siúil, sábháil, úsáid, éist, caith, tiomáin, buaigh, dóigh

An dara réimniú

Briathra le níos mó ná siolla amháin:

ceannaigh, dúisigh, oscail, labhair, foghlaim, scrúdaigh, fiosraigh, inis

Cleachtadh

Féach ar an liosta thíos agus abair an bhfuil an briathar sa chéad réimniú (1) nó sa dara réimniú (2).

bris	1	scríobh		can		foghlaim		fág	
imigh		eitil	2	ól		léim		ceannaigh	
rith		cabhraigh		smaoinigh		cas		codail	
buail		imir		pós		tionóil		suigh	

Na gutaí – a, e, i, o, u

- **Caol:** Tá na gutaí **i** agus **e** caol; mar shampla: imir, foghlaim.
- **Leathan:** Tá na gutaí **a**, **o** agus **u** leathan; mar shampla, fág, scríobh, dún, scrios.
- **Consan caol:** Má tá **i** nó **e** roimh an gconsan deiridh sa bhriathar, tá an consan sin caol agus tá an briathar féin caol; mar shampla, fill, éist, smaoinigh, buail.
- **Consan leathan:** Má tá **a**, **o** nó **u** roimh an gconsan deiridh sa bhriathar, tá an consan sin leathan agus tá an briathar féin leathan; mar shampla, fág, scríobh.

Cleachtadh

Féach ar an liosta thíos agus abair an bhfuil an briathar leathan (L) nó caol (C).

bris	C	scríobh		léim		féach		scuab	
bain		glan	L	ól		cuir		íoc	
rith		dún		ceap		cas		buail	
can		caith		pós		iarr		troid	
líon		tuill		geall		béic		caill	
díol		gearr		múin		tuig		meas	

An Aimsir Láithreach

Úsáidtear an Aimsir Láithreach nuair atá tú ag caint faoi rudaí atá ag tarlú anois nó faoi rudaí a tharlaíonn go minic.

An chéad réimniú

Le foghlaim! Briathra leathana

An deireadh	Fág	Dún	Ól
-aim	fág**aim**	dún**aim**	ól**aim**
-ann tú	fág**ann** tú	dún**ann** tú	ól**ann** tú
-ann se/sí	fág**ann** sé/sí	dún**ann** sé/sí	ól**ann** sé/sí
-aimid	fág**aimid**	dún**aimid**	ól**aimid**
-ann sibh	fág**ann** sibh	dún**ann** sibh	ól**ann** sibh
-ann siad	fág**ann** siad	dún**ann** siad	ól**ann** siad
-tar	fág**tar**	dún**tar**	ól**tar**
ní + séimhiú	**ní fh**ágaim	**ní dh**únaim	**ní** ólaim
an + urú	**an bhf**ágann tú?	**an nd**únann tú?	**an** ólann tú?

Cabhair!

Ní chuirtear **séimhiú** san Aimsir Láithreach ach amháin má bhíonn **ní** nó **má** roimh an mbriathar agus uaireanta tar éis **a**.

Samplaí

Fágann Máire an teach ag a hocht gach maidin chun dul ar scoil.
Dúnann an siopadóir an siopa gach oíche ag a naoi.
Ní ghlanann na páistí an teach go minic.

Labhair amach ... labhair os ard!

Freagair na ceisteanna seo ón múinteoir.

1. **An scuabann tú an t-urlár go minic?**
2. **An bhféachann tú ar an teilifís gach oíche?**
3. **Cad a cheapann tú den leabhar sin?**
4. **An ólann tú bainne?**
5. **Cén t-am a fhágann tú an teach le teacht ar scoil ar maidin?**

Cleachtadh

1 Líon na bearnaí thíos.

a) [Féach] ____________ Seán ar an teilifís gach oíche.
b) [Fás] ___________ bláthanna áille sa ghairdín san earrach.
c) [Cas] _____________ na cairde lena chéile ag an gcluiche gach Satharn.
d) [Ní cíor] ____________ an cailín sin a cuid gruaige riamh.
e) [An glan] __________ an t-úinéir sin suas i ndiaidh a mhadra?

2 Líon na bearnaí thíos.

a) ____________ na páistí go nglanfaidh siad an teach gach Satharn ach ní __________ siad é.
b) Ní ___________ a lán plandaí sa gheimhreadh.
c) __________ an cór sin sa séipéal gach Domhnach.
d) Ní _________ siar ar scoil aon lá.
e) An ____________ tú leabhar amach ón leabharlann go minic?

fhásann, geallann, dtógann, canann, ghlanann, fhanaim

3 Ceartaigh na botúin sna habairtí thíos.

a) Ní fágann an bus an stáisiún roimh a sé aon mhaidin. ____________________
b) Scríobhimid aiste gach seachtain. ____________________
c) An féachann tú ar *Ros na Rún* go minic? ____________________
d) Caseann na cairde lena chéile sa bhaile mór gach Satharn. ____________________
e) Dhíolann an siopa sin éadaí deasa. ____________________

4 Líon na bearnaí thíos.

a) [Pós] ____________ a lán daoine in Éirinn.
b) [Íoc] _____________ mo thuismitheoirí a lán airgid ar bhia gach seachtain.
c) [Ní ól] _____________ aon duine i mo chlann bainne.
d) [Coimeád] _____________ mo mháthair mo dhinnéar dom má bhím déanach.

Téigh go dtí edco.ie/iontas3.

Le foghlaim! Briathra caola

An deireadh	Fill	Éist	Tuig
-im	fill**im**	éist**im**	tuig**im**
-eann tú	fill**eann** tú	éist**eann** tú	tuig**eann** tú
-eann se/sí	fill**eann** sé/sí	éist**eann** sé/sí	tuig**eann** sé/sí
-imid	fill**imid**	éist**imid**	tuig**imid**
-eann sibh	fill**eann** sibh	éist**eann** sibh	tuig**eann** sibh
-eann siad	fill**eann** siad	éist**eann** siad	tuig**eann** siad
-tear	fill**tear**	éis**tear**	tuig**tear**
ní + séimhiú	**ní fh**illim	**ní** éistim	**ní th**uigim
an + urú	**an bhf**illeann tú?	**an** éisteann tú?	**an dt**uigeann tú?

Cabhair!

Ní chuirtear **séimhiú** san Aimsir Láithreach ach amháin má bhíonn **ní** nó **má** roimh an mbriathar agus uaireanta tar éis **a**.

Samplaí

Filleann an feall ar an bhfeallaire.
Éistimid leis an raidió go minic i mo theach.
Ní thuigim an Gearmánach in aon chor.

Labhair amach ... labhair os ard!

Freagair na ceisteanna seo ón múinteoir.

1. **An mbuaileann tú le do chairde ag an deireadh seachtaine?**
2. **An dtuilleann tú aon airgead ag an deireadh seachtaine?**
3. **An gcailleann tú rudaí go minic?**
4. **An múineann d'athair sa scoil seo?**
5. **An mbriseann ar fhoighne (*lose patience*) an mhúinteora go minic?**

Téigh go dtí edco.ie/iontas3.

Cleachtadh ag scríobh

1 Líon na bearnaí thíos.

a) ____________ Seán a lán airgid ar chreidmheas don fhón gach seachtain.
b) Ní ____________ an t-ábhar sin.
c) An ______________ Katie Taylor go minic?
d) Ní ________________ mo thuismitheoirí ón obair go dtí a sé gach oíche.
e) ________________ le mo chairde go minic.

buailim, thuigim, caitheann, dtroideann, fhilleann

2 Ceartaigh na botúin sna habairtí thíos.

a) Fhilleann Peadar ar a theach ag a seacht gach oíche. ____________________________
b) Ní tuigeann na daltaí an ghramadach chasta. ____________________________
c) Ní éistaim leis an raidió go minic. ____________________________
d) An n-ólann tú a lán tae? ____________________________
e) Ní cuirim siúcra i mo thae riamh. ____________________________

3 Líon na bearnaí thíos.

a) [Ní múin] ________________ an Máistir Ó Ruairc sa scoil a thuilleadh.
b) [An caith] ____________ sibh a lán ama ag caint ar an bhfón gach lá?
c) [Troid] ____________ an cailín sin le gach duine.
d) [Tuig mé] ______________ mata anois.
e) [Léim] ______________ an bhó thar an gclaí go minic.

4 Líon na bearnaí thíos.

a) [Rith] _______________ na madraí sa ghairdín gach lá.
b) [Ní buail] ______________ na seanchairde lena chéile go minic anois.
c) [An caith] ____________ tú an samhradh in Éirinn?
d) [Ní bris] ______________ sé an chathaoir go minic.
e) [Tuill] ____________ sé fiche euro nuair a thugann sé aire dá dheartháireacha.

Téigh go dtí edco.ie/iontas3.

Le foghlaim! Briathra le dhá shiolla ag críochnú ar -áil nó -áin

Sábháil	Taispeáin	Páirceáil	Tiomáin
sábhál**aim**	taispeán**aim**	páirceál**aim**	tiomáin**im**
sábhál**ann** tú	taispeán**ann** tú	páirceál**ann** tú	tiomáin**eann** tú
sábhál**ann** sé/sí	taispeán**ann** sé/sí	páirceál**ann** sé/sí	tiomáin**eann** sé/sí
sábhál**aimid**	taispeán**aimid**	páirceál**aimid**	tiomáin**imid**
sábhál**ann** sibh	taispeán**ann** sibh	páirceál**ann** sibh	tiomáin**eann** sibh
sábhál**ann** siad	taispeán**ann** siad	páirceál**ann** siad	tiomáin**eann** siad
sábháil**tear**	taispeán**tar**	páirceáil**tear**	tiomáin**tear**
ní shábhálaim	**ní th**aispeánaim	**ní ph**áirceálaim	**ní th**iomáinim
an sábhálann tú?	**an dt**aispeánann tú?	**an bp**áirceálann tú?	**an dt**iomáineann tú?

Labhair amach ... labhair os ard!

Freagair na ceisteanna seo ón múinteoir.

1. **An dtaispeánann tú do mharcanna scrúdaithe do do chairde?**
2. **An bpáirceálann d'athair a charr gar dá oifig?**
3. **An mbácálann sibh go minic i do theach?**
4. **An sábhálann tú roinnt ama má thagann tú ar scoil ar do rothar?**
5. **An dtiomáineann a lán múinteoirí ar scoil gach lá?**

Cabhair!

Fanann an briathar **tiomáin** caol tríd síos.

Cleachtadh ag scríobh

Líon na bearnaí thíos.

1. [Tiomáin] ____________ an siopadóir go dtí a shiopa gach maidin.
2. [Taispéáin] ______________ an múinteoir scannán don rang.
3. [Sábháil] ____________ a lán airgid má dhéantar athchúrsáil.
4. [Ní páirceáil mé] ______________ mo charr ar an gcosán.
5. [An taispeáin] ____________ an páiste an bronntanas ó Dhaidí na Nollag dá chara?

Le foghlaim! Briathra ag críochnú le -gh

Suigh	Nigh	Luigh
suím	ním	luím
suíonn tú	níonn tú	luíonn tú
suíonn sé/sí	níonn sé/sí	luíonn sé/sí
suímid	nímid	luímid
suíonn sibh	níonn sibh	luíonn sibh
suíonn siad	níonn siad	luíonn siad
suitear	nitear	luitear
ní shuím	**ní** ním	**ní** luím
an suíonn tú?	**an** níonn tú?	**an** luíonn tú?

Labhair amach ... labhair os ard!

Freagair na ceisteanna seo ón múinteoir.

1. **An níonn tú na gréithe go minic?**
2. **An suíonn tú síos nuair a bhíonn tú ag féachaint ar an teilifís?**
3. **An luíonn an madra ar an mata i gcónaí?**
4. **An níonn tú do lámha roimh gach béile?**
5. **Cathain a shuíonn tú síos chun an dinnéar a ithe?**

Cleachtadh ag scríobh

Líon na bearnaí thíos.

1. [Suigh] ______________________ an tseanbhean siar sa chathaoir go minic.
2. [Nigh mé] ______________ an madra uair sa tseachtain.
3. [Luigh] _____________ an fear sa leaba nuair a bhíonn sé tinn.
4. [Ní suigh] _____________ mo mháthair síos go minic.
5. [An nigh] _____________ na páistí na bréagáin go minic?

Téigh go dtí edco.ie/iontas3.

Le foghlaim! Briathra ag críochnú le -gh

Buaigh	Glaoigh	Léigh
bu**aim**	glao**im**	lé**im**
bu**ann** tú	glao**nn** tú	lé**ann** tú
bu**ann** sé/sí	glao**nn** sé/sí	lé**ann** sé/sí
bu**aimid**	glao**imid**	lé**imid**
bu**ann** sibh	glao**nn** sibh	lé**ann** sibh
bu**ann** siad	glao**nn** siad	lé**ann** siad
buai**tear**	glaoi**tear**	léi**tear**
ní bhuaim	**ní gh**laoim	**ní** léim
an mbuann tú?	**an ng**laonn tú?	**an** léann tú?

Briathra eile atá cosúil leis seo: luaigh, cráigh agus pléigh.

Labhair amach ... labhair os ard!

Freagair na ceisteanna seo ón múinteoir.

1. **An nglaonn tú ar do ghaolta go minic?**
2. **An léann tú go minic?**
3. **An mbuann d'fhoireann go minic?**
4. **An nglaonn tú ar na gardaí go minic?**
5. **An léann do rang a lán leabhar?**

Cleachtadh ag scríobh

Líon na bearnaí thíos.

1. [Buaigh] ____________ Cill Chainnigh an iománaíocht go rialta.
2. [An glaoigh] ____________ an múinteoir an rolla ag tús gach ranga?
3. Cén fáth nach [léigh] ____________ tú níos mó leabhar?
4. [Ní buaigh mé] ____________ aon rud riamh.
5. [Glaoigh] ____________ Síle ar a cara gach lá.

An dara réimniú

Le foghlaim! Briathra leathana

An deireadh	Cabhraigh	Éalaigh	Gortaigh
-aím	cabhr**aím**	éal**aím**	gort**aím**
-aíonn tú	cabhr**aíonn** tú	éal**aíonn** tú	gort**aíonn** tú
-aíonn sé/sí	cabhr**aíonn** sé/sí	éal**aíonn** sé/sí	gort**aíonn** sé/sí
-aímid	cabhr**aímid**	éal**aímid**	gort**aímid**
-aíonn sibh	cabhr**aíonn** sibh	éal**aíonn** sibh	gort**aíonn** sibh
-aíonn siad	cabhr**aíonn** siad	éal**aíonn** siad	gort**aíonn** siad
-aítear	cabhr**aítear**	éal**aítear**	gort**aítear**
ní + séimhiú	**ní ch**abhraím	**ní** éalaím	**ní gh**ortaím
an + urú	**an gc**abhraíonn tú?	**an** éalaíonn tú?	**an ng**ortaíonn tú?

Samplaí

Cabhraíonn na páistí sa teach i gcónaí.
Ní éalaím ó m'obair bhaile riamh.
An ngortaítear a lán peileadóirí le linn cluiche?

Labhair amach ... labhair os ard!

Freagair na ceisteanna seo ón múinteoir.

1. **An gcabhraíonn tú sa teach?**
2. **An ngortaíonn tú tú féin agus tú ag imirt spóirt?**
3. **An éalaíonn mórán gadaithe sa tír seo?**
4. **An gcabhraíonn do rang leis na múinteoirí?**
5. **An ngortaítear mórán capall ag na rásaí capall?**

Téigh go dtí edco.ie/iontas3.

Cleachtadh ag scríobh

1 Líon na bearnaí thíos.

a) [Cuardaigh] ____________ na gardaí an foirgneamh sin go minic.
b) [Ní ceartaigh] ______________ an múinteoir na daltaí dána go minic.
c) [An fiafraigh] _______________ do thuismitheoirí díot cá mbíonn tú ag dul?
d) [Brostaigh mé] _____________ abhaile gach lá chun mo mhadra a fheiceáil.
e) Cén t-am a [tosaigh] ____________ an clár sin?

2 Líon na bearnaí thíos.

a) _________________ an dochtúir an t-othar nuair a bhíonn sé tinn.
b) Ní _____________ an múinteoir mé do rud ar bith.
c) An ____________________ tú ar an gclár sin gach lá?
d) _________________________ a lán carranna ar an leac oighir.
e) Ní _________________ sé do na scrúduithe riamh agus mar sin teipeann air.

mbreathnaíonn, ullmhaíonn, scrúdaíonn, sleamhnaíonn, roghnaíonn

3 Ceartaigh na botúin sna habairtí thíos.

a) Thosaíonn an rang ag a naoi gach lá. ____________________
b) Ní críochnaíonn an scoil go dtí a ceathair a chlog gach lá. ____________________
c) Fiosríonn na gardaí an suíomh má bhíonn timpiste ann. ____________________
d) An ceartaíonn an múinteoir na cóipleabhair go minic? ____________________
e) Shocraíonn na páistí isteach ar scoil tar éis cúpla lá i gcónaí. ____________________

4 Freagair na ceisteanna seo.

a) Cén t-am a chríochnaíonn an scoil gach lá? ____________________
b) An dtosaíonn tú ar d'obair bhaile chomh luath is a thagann tú abhaile? ____________________
c) An gceartaíonn tú na botúin a dhéanann tú i gcónaí? ____________________
d) Cé a ullmhaíonn na béilí i do theach de ghnáth? ____________________
e) Cén fáth nach n-ullmhaíonn tusa an dinnéar go minic? ____________________
f) An mbrostaíonn tú abhaile tar éis scoile gach lá? ____________________

Le foghlaim! Briathra caola

An deireadh	Imigh	Ceistigh	Bailigh
-ím	im**ím**	ceist**ím**	bail**ím**
-íonn tú	im**íonn** tú	ceist**íonn** tú	bail**íonn** tú
-íonn sé/sí	im**íonn** sé/sí	ceist**íonn** sé/sí	bail**íonn** sé/sí
-ímid	im**ímid**	ceist**ímid**	bail**ímid**
-íonn sibh	im**íonn** sibh	ceist**íonn** sibh	bail**íonn** sibh
-íonn siad	im**íonn** siad	ceist**íonn** siad	bail**íonn** siad
-ítear	im**ítear**	ceist**ítear**	bail**ítear**
ní + séimhiú	**ní** imím	**ní ch**eistím	**ní bh**ailím
an + urú	**an** imíonn tú?	**an gc**eistíonn tú?	**an mb**ailíonn tú?

Samplaí

Imíonn an bhean ag a hocht gach maidin.
An gceistíonn na gardaí gach duine sa scoil nuair a bhíonn dóiteán ann?
Ní bhailíonn an múinteoir na cóipleabhair ar an Máirt.

Labhair amach ... labhair os ard!

Freagair na ceisteanna seo ón múinteoir.

1. **An mbailíonn sibh sméara dubha san fhómhar?**
2. **An imíonn sibh ar thuras scoile go minic?**
3. **An gcuidíonn tú ag baile go minic?**
4. **Cén t-am a éiríonn tú ag an deireadh seachtaine?**
5. **An gcóiríonn tú do leaba gach lá?**

Téigh go dtí edco.ie/iontas3.

Cleachtadh ag scríobh

1 Líon na bearnaí thíos.

a) [Cuimhnigh mé] ______________ ar bhreithlá mo charad nuair a bhíonn sé ródhéanach.
b) [Ní dúisigh] ______________ na daltaí go dtí meán lae ag an deireadh seachtaine.
c) [Cuidigh] ______________ Máire lena tuismitheoirí an teach a ghlanadh gach Satharn.
d) [Cóirigh] ______________ siad a leaba sula bhfágann siad an teach ar maidin.
e) [Oibrigh mé] ______________ go dian roimh scrúduithe.

2 Ceartaigh na botúin sna habairtí thíos.

a) Cheistíonn na gardaí an buachaill sin i gcónaí. ______________
b) Ní cuidíonn Máire sa teach riamh. ______________
c) An n-éiríonn tú in am riamh? ______________
d) Foilsaíonn an páipéar drochscéalta i gcónaí. ______________
e) An deisíonn tú do rothar nuair a bhíonn sé briste? ______________

3 Líon na bearnaí thíos.

a) ______________ ar mo chara ar a breithlá gach bliain.
b) Ní ______________ na tuismitheoirí na páistí in am ón gcóisir.
c) ______________ an teicneoir an ríomhaire nuair a bhíonn sé briste.
d) ______________ na páistí a lán rudaí ar scoil gach lá.
e) ______________ na múinteoirí go dian gach lá.

bhailíonn, oibríonn, deisíonn, smaoiním, foghlaimíonn

4 Líon na bearnaí thíos.

a) [Ceistigh] ______________ na gardaí gach duine sa siopa tar éis na robála.
b) [Imigh] ______________ na daltaí abhaile gach lá i ndiaidh an lá scoile.
c) Ní [oibrigh] ______________ Cian go dian agus ní [éirigh] ______________ go maith leis sna scrúduithe.
d) An [bailigh] ______________ na páistí ón scoil gach lá?
e) [Dúisigh] ______________ an príomhoide go luath gach maidin chun an scoil a oscailt.

Le foghlaim! Briathra a chríochnaíonn ar -ail, -is, -ir, -il

Codail	Oscail	Inis
codl**aím**	oscl**aím**	ins**ím**
codl**aíonn** tú	oscl**aíonn** tú	ins**íonn** tú
codl**aíonn** sé/sí	oscl**aíonn** sé/sí	ins**íonn** sé/sí
codl**aímid**	oscl**aímid**	ins**ímid**
codl**aíonn** sibh	oscl**aíonn** sibh	ins**íonn** sibh
codl**aíonn** siad	oscl**aíonn** siad	ins**íonn** siad
codl**aítear**	oscl**aítea**r	ins**ítear**
ní chodlaím	**ní** osclaím	**ní** insím
an gcodlaíonn tú?	**an** osclaíonn tú?	**an** insíonn tú?

Briathra eile atá cosúil leis seo: freagair; labhair; imir; eitil; ceangail; bagair; cosain; iompair; múscail.

Labhair amach ... labhair os ard!

Freagair na ceisteanna seo ón múinteoir.

1. **An eitlíonn tú ar eitleán go minic?**
2. **An gceanglaíonn tú an bád le rópa?**
3. **An insíonn tú bréag riamh?**
4. **An gcodlaíonn tú go sámh ag an deireadh seachtaine?**
5. **Cé a fhreagraíonn an fón i do theach?**

Cleachtadh ag scríobh

Líon na bearnaí thíos.

1. [Labhair] ___________ an príomhoide leis an scoil ar fad gach maidin.
2. [Cosain] ___________ carr úrnua a lán airgid.
3. [Imir mé] ___________ mar chúlaí ar m'fhoireann peile.
4. [Ní freagair] ___________ an cailín cúthail aon cheist sa rang.
5. [Iompair] ___________ an tuismitheoir an páiste nuair a éiríonn sé tuirseach.

Le foghlaim! Briathra neamhrialta

Bí		
táim	nílim	an bhfuilim?
tá tú	níl tú	an bhfuil tú?
tá sé/sí	níl sé/sí	an bhfuil sé/sí?
táimid	nílimid	an bhfuilimid?
tá sibh	níl sibh	an bhfuil sibh?
tá siad	níl siad	an bhfuil siad?
táthar	níltear	an bhfuiltear?

bím	ní bhím	an mbím?
bíonn tú	ní bhíonn tú	an mbíonn tú?
bíonn sé/sí	ní bhíonn sé/sí	an mbíonn sé/sí?
bímid	ní bhímid	an mbímid?
bíonn sibh	ní bhíonn sibh	an mbíonn sibh?
bíonn siad	ní bhíonn siad	an mbíonn siad?
bítear	ní bhítear	an mbítear?

Tar		
tagaim	ní thagaim	an dtagaim?
tagann tú	ní thagann tú	an dtagann tú?
tagann sé/sí	ní thagann sé/sí	an dtagann sé/sí?
tagaimid	ní thagaimid	an dtagaimid?
tagann sibh	ní thagann sibh	an dtagann sibh?
tagann siad	ní thagann siad	an dtagann siad?
tagtar	ní thagtar	an dtagtar?

Téigh		
téim	ní théim	an dtéim?
téann tú	ní théann tú	an dtéann tú?
téann sé/sí	ní théann sé/sí	an dtéann sé/sí?
téimid	ní théimid	an dtéimid?
téann sibh	ní théann sibh	an dtéann sibh?
téann siad	ní théann siad	an dtéann siad?
téitear	ní théitear	an dtéitear?

Feic		
feicim	ní fheicim	an bhfeicim?
feiceann tú	ní fheiceann tú	an bhfeiceann tú?
feiceann sé/sí	ní fheiceann sé/sí	an bhfeiceann sé/sí?
feicimid	ní fheicimid	an bhfeicimid?
feiceann sibh	ní fheiceann sibh	an bhfeiceann sibh?
feiceann siad	ní fheiceann siad	an bhfeiceann siad?
feictear	ní fheictear	an bhfeictear?

Clois		
cloisim	ní chloisim	an gcloisim?
cloiseann tú	ní chloiseann tú	an gcloiseann tú?
cloiseann sé/sí	ní chloiseann sé/sí	an gcloiseann sé/sí?
cloisimid	ní chloisimid	an gcloisimid?
cloiseann sibh	ní chloiseann sibh	an gcloiseann sibh?
cloiseann siad	ní chloiseann siad	an gcloiseann siad?
cloistear	ní chloistear	an gcloistear?

Abair		
deirim	ní deirim	an ndeirim?
deir tú	ní deir tú	an ndeir tú?
deir sé/sí	ní deir sé/sí	an ndeir sé/sí?
deirimid	ní deirimid	an ndeirimid?
deir sibh	ní deir sibh	an ndeir sibh?
deir siad	ní deir siad	an ndeir siad?
deirtear	ní deirtear	an ndeirtear?

Ith		
ithim	ní ithim	an ithim?
itheann tú	ní itheann tú	an itheann tú?
itheann sé/sí	ní itheann sé/sí	an itheann sé/sí?
ithimid	ní ithimid	an ithimid?
itheann sibh	ní itheann sibh	an itheann sibh?
itheann siad	ní itheann siad	an itheann siad?
itear	ní itear	an itear?

Déan		
déanaim	ní dhéanaim	an ndéanaim?
déanann tú	ní dhéanann tú	an ndéanann tú?
déanann sé/sí	ní dhéanann sé/sí	an ndéanann sé/sí?
déanaimid	ní dhéanaimid	an ndéanaimid?
déanann sibh	ní dhéanann sibh	an ndéanann sibh?
déanann siad	ní dhéanann siad	an ndéanann siad?
déantar	ní dhéantar	an ndéantar?

Faigh		
faighim	ní fhaighim	an bhfaighim?
faigheann tú	ní fhaigheann tú	an bhfaigheann tú?
faigheann sé/sí	ní fhaigheann sé/sí	an bhfaigheann sé/sí?
faighimid	ní fhaighimid	an bhfaighimid?
faigheann sibh	ní fhaigheann sibh	an bhfaigheann sibh?
faigheann siad	ní fhaigheann siad	an bhfaigheann siad?
faightear	ní fhaightear	an bhfaightear?

Tabhair		
tugaim	ní thugaim	an dtugaim?
tugann tú	ní thugann tú	an dtugann tú?
tugann sé/sí	ní thugann sé/sí	an dtugann sé/sí?
tugaimid	ní thugaimid	an dtugaimid?
tugann sibh	ní thugann sibh	an dtugann sibh?
tugann siad	ní thugann siad	an dtugann siad?
tugtar	ní thugtar	an dtugtar?

Beir		
beirim	ní bheirim	an mbeirim?
beireann tú	ní bheireann tú	an mbeireann tú?
beireann sé/sí	ní bheireann sé/sí	an mbeireann sé/sí?
beirimid	ní bheirimid	an mbeirimid?
beireann sibh	ní bheireann sibh	an mbeireann sibh?
beireann siad	ní bheireann siad	an mbeireann siad?
beirtear	ní bheirtear	an mbeirtear?

Cleachtadh ag scríobh

1 Líon na bearnaí thíos.

a) [Téigh mé] ______________ amach le mo chairde gach deireadh seachtaine.
b) [Beir] ______________ na gardaí ar na gadaithe nuair a éalaíonn siad.
c) [Faigh] ______________ an rang seo an iomarca obair bhaile gach lá.
d) Ní [déan] ______________ Pól a chuid obair bhaile i gceart riamh.
e) An [ith]______________ tusa torthaí gach lá?

2 Líon na bearnaí thíos.

a) [Clois sinn] ______________ an chaint chéanna ón múinteoir gach mí.
b) [Tabhair] ______________ mo thuismitheoirí airgead póca dom gach deireadh seachtaine.
c) [Abair] ______________ mo mháthair liom i gcónaí an fhírinne a insint.
d) [Bí] ______________ mo chara tinn faoi láthair.
e) Ní [déan] ______________ mo dheartháir botún riamh ina chuid obair bhaile.

3 Líon na bearnaí thíos.

a) ______________ sí a cairde go minic.
b) Ní ______________ an múinteoir Gaeilge an iomarca obair bhaile dúinn riamh.
c) ______________ sé i gcónaí ag cur báistí in Éirinn.
d) ______________ abhaile ón scoil ag a ceathair gach lá.
e) An ______________ sibh an fhuaim aisteach sin, a chailíní?

tagaim, feiceann, bíonn, gcloiseann, thugann

4 Freagair na ceisteanna seo.

a) An ndéanann tú d'obair bhaile gach lá? ______________
b) An dtugann tú cabhair sa bhaile i gcónaí? ______________.
c) An itheann tú glasraí gach lá? ______________
d) An bhfaigheann tú mórán airgead póca? ______________
e) An dtéann tú amach ag siúl gach lá? ______________

Téigh go dtí edco.ie/iontas3.

Súil Siar ar an Aimsir Láithreach

1 Líon na bearnaí thíos.

a) [Creid] ____________ na páistí gach a ndeirtear leo.
b) [Bí] ____________ an fhírinne searbh.
c) [Codail] ____________ Seán go dtí a haon a chlog gach Satharn.
d) Ní [déan mé] ____________ aon obair bhaile ar an Domhnach.
e) An [tar] ____________ do ghaolta ar cuairt go minic?
f) [Foghlaim] ____________ na páistí rudaí suimiúla ar scoil gach lá.

2 Líon na bearnaí thíos.

a) Ní ____________ m'fhoireann an corn riamh.
b) ____________ mo chara bronntanas dom ar mo bhreithlá gach bliain.
c) ____________ déanach go minic don scoil.
d) Is peileadóir iontach é Ciarán agus ____________ sé go maith i gcónaí.
e) ____________ abhaile ag a cúig gach lá.
f) Ní ____________ an cailín sin sa bhaile riamh.

chabhraíonn, imríonn, bhuann, bím, fillim, tugann

3 Athscríobh an t-alt seo san Aimsir Láithreach.

Chuaigh Seán amach inné agus bhuail sé lena chairde. Bhí sé ar intinn acu dul go dtí an phictiúrlann ach nuair a shroich siad an áit baineadh siar astu toisc go raibh sé dúnta. Shocraigh siad ansin dul go dtí an pháirc. Thosaigh siad ag imirt peile. D'imir Seán go maith agus bhuaigh a fhoireann. D'fhill sé abhaile ina dhiaidh sin agus d'ith sé béile blasta.

4 Freagair na ceisteanna seo.

a) An gceannaíonn tú milseáin go minic?
b) An iarrann do mhúinteoir ort na cóipleabhair a bhailiú di go minic?
c) An dtéann tú ag snámh sa gheimhreadh?
d) An mbrostaíonn tú abhaile tar éis scoile gach lá?
e) An gcaitheann tú mórán ama ar d'obair bhaile gach lá?
f) An bhféachann tú ar an teilifís gach lá?

5 Líon na bearnaí thíos.

a) [Scríobh] ____________ mo rang aiste gach seachtain.
b) [Abair] ____________ mo mháthair liom i gcónaí mo dhícheall a dhéanamh.
c) Ní [oscail] ____________ an siopa roimh a deich aon lá.
d) [Suigh] ____________ Máire síos agus [léigh] ____________ sí leabhar nua gach lá.
e) Ní [éist] ____________ na daltaí sa rang agus [bí] ____________ siad i dtrioblóid.
f) [Buaigh] ____________ an fhoireann sin a lán cluichí.
g) Ní [rothaigh] ____________ ná ní [tiomáin] ____________ m'athair riamh; [siúil] ____________ sé gach áit.

An Aimsir Chaite

Úsáidtear an Aimsir Chaite nuair atá tú ag caint faoi rudaí a tharla cheana féin.

Cabhair!

Cuirtear **séimhiú** ar an mbriathar san Aimsir Chaite agus **d'** roimh bhriathar ag tosú le guta nó le **f**.

An chéad réimniú

Le foghlaim! Briathra leathana

An deireadh	Fág	Dún	Ól
mé	**d'fh**ág mé	**dh**ún mé	**d'ó**l mé
tú	**d'fh**ág tú	**dh**ún tú	**d'ó**l tú
sé/sí	**d'fh**ág sé/sí	**dh**ún sé/sí	**d'ó**l sé/sí
-amar	**d'fhágamar**	**dhúnamar**	**d'ólamar**
sibh	**d'fh**ág sibh	**dh**ún sibh	**d'ó**l sibh
siad	**d'fh**ág siad	**dh**ún siad	**d'ó**l siad
-adh	fág**adh**	dún**adh**	ól**adh**
níor + séimhiú	**níor fh**ág mé	**níor dh**ún mé	**níor** ól mé
ar + séimhiú	**ar fh**ág tú?	**ar dh**ún tú?	**ar** ól tú?

Samplaí

D'fhág Máire an teach ag a hocht maidin inné chun dul ar scoil.
Dhún an siopadóir an siopa ag a naoi aréir.
Níor ghlan na páistí an teach inné.

Labhair amach ... labhair os ard!

Freagair na ceisteanna seo ón múinteoir.

1. **Ar scuab tú an t-urlár inné?**
2. **Ar fhéach tú ar an teilifís aréir?**
3. **Cad a cheap tú den leabhar sin?**
4. **Ar ól tú bainne riamh?**
5. **Cén t-am a d'fhág tú an teach le teacht ar scoil ar maidin?**

Cleachtadh ag scríobh

1 Líon na bearnaí thíos.

a) [Féach] ____________ Seán ar an teilifís aréir.
b) [Fás] ____________ bláthanna áille sa ghairdín an t-earrach seo caite.
c) [Cas] ____________ na cairde lena chéile ag an gcluiche Dé Sathairn seo caite.
d) [Níor cíor] ____________ an cailín sin a cuid gruaige riamh.
e) [Ar glan] ____________ an t-úinéir sin suas i ndiaidh a mhadra?

2 Líon na bearnaí thíos.

a) ____________ na páistí go nglanfaidís an teach ar an Satharn ach níor ____________ siad é.
b) Níor ____________ a lán plandaí an geimhreadh seo caite.
c) ____________ an cór sin sa séipéal an Domhnach seo caite.
d) Níor ____________ siar ar scoil aon lá.
e) Ar ____________ tú leabhar amach ón leabharlann inné?

fhás, gheall, thóg, chan, ghlan, fhan mé

3 Ceartaigh na botúin sna habairtí thíos.

a) Ní fhág an bus an stáisiún in am ar maidin. ____________
b) Scríobhaimid aiste an tseachtain seo caite. ____________
c) Ar d'fhéach tú ar *Ros na Rún* aréir? ____________
d) Cas na cairde lena chéile sa bhaile mór an Satharn seo caite. ____________
e) Ní dhíol an siopa sin éadaí deasa riamh. ____________

4 Líon na bearnaí thíos.

a) [Pós] ____________ a lán daoine in Éirinn.
b) [Íoc] ____________ mo thuismitheoirí a lán airgid ar bhia an tseachtain seo caite.
c) [Níor ól] ____________ aon duine i mo chlann bainne.
d) [Coimeád] ____________ mo mháthair mo dhinnéar dom mar go raibh mé déanach.
e) Níor (fág) ____________ Seán in am don scoil agus bhí sé déanach.
f) (Ceap) ____________ Síle go bhfaca sí taibhse aréir.
g) Ar (iarr) ____________ an múinteoir ort na cóipleabhair a bhailiú?
h) Níor (dún) ____________ sé an doras agus rith an cat amach.

Téigh go dtí edco.ie/iontas3.

Le foghlaim! Briathra caola

An deireadh	Fill	Éist	Tuig
mé	**d'fh**ill mé	**d'é**ist mé	**th**uig mé
tú	**d'fh**ill tú	**d'é**ist tú	**th**uig tú
sé/sí	**d'fh**ill sé/sí	**d'é**ist sé/sí	**th**uig sé/sí
-eamar	**d'fhilleamar**	**d'éisteamar**	**thuigeamar**
sibh	**d'fh**ill sibh	**d'é**ist sibh	**th**uig sibh
siad	**d'fh**ill siad	**d'é**ist siad	**th**uig siad
-eadh	fill**eadh**	éist**eadh**	tuig**eadh**
níor + séimhiú	**níor fh**ill mé	**níor** éist mé	**níor th**uig mé
ar + séimhiú	**ar fh**ill tú?	**ar** éist tú?	**ar th**uig tú?

Samplaí

D'fhill an feall ar an bhfeallaire.
D'éisteamar leis an raidió i mo theach aréir.
Níor thuig mé an Gearmánach in aon chor.

Labhair amach ... labhair os ard!

Freagair na ceisteanna seo ón múinteoir.

1. **Ar bhuail tú le do chairde an deireadh seachtaine seo caite?**
2. **Ar thuill tú aon airgead inné?**
3. **Ar chaill tú d'fhón arís?**
4. **Ar mhúin d'athair sa scoil seo?**
5. **Ar bhris ar fhoighne (*lost patience*) an mhúinteora arís?**

Cleachtadh ag scríobh

1 **Líon na bearnaí thíos.**

a) ______________ Seán a lán airgid ar chreidmheas don fhón an tseachtain seo caite.
b) Níor ______________ mé an t-ábhar sin.
c) Ar ________________ Katie Taylor go minic?
d) Níor _________________ mo thuismitheoirí ón obair go dtí a sé aréir.
e) _________________ mé le mo chairde arú inné.

bhuail, thuig, chaith, throid, fhill

2 **Ceartaigh na botúin sna habairtí thíos.**

a) Fhill Peadar ar a theach ag a seacht aréir. ______________________________
b) Ní thuig na daltaí an ghramadach chasta. ______________________________
c) Níor éistim leis an raidió go minic. ______________________________
d) Ar d'ól tú a lán tae ar maidin? ______________________________
e) Níor cuir mé siúcra i mo thae riamh. ______________________________

3 **Líon na bearnaí thíos.**

a) [Níor múin] ________________ an Máistir Ó Ruairc sa scoil riamh.
b) [Ar caith] _____________ sibh a lán ama ag caint ar an bhfón ar maidin?
c) [Troid] ____________ an cailín sin le gach duine.
d) [Tuig] _______________ mé mata inné.
e) [Léim] ______________ an bhó thar an gclaí inné agus bhris sí a cos.

4 **Líon na bearnaí thíos.**

a) [Rith] ________________ na madraí sa ghairdín inné.
b) [Níor buail] ______________ na seanchairde lena chéile oiread agus uair amháin anuraidh.
c) [Ar caith] _____________ tú an samhradh in Éirinn?
d) [Níor bris] ______________ sé an chathaoir sin riamh.
e) [Tuill] _____________ sé fiche euro nuair a thug sé aire dá dheartháireacha.

Le foghlaim! Briathra le dhá shiolla ag críochnú ar -áil nó -áin

Sábháil	Taispeáin	Páirceáil	Tiomáin
shábháil mé	**th**aispeáin mé	**ph**áirceáil mé	**th**iomáin mé
shábháil tú	**th**aispeáin tú	**ph**áirceáil tú	**th**iomáin tú
shábháil sé/sí	**th**aispeáin sé/sí	**ph**áirceáil sé/sí	**th**iomáin sé/sí
shábhálamar	**thaispeánamar**	**pháirceálamar**	**thiomáineamar**
shábháil sibh	**th**aispeáin sibh	**ph**áirceáil sibh	**th**iomáin sibh
shábháil siad	**th**aispeáin siad	**ph**áirceáil siad	**th**iomáin siad
sábhál**adh**	taispeán**adh**	páirceál**adh**	tiomáin**eadh**
níor shábháil mé	**níor th**aispeáin mé	**níor ph**áirceáil mé	**níor th**iomáin mé
ar shábháil tú?	**ar th**aispeáin tú?	**ar ph**áirceáil tú?	**ar th**iomáin tú?

Labhair amach ... labhair os ard!

Freagair na ceisteanna seo ón múinteoir.

1. **Ar thaispeáin tú do mharcanna scrúdaithe do do chairde?**
2. **Ar pháirceáil d'athair a charr gar dá oifig?**
3. **Ar bhácáil sibh go minic i do theach?**
4. **Ar shábháil tú roinnt ama nuair a tháinig tú ar scoil ar do rothar?**
5. **Ar thiomáin a lán múinteoirí ar scoil inné?**

Cleachtadh ag scríobh

Líon na bearnaí thíos.

1. [Tiomáin] _____________ an siopadóir go dtí a shiopa maidin inné.
2. [Taispeáin] __________________ an múinteoir scannán don rang inné.
3. [Sábháil] ________________ a lán airgid nuair a rinneadh athchúrsáil.
4. [Níor páirceáil] __________________ mé mo charr ar an gcosán riamh.
5. [Ar taispeáin]_________________ an páiste an bronntanas ó Dhaidí na Nollag dá chara?

Téigh go dtí edco.ie/iontas3.

Le foghlaim! Briathra ag críochnú le -gh

Suigh	Nigh	Luigh
shuigh mé	nigh mé	luigh mé
shuigh tú	nigh tú	luigh tú
shuigh sé/sí	nigh sé/sí	luigh sé/sí
shuíomar	**níomar**	**luíomar**
shuigh sibh	nigh sibh	luigh sibh
shuigh siad	nigh siad	luigh siad
su**íodh**	n**íodh**	lu**íodh**
níor shuigh mé	**níor** nigh mé	**níor** luigh mé
ar shuigh tú?	**ar** nigh tú?	**ar** luigh tú?

Labhair amach ... labhair os ard!

Freagair na ceisteanna seo ón múinteoir.

1. **Ar nigh tú na gréithe inné?**
2. **Ar shuigh tú síos nuair a bhí tú ag féachaint ar an teilifís?**
3. **Ar luigh an madra ar an mata ar maidin?**
4. **Ar nigh tú do lámha ar maidin?**
5. **Cathain a shuigh tú síos chun an dinnéar a ithe?**

Cleachtadh ag scríobh

Líon na bearnaí thíos.

1. [Suigh] ______________________ an tseanbhean siar sa chathaoir go minic.
2. [Nigh] ______________ mé an madra uair sa tseachtain.
3. [Luigh] _____________ an fear sa leaba nuair a bhí sé tinn.
4. [Níor suigh] _____________ mo mháthair síos go minic.
5. [Ar nigh] _____________ na páistí na bréagáin sular thosaigh siad ag súgradh leo?

Le foghlaim!

Buaigh	Glaoigh	Léigh
bhuaigh mé	**gh**laoigh mé	léigh mé
bhuaigh tú	**gh**laoigh tú	léigh tú
bhuaigh sé/sí	**gh**laoigh sé/sí	léigh sé/sí
bhuamar	**ghlaomar**	**léamar**
bhuaigh sibh	**gh**laoigh sibh	léigh sibh
bhuaigh siad	**gh**laoigh siad	léigh siad
bu**adh**	gla**odh**	lé**adh**
níor bhuaigh mé	**níor gh**laoigh mé	**níor** léigh mé
ar bhuaigh tú?	**ar gh**laoigh tú?	**ar** léigh tú?

Briathra eile atá cosúil leis seo: luaigh, cráigh agus pléigh.

Labhair amach … labhair os ard!

Freagair na ceisteanna seo ón múinteoir.

1. **Ar ghlaoigh tú ar do ghaolta go minic?**
2. **Ar léigh tú go minic?**
3. **Ar bhuaigh d'fhoireann go minic?**
4. **Ar ghlaoigh tú ar na gardaí go minic?**
5. **Ar léigh do rang a lán leabhar?**

Cleachtadh ag scríobh

Líon na bearnaí thíos.

1. [Buaigh] ______________ Cill Chainnigh an iománaíocht anuraidh.
2. [Ar glaoigh] _______________ an múinteoir an rolla ag tús gach ranga inné?
3. Cén fáth nár [léigh] ____________ tú níos mó leabhar?
4. [Níor buaigh] ________________ mé aon rud riamh.
5. [Glaoigh] _______________ Síle ar a cara inné.

An dara réimniú

Le foghlaim! Briathra leathana

An deireadh	Cabhraigh	Éalaigh	Gortaigh
mé	**ch**abhraigh mé	**d'é**alaigh mé	**gh**ortaigh mé
tú	**ch**abhraigh tú	**d'é**alaigh tú	**gh**ortaigh tú
sé/sí	**ch**abhraigh sé/sí	**d'é**alaigh sé/sí	**gh**ortaigh sé/sí
-aíomar	**chabhraíomar**	**d'éalaíomar**	**ghortaíomar**
sibh	**ch**abhraigh sibh	**d'é**alaigh sibh	**gh**ortaigh sibh
siad	**ch**abhraigh siad	**d'é**alaigh siad	**gh**ortaigh siad
-aíodh	cabhr**aíodh**	éal**aíodh**	gort**aíodh**
níor + séimhiú	**níor ch**abhraigh mé	**níor** éalaigh mé	**níor gh**ortaigh mé
ar + séimhiú	**ar ch**abhraigh tú?	**ar** éalaigh tú?	**ar gh**ortaigh tú?

Samplaí

Chabhraigh na páistí sa teach inné.
Níor éalaigh mé ó m'obair bhaile riamh.
Ar gortaíodh a lán peileadóirí le linn an chluiche inné?

Labhair amach ... labhair os ard!

Freagair na ceisteanna seo ón múinteoir.

1. **Ar chabhraigh tú timpeall an tí aréir?**
2. **Ar ghortaigh tú tú féin nuair a bhí tú ag imirt spóirt?**
3. **Ar éalaigh mórán gadaithe ón bpríosún inné?**
4. **Ar chabhraigh do rang leis na múinteoirí?**
5. **Ar gortaíodh mórán capall ag na rásaí capall inné?**

Téigh go dtí edco.ie/iontas3.

Cleachtadh ag scríobh

1 Líon na bearnaí thíos.

a) [Cuardaigh] ____________ na gardaí an foirgneamh sin aréir.
b) [Níor ceartaigh] ______________ an múinteoir na daltaí dána riamh.
c) [Ar fiafraigh] _______________ do thuismitheoirí díot cá raibh tú ag dul?
d) [Brostaigh] _____________ mé abhaile inné chun mo mhadra nua a fheiceáil.
e) Cén t-am a [tosaigh] ____________ an clár sin?

2 Líon na bearnaí thíos.

a) _________________ an dochtúir an t-othar nuair a bhí sé tinn.
b) Níor _____________ an múinteoir mé do rud ar bith.
c) Ar ____________________ tú ar an gclár sin aréir?
d) ________________________ a lán carranna ar an leac oighir.
e) Níor _________________ sé do na scrúduithe riamh agus mar sin theip air.

fhéach, ullmhaigh, scrúdaigh, shleamhnaigh, roghnaigh

3 Ceartaigh na botúin sna habairtí thíos.

a) Tosaigh an rang ag a naoi maidin inné. ______________________________
b) Ní chríochnaigh an scoil go dtí a ceathair a chlog inné. ______________________________
c) Fiosraigh na gardaí an suíomh nuair a bhí timpiste ann. ______________________________
d) An cheartaigh an múinteoir na cóipleabhair go minic? ______________________________
e) Socraigh na páistí isteach ar scoil tar éis cúpla lá. ______________________________

4 Líon na bearnaí thíos.

a) [Sleamhnaigh] __________ mé ar an leac oighir inné agus [gortaigh] __________ mé mo dhroim.
b) Níor [brostaigh] __________ mo dheirfiúr abhaile aréir agus bhí sí déanach.
c) Nuair a [críochnaigh] __________ mé m'obair bhaile [glaoigh] _________ mé ar mo chara.
d) [Fiafraigh] _____________ an múinteoir díom cár fhág mé an aiste.
e) Níor [fiosraigh] __________ na gardaí an suíomh tar éis na timpiste.

Le foghlaim! Briathra caola

An deireadh	Imigh	Ceistigh	Bailigh
mé	**d'i**migh mé	**ch**eistigh mé	**bh**ailigh mé
tú	**d'i**migh tú	**ch**eistigh tú	**bh**ailigh tú
sé/sí	**d'i**migh sé/sí	**ch**eistigh sé/sí	**bh**ailigh sé/sí
-íomar	**d'imíomar**	**cheistíomar**	**bhailíomar**
sibh	**d'i**migh sibh	**ch**eistigh sibh	**bh**ailigh sibh
siad	**d'i**migh siad	**ch**eistigh siad	**bh**ailigh siad
-íodh	im**íodh**	ceist**íodh**	bail**íodh**
níor + séimhiú	**níor** imigh	**níor ch**eistigh	**níor bh**ailigh mé
ar + séimhiú	**ar** imigh tú?	**ar ch**eistigh tú?	**ar bh**ailigh tú?

Samplaí

D'imigh an bhean ag a hocht maidin inné.
Ar cheistigh na gardaí gach duine sa scoil nuair a bhí an dóiteán ann?
Níor bhailigh na múinteoir na cóipleabhair Dé Máirt seo caite.

Labhair amach ... labhair os ard!

Freagair na ceisteanna seo ón múinteoir.

1. **Ar bhailigh sibh sméara dubha an fómhar seo caite?**
2. **Ar imigh sibh ar thuras scoile anuraidh?**
3. **Ar chuidigh tú ag baile inné?**
4. **Cén t-am a d'éirigh tú ag an deireadh seachtaine?**
5. **Ar chóirigh tú do leaba ar maidin?**

Téigh go dtí edco.ie/iontas3.

Cleachtadh ag scríobh

1 Líon na bearnaí thíos.

a) [Cuimhnigh] ______________ mé ar bhreithlá mo charad nuair a bhí sé ródhéanach.
b) [Níor dúisigh] ______________ na daltaí go dtí meán lae ag an deireadh seachtaine.
c) [Cuidigh]______________ Máire lena tuismitheoirí an teach a ghlanadh Dé Sathairn seo caite.
d) [Cóirigh] ______________ siad a leaba sular fhág siad an teach ar maidin.
e) [Oibrigh] ______________ mé go dian roimh scrúduithe na bliana seo caite.

2 Ceartaigh na botúin sna habairtí thíos.

a) Ceistigh na gardaí an buachaill sin inné. ______________
b) Ní chuidigh Máire sa teach riamh. ______________
c) Ar d'éirigh tú in am riamh? ______________
d) Foilsigh an páipéar drochscéalta arís inné. ______________
e) Ar deisigh tú do rothar nuair a bhí sé briste? ______________

3 Líon na bearnaí thíos.

a) ______________ mé ar mo chara ar a breithlá anuraidh.
b) Níor ______________ na tuismitheoirí na páistí in am ón gcóisir.
c) ______________ an teicneoir an ríomhaire nuair a bhí sé briste.
d) ______________ na páistí a lán rudaí ar scoil inné.
e) ______________ na múinteoirí go dian inné.

bhailigh, d'oibrigh, dheisigh, smaoinigh, d'fhoghlaim

Le foghlaim! Briathra a chríochnaíonn ar -ail, -is, -ir, -il

Codail	Oscail	Inis
chodail mé	**d'**oscail mé	**d'**inis mé
chodail tú	**d'**oscail tú	**d'**inis tú
chodail sé/sí	**d'**oscail sé/sí	**d'**inis sé/sí
chodlaíomar	**d'osclaíomar**	**d'insíomar**
chodail sibh	**d'**oscail sibh	**d'**inis sibh
chodail siad	**d'**oscail siad	**d'**inis siad
codl**aíodh**	oscl**aíodh**	ins**íodh**
níor chodail mé	**níor** oscail mé	**níor** inis mé
ar chodail tú?	**ar** oscail tú?	**ar** inis tú?

Briathra eile atá cosúil leis seo: freagair; labhair; imir; eitil; ceangail; bagair; cosain; iompair; múscail.

Labhair amach ... labhair os ard!

Freagair na ceisteanna seo ón múinteoir.

1. **Ar eitil tú ar eitleán go minic?**
2. **Ar cheangail tú an bád le rópa?**
3. **Ar inis tú bréag riamh?**
4. **Ar chodail tú go sámh ag an deireadh seachtaine?**
5. **Cé a d'fhreagair an fón i do theach aréir?**

Cleachtadh ag scríobh

Líon na bearnaí thíos.

1. [Labhair] ______________ an príomhoide leis an scoil ar fad maidin inné.
2. [Cosain] ______________ an carr úrnua sin a lán airgid.
3. [Imir] ______________ mé mar chúlaí ar m'fhoireann peile.
4. [Níor freagair] ______________an cailín cúthail aon cheist sa rang.
5. [Iompair] ______________ an tuismitheoir an páiste nuair a d'éirigh sé tuirseach.

Le foghlaim! Briathra neamhrialta

Bí		
bhí mé	ní raibh mé	an raibh mé?
bhí tú	ní raibh tú	an raibh tú?
bhí sé/sí	ní raibh sé/sí	an raibh sé/sí?
bhíomar	ní rabhamar	an rabhamar?
bhí sibh	ní raibh sibh	an raibh sibh?
bhí siad	ní raibh siad	an raibh siad?
bhíothas	ní rabhthas	an rabhthas?

Téigh		
chuaigh mé	ní dheachaigh mé	an ndeachaigh mé?
chuaigh tú	ní dheachaigh tú	an ndeachaigh tú?
chuaigh sé/sí	ní dheachaigh sé/sí	an ndeachaigh sé/sí?
chuamar	ní dheachamar	an ndeachamar?
chuaigh sibh	ní dheachaigh sibh	an ndeachaigh sibh?
chuaigh siad	ní dheachaigh siad	an ndeachaigh siad?
chuathas	ní dheachthas	an ndeachthas?

Feic		
chonaic mé	ní fhaca mé	an bhfaca mé?
chonaic tú	ní fhaca tú	an bhfaca tú?
chonaic sé/sí	ní fhaca sé/sí	an bhfaca sé/sí?
chonaiceamar	ní fhacamar	an bhfacamar?
chonaic sibh	ní fhaca sibh	an bhfaca sibh?
chonaic siad	ní fhaca siad	an bhfaca siad?
chonacthas	ní fhacthas	an bhfacthas?

Déan		
rinne mé	ní dhearna mé	an ndearna mé?
rinne tú	ní dhearna tú	an ndearna tú?
rinne sé/sí	ní dhearna sé/sí	an ndearna sé/sí?
rinneamar	ní dhearnamar	an ndearnamar?
rinne sibh	ní dhearna sibh	an ndearna sibh?
rinne siad	ní dhearna siad	an ndearna siad?
rinneadh	ní dhearnadh	an ndearnadh?

Abair		
dúirt mé	ní dúirt mé	an ndúirt mé?
dúirt tú	ní dúirt tú	an ndúirt tú?
dúirt sé/sí	ní dúirt sé/sí	an ndúirt sé/sí?
dúramar	ní dúramar	an ndúramar?
dúirt sibh	ní dúirt sibh	an ndúirt sibh?
dúirt siad	ní dúirt siad	an ndúirt siad?
dúradh	ní dúradh	an ndúradh?

Faigh		
fuair mé	ní bhfuair mé	an bhfuair mé?
fuair tú	ní bhfuair tú	an bhfuair tú?
fuair sé/sí	ní bhfuair sé/sí	an bhfuair sé/sí?
fuaireamar	ní bhfuaireamar	an bhfuaireamar?
fuair sibh	ní bhfuair sibh	an bhfuair sibh?
fuair siad	ní bhfuair siad	an bhfuair siad?
fuarthas	ní bhfuarthas	an bhfuarthas?

Tar		
tháinig mé	níor tháinig mé	ar tháinig mé?
tháinig tú	níor tháinig tú	ar tháinig tú?
tháinig sé/sí	níor tháinig sé/sí	ar tháinig sé/sí?
thángamar	níor thángamar	ar thángamar?
tháinig sibh	níor tháinig sibh	ar tháinig sibh?
tháinig siad	níor tháinig siad	ar tháinig siad?
thángthas	níor thángthas	ar thángthas?

Clois		
chuala mé	níor chuala mé	ar chuala mé?
chuala tú	níor chuala tú	ar chuala tú?
chuala sé/sí	níor chuala sé/sí	ar chuala sé/sí?
chualamar	níor chualamar	ar chualamar?
chuala sibh	níor chuala sibh	ar chuala sibh?
chuala siad	níor chuala siad	ar chuala siad?
chualathas	níor chualathas	ar chualathas?

Ith		
d'ith mé	níor ith mé	ar ith mé?
d'ith tú	níor ith tú	ar ith tú?
d'ith sé/sí	níor ith sé/sí	ar ith sé/sí?
d'itheamar	níor itheamar	ar itheamar?
d'ith sibh	níor ith sibh	ar ith sibh?
d'ith siad	níor ith siad	ar ith siad?
itheadh	níor itheadh	ar itheadh?

Beir		
rug mé	níor rug mé	ar rug mé?
rug tú	níor rug tú	ar rug tú?
rug sé/sí	níor rug sé/sí	ar rug sé/sí?
rugamar	níor rugamar	ar rugamar?
rug sibh	níor rug sibh	ar rug sibh?
rug siad	níor rug siad	ar rug siad?
rugadh	níor rugadh	ar rugadh?

Tabhair		
thug mé	níor thug mé	ar thug mé?
thug tú	níor thug tú	ar thug tú?
thug sé/sí	níor thug sé/sí	ar thug sé/sí?
thugamar	níor thugamar	ar thugamar?
thug sibh	níor thug sibh	ar thug sibh?
thug siad	níor thug siad	ar thug siad?
tugadh	níor tugadh	ar tugadh?

Cleachtadh ag scríobh

1 Líon na bearnaí thíos.

a) [Faigh] ____________ mé a lán obair bhaile aréir.
b) [Tabhair] ____________ mo mhúinteoir amach dom inné mar nach raibh an aiste scríofa agam.
c) Ní [déan] ____________ Seán aon rud le cabhrú sa teach.
d) [Bí] ____________ mé ag troid le mo dheirfiúr inné.
e) [Beir] ____________ na gardaí ar na príosúnaithe go léir a d'éalaigh ón bpríosún.

2 Líon na bearnaí thíos.

a) ____________ mé mo chairde ag caint faoin gcóisir.
b) ____________ mo mháthair liom gan a bheith déanach ag teacht ar ais.
c) Ní ____________ mé mo chara ón mbunscoil le cúpla mí anois.
d) ____________ mé bronntanas do mo chara an Nollaig seo caite.
e) ____________ mé ar an madra sular éalaigh sé amach an doras.

fhaca, thug, chuala, rug, dúirt

3 Líon na bearnaí thíos.

a) [Abair] ____________ mé le mo chara go mbuailfinn léi an lá dar gcionn.
b) [Feic] ____________ Cian a chara ag an bpictiúrlann inné.
c) Ní [téigh] ____________ Máire ar scoil inné toisc go raibh sí tinn.
d) An [déan] ____________ tusa d'obair bhaile go fóill?
e) [Tabhair] ____________ mo chara cabhair dom le mata.

4 Freagair na ceisteanna seo.

a) An ndeachaigh tú amach ag an deireadh seachtaine?
b) Ar thug tú an leabhar ar ais do do chara inné?
c) An ndearna tú botún san aiste?
d) An raibh tú ag ceolchoirm riamh?
e) An bhfuair tú bronntanais dheasa ar do bhreithlá?

Súil Siar ar an Aimsir Chaite

1 Líon na bearnaí thíos.

a) [Cuir] ____________ an múinteoir an milleán orm inné agus [bí] __________ fearg orm.
b) [Fág] ______________ mé an teach ag a hocht ar maidin ach fós bhí mé déanach.
c) Níor [oscail] ______________ an siopa go dtí a deich ar maidin toisc go raibh an siopadóir tinn.
d) Ní [déan] _____________ mé aon obair bhaile Dé Domhnaigh seo caite.
e) [Tar] ___________ m'aintín ar cuairt inné.
f) An [faigh] __________ an rang a lán obair bhaile aréir?

2 Líon na bearnaí thíos.

a) Níor ______________ Caitríona aon leabhar le fada an lá.
b) Ní ______________ mé dearmad ar bhreithlá mo charad riamh.
c) ____________ mé déanach don scoil ar maidin.
d) ______________ mo sheanathair scéalta suimiúla dúinn faoina óige.
e) ____________ mé mo bhaile ag a cúig inné.
f) Níor __________ sé na ceisteanna deacra agus _______ air sa scrúdú.

dhearna, shroich, theip, léigh, bhí, d'inis, thuig

3 Athscríobh an t-alt seo san Aimsir Chaite.

Tabharfaidh an múinteoir an iomarca obair bhaile dúinn ag an deireadh seachtaine. Déanfaidh mé cuid di ar an Aoine ach ar an Satharn beidh mé ag dul amach le mo chairde. Rachaimid go dtí an t-ionad siopadóireachta agus ceannóimid éadaí nua. Íosfaimid béile sa bhialann ansin. Fillfidh mé abhaile ag a sé agus críochnóidh mé m'obair bhaile ansin.

4 Freagair na ceisteanna seo.

a) Ar cheannaigh tú an leabhar nua sin go fóill?
b) An ndearna tú d'obair bhaile go fóill?
c) An ndeachaigh tú amach le do chairde ag an deireadh seachtaine?
d) Ar fhág tú an teach in am ar maidin?
e) Ar ghlan tú do sheomra leapa inné?
f) An bhfaca tú an príomhoide ar maidin?
g) Ar éist tú leis an nuacht ar maidin?

5 Líon na bearnaí thíos.

a) [Scríobh] ______________ mo rang aiste an tseachtain seo caite.
b) [Abair] ______________ mo mháthair liom i gcónaí mo dhícheall a dhéanamh.
c) Níor [oscail] ______________ an siopa roimh a deich inné.
d) [Suigh] ____________ Máire síos agus [léigh] ______________ sí leabhar nua inné.
e) Níor [éist] ______________ na daltaí sa rang agus [bí] ____________ siad i dtrioblóid.
f) Ar [tabhair] __________ tú an bronntanas do do chara fós?

An Aimsir Fháistineach

Úsáidtear an Aimsir Fháistineach nuair atá tú ag caint faoi rudaí nár tharla fós.

An chéad réimniú

Le foghlaim! Briathra leathana

An deireadh	Fág	Dún	Ól
-faidh mé	fág**faidh** mé	dún**faidh** mé	ól**faidh** mé
-faidh tú	fág**faidh** tú	dún**faidh** tú	ól**faidh** tú
-faidh sé/sí	fág**faidh** sé/sí	dún**faidh** sé/sí	ól**faidh** sé/sí
-faimid	fág**faimid**	dún**faimid**	ól**faimid**
-faidh sibh	fág**faidh** sibh	dún**faidh** sibh	ól**faidh** sibh
-faidh siad	fág**faidh** siad	dún**faidh** siad	ól**faidh** siad
-far	fág**far**	dún**far**	ól**far**
ní + séimhiú	**ní fh**ágfaidh mé	**ní dh**únfaidh mé	**ní** ólfaidh
an + urú	**an bhf**ágfaidh tú?	**an nd**únfaidh tú?	**an** ólfaidh tú?

Samplaí

Fágfaidh Máire an teach ag a hocht maidin amárach chun dul ar scoil.
Dúnfaidh an siopadóir an siopa ag a naoi anocht.
Ní ghlanfaidh na páistí an teach an deireadh seachtaine seo chugainn.

Cabhair!

Ní chuirtear **séimhiú** san Aimsir Fháistineach ach amháin má bhíonn **ní** roimh an mbriathar agus uaireanta tar éis **a**.

Labhair amach ... labhair os ard!

Freagair na ceisteanna seo ón múinteoir.

1. **An scuabfaidh tú an t-urlár amárach?**
2. **An bhféachfaidh tú ar an teilifís anocht?**
3. **An léifidh tú an leabhar nua le JK Rowling?**
4. **An ólfaidh tú bainne amárach?**
5. **Cén t-am a fhágfaidh tú an teach le teacht ar scoil maidin amárach?**

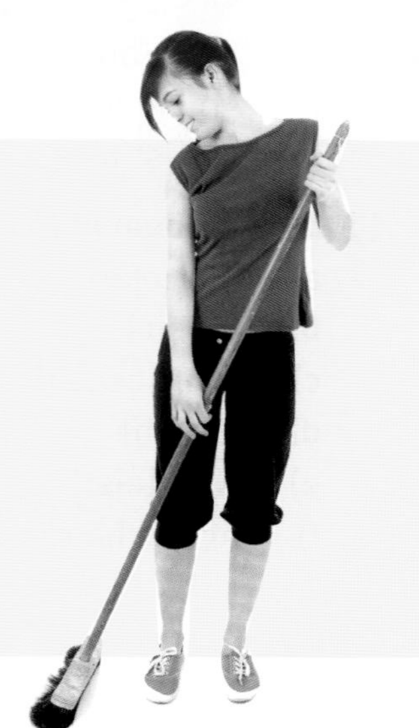

Cleachtadh ag scríobh

1 **Líon na bearnaí thíos.**

a) [Féach] ____________ Seán ar an teilifís san oíche amárach.
b) [Fás] ____________ bláthanna áille sa ghairdín an t-earrach seo chugainn.
c) [Cas] ____________ na cairde lena chéile ag an gcluiche Dé Sathairn seo chugainn.
d) [Ní dún] ____________ an fear an oifig roimh a sé amárach.
e) [An glan] ____________na páistí an teach tar éis na cóisire?

2 **Líon na bearnaí thíos.**

a) ____________ na páistí go nglanfaidh siad an teach gach Satharn ach ní ____________ siad é.
b) Ní ____________ a lán plandaí an geimhreadh seo chugainn.
c) ____________ an cór sin sa séipéal Dé Domhnaigh seo chugainn.
d) Ní ____________ mé siar ar scoil aon lá an tseachtain seo chugainn.
e) An ____________ tú leabhar amach ón leabharlann dom amárach?

fhásfaidh, geallfaidh, dtógfaidh, canfaidh, ghlanfaidh, fhanfaidh

3 **Ceartaigh na botúin sna habairtí thíos.**

a) Ní fágfaidh an bus an stáisiún roimh a sé maidin amárach. ____________
b) Scríobhfimid aiste an tseachtain seo chugainn. ____________
c) An féachfaidh tú ar *Ros na Rún* anocht? ____________
d) Chasfaidh na cairde lena chéile sa bhaile mór Dé Sathairn seo chugainn. ____________
e) Díolfidh an siopa sin éadaí deasa an samhradh seo chugainn. ____________

4 **Líon na bearnaí thíos.**

a) [Pós] ____________ a lán daoine in Éirinn an bhliain seo chugainn.
b) [Íoc] ____________ mo thuismitheoirí a lán airgid ar bhia an tseachtain seo chugainn.
c) [Ní ól] ____________ aon duine i mo chlann bainne riamh.
d) [Coimeád] ____________ mo mháthair mo dhinnéar dom má bhím déanach.

Téigh go dtí edco.ie/iontas3.

An chéad réimniú

Le foghlaim! Briathra caola

An deireadh	Fill	Éist	Tuig
-fidh mé	fill**fidh** mé	éist**fidh** mé	tuig**fidh** mé
-fidh tú	fill**fidh** tú	éist**fidh** tú	tuig**fidh** tú
-fidh sé/sí	fill**fidh** sé/sí	éist**fidh** sé/sí	tuig**fidh** sé/sí
-fimid	fill**fimid**	éist**fimid**	tuig**fimid**
-fidh sibh	fill**fidh** sibh	éist**fidh** sibh	tuig**fidh** sibh
-fidh siad	fill**fidh** siad	éist**fidh** siad	tuig**fidh** siad
-fear	fill**fear**	éist**fear**	tuig**fear**
ní + séimhiú	**ní fh**illfidh	**ní** éistfidh	**ní th**uigfidh mé
an + urú	**an bh**fillfidh tú?	**an** éistfidh tú?	**an dt**uigfidh tú?

Cabhair!

Ní chuirtear **séimhiú** san Aimsir Fháistineach ach amháin má bhíonn **ní** roimh an mbriathar agus uaireanta tar éis **a**.

Samplaí

Fillfidh an páiste abhaile tar éis a lá scoile.
Éistfimid leis an raidió maidin amárach.
Ní shroichfidh mé mo theach in am mura bhfágaim ag a hocht.

Labhair amach ... labhair os ard!

Freagair na ceisteanna seo ón múinteoir.

1. **An mbuailfidh tú le do chairde an deireadh seachtaine seo chugainn?**
2. **An dtuillfidh tú aon airgead an samhradh seo chugainn?**
3. **An gcaillfidh tú do sparán amárach?**
4. **An múinfidh tú an t-ábhar seo dom, led' thoil?**
5. **An mbrisfidh ar fhoighne (*will lose patience*) an mhúinteora má bhíonn na páistí dána?**

Cleachtadh ag scríobh

1 Líon na bearnaí thíos.

a) ____________ Seán a lán airgid ar chreidmheas don fhón an tseachtain seo chugainn.
b) Ní ____________ mé an t-ábhar sin go deo.
c) An ____________ Katie Taylor go minic an bhliain seo chugainn?
d) Ní ____________ mo thuismitheoirí ón obair go dtí a sé anocht.
e) ____________ mé le mo chairde go minic an samhradh seo chugainn.

buailfidh, thuigfidh, caithfidh, dtroidfidh, fhillfidh

2 Ceartaigh na botúin sna habairtí thíos.

a) Fillfaidh Peadar ar a theach ag a seacht san oíche amárach. ____________
b) Ní tuigfidh na daltaí an ghramadach chasta. ____________
c) Ní héistfidh mé leis an raidió anocht. ____________
d) An ólfadh tú a lán tae i rith na seachtaine seo chugainn? ____________
e) Ní cuirfidh mé siúcra i mo thae riamh. ____________

3 Líon na bearnaí thíos.

a) [Ní múin] ____________ an Máistir Ó Ruairc sa scoil ón samhradh ar aghaidh.
b) [An caith] ____________ sibh a lán ama ag caint ar an bhfón anocht?
c) [Troid] ____________ an cailín sin le gach duine ar scoil amárach.
d) [Ní tuig] ____________ mé mata go deo.
e) [Léim] ____________ an bhó thar an gclaí amárach.

4 Líon na bearnaí thíos.

a) [Rith] ____________ na madraí sa ghairdín amárach.
b) [Ní buail] ____________ na seanchairde lena chéile riamh arís.
c) [An caith] ____________ tú an samhradh seo chugainn in Éirinn?
d) [Ní bris] ____________ sé an chathaoir riamh arís.
e) [Tuill] ____________ sé fiche euro ag tabhairt aire dá dheartháireacha amárach.

Téigh go dtí edco.ie/iontas3.

Le foghlaim! Briathra le dhá shiolla ag críochnú ar -áil nó -áin

Sábháil	Taispeáin	Páirceáil	Tiomáin
sábhál**faidh** mé	taispeán**faidh** mé	páirceál**faidh** mé	tiomáin**fidh** mé
sábhál**faidh** tú	taispeán**faidh** tú	páirceál**faidh** tú	tiomáin**fidh** tú
sábhál**faidh** sé/sí	taispeán**faidh** sé/sí	páirceál**faidh** sé/sí	tiomáin**fidh** sé/sí
sábhál**faimid**	taispeán**faimid**	páirceál**faimid**	tiomáin**fimid**
sábhál**faidh** sibh	taispeán**faidh** sibh	páirceál**faidh** sibh	tiomáin**fidh** sibh
sábhál**faidh** siad	taispeán**faidh** siad	páirceál**faidh** siad	tiomáin**fidh** siad
sábhál**far**	taispeán**far**	páirceál**far**	tiomáin**fear**
ní shábhálfaidh mé	**ní th**aispeánfaidh mé	**ní ph**áirceálfaidh mé	**ní th**iomáinfidh mé
an sábhálfaidh tú?	**an dt**aispeánfaidh tú?	**an bp**áirceálfaidh tú?	**an dt**iomáinfidh tú?

Labhair amach ... labhair os ard!

Freagair na ceisteanna seo ón múinteoir.

1. **An dtaispeánfaidh tú do mharcanna scrúdaithe do do chairde?**
2. **An bpáirceálfaidh d'athair a charr gar dá oifig amárach?**
3. **An mbácálfaidh sibh cáca anocht?**
4. **An sábhálfaidh tú roinnt ama má thagann tú ar scoil ar do rothar?**
5. **An dtaispeánfaidh tú d'obair bhaile dom?**

Cleachtadh ag scríobh

Líon na bearnaí thíos.

1. [Tiomáin] ____________ an siopadóir go dtí a shiopa maidin amárach.
2. [Taispéain] ________________ an múinteoir scannán don rang amárach.
3. [Sábháil] ______________ a lán airgid má dhéantar athchúrsáil.
4. [Ní páirceáil] ________________ mé mo charr ar an gcosán riamh arís.
5. [An taispeáin] ________________ an páiste an bronntanas ó Dhaidí na Nollag dá chara?
6. An [bácáil] __________ do chara cáca duit ar do bhreithlá?
7. Ní [tiomáin] __________ sé riamh toisc go bhfuil eagla air.
8. An [páirceáil] ______________ tú in aice leis an trá amárach?
9. Ní [sábháil] ____________ sí aon airgead mura stopann sí ag ceannach.

Le foghlaim! Briathra ag críochnú le -gh

Suigh	Nigh	Luigh
suí**fidh** mé	ní**fidh** mé	luí**fidh** mé
suí**fidh** tú	ní**fidh** tú	luí**fidh** tú
suí**fidh** sé/sí	ní**fidh** sé/sí	luí**fidh** sé/sí
suí**fimid**	ní**fimid**	luí**fimid**
suí**fidh** sibh	ní**fidh** sibh	luí**fidh** sibh
suí**fidh** siad	ní**fidh** siad	luí**fidh** siad
suí**fear**	ní**fear**	luí**fear**
ní shuífidh mé	**ní** nífidh mé	**ní** luífidh mé
an suífidh tú?	**an** nífidh tú?	**an** luífidh tú?

Labhair amach ... labhair os ard!

Freagair na ceisteanna seo ón múinteoir.

1. **An nífidh tú na gréithe anocht?**
2. **An suífidh tú síos agus tú ag féachaint ar an teilifís?**
3. **An luífidh an madra ar an mata má bhíonn tuirse air?**
4. **An nífidh tú do lámha anois?**
5. **Cathain a shuífidh tú síos chun an dinnéar a ithe?**

Cleachtadh ag scríobh

Líon na bearnaí thíos.

1. [Suigh] ______________________ an tseanbhean siar sa chathaoir anois.
2. [Nigh] ________________ mé an madra an tseachtain seo chugainn.
3. [Luigh] ________________ an fear sa leaba má bhíonn sé tinn.
4. [Ní suigh] ______________ mo mháthair ar fhéar fliuch riamh.
5. [An nigh] ______________ na páistí na bréagáin go luath?

Le foghlaim!

Buaigh	Glaoigh	Léigh
bua**faidh** mé	glao**faidh** mé	léi**fidh** mé
bua**faidh** tú	glao**faidh** tú	léi**fidh** tú
bua**faidh** sé/sí	glao**faidh** sé/sí	léi**fidh** sé/sí
bua**faimid**	glao**faimid**	léi**fimid**
bua**faidh** sibh	glao**faidh** sibh	léi**fidh** sibh
bua**faidh** siad	glao**faidh** siad	léi**fidh** siad
bua**far**	glao**far**	léi**fear**
ní bhuafaidh mé	**ní gh**laofaidh mé	**ní** léifidh mé
an mbuafaidh tú?	**an ng**laofaidh tú?	**an** léifidh tú?

Briathra eile atá cosúil leis seo: luaigh, cráigh agus pléigh.

Labhair amach ... labhair os ard!

Freagair na ceisteanna seo ón múinteoir.

1. **An nglaofaidh tú ar do ghaolta amárach?**
2. **An léifidh tú an leabhar nua sin anois?**
3. **An mbuafaidh d'fhoireann an cluiche amárach?**
4. **An nglaofaidh tú ar na gardaí má fheiceann tú timpiste?**
5. **An léifidh do rang a lán leabhar má thugann an múinteoir leabhair dóibh?**

Cleachtadh ag scríobh

Líon na bearnaí thíos.

1. [Buaigh] ______________ Cill Chainnigh an chraobh iománaíochta amárach.
2. [An glaoigh] ______________ an múinteoir an rolla ag tús an ranga amárach?
3. Cén fáth nach [léigh] ____________ tú níos mó leabhar?
4. [Ní buaigh] ______________ mé aon rud sa chrannchur amárach.
5. [Glaoigh] ______________ Síle ar a cara amárach.

An dara réimniú

Le foghlaim! Briathra leathana

An deireadh	Cabhraigh	Éalaigh	Gortaigh
-óidh mé	cabhr**óidh** mé	éal**óidh** mé	gort**óidh** mé
-óidh tú	cabhr**óidh** tú	éal**óidh** tú	gort**óidh** tú
-óidh sé/sí	cabhr**óidh** sé/sí	éal**óidh** sé/sí	gort**óidh** sé/sí
-óimid	cabhr**óimid**	éal**óimid**	gort**óimid**
-óidh sibh	cabhr**óidh** sibh	éal**óidh** sibh	gort**óidh** sibh
-óidh siad	cabhr**óidh** siad	éal**óidh** siad	gort**óidh** siad
-ófar	cabhr**ófar**	éal**ófar**	gort**ófar**
ní + séimhiú	**ní ch**abhróidh mé	**ní** éalóidh mé	**ní gh**ortóidh mé
an + urú	**an gc**abhróidh tú?	**an** éalóidh tú?	**an ng**ortóidh tú?

Samplaí

Cabhróidh na páistí sa teach an Satharn seo chugainn.
Ní éalóidh mé ó m'obair bhaile riamh.
An ngortófar a lán peileadóirí le linn an chluiche amárach?

Labhair amach ... labhair os ard!

Freagair na ceisteanna seo ón múinteoir.

1. **An gcabhróidh tú timpeall an tí amárach?**
2. **An ngortóidh tú tú féin nuair a bheidh tú ag imirt spóirt?**
3. **An éalóidh mórán gadaithe as na príosúin amárach?**
4. **An gcabhróidh do rang leis na múinteoirí ag an gcéad aonach saothair eile?**
5. **An ngortófar mórán imreoirí le linn an chluiche amárach?**

Téigh go dtí edco.ie/iontas3.

Cleachtadh ag scríobh

1 Líon na bearnaí thíos.

a) [Cuardaigh] ____________ na gardaí an foirgneamh sin amárach.
b) [Ní ceartaigh] ____________ an múinteoir na daltaí dána arís.
c) [An fiafraigh] ____________ do thuismitheoirí díot cá mbeidh tú ag dul?
d) [Brostaigh] ____________ mé abhaile amárach chun mo mhadra nua a fheiceáil.
e) Cén t-am a [tosaigh] ____________ an clár sin anocht?

2 Líon na bearnaí thíos.

a) ____________ an dochtúir an t-othar má bhíonn sé tinn.
b) Ní ____________ an múinteoir mé do rud ar bith.
c) An ____________ tú ar an gclár sin amárach?
d) ____________ a lán carranna ar an leac oighir an geimhreadh seo chugainn.
e) Ní ____________ sé do na scrúduithe agus mar sin teipfidh air.

mbreathnóidh, ullmhóidh, scrúdóidh, sleamhnóidh, roghnóidh

3 Ceartaigh na botúin sna habairtí thíos.

a) Thosóidh an rang ag a naoi maidin amárach. ____________
b) Ní críochnóidh an scoil go dtí a ceathair a chlog amárach. ____________
c) D'fiosróidh na gardaí an suíomh má bhíonn timpiste ann. ____________
d) An ceartóidh an múinteoir na cóipleabhair sin anocht? ____________
e) Ná bí buartha, shocróidh na páistí isteach ar scoil tar éis cúpla lá. ____________

Le foghlaim! Briathra caola

An deireadh	Imigh	Ceistigh	Bailigh
-eoidh mé	im**eoidh** mé	ceist**eoidh** mé	bail**eoidh** mé
-eoidh tú	im**eoidh** tú	ceist**eoidh** tú	bail**eoidh** tú
-eoidh sé/sí	im**eoidh** sé/sí	ceist**eoidh** sé/sí	bail**eoidh** sé/sí
-eoimid	im**eoimid**	ceist**eoimid**	bail**eoimid**
-eoidh sibh	im**eoidh** sibh	ceist**eoidh** sibh	bail**eoidh** sibh
-eoidh siad	im**eoidh** siad	ceist**eoidh** siad	bail**eoidh** siad
-eofar	im**eofar**	ceist**eofar**	bail**eofar**
ní + séimhiú	**ní** imeoidh mé	**ní ch**eisteoidh mé	**ní bh**aileoidh mé
an + urú	**an** imeoidh tú?	**an gc**eisteoidh tú?	**an mb**aileoidh tú?

Samplaí

Imeoidh an bhean ag a hocht maidin amárach.
An gceisteoidh na gardaí gach duine sa scoil má bhíonn dóiteán ann?
Ní bhaileoidh an múinteoir na cóipleabhair Dé Máirt seo chugainn.

Labhair amach ... labhair os ard!

Freagair na ceisteanna seo ón múinteoir.

1. **An mbaileoidh sibh sméara dubha an fómhar seo chugainn?**
2. **An imeoidh sibh ar thuras scoile an samhradh seo chugainn?**
3. **An gcuideoidh tú ag baile amárach?**
4. **Cén t-am a éireoidh tú an deireadh seachtaine seo chugainn?**
5. **An gcóireoidh tú do leaba sula bhfágfaidh tú an teach?**

Cleachtadh ag scríobh

1. **Líon na bearnaí thíos.**

a) [Cuimhnigh] ________________ mé ar bhreithlá mo charad amárach.
b) [Ní dúisigh] ________________ na daltaí go dtí meán lae an deireadh seachtaine seo chugainn.
c) [Cuidigh] ________________ Máire lena tuismitheoirí an teach a ghlanadh Dé Sathairn seo chugainn.
d) [Cóirigh] ________________ siad a leaba sula bhfágfaidh siad an teach maidin amárach.
e) [Oibrigh] ________________ mé go dian roimh na scrúduithe an tseachtain seo chugainn.

2. **Ceartaigh na botúin sna habairtí thíos.**

a) Ní ceisteoidh na gardaí an buachaill sin amárach. ________________
b) Chabhróidh Máire sa teach níos déanaí. ________________
c) An n-éireoidh tú in am riamh? ________________
d) Foilsóidh an páipéar drochscéalta i gcónaí. ________________
e) An deiseoidh tú do rothar má bhíonn sé briste? ________________

❸ **Líon na bearnaí thíos.**

a) ____________ mé mo chara ar a breithlá an bhliain seo chugainn.
b) Ní ____________ na tuismitheoirí na páistí in am ón gcóisir.
c) ____________ an teicneoir an ríomhaire má bhíonn sé briste.
d) ____________ na páistí a lán rudaí ar scoil amárach.
e) ____________ na múinteoirí go dian amárach.

bhaileoidh, oibreoidh, deiseoidh, smaoineoidh, foghlaimeoidh

An dara réimniú

Le foghlaim! Briathra a chríochnaíonn ar -ail, -is, -ir, -il

Codail	Oscail	Inis
codl**óidh** mé	oscl**óidh** mé	ins**eoidh** mé
codl**óidh** tú	oscl**óidh** tú	ins**eoidh** tú
codl**óidh** sé/sí	oscl**óidh** sé/sí	ins**eoidh** sé/sí
codl**óimid**	oscl**óimid**	ins**eoimid**
codl**óidh** sibh	oscl**óidh** sibh	ins**eoidh** sibh
codl**óidh** siad	oscl**óidh** siad	ins**eoidh** siad
codl**ófar**	oscl**ófar**	ins**eofar**
ní chodlóidh mé	**ní** osclóidh mé	**ní** inseoidh
an gcodlóidh tú?	**an** osclóidh tú?	**an** inseoidh tú?

Briathra eile atá cosúil leis seo: freagair; labhair; imir; eitil; ceangail; bagair; cosain; iompair; múscail.

Labhair amach ... labhair os ard!

Freagair na ceisteanna seo ón múinteoir.

❶ **An eitleoidh tú ar eitleán beag riamh?**

❷ **An gceanglóidh tú an bád le rópa le linn stoirme?**

❸ **An inseoidh tú bréag riamh?**

❹ **An gcodlóidh tú go sámh an deireadh seachtaine seo chugainn?**

❺ **Cé a fhreagróidh an fón má chuirim glao?**

Cleachtadh ag scríobh

Líon na bearnaí thíos.

1. [Labhair] ___________ an príomhoide leis an scoil ar fad maidin amárach.
2. [Cosain] ___________ carr úrnua a lán airgid an bhliain seo chugainn.
3. [Imir] ___________ mé mar chúlaí ar m'fhoireann peile má fhaighim deis.
4. [Ní freagair] ___________ an cailín cúthail aon cheist sa rang amárach.
5. [Iompair] ___________an tuismitheoir an páiste má éiríonn sé tuirseach.

Le foghlaim! Briathra neamhrialta

Bí		
beidh mé	ní bheidh mé	an mbeidh mé?
beidh tú	ní bheidh tú	an mbeidh tú?
beidh sé/sí	ní bheidh sé/sí	an mbeidh sé/sí?
beimid	ní bheimid	an mbeimid?
beidh sibh	ní bheidh sibh	an mbeidh sibh?
beidh siad	ní bheidh siad	an mbeidh siad?
beifear	ní bheifear	an mbeifear?

Tar		
tiocfaidh mé	ní thiocfaidh mé	an dtiocfaidh mé?
tiocfaidh tú	ní thiocfaidh tú	an dtiocfaidh tú?
tiocfaidh sé/sí	ní thiocfaidh sé/sí	an dtiocfaidh sé/sí?
tiocfaimid	ní thiocfaimid	an dtiocfaimid?
tiocfaidh sibh	ní thiocfaidh sibh	an dtiocfaidh sibh?
tiocfaidh siad	ní thiocfaidh siad	an dtiocfaidh siad?
tiocfar	ní thiocfar	an dtiocfar?

Téigh		
rachaidh mé	ní rachaidh mé	an rachaidh mé?
rachaidh tú	ní rachaidh tú	an rachaidh tú?
rachaidh sé/sí	ní rachaidh sé/sí	an rachaidh sé/sí?
rachaimid	ní rachaimid	an rachaimid?
rachaidh sibh	ní rachaidh sibh	an rachaidh sibh?
rachaidh siad	ní rachaidh siad	an rachaidh siad?
rachfar	ní rachfar	an rachfar?

Beir		
béarfaidh mé	ní bhéarfaidh mé	an mbéarfaidh mé?
béarfaidh tú	ní bhéarfaidh tú	an mbéarfaidh tú?
béarfaidh sé/sí	ní bhéarfaidh sé/sí	an mbéarfaidh sé/sí?
béarfaimid	ní bhéarfaimid	an mbéarfaimid?
béarfaidh sibh	ní bhéarfaidh sibh	an mbéarfaidh sibh?
béarfaidh siad	ní bhéarfaidh siad	an mbéarfaidh siad?
béarfar	ní bhéarfar	an mbéarfar?

Feic		
feicfidh mé	ní fheicfidh mé	an bhfeicfidh mé?
feicfidh tú	ní fheicfidh tú	an bhfeicfidh tú?
feicfidh sé/sí	ní fheicfidh sé/sí	an bhfeicfidh sé/sí?
feicfimid	ní fheicfimid	an bhfeicfimid?
feicfidh sibh	ní fheicfidh sibh	an bhfeicfidh sibh?
feicfidh siad	ní fheicfidh siad	an bhfeicfidh siad?
feicfear	ní fheicfear	an bhfeicfear?

Clois		
cloisfidh mé	ní chloisfidh mé	an gcloisfidh mé?
cloisfidh tú	ní chloisfidh tú	an gcloisfidh tú?
cloisfidh sé/sí	ní chloisfidh sé/sí	an gcloisfidh sé/sí?
cloisfimid	ní chloisfimid	an gcloisfimid?
cloisfidh sibh	ní chloisfidh sibh	an gcloisfidh sibh?
cloisfidh siad	ní chloisfidh siad	an gcloisfidh siad?
cloisfear	ní chloisfear	an gcloisfear?

Abair		
déarfaidh mé	ní déarfaidh mé	an ndéarfaidh mé?
déarfaidh tú	ní déarfaidh tú	an ndéarfaidh tú?
déarfaidh sé/sí	ní déarfaidh sé/sí	an ndéarfaidh sé/sí?
déarfaimid	ní dearfaimid	an ndéarfaimid?
déarfaidh sibh	ní déarfaidh sibh	an ndéarfaidh sibh?
déarfaidh siad	ní déarfaidh siad	an ndéarfaidh siad?
déarfar	ní déarfar	an ndéarfar?

Ith		
íosfaidh mé	ní íosfaidh mé	an íosfaidh mé?
íosfaidh tú	ní íosfaidh tú	an íosfaidh tú?
íosfaidh sé/sí	ní íosfaidh sé/sí	an íosfaidh sé/sí?
íosfaimid	ní íosfaimid	an íosfaimid?
íosfaidh sibh	ní íosfaidh sibh	an íosfaidh sibh?
íosfaidh siad	ní íosfaidh siad	an íosfaidh siad?
íosfar	ní íosfar	an íosfar?

Déan		
déanfaidh mé	ní dhéanfaidh mé	an ndéanfaidh mé?
déanfaidh tú	ní dhéanfaidh tú	an ndéanfaidh tú?
déanfaidh sé/sí	ní dhéanfaidh sé/sí	an ndéanfaidh sé/sí?
déanfaimid	ní dhéanfaimid	an ndéanfaimid?
déanfaidh sibh	ní dhéanfaidh sibh	an ndéanfaidh sibh?
déanfaidh siad	ní dhéanfaidh siad	an ndéanfaidh siad?
déanfar	ní dhéanfar	an ndéanfar?

Faigh		
gheobhaidh mé	ní bhfaighidh mé	an bhfaighidh mé?
gheobhaidh tú	ní bhfaighidh tú	an bhfaighidh tú?
gheobhaidh sé/sí	ní bhfaighidh sé/sí	an bhfaighidh sé/sí?
gheobhaimid	ní bhfaighimid	an bhfaighimid?
gheobhaidh sibh	ní bhfaighidh sibh	an bhfaighidh sibh?
gheobhaidh siad	ní bhfaighidh siad	an bhfaighidh siad?
gheofar	ní bhfaighfear	an bhfaighfear?

Tabhair		
tabharfaidh mé	ní thabharfaidh mé	an dtabharfaidh mé?
tabharfaidh tú	ní thabharfaidh tú	an dtabharfaidh tú?
tabharfaidh sé/sí	ní thabharfaidh sé/sí	an dtabharfaidh sé/sí?
tabharfaimid	ní thabharfaimid	an dtabharfaimid?
tabharfaidh sibh	ní thabharfaidh sibh	an dtabharfaidh sibh?
tabharfaidh siad	ní thabharfaidh siad	an dtabharfaidh siad?
tabharfar	ní thabharfar	an dtabharfar?

Cleachtadh ag scríobh

1 Líon na bearnaí thíos.

a) An [téigh] ____________ tú go dtí an dioscó ag an deireadh seachtaine?
b) An [clois] ____________ tú ó do chara pinn go luath?
c) [Tabhair] __________ mé cabhair duit le d'obair bhaile más mian leat.
d) [Beir] _____________ na gardaí ar an bhfear sin má éalaíonn sé arís.
e) [Bí] ________ slua mór ag an aonach arís amárach.

2 Líon na bearnaí thíos.

a) Tá súil agam go _____________ mé mo chara amárach.
b) ________________ mé a lán bronntanas ar mo bhreithlá, táim cinnte de.
c) Ní _____________ mé bia gasta riamh arís.
d) An _____________ sé ag cur sneachta an geimhreadh seo chugainn?
e) _____________ m'aintín ar cuairt amárach.

gheobhaidh, íosfaidh, tiocfaidh, bhfeicfidh, mbeidh

3 Líon na bearnaí thíos.

a) [Ith] ____________ mé béile blasta sula bhfágfaidh mé an teach.
b) [Tar] ________________ mo chairde go léir go dtí an scannán anocht.
c) Ní [déan] _____________ Seán dearmad ar a mhála scoile go deo arís.
d) [Téigh] ____________ mé go dtí an Spáinn ar mo laethanta saoire an bhliain seo chugainn.
e) Ní [faigh] ____________ an rang aon obair bhaile ag an deireadh seachtaine.

4 Freagair na ceisteanna seo.

a) An rachaidh tú go dtí an dráma amárach? ________________________________
b) An bhfaighidh sibh mórán obair bhaile anocht? ____________________________
c) An íosfaidh tú sa bhialann sin arís? ____________________________________
d) An dtabharfaidh tú iasacht airgid dom? __________________________________
e) An dtiocfaidh do ghaolta ar cuairt an samhradh seo chugainn? _______________

Téigh go dtí edco.ie/iontas3.

Súil Siar ar an Aimsir Fháistineach

1 Líon na bearnaí thíos.

a) [Téigh] _____________ an rang ar thuras scoile ag deireadh na bliana.
b) [Ceannaigh] _____________ mé bróga nua nuair a bheidh an t-airgead agam.
c) Ní [faigh sinn] _______________ aon obair bhaile anocht má bhíonn an múinteoir as láthair.
d) [Tar] _____________ na gardaí má bhristear isteach sa teach.
e) [Úsáid] ______________ sé a rothar nua den chéad uair amárach.
f) [Brostaigh]____________ mé abhaile amárach toisc go mbeidh m'aintín ag teacht ar cuairt.

2 Líon na bearnaí thíos.

a) Níl maitheas ar bith san fhoireann sin; ní _____________ siad aon rud riamh.
b) ____________ sé an leabhar nua sin anocht.
c) Má thiteann an leanbh isteach sa loch ____________ an garda é.
d) _____________ siad ar ais go dtí an Fhrainc an bhliain seo chugainn.
e) Ní _______________ mé an bia sin riamh arís.
f) Ní ____________ mé aon rud sa siopa sin arís mar ní maith liom an t-úinéir.

sábhálfaidh, íosfaidh, cheannóidh, rachaidh, bhuafaidh, léifidh

3 Athscríobh an t-alt seo san Aimsir Fháistineach.

Téann Máire amach ag an deireadh seachtaine. Buaileann sí lena gaolta. Caitheann sí an tráthnóna ar fad ag caint leo. Ina dhiaidh sin tagann sí abhaile agus déanann sí an obair tí. Glanann sí a seomra agus níonn sí na hurláir. Ansin ullmhaíonn sí béile blasta agus itheann sí é. Tá a muintir an-sásta léi agus tugann siad deich euro di. Ceannaíonn sí leabhar nua leis an airgead.

4 Freagair na ceisteanna seo.

a) An bhfiafróidh tú de do chara an mbeidh sí ar scoil amárach?
b) An bhfaighidh tú peata go deo?
c) An imreoidh tú ar fhoireann na scoile amárach?
d) An gcaithfidh tú an deireadh seachtaine ag staidéar?
e) An mbeidh do dheartháir ag teacht go dtí an cheolchoirm anocht?
f) An ndéanfaidh tú d'obair bhaile nuair a rachaidh tú abhaile?
g) Cá rachaidh tú ar do laethanta saoire an samhradh seo chugainn?

5 Líon na bearnaí thíos.

a) [Scríobh] ______________ mo rang aiste an tseachtain seo chugainn.
b) [Abair] _______________ mo mháthair liom mo dhícheall a dhéanamh.
c) Ní [oscail] ______________ an siopa roimh a deich amárach.
d) [Suigh] ____________ Máire síos agus [léigh] ______________ sí leabhar nua amárach.
e) Mura n-éisteann na daltaí sa rang [bí] _____________ siad i dtrioblóid.

An Modh Coinníollach

Úsáidtear an Modh Coinníollach nuair atá **dá** san abairt nó nuair atá coinníoll i gceist (*would/could* sa Bhéarla).

Cabhair!

Cuirtear **séimhiú** ar an mbriathar sa Mhodh Coinníollach agus **d'** roimh bhriathar ag tosú le guta nó le **f**.

An chéad réimniú

Le foghlaim! Briathra leathana

An deireadh	Fág	Dún	Ól
-fainn	**d'fhágfainn**	**dhúnfainn**	**d'ólfainn**
-fá	**d'fh**ág**fá**	**dh**ún**fá**	**d'ólfá**
-fadh sé/sí	**d'fh**ág**fadh** sé/sí	**dh**ún**fadh** sé/sí	**d'ólfadh** sé/sí
-faimis	**d'fh**ág**faimis**	**dh**ún**faimis**	**d'ólfaimis**
-fadh sibh	**d'fh**ág**fadh** sibh	**dh**ún**fadh** sibh	**d'ólfadh** sibh
-faidís	**d'fh**ág**faidís**	**dh**ún**faidís**	**d'ólfaidís**
-faí	**d'fhágfaí**	**dhúnfaí**	**d'ólfaí**
ní + séimhiú	**ní fh**ágfainn	**ní dh**únfainn	**ní** ólfainn
an + urú	**an bhf**ágfá?	**an nd**únfá?	**an** ólfá?

Samplaí

D'fhágfadh Máire an teach ag a hocht ar maidin dá mbeadh an scoil ar siúl.
Dhúnfadh an siopadóir an siopa go luath dá mbeadh gá leis.
Ní ghlanfadh na páistí an teach mura bhfaighidís airgead.

Labhair amach ... labhair os ard!

Freagair na ceisteanna seo ón múinteoir.

1. **An scuabfá an t-urlár dá n-iarrfaí ort é a scuabadh?**
2. **An bhféachfá ar an nuacht dá mbeadh an t-am agat?**
3. **An bhfágfá Éire riamh?**
4. **An ólfá bainne riamh?**
5. **An bhfanfá in Éirinn dá mbeadh seans agat dul go Meiriceá?**

Cleachtadh ag scríobh

1 Líon na bearnaí thíos.

a) [Féach] ____________ Seán ar an teilifís dá mbeadh clár maith ar siúl.
b) [Fás] ___________ bláthanna áille sa ghairdín san earrach dá mbeadh go leor báistí ann.
c) [Cas] _____________ na cairde lena chéile ag an gcluiche Dé Sathairn dá mbeidís ann.
d) [Ní fág] _______________ an cailín sin Éire ar ór na cruinne.
e) [An glan tú] __________ an teach dá n-iarrfadh do mháthair ort é a ghlanadh?

2 Líon na bearnaí thíos.

a) Ní ________________ aon drochrud ar Facebook riamh.
b) Dá ______________ sa bhaile inné ní bheadh aon obair bhaile le déanamh agam anois.
c) Dá ________ na tithe sin i gceart ní bheidís ag titim anois.
d) Dá _____________ an buachaill a sheomra i gceart ní bheadh a mháthair ar buile leis anois.
e) Dá ______________ do mo chara go rachainn amach léi, ní ligfinn síos í.

nglanfadh, bhfanfainn, scríobhfainn, dtógfaí, ngeallfainn

3 Ceartaigh na botúin sna habairtí thíos.

a) Ní fágfadh an cailín in am fiú dá mbeadh scrúdú aici. ____________________________
b) Scríobhfaimid aiste dá mbeadh aiste againn. ______________________________________
c) An bhféachfadh tú ar *Ros na Rún* dá mbeadh sé ar siúl? __________________________
d) Casfadh na cairde lena chéile sa bhaile mór dá mbeadh cruinniú eagraithe. ________
e) Níor dhúnfadh an siopa sin fiú dá mbeadh an t-úinéir tinn. ________________________

4 Líon na bearnaí thíos.

a) [Pós] ____________ níos mó daoine dá mbeadh an t-airgead acu.
b) [Íoc] ______________ mo thuismitheoirí a lán airgid ar bhia dá mbeadh an t-airgead acu.
c) [Ní ól] ______________ caife ar ór ná ar airgead.
d) [Coimeád] ______________ mo mháthair mo dhinnéar dom dá mbeinn déanach.

Téigh go dtí edco.ie/iontas3.

Le foghlaim! Briathra caola

An deireadh	Fill	Éist	Tuig
-finn	**d'fh**ill**finn**	**d'**éist**finn**	**th**uig**finn**
-feá	**d'fh**ill**feá**	**d'**éist**feá**	**th**uig**feá**
-feadh sé/sí	**d'fh**ill**feadh** sé/sí	**d'**éist**feadh** sé/sí	**th**uig**feadh** sé/sí
-fimis	**d'fh**ill**fimis**	**d'**éist**fimis**	**th**uig**fimis**
-feadh sibh	**d'fh**ill**feadh** sibh	**d'**éist**feadh** sibh	**th**uig**feadh** sibh
-fidís	**d'fh**ill**fidís**	**d'**éist**fidís**	**th**uig**fidís**
-fí	**d'fhillfí**	**d'éistfí**	**thuigfí**
ní + séimhiú	**ní fh**illfinn	**ní** éistfinn	**ní th**uigfinn
an + urú	**an bhf**illfeá?	**an** éistfeá?	**an dt**uigfeá?

Samplaí

D'fhillfeadh an seanfhear ar Éirinn dá mbeadh sé ábalta.
D'éistfimis leis an raidió dá mbeadh sé ag obair.
Ní thuillfinn aon airgead mura mbeinn ag obair.

Labhair amach ... labhair os ard!

Freagair na ceisteanna seo ón múinteoir.

1. **An mbuailfeá le do chairde dá mbeadh an t-am agat?**
2. **An dtuillfeá aon airgead ag obair sa siopa sin?**
3. **An gcaillfeá fón póca eile dá dtabharfainn ceann nua duit?**
4. **An múinfeá sa scoil seo dá bhfaighfeá post anseo?**
5. **An mbrisfí isteach sa scoil dá mbeadh sé fágtha ar oscailt i rith na hoíche?**

Téigh go dtí edco.ie/iontas3.

Cleachtadh ag scríobh

1 Líon na bearnaí thíos.

a) ____________ Seán a lán airgid ar chreidmheas don fhón dá mbeadh sé aige.
b) Dá ____________ an t-ábhar sin bheinn an-sásta.
c) An ______________ i gcoinne Katie Taylor?
d) An _____________ ar an nGaeltacht chéanna?
e) Ní ___________________ duine ná ainmhí go deo.

bhfillfeá, dtuigfinn, chaithfeadh, dtroidfeá, bhuailfinn

2 Ceartaigh na botúin sna habairtí thíos.

a) Fhillfeadh Peadar ar a theach ag a seacht dá gcríochnódh sé an obair in am. _______
b) Ní tuigfeadh na daltaí an ghramadach chasta mura mbeadh múinteoir maith acu. __
c) Níor éistfinn leis an raidió dá mbeadh obair bhaile le déanamh agam. _____________
d) Ar ólfá a lán tae dá mbeadh tart ort? ____________________________
e) Ní chuirfeadh mé an cat amach sa bháisteach riamh. ____________________

3 Líon na bearnaí thíos.

a) [Ní tuill mé] _______________ go leor airgid riamh chun dul go dtí an Ghaeltacht.
b) [An caith] ____________ sibh a lán ama ag caint ar an bhfón dá mbeadh an t-am agaibh?
c) [Troid] ___________ an cailín sin le duine ar bith dá mbeadh drochaoibh uirthi.
d) [Tuig mé] ______________ an mata dá gcaithfinn níos mó ama leis.
e) Dá [léim] _____________ an bhó thar an gclaí bhrisfeadh sí a cos.

4 Líon na bearnaí thíos.

a) [Rith] ______________ na madraí sa ghairdín dá scaoilfí amach iad.
b) [Ní buail] _____________ na seanchairde lena chéile dá mbeidís tinn.
c) [An caith tú] _____________ an samhradh in Éirinn arís?
d) [Ní bris] _____________ sé an chathaoir sin mura mbeadh sé ina sheasamh uirthi.
e) [Tuill] ____________ sé fiche euro dá dtabharfadh sé aire dá dheartháireacha.

Téigh go dtí edco.ie/iontas3.

Le foghlaim! Briathra le dhá shiolla ag críochnú ar -áil nó -áin

Sábháil	Taispeáin	Páirceáil	Tiomáin
shábhál**fainn**	**th**aispeán**fainn**	**ph**áirceál**fainn**	**th**iomáin**finn**
shábhál**fá**	**th**aispeán**fá**	**ph**áirceál**fá**	**th**iomáin**feá**
shábhál**fadh** sé/sí	**th**aispeán**fadh** sé/sí	**ph**áirceál**fadh** sé/sí	**th**iomáin**feadh** sé/sí
shábhál**faimis**	**th**aispeán**faimis**	**ph**áirceál**faimis**	**th**iomáin**fimis**
shábhál**fadh** sibh	**th**aispeán**fadh** sibh	**ph**áirceál**fadh** sibh	**th**iomáin**feadh** sibh
shábhál**faidís**	**th**aispeán**faidís**	**ph**áirceál**faidís**	**th**iomáin**fidís**
shábhálfaí	**thaispeánfaí**	**pháirceálfaí**	**thiomáinfí**
ní shábhálfainn	**ní th**aispeánfainn	**ní ph**áirceálfainn	**ní th**iomáinfinn
an sábhálfá?	**an dt**aispeánfá?	**an bp**áirceálfá?	**an dt**iomáinfeá?

Labhair amach ... labhair os ard!

Freagair na ceisteanna seo ón múinteoir.

1. **An dtaispeánfá do mharcanna dom, le do thoil?**
2. **An bpáirceálfá i gclós na scoile riamh?**
3. **An mbácálfadh sibh císte dá mbeadh breithlá ann?**
4. **Dá dtiocfá ar scoil ar do rothar an sábhálfá mórán ama?**
5. **Dá mbeadh a lán foréigin i scannán an dtaispeánfá do pháistí óga é?**

Cleachtadh ag scríobh

Líon na bearnaí thíos.

1. [Tiomáin] ______________ an siopadóir go dtí a shiopa i lár na hoíche dá mbeadh an t-aláram ag bualadh.
2. [Taispeáin] ___________________ an múinteoir scannán don rang dá mbeidís go maith.
3. [Sábháil] ________________ a lán airgid dá ndéanfaí athchúrsáil.
4. [Ní páirceáil mé] __________________ mo charr ar an gcosán riamh.
5. Dá bhfaigheadh an páiste bronntanas ó Dhaidí na Nollag, [an taispeáin] ____________ sé dá chara é?

Le foghlaim! Briathra ag críochnú le -gh

Suigh	Nigh	Luigh
shuí**finn**	ní**finn**	luí**finn**
shuí**feá**	ní**feá**	luí**feá**
shuí**feadh** sé/sí	ní**feadh** sé/sí	luí**feadh** sé/sí
shuí**fimis**	ní**fimis**	luí**fimis**
shuí**feadh** sibh	ní**feadh** sibh	luí**feadh** sibh
shuí**fidís**	ní**fidís**	luí**fidís**
shuífí	**nífí**	**luífí**
ní shuífinn	**ní** nífinn	**ní** luífinn
an suífeá?	**an** nífeá?	**an** luífí?

Labhair amach ... labhair os ard!

Freagair na ceisteanna seo ón múinteoir.

1. **An nífeá na gréithe dá n-iarrfaí ort é sin a dhéanamh?**
2. **An suífeá síos dá mbeadh tuirse ort?**
3. **An luífeadh an madra ar an mata dá mbeadh sé tinn?**
4. **An nífeá do lámha dá mbeidís salach?**
5. **An suífeá síos nuair a bheadh gach duine eile ina sheasamh?**

Cleachtadh ag scríobh

Líon na bearnaí thíos.

1. [Suigh] _______________ an tseanbhean siar sa chathaoir dá mbeadh tuirse uirthi.
2. [Nigh mé] _______________ an madra dá mbeadh sé salach.
3. [Luigh] _______________ an fear sa leaba dá mbeadh sé tinn.
4. [Ní suigh] _______________ mo mháthair síos fiú dá mbeadh tuirse uirthi.
5. [An nigh] _______________ na páistí na bréagáin dá mbeidís salach?
6. [Nigh mé] _______________ an t-urlár dá mbeadh sé salach.
7. Ní [luigh] _______________ sé riamh sa láib.
8. Dá mbeadh tuirse air [suigh] ____________ sé áit ar bith.

Le foghlaim! Briathra ag críochnú le -gh

Buaigh	Glaoigh	Léigh
bhua**fainn**	**gh**lao**fainn**	léi**finn**
bhua**fá**	**gh**lao**fá**	léi**feá**
bhua**fadh** sé/sí	**gh**lao**fadh** sé/sí	léi**feadh** sé/sí
bhua**faimis**	**gh**lao**faimis**	léi**fimis**
bhua**fadh** sibh	**gh**lao**fadh** sibh	léi**feadh** sibh
bhua**faidís**	**gh**lao**faidís**	léi**fidís**
bhuafaí	**ghlaofaí**	**léifí**
ní bhuafainn	**ní gh**laofainn	**ní** léifinn
an mbuafá?	**an ng**laofá?	**an** léifeá?

Briathra eile atá cosúil leis seo: luaigh, cráigh agus pléigh.

Labhair amach … labhair os ard!

Freagair na ceisteanna seo ón múinteoir.

1. **An nglaofá ar an otharcharr dá bhfeicfeá timpiste?**
2. **An léifeá leabhar nua gach seachtain dá mbeadh an t-am agat?**
3. **An mbuafadh d'fhoireann dá mbeifeá ag imirt?**
4. **An nglaofá ar na gardaí dá bhfeicfeá daoine ag troid?**
5. **An léifeá litir duine eile riamh?**

Cleachtadh ag scríobh

Líon na bearnaí thíos.

1. [Buaigh] ______________ Cill Chainnigh an iománaíocht fiú dá mbeadh Cú Chulainn ag imirt ina gcoinne.
2. [An pléigh] ______________ an múinteoir fadhbanna leis an rang dá mbeadh an t-am aici?
3. Cén fáth nach [léigh tú] ____________ níos mó leabhar?
4. [Ní luaigh mé] ________________ aon rud leis an gcailín sin toisc go bhfuil sí béalscaoilteach.
5. [Glaoigh] ______________ Síle ar a cara dá mbeadh fonn uirthi dul amach.

An dara réimniú

Le foghlaim! Briathra leathana

An deireadh	Cabhraigh	Éalaigh	Gortaigh
-óinn	**ch**abhr**óinn**	**d'é**al**óinn**	**gh**ort**óinn**
-ófá	**ch**abhr**ófá**	**d'é**al**ófá**	**gh**ort**ófá**
-ódh sé/sí	**ch**abhr**ódh** sé/sí	**d'é**al**ódh** sé/sí	**gh**ort**ódh** sé/sí
-óimis	**ch**abhr**óimis**	**d'é**al**óimis**	**gh**ort**óimis**
-ódh sibh	**ch**abhr**ódh** sibh	**d'é**al**ódh** sibh	**gh**ort**ódh** sibh
-óidís	**ch**abhr**óidís**	**d'é**al**óidís**	**gh**ort**óidís**
-ófaí	**chabhrófaí**	**d'éalófaí**	**ghortófaí**
ní + séimhiú	**ní ch**abhróinn	**ní** éalóinn	**ní gh**ortóinn
an + urú	**an gc**abhrófá?	**an** éalófá?	**an ng**ortófá?

Samplaí

Chabhródh na páistí sa teach dá n-iarrfaí orthu é sin a dhéanamh.
Ní éalóinn ó m'obair bhaile dá mbeadh mo mháthair ag obair sa scoil chéanna liom.
An ngortófaí Seán chomh dona sin dá mbeadh clogad á chaitheamh aige?

Labhair amach ... labhair os ard!

Freagair na ceisteanna seo ón múinteoir.

1. **An gcabhrófá sa teach dá n-iarrfaí ort é sin a dhéanamh?**
2. **An ngortófaí an buachaill sin dá mbeadh sé ní ba chúramaí?**
3. **An éalódh an oiread sin gadaithe dá mbeadh na doirse dúnta?**
4. **An gcabhródh do rang leis na daoine bochta dá mbeidís ábalta?**
5. **Dá mbeadh troid ar siúl an ngortófaí a lán daoine?**

Téigh go dtí edco.ie/iontas3.

Cleachtadh ag scríobh

1 Líon na bearnaí thíos.

a) [Cuardaigh] ____________ na gardaí an foirgneamh sin dá mbeadh gadaí ann.
b) [Ní ceartaigh] ______________ an múinteoir na daltaí dá ndéanfaidís an-iarracht.
c) [An fiafraigh] _______________ do thuismitheoirí díot cá mbeifeá ag dul?
d) Dá mbeadh madra nua agam, [brostaigh mé] _____________ abhaile chun é a fheiceáil.
e) Dá [tosaigh] _______________ an dráma in am bheadh sé críochnaithe anois.

2 Líon na bearnaí thíos.

a) ________________ an dochtúir an t-othar dá mbeadh sé tinn.
b) Ní _____________ an múinteoir mé do rud ar bith dá mbeinn dána.
c) An ___________________ ar chlár chomh seafóideach sin arís?
d) _______________________ a lán carranna dá mbeadh leac oighir ann.
e) Mura ________________ sé do na scrúduithe theipfeadh air.

bhféachfá, n-ullmhódh, scrúdódh, shleamhnódh, roghnódh

3 Ceartaigh na botúin sna habairtí thíos.

a) Tosódh an rang ag a naoi dá mbeadh gach duine in am. _________________________
b) Níor chríochnódh sé a obair bhaile in am dá mbeadh sé ag féachaint ar an teilifís. __
c) Fhiosródh na gardaí an suíomh dá mbeadh timpiste ann. ________________________
d) An ceartódh an múinteoir na cóipleabhair dá mbaileodh sé iad?__________________
e) Socródh na páistí síos tar éis cúpla lá dá ligfí dóibh. ____________________________
f) Thosóidh an rang dá mbeadh an múinteoir ann. _______________________________
g) Dá mbuafadh sí an crannchur ceannódh sí teach nua. ___________________________
h) Níor scrúdódh na gardaí an áit mura mbeadh timpiste ann. ______________________
i) D'ullmhódh mé an dinnéar dá mbeadh an t-am agam. ___________________________

Le foghlaim! Briathra caola

An deireadh	Imigh	Ceistigh	Bailigh
-eoinn	**d'im****eoinn**	**ch**eist**eoinn**	**bh**ail**eoinn**
-eofá	**d'im****eofá**	**ch**eist**eofá**	**bh**ail**eofá**
-eodh sé/sí	**d'im****eodh** sé/sí	**ch**eist**eodh** sé/sí	**bh**ail**eodh** sé/sí
-eoimis	**d'im****eoimis**	**ch**eist**eoimis**	**bh**ail**eoimis**
-eodh sibh	**d'im****eodh** sibh	**ch**eist**eodh** sibh	**bh**ail**eodh** sibh
-eoidís	**d'im****eoidís**	**ch**eist**eoidís**	**bh**ail**eoidís**
-eofaí	**d'imeofaí**	**cheisteofaí**	**bhaileofaí**
ní + séimhiú	**ní** imeoinn	**ní ch**eisteoinn	**ní bh**aileoinn
an + urú	**an** imeoinn?	**an gc**eisteofá?	**an mb**aileofá?

Samplaí

D'imeodh an bhean ag a hocht dá ndúiseodh sí in am.
An gceisteodh na gardaí gach duine sa scoil dá mbeadh dóiteán ann?
Ní bhaileodh an múinteoir na cóipleabhair mura mbeadh an obair déanta ag gach duine.

Labhair amach ... labhair os ard!

Freagair na ceisteanna seo ón múinteoir.

1. **An mbaileodh sibh sméara dubha dá mbeadh an deis agaibh?**
2. **An imeodh sibh ar thuras scoile dá n-eagrófaí ceann?**
3. **An gcuideofá ag baile dá mbeadh cabhair ag teastáil?**
4. **Cén t-am a d'éireofá ag an deireadh seachtaine mura mbeadh aon obair bhaile agat?**
5. **An gcóireofaí na leapacha dá mbeadh cuairteoirí ag teacht?**

Cleachtadh ag scríobh

1. **Líon na bearnaí thíos.**

a) Dá [cuimhnigh mé] _______________ ar bhreithlá mo charad chuirfinn cárta chuici.
b) [Ní dúisigh] _______________ na daltaí go dtí meán lae mura gcloisfidís an clog aláraim ag bualadh.
c) [Cuidigh] _____________ Máire lena tuismitheoirí an teach a ghlanadh dá n-iarrfaidís uirthi cuidiú.
d) [Cóirigh siad] _______________ na leapacha dá mbeadh cuairteoirí ag teacht.
e) [Oibrigh mé] _______________ go dian dá mbeadh scrúduithe agam.

2 Ceartaigh na botúin sna habairtí thíos.

a) Ceisteodh na gardaí an buachaill sin dá mbeidís in amhras faoi. ____________________
b) Ní chuidódh Máire sa teach fiú dá n-iarrfaí uirthi cuidiú. ____________________
c) Ar éireofá in am dá mbeifeá ag dul ar do laethanta saoire? ____________________
d) Fhoilseodh an páipéar drochscéalta dá mbeidís acu. ____________________
e) An ndeiseodh tú do rothar dá mbeadh sé briste? ____________________

3 Líon na bearnaí thíos.

a) ____________ ar mo chara dá mbeadh a breithlá ann.
b) Ní ____________ na tuismitheoirí sin na páistí in am ón gcóisir fiú dá nglaofaí orthu.
c) ____________ an teicneoir an ríomhaire dá mbeadh sé briste.
d) ____________ na páistí a lán rudaí ar scoil dá mbeidís ag éisteacht.
e) ____________ na feirmeoirí go dian dá mbeadh orthu an féar a bhaint.

bhaileodh, d'oibreodh, dheiseodh, smaoineoinn, d'fhoghlaimeodh

Le foghlaim! Briathra a chríochnaíonn ar -ail, -is, -ir, -il

Codail	Oscail	Inis
chodl**óinn**	**d'**oscl**óinn**	**d'**ins**eoinn**
chodl**ófá**	**d'**oscl**ófá**	**d'**ins**eofá**
chodl**ódh** sé/sí	**d'**oscl**ódh** sé/sí	**d'**ins**eodh** sé/sí
chodl**óimis**	**d'**oscl**óimis**	**d'**ins**eoimis**
chodl**ódh** sibh	**d'**oscl**ódh** sibh	**d'**ins**eodh** sibh
chodl**óidís**	**d'**oscl**óidís**	**d'**ins**eoidís**
chodl**ófaí**	**d'**oscl**ófaí**	**d'**ins**eofaí**
ní chodlóinn	**ní** osclóinn	**ní** inseoinn
an gcodlófá?	**an** osclófá?	**an** inseofá?

Briathra eile atá cosúil leis seo: freagair; labhair; imir; eitil; ceangail; bagair; cosain; iompair; múscail.

Téigh go dtí edco.ie/iontas3.

Labhair amach ... labhair os ard!

Freagair na ceisteanna seo ón múinteoir.

1. **An eitleofá ar eitleán dá mbeadh an aimsir go dona?**
2. **An gceanglófá an madra taobh amuigh den siopa dá mbeifeá ag dul ag siopadóireacht?**
3. **An inseofá bréag riamh?**
4. **An gcodlófá go sámh dá mbeadh stoirm ag réabadh amuigh?**
5. **Cé a d'fhreagródh an fón i do theach dá gcuirfinn glao?**

Cleachtadh ag scríobh

Líon na bearnaí thíos.

1. [Labhair] _______________ an príomhoide leis an scoil ar fad dá mbeadh gá leis.
2. [Cosain] _______________ an carr úrnua a lán airgid.
3. [Imir mé] __________________ mar chúlaí ar m'fhoireann peile dá mbeinn ábalta.
4. Dá gcuirfí ceist ar an gcailín cúthail sa rang [ní freagair] ___________ sí í.
5. [Iompair] _____________ an tuismitheoir an páiste dá n-éireodh sé tuirseach.

Le foghlaim! Briathra neamhrialta

Bí		
bheinn	ní bheinn	an mbeinn?
bheifeá	ní bheifeá	an mbeifeá?
bheadh sé/sí	ní bheadh sé/sí	an mbeadh sé/sí?
bheimis	ní bheimis	an mbeimis?
bheadh sibh	ní bheadh sibh	an mbeadh sibh?
bheidís	ní bheidís	an mbeidís?
bheifí	ní bheifí	an mbeifí?

Tar		
thiocfainn	ní thiocfainn	an dtiocfainn?
thiocfá	ní thiocfá	an dtiocfá?
thiocfadh sé/sí	ní thiocfadh sé/sí	an dtiocfadh sé/sí?
thiocfaimis	ní thiocfaimis	an dtiocfaimis?
thiocfadh sibh	ní thiocfadh sibh	an dtiocfadh sibh?
thiocfaidís	ní thiocfaidís	an dtiocfaidís?
thiocfaí	ní thiocfaí	an dtiocfaí?

Téigh		
rachainn	ní rachainn	an rachainn?
rachfá	ní rachfá	an rachfá?
rachadh sé/sí	ní rachadh sé/sí	an rachadh sé/sí?
rachaimis	ní rachaimis	an rachaimis?
rachadh sibh	ní rachadh sibh	an rachadh sibh?
rachaidís	ní rachaidís	an rachaidís?
rachfaí	ní rachfaí	an rachfaí?

Beir		
bhéarfainn	ní bhéarfainn	an mbéarfainn?
bhéarfá	ní bhéarfá	an mbéarfá?
bhéarfadh sé/sí	ní bhéarfadh sé/sí	an mbéarfadh sé/sí?
bhéarfaimis	ní bhéarfaimis	an mbéarfaimis?
bhéarfadh sibh	ní bhéarfadh sibh	an mbéarfadh sibh?
bhéarfaidís	ní bhéarfaidís	an mbéarfaidís?
bhéarfaí	ní bhéarfaí	an mbéarfaí?

Clois		
chloisfinn	ní chloisfinn	an gcloisfinn?
chloisfeá	ní chloisfeá	an gcloisfeá?
chloisfeadh sé/sí	ní chloisfeadh sé/sí	an gcloisfeadh sé/sí?
chloisfimis	ní chloisfimis	an gcloisfimis?
chloisfeadh sibh	ní chloisfeadh sibh	an gcloisfeadh sibh?
chloisfidís	ní chloisfidís	an gcloisfidís?
chloisfí	ní chloisfí	an gcloisfí?

Feic		
d'fheicfinn	ní fheicfinn	an bhfeicfinn?
d'fheicfeá	ní fheicfeá	an bhfeicfeá?
d'fheicfeadh sé/sí	ní fheicfeadh sé/sí	an bhfeicfeadh sé/sí?
d'fheicfimis	ní fheicfimis	an bhfeicfimis?
d'fheicfeadh sibh	ní fheicfeadh sibh	an bhfeicfeadh sibh?
d'fheicfidís	ní fheicfidís	an bhfeicfidís?
d'fheicfí	ní fheicfí	an bhfeicfí?

Abair		
déarfainn	ní déarfainn	an ndéarfainn?
déarfá	ní déarfá	an ndéarfá?
déarfadh sé/sí	ní déarfadh sé/sí	an ndéarfadh sé/sí?
déarfaimis	ní déarfaimis	an ndéarfaimis?
déarfadh sibh	ní déarfadh sibh	an ndéarfadh sibh?
déarfaidís	ní déarfaidís	an ndéarfaidís?
déarfaí	ní déarfaí	an ndéarfaí?

Ith		
d'íosfainn	ní íosfainn	an íosfainn?
d'íosfá	ní íosfá	an íosfá?
d'íosfadh sé/sí	ní íosfadh sé/sí	an íosfadh sé/sí?
d'íosfaimis	ní íosfaimis	an íosfaimis?
d'íosfadh sibh	ní íosfadh sibh	an íosfadh sibh?
d'íosfaidís	ní íosfaidís	an íosfaidís?
d'íosfaí	ní íosfaí	an íosfaí?

Déan		
dhéanfainn	ní dhéanfainn	an ndéanfainn?
dhéanfá	ní dhéanfá	an ndéanfá?
dhéanfadh sé/sí	ní dhéanfadh sé/sí	an ndéanfadh sé/sí?
dhéanfaimis	ní dhéanfaimis	an ndéanfaimis?
dhéanfadh sibh	ní dhéanfadh sibh	an ndéanfadh sibh?
dhéanfaidís	ní dhéanfaidís	an ndéanfaidís?
dhéanfaí	ní dhéanfaí	an ndéanfaí?

Faigh		
gheobhainn	ní bhfaighinn	an bhfaighinn?
gheofá	ní bhfaighfeá	an bhfaighfeá?
gheobhadh sé/sí	ní bhfaigheadh sé/sí	an bhfaigheadh sé/sí?
gheobhaimis	ní bhfaighimis	an bhfaighimis?
gheobhadh sibh	ní bhfaigheadh sibh	an bhfaigheadh sibh?
gheobhaidís	ní bhfaighidís	an bhfaighidís?
gheofaí	ní bhfaighfí	an bhfaighfí?

Tabhair		
thabharfainn	ní thabharfainn	an dtabharfainn?
thabharfá	ní thabharfá	an dtabharfá?
thabharfadh sé/sí	ní thabharfadh sé/sí	an dtabharfadh sé/sí?
thabharfaimis	ní thabharfaimis	an dtabharfaimis?
thabharfadh sibh	ní thabharfadh sibh	an dtabharfadh sibh?
thabharfaidís	ní thabharfaidís	an dtabharfaidís?
thabharfaí	ní thabharfaí	an dtabharfaí?

Cleachtadh ag scríobh

1 Líon na bearnaí thíos.

a) [Ith mé] ____________ bia gasta mura mbeadh aon rud eile le hithe agam.
b) Dá [tar mé] ____________ abhaile déanach bheinn i dtrioblóid.
c) [Clois mé] ____________ an scéal sin dá mbeinn ag éisteacht.
d) Dá bhfaighimis leath lae amárach [téigh muid] ___________ ag snámh.
e) [Tabhair] ______________ Colm cúnamh dá chara dá dteastódh sé.

2 Líon na bearnaí thíos.

a) Dá ___________ soineann go Samhain, bheadh breall ar dhuine éigin.
b) Dá _____________ é sin le mo mháthair bheinn i dtrioblóid mhór.
c) Dá mbeadh cead agam ____________ uachtar reoite gach lá.
d) Dá n-éalódh aon duine ón bpríosún ____________ na gardaí orthu.
e) Dá mbeadh an t-airgead agam ___________ ar saoire go Meiriceá.

ndéarfainn, d'íosfainn, rachainn, mbeadh, bhéarfadh

3 Líon na bearnaí thíos.

a) [Abair] ____________ Seán go mbeadh sé ag cur báistí fiú dá mbeadh an lá tirim.
b) [Feic] ___________ sí a cairde ar scoil dá mbeadh sí ann.
c) Ní [faigh] ____________ an rang aon obair bhaile dá mbeidís ag obair go dian.
d) Ní [déan mé] ____________ an rud sin ar ór na cruinne.
e) Ní [clois] ___________ sé aon duine dá mbeadh sé bodhar.

4 Freagair na ceisteanna seo.

a) An rachfá go dtí an Spáinn dá mbeadh an t-airgead agat? ________________________
b) An ndéarfá riamh le do chara go raibh a cuid gruaige uafásach? ________________
c) An mbéarfá ar na gadaithe dá n-éalóidís? ________________________________
d) An mbeifeá sásta le grád B sa scrúdú? __________________________________
e) An íosfá feoil capaill mura mbeadh aon bhia eile ann? ______________________

Súil Siar ar an Modh Coinníollach

1 Líon na bearnaí thíos.

a) Dá mbeadh an t-airgead agam [ceannaigh mé] ______________ rothar nua.
b) Ní [léigh] _____________ Seán leabhar *Harry Potter* ar ór na cruinne.
c) Dá bhfanfadh mo chara liom [téigh mé] ____________ go dtí an siopa leis.
d) Dá n-éalódh na gadaithe [beir] ____________ na gardaí orthu.
e) Bheadh timpiste mhór ann dá [sleamhnaigh] ___________ a lán carranna ar an mbóthar.
f) Dá [éist] ____________ le mo thuismitheoirí [caith] _________ clogad agus ní bheadh mo chloigeann gortaithe.

2 Líon na bearnaí thíos.

a) Ní _____________ focal as béal an duine sin, bíonn sé i gcónaí ag insint bréag.
b) Dá ______________ an crannchur ____________ go dtí an Astráil ar saoire.
c) Dá _____________ an cheolchoirm in am ní bheinn déanach abhaile.
d) ______________ ar an gclár sin anocht dá mbeadh an teilifís ag obair.
e) Dá ______________ m'fhón póca ní ______________ ceann nua.
f) Fiú dá __________ an t-airgead agam ní ______________ carr.

cheannóinn, dtosódh, gcaillfinn, mbeadh, d'fhéachfainn,
bhfaighinn, chreidfinn, mbuafainn, rachainn

3 Athscríobh an t-alt seo sa Mhodh Coinníollach.

D'fhág mé an teach ag a hocht ar maidin. Shroich mé an scoil ag a naoi. Bhí mé i dtrioblóid mar go raibh mé déanach. Chuaigh mé do dtí oifig an phríomhoide agus ghlaoigh sé ar m'athair. D'inis sé an scéal dó. Níor chreid m'athair an scéal. Bhí sé ar buile liom. Dúirt an príomhoide liom dul go dtí mo rang. Gheall mé dó nach mbeinn déanach arís.
Tosaigh mar seo: Dá bhfágfainn an teach ag a hocht ar maidin ...

4 Freagair na ceisteanna seo.

a) An íosfá cosa froga riamh?
b) An inseofá bréag riamh?
c) Dá bhfaighfeá an deis, an rachfá go dtí an ghealach?
d) An íocfá míle euro ar bhróga riamh?
e) An rachfá ag rothaíocht sa bháisteach riamh?
f) An gcaithfeá níos mó ná ceithre huaire ar do chuid obair bhaile riamh?
g) An bhfanfá i do shuí ag féachaint ar scannán go dtí a dó ar maidin?

5 Líon na bearnaí thíos.

a) [Scríobh] ______________ mo rang aiste dá dtabharfadh an múinteoir an teideal dúinn.
b) [Diúltaigh] ____________ Máirtín dul go dtí an chóisir mura mbeadh Coldplay ag seinm.
c) Ní [oscail] ______________ an siopa roimh a deich fiú dá mbeadh scuaine taobh amuigh.
d) Dá bhfaigheadh Máire leabhar nua, [suigh] ___________ sí síos agus [léigh] ______________ sí é.
e) [Freagair mé] ________________ an fón dá mbeadh Niall Horan ag glao.

An Chopail

Ceanglaíonn an chopail dhá chuid den abairt le chéile agus tugann an chéad chuid eolas faoin dara cuid.

An Aimsir Láithreach

An fhoirm dhearfach	is
An fhoirm dhiúltach	ní
An fhoirm cheisteach	an

Samplaí

*Is dalta neirbhíseach **mé**.*
*Ní imreoir leadóige maith **tú**.*
*Is peileadóir maith **é** (an buachaill sin).*
*Is cailín cliste **í** (an cailín sin).*
*Ní dochtúir cineálta **é** (an fear sin).*
*Ní bean chairdiúil **í** (an bhean sin).*
*Is múinteoirí foighneacha **sinn**.*
*An amadáin **sibh**?*
*Ní dánta maithe **iad**.*

Úsáidtear an chopail le focail áirithe agus 'le' chun abairtí a dhéanamh: is cuimhin liom, is féidir liom, is maith liom, is aoibhinn liom.

Cleachtadh ag scríobh

1 Líon na bearnaí thíos.

a) ____ cuimhin liom an uair a bhuaigh m'fhoireann an chraobh.
b) ____ duine deas é; bíonn sé i gcónaí ag troid le daoine.
c) An peileadóirí maithe _____ na fir ar an bhfoireann sin?
d) __ aoibhinn léi an dán sin; ceapann sí go bhfuil sé go hiontach.
e) __ scéal suimiúil é an scéal sin; tá sé an-leadránach.

2 Líon na bearnaí thíos.

a) Is _________ iontacha iad na cailíní sin ó bhí siad i mbliain a haon.
b) __ leabhar suimiúil é *Harry Potter* agus tá gach duine sa rang á léamh.
c) Ní ___________ liom rith ó bhris mé mo chos.
d) __ duine deas í in aon chor; bíonn sí i gcónaí ag cúlchaint faoi dhaoine.
e) Is rang __________ é ár rang agus bímid i gcónaí i dtrioblóid.

is, torannach, cairde, ní, féidir

❸ **Líon na bearnaí thíos.**

a) __ maith leat ceol nó __ fearr leat spórt?
b) Is duine __________ í toisc go mbíonn sí i gcónaí ag cabhrú le daoine.
c) ___ féidir le mo dheartháir fanacht socair; bíonn sé i gcónaí ag léim nó ag rith.
d) Is _______ mífhoighneach í mo dheirfiúr agus bíonn sí crosta i gcónaí.
e) ___ cuimhin leat do chéad lá sa bhunscoil?

An Aimsir Chaite agus an Modh Coinníollach

Tá séimhiú ar an bhfocal i ndiaidh na copaile san Aimsir Chaite agus sa Mhodh Coinníollach.

- **Ba** an fhoirm dhearfach roimh chonsan nó roimh **é/í/iad/ea**: **ba mhaith, ba é, ba í, ba iad**.
- **B'** an fhoirm dhearfach roimh ghuta nó roimh fhocal ag tosú le **f** le guta díreach ina dhiaidh: **b'aoibhinn liom, b'fhéidir, b'fhómhar**.
- **Níor** an fhoirm dhiúltach roimh chonsan: **níor mhaith liom, níor chuimhin liom**.
- **Níorbh** an fhoirm dhiúltach roimh fhocal ag tosú le guta nó roimh fhocal ag tosú le **f** le guta díreach ina dhiaidh: **níorbh é/níorbh í/níorbh iad, níorbh fhéidir, níorbh aoibhinn**.
- **Ar** an fhoirm cheisteach: **ar mhaith leat? ar chuimhin leat?**
- **Arbh** an fhoirm cheisteach roimh ghuta nó roimh fhocal ag tosú le **f** le guta díreach ina dhiaidh: **arbh fhéidir leat? arbh éigean duit?**

Samplaí

Ba *dhalta neirbhíseach* ***mé****.*
Níorbh *imreoir leadóige maith* ***tú****.*
Ba *pheileadóir maith* ***é*** *(an buachaill sin).*
Ba *chailín cliste* ***í*** *(an cailín sin).*
Níor *dhochtúir cineálta* ***é*** *(an fear sin).*
Níor *bhean chairdiúil* ***í*** *(an bhean sin).*
Ba *mhúinteoirí foighneacha* ***sinn****.*
Arbh *amadáin* ***sibh****?*
Níor *dhánta maithe* ***iad****.*

Úsáidtear an chopail le focail áirithe agus 'le' chun abairtí a dhéanamh: ba chuimhin liom, b'fhéidir liom, ba mhaith liom, b'aoibhinn liom.

Cleachtadh ag scríobh

1 **Líon na bearnaí thíos.**

a) ___ thubaiste mhór a bhí ann nuair a chuir mé an teach trí thine.
b) ______ iad sin na cailíní a bhí i dtrioblóid ar scoil inné?
c) ___ chur amú airgid an rothar sin a cheannach toisc nach n-úsáidim riamh é.
d) __________ aon chabhair dom é an leabhar sin a thabhairt dom.
e) __ fhuath leis peil i gcónaí.

2 **Líon na bearnaí thíos.**

a) __________ go mbeinn in ann bualadh leat tar éis scoile.
b) Ar ___________ leat an leabhar a thabhairt isteach chugam mar a gheall tú?
c) _________ na daltaí sin na daltaí ba chliste sa scoil.
d) __________ oileán deas é in aon chor.
e) ___ bhreá liom dul go dtí an Spáinn ar mo laethanta saoire.

chuimhin, ba iad, ba, b'fhéidir, níorbh

3 **Líon na bearnaí thíos.**

a) ___ mhaith an rud é gur tháinig tú in am don rang nó bheifeá i dtrioblóid.
b) Bhí tú mícheart; ___________ é sin an bhuachaill a bhuaigh an duais.
c) __ iomaí duine a bhí as láthair ón rang inné; ní raibh ach cúigear ann.
d) ___ chuimhin leis an ceantar agus chuaigh sé ar strae.
e) ___ cheoltóir den scoth é na blianta ó shin.

4 **Líon na bearnaí thíos.**

a) _________ fhéidir leis an mbuachaill sin rith go tapa toisc go raibh sé tinn lá an rása.
b) ______ pheileadóirí iontacha iad peileadóirí Chiarraí uair.
c) ___ mhaith libh an samhradh a chaitheamh sa Spáinn?
d) _______ chuimhin leis breithlá a mhná céile riamh agus bhí sé i gcónaí i dtrioblóid léi.
e) ___ fhearr leat tae nó caife?

An Aidiacht Shealbhach

Nuair a chuirtear an aidiacht shealbhach roimh ainmfhocal ag tosú le consan, tá rialacha le cur i bhfeidhm.

Rialacha le foghlaim

mo + séimhiú	mo c**h**ara	**ár + urú**	ár **g**cara
do + séimhiú	do c**h**ara	**bhur + urú**	bhur **g**cara
a (*his*) + séimhiú	a c**h**ara	**a (*their*) + urú**	a **g**cara
a (*her*)	a cara		

Seo roinnt samplaí eile.

mo m**h**adra	mo t**h**each	mo c**h**eantar	mo s**h**eanchara
do m**h**adra	do t**h**each	do c**h**eantar	do s**h**eanchara
a m**h**adra	a t**h**each	a c**h**eantar	a s**h**eanchara
a madra	a teach	a ceantar	a seanchara
ár madra	ár **d**teach	ár **g**ceantar	ár seanchara
bhur madra	bhur **d**teach	bhur **g**ceantar	bhur seanchara
a madra	a **d**teach	a **g**ceantar	a seanchara

Cleachtadh ag scríobh

1 **Líon na bearnaí thíos.**

a) Cheannaigh mé bronntanas do mo [cara] __________ inné.
b) Bhí Síle agus a [máthair] _____________ sa chathair inné.
c) Bhris Seán a [cos] _______________ inné.
d) Bhí áthas an domhain orainn nuair a bhuaigh ár [foireann] ___________________ an chraobh.
e) Rinne Ciarán dearmad ar a [mála scoile] _________ agus bhí sé i dtrioblóid lena [múinteoir] ____________.

Téigh go dtí edco.ie/iontas3.

❷ **Ceartaigh na botúin sna habairtí thíos.**

a) Scríobh Máire a sheoladh ar an gclúdach litreach. ____________________
b) Rinne na buachaillí dearmad ar a bhróga reatha inné. ____________________
c) Cén aois í do deirfiúr? ____________________
d) Cár fhág mé mo bpeann? ____________________
e) Chuaigh Siún agus a theaghlach ar saoire. ____________________

❸ **Líon na bearnaí thíos.**

a) Bhí áthas air toisc go raibh a [torthaí] __________ go hiontach.
b) Téann Proinsias agus a [peata] __________ gach áit le chéile.
c) Baineadh geit as an tseanbhean nuair a léim a [cat] __________ uirthi.
d) Bíonn na fir sin i gcónaí ag troid lena [comharsana] __________.
e) Níl ach fiche teach ar mo [bóthar] __________.

❹ **Líon na bearnaí thíos.**

a) Chuaigh Tara agus a __________ ag siopadóireacht inné.
b) Bhí mé i dtrioblóid nuair a d'fhág mé mo __________ scoile sa bhaile.
c) Cheannaíomar ár __________ sa siopa nua.
d) Bhí áthas ar na cailíní nuair a bhuaigh a __________ an cluiche.
e) Bhí díomá ar mo Dhaid nuair a rinne a __________ dearmad ar a __________.

mhála, bhreithlá, gcóipleabhair, cara, bhfoireann, chara

Roimh ainmfhocal ag tosú le guta

Rialacha le foghlaim

Nuair a chuirtear an aidiacht shealbhach roimh ainmfhocal ag tosú le guta, tá rialacha le cur i bhfeidhm.

m'	**m'**athair	**ár + n-**	ár **n-**athair
d'	**d'**athair	**bhur + n-**	bhur **n-**athair
a (*his*)	a athair	**a (*their*) + n-**	a **n-**athair
a (*her*) +h	a **h**athair		

Seo roinnt samplaí eile.

m'ainm	i **m'**aonar	**m'**oifig	**m'**obair bhaile
d'ainm	i **d'**aonar	**d'**oifig	**d'**obair bhaile
a ainm	ina aonar	a oifig	a obair bhaile
a **h**ainm	ina **h**aonar	a **h**oifig	a **h**obair bhaile
ár **n-**ainm	inár **n-**aonar	ár **n-**oifig	ár **n-**obair bhaile
bhur **n-**ainm	in bhur **n-**aonar	bhur **n-**oifig	bhur **n-**obair bhaile
a **n-**ainm	ina **n-**aonar	a **n-**oifig	a **n-**obair bhaile

Cleachtadh ag scríobh

1 Líon na bearnaí thíos.

a) Bhí gach duine ag stánadh orm agus bhí [mo aghaidh] ____________ dearg.
b) Scríobh Máire a [ainm] ____________ ar a leabhar.
c) Bhuail Seán lena [aintín] ____________ inné.
d) Bhí díomá ar an rang nuair a fuaireamar marc íseal inár [aistí] ______________.
e) Is aoibhinn le Tomás a [áit] ____________ dhúchais.

2 Ceartaigh na botúin sna habairtí thíos.

a) Scríobh mé mo ainm ar mo chóipleabhar. ____________________________
b) Bhí áthas ar Sheán mar go raibh a haiste an-mhaith. ____________________________
c) Níor bhuaileamar lenár aintíní le fada. ____________________________
d) D'fhág Máire a uachtar reoite ar an urlár agus bhí a mháthair ar buile léi. ____________
e) Is é Inis Meáin ár oileán dúchais. ____________________________

3 Líon na bearnaí thíos.

a) Bhí na mná ina [aonar] ____________ don lá ar fad.
b) Cad is ainm do [do oide] ____________?
c) Bhí an-bhrón ar Aoife nuair a fuair a [eilifint] ____________ bás.
d) Ní maith le Seán a [eastát] ____________ tithíochta.
e) Bhuaileamar lenár [uncail] ____________ le gairid.

4 Líon na bearnaí thíos.

a) Bhí an cailín beag ina ____________ agus bhí eagla uirthi.
b) Chuir Seán a chroí agus a ____________ isteach san obair.
c) Bhí brón orthu mar nach raibh an múinteoir sásta lena ____________.
d) Tá na cailíní an-bhródúil as a ____________.
e) Thosaigh Seán ar a ____________ fada go dtí an Astráil ar maidin.

anam, n-áit dhúchais, aistear, haonar, n-aistí

Séimhiú

Bíonn séimhiú de ghnáth ar chonsan i ndiaidh na bhfocal thíos.

1 An Aidiacht Shealbhach: tar éis *mo*, *do* agus *a* (*his*):

mo c**h**ara	do c**h**ara	a c**h**ara

2 Tar éis na n-uimhreacha *1–6*:

aon c**h**apall	dhá b**h**ád	trí d**h**oras
ceithre m**h**ála	cúig f**h**eirm	sé g**h**eata

3 Tar éis na réamhfhocal a leanas:

de	D'fhiafraigh mé dé P**h**ól.	**den**	Thuirling mé den b**h**us.
do	Thug mé leabhar do S**h**eán.	**don**	Thug mé leabhar don c**h**ailín.
ar	Bhí áthas ar S**h**íle.	**faoi**	Bhí sé ag magadh faoi M**h**áire.
ó	D'éalaigh sé ó p**h**ríosún.	**roimh**	Tá fáilte roimh c**h**ách.
trí	Chuaigh an teach trí t**h**ine.	**sa (i + an)**	sa b**h**aile

4 Tar éis na bhfocal a leanas:

nuair a	nuair a d**h**éanaim m'obair bhaile	nuair a f**h**illim abhaile	nuair a c**h**eannaíonn sé
ró	róm**h**ór	róc**h**ainteach	rób**h**eag
an-	an-c**h**ostasach	an-m**h**aith	an-f**h**ada
má	má t**h**agaim	má f**h**eicim	má c**h**loiseann sé

Cabhair! Eisceachtaí: d, n, t, l, s

Má chríochnaíonn focal amháin le **d, n, t, l** nó **s** agus má thosaíonn an chéad fhocal eile le **d, n, t, l** nó **s**, ní chuirtear séimhiú isteach.

aon doras	den sagart	don taoiseach
an-deas	an-simplí	an-te

Cabhair!

Ní chuirtear séimhiú ar an bhfocal i ndiaidh **sa** má thosaíonn an focal le **d, t** nó **s**: sa dán, sa siopa, sa tír.

Cleachtadh ag scríobh

1 Líon na bearnaí thíos.

a) Bhí an rang [rócainteach] __________ agus bhí an múinteoir [an-crosta] __________.
b) D'fhan sé sa [baile] __________ inné toisc go raibh sé tinn.
c) Bhí eagla ar [Cáit] __________ nuair a chuala sí torann san oíche.
d) Bhuaigh mé dhá [ticéad] __________ don [ceolchoirm] __________ agus thóg mé mo [cara] __________ liom.
e) Nuair a [feiceann] __________ sé a [cara] __________ bíonn sé ag caint leis.

2 Ceartaigh na botúin sna habairtí thíos.

a) Chuaigh mé isteach sa shiopa sin ar maidin. __________
b) Níl ach trí dteach ar mo bóthar. __________
c) Tá an rothar sin i bhfad ródaor. __________
d) An gcuirfidh tú glao orm nuair a fillfidh tú abhaile? __________
e) Chuir mé fáilte roimh gcuairteoir go dtí an scoil. __________

3 Líon na bearnaí thíos.

a) Is breá liom ainmhithe: tá cúig [madra] __________, sé [coinín] __________ agus trí [cat] __________ agam.
b) Bhí díomá ar [Pádraig] __________ nuair a chaill sé a [ticéad] __________ don [cluiche] __________.
c) Chuaigh siad isteach sa [cathair] __________ inné agus bhí siad istigh i dtrí [bialann] __________ agus sé [siopa] __________.
d) Níor chuala mé scéal ar bith ó [Ciara] __________ ó d'fhág sí an baile coicís ó [sin] __________.
e) Ní raibh aon [garda] __________ ná aon [siopadóir] __________ le fáil inné.

4 Líon na bearnaí thíos.

a) Tá dhá __________ agus sé __________ ar mo __________.
b) Chuaigh an siopadóir isteach sa __________ ach chuaigh an siopa trí __________.
c) Nuair a __________ abhaile déanaim m'obair bhaile.
d) Bhí mo __________ an-sásta liom mar go raibh m'aiste __________.
e) Bhí díomá ar a __________ nuair a chaill sé a __________ póca nua.

siopa, fhón, bhóthar, fhillim, an-mhaith, chara, mhúinteoir, theach, thine, charr

Urú

Bíonn urú de ghnáth ar chonsan i ndiaidh na bhfocal thíos.

1 An Aidiacht Shealbhach: tar éis *ár*, *bhur*, *a* (*their*):

ár **g**cara	bhur **g**cara	a **g**cara

2 Tar éis na n-uimhreacha 7–10:

seacht **g**capall	ocht **m**bád	naoi **n**doras	deich **n**geata

3 Tar éis na réamhfhocal a leanas agus *an*:

ag an	Tá rothar nua ag an **g**cailín.	**roimh an**	fáilte roimh an **g**cuairteoir
ar an	Bhí áthas ar an **m**buachaill.	**faoin**	ag gáire faoin **g**clár
as an	Baineadh geit as an **g**cat.	**ón**	ag éalú ón **b**príosún
leis an	ag caint leis an **bh**fear	**tríd an**	ag léim tríd an **b**poll

(ó + an = ón, faoi + an = faoin)

4 Tar éis na bhfocal a leanas:

i	i **g**cónaí/i **d**trioblóid	**dá**	dá **m**beadh	**mura**	mura **n**déanfainn

Cabhair! Eisceachtaí

Ní chuirtear urú ar an bhfocal tar éis réamhfhocail agus **an** (ar an, leis an ...) má thosaíonn an focal eile le **d, n, t, l** nó **s**.

ag an doras as an teach leis an siopadóir

Cuirtear **t** roimh **s** má tá an focal baininscneach sna cásanna seo; mar shampla: leis an tseanbhean.

Cleachtadh ag scríobh

1 Líon na bearnaí thíos.

a) Bhíomar inár seasamh in aice leis an [teach] __________ nuair a chonaiceamar ár [cairde] __________.

b) Bhí eagla orm roimh an [dorchadas] ___________ agus mar sin d'fhan mé i [teach] __________ mo charad.

c) Bhí seacht [timpiste] ___________ ar an [bóthar] _________ sin inné.

d) Bíonn Úna i [cónaí] _________ ag caint sa rang agus i [trioblóid] __________ leis an [príomhoide] ___________ mar gheall air sin.

e) Dá [buafainn] ________ an crannchur náisiúnta cheannóinn seacht [caisleán] __________ agus deich [bád] _______________.

❷ **Ceartaigh na botúin sna habairtí thíos.**

a) Fuair an cailín naoi choinín dá bhreithlá. ____________________
b) Bhí sceitimíní ar an bean nuair a thit sí i ghrá. ____________________
c) Mura mbeinn ag féachaint ar an dtine thitfeadh an gual amach ar an cairpéad. ____
d) Bhí díomá ar an buachaill mar nár tháinig aon bhronntanas tríd an post. __________
e) Cheannaigh mé seacht ticéad ach níor bhuaigh mé aon dhuais. ______________

❸ **Líon na bearnaí thíos.**

a) Bhí na mílte ag an [ceolchoirm] ____________ mar go raibh cáil mhór ar an [banna] ____________.
b) D'éalaigh na daoine tríd an [fuinneog] __________ nuair a chuaigh an teach trí [tine] _______.
c) Bhí a lán cainte ar an [teilifís] __________ faoin [taoiseach] _________ agus faoin [tánaiste] ___________.
d) Bhí an fear bocht sáinnithe i [poll] __________ a bhí thíos faoin [talamh] ___________.
e) Bhí áthas ar an [dochtúir] _________ nuair a fuair sé bronntanas ón [fear] ________ a leigheas sé.

❹ **Líon na bearnaí thíos.**

a) Tógadh seacht ___________ nua ar mo bhóthar le déanaí.
b) Tháinig an bád i _____________ sa chuan ar maidin.
c) Dá _____________ mo chara duais mhór airgid cheannódh sí teach nua.
d) Bhí bród ar a ___________ nuair a bhuaigh siad an rás.
e) Chuir mé fáilte roimh an ___________ a tháinig anall as Meiriceá.

gcuairteoir, dteach, mbuafadh, dtír, dtuismitheoirí

Téigh go dtí edco.ie/iontas3.

Céimeanna Comparáide na hAidiachta

Úsáidtear céimeanna comparáide na haidiachta nuair atáimid ag cur rudaí nó daoine i gcomparáid lena chéile.

Samplaí

*Tá Éabha **níos sine** ná Ciara. Is í Éabha an cailín **is sine** sa rang.*
*Tá Éire **níos fliche** ná an Fhrainc. Is í Albain an tír **is fliche** ar fad.*

Úsáidtear 'chomh' chun a rá go bhfuil dhá rud/beirt mar an gcéanna.

Sampla

*Tá Máire **chomh deas** le Ciara.*
*Níl luch **chomh mór** le cat.*

Grúpa 1: Aidiachtaí ag críochnú ar -ach nó -each

- Má chríochnaíonn an aidiacht ar **-ach**, athraítear í go dtí **-aí** sa bhreischéim agus sa tsárchéim. Mar shampla: uafás**ach** → níos/is uafás**aí**.
- Má chríochnaíonn an aidiacht ar **-each**, athraítear í go dtí **-í** sa bhreischéim agus sa tsárchéim. Mar shampla: foighn**each** → níos/is foighn**í**.

Bunchéim	Breischéim	Sárchéim
brón**ach**	níos brón**aí**	is brón**aí**
fearg**ach**	níos fearg**aí**	is fearg**aí**
neirbhís**each**	níos neirbhís**í**	is neirbhís**í**
uaign**each**	níos uaign**í**	is uaign**í**

Grúpa 2: Aidiachtaí ag críochnú ar -úil

Má chríochnaíonn an aidiacht ar **-úil**, athraítear í go dtí **-úla** sa bhreischéim agus sa tsárchéim. Mar shampla: flaithi**úil** → níos/is flaithi**úla**.

Bunchéim	Breischéim	Sárchéim
leisci**úil**	níos leisci**úla**	is leisci**úla**
éirimi**úil**	níos éirimi**úla**	is éirimi**úla**
cairdi**úil**	níos cairdi**úla**	is cairdi**úla**
fuinni**úil**	níos fuinni**úla**	is fuinni**úla**

Cleachtadh ag scríobh

1 **Líon na bearnaí thíos.**

a) Is é Seán an dalta is [leisciúil] ___________ sa rang.
b) Is í Tríona an bhean is [mífhoighneach] ___________ ar an mbaile.
c) Ceapann an t-aisteoir sin gurb é an duine is [dathúil] __________ ar domhan é.
d) Is í mo mhúinteoir Gaeilge an múinteoir is [cantalach] ____________ sa scoil.
e) Tá Bróna i bhfad níos [faiteach] ___________ ná aon chailín eile sa rang.

2 **Líon na bearnaí thíos.**

a) Is é One Direction an banna ceoil is ____________ faoi láthair.
b) Tá muintir na hÉireann níos ____________ ná daoine in aon tír eile.
c) Tá 'Oisín i dTír na nÓg' ar cheann de na scéalta is ____________ dá bhfuil ann.
d) Ní dóigh liom go bhfuil daoine chomh __________ anois is a bhí siad cúpla bliain ó shin.
e) Tá mo rang níos ___________ ná aon rang eile sa scoil mar bailíonn siad a lán airgid do Concern gach bliain.

brónaí, cáiliúla, flaithiúla, santach, cairdiúla

Grúpa 3: Aidiachtaí eile a chríochnaíonn le consan

Má chríochnaíonn an aidiacht le consan, caolaítear **í** (más gá) agus cuirtear **-e** leis. Mar shampla: sean → níos/is sin**e**, saibhir → níos/is saibhr**e**, ciúin →níos/is ciúin**e**.

Bunchéim	Breischéim	Sárchéim
óg	níos óig**e**	is óig**e**
deas	níos deis**e**	is deis**e**
bocht	níos boicht**e**	is boicht**e**
glic	níos glic**e**	is glic**e**

Téigh go dtí edco.ie/iontas3.

Grúpa 4: Aidiachtaí ag críochnú le guta

Má chríochnaíonn an aidiacht ar ghuta, de ghnáth ní athraítear í sa bhreischéim ná sa tsárchéim. Mar shampla: cliste → níos/is cliste.

Bunchéim	Breischéim	Sárchéim
cneasta	níos cneasta	is cneasta
cróga	níos cróga	is cróga
iontaofa	níos iontaofa	is iontaofa
macánta	níos macánta	is macánta

Cleachtadh ag scríobh

1 Líon na bearnaí thíos.

a) Is í m'aintín Nóra an duine is [cneasta] __________ sa teaghlach.
b) Tá teach níos [daor] __________ná árasán, de ghnáth.
c) Éiríonn an aimsir níos [fuar] ____________ san fhómhar.
d) Mar a deir an seanfhocal, 'Is [gar] __________ cabhair Dé ná an doras'.
e) Deir an múinteoir i gcónaí gurb é seo an rang is [glórmhar] ________ sa scoil.

2 Líon na bearnaí thíos.

a) Is é mo dhaideo an duine is ___________ sa teaghlach; tá sé céad bliain d'aois.
b) Tá sioráf níos ________ ná capall.
c) Tá sé níos ___________ rothar a chur faoi ghlas nuair a bhíonn tú sa chathair.
d) Gan aon amhras, tá an dornálaí sin níos ____________ ná mise.
e) Bíonn an oíche níos ___________ nuair a bhíonn an ghealach lán.

ciallmhaire, sine, gile, airde, láidre

3 Líon na bearnaí thíos.

a) Is é mo dheartháir an duine is [cliste] _________ sa chlann.
b) Tá mata níos [éasca] ___________ ná Fraincis.
c) Tá an garpháiste níos [óg] _________ ná a mhamó.
d) Tá an aimsir ag éirí níos [fuar] ____________ anois.
e) Tá seomra mo thuismitheoirí níos [glan] _______ agus níos [néata] _________ ná mo sheomra.

Aidiachtaí Neamhrialta

Le foghlaim!

Bunchéim	Breischéim	Sárchéim
fada	níos faide	is faide
gearr	níos giorra	is giorra
maith	níos fearr	is fearr
mór	níos mó	is mó
beag	níos lú	is lú
olc	níos measa	is measa
tapaidh	níos tapúla	is tapúla
te	níos teo	is teo

Cleachtadh ag scríobh

1 Líon na bearnaí thíos.

a) Mar is eol do gach duine tá luch níos [beag] __________ ná francach.
b) Tá fadhb na ndrugaí ag éirí níos [olc] __________ gach bliain.
c) Tá níos [mór] __________ seans ag Cill Chainnigh an corn a bhuachan ná aon fhoireann eile.
d) Tá an cúrsa Béarla níos [gearr] ___________ ná an cúrsa Gaeilge.
e) Tá sé chomh [fada] ________ sin ó bhí m'athair ar scoil, tá dearmad déanta aige ar a chuid Gaeilge.

2 Líon na bearnaí thíos.

a) Is é 21 Nollaig an lá is ___________ sa bhliain.
b) Mar a deir an seanfhocal, 'Is ___________ déanach ná choíche'.
c) Tá Usain Bolt níos ____________ ná mise ag rith.
d) Gan amhras tá an Spáinn níos __________ ná Éire.
e) Éiríonn na laethanta níos ____________ san earrach.

tapúla, teo, giorra, faide, fearr

Téigh go dtí edco.ie/iontas3.

Na Forainmneacha Réamhfhoclacha

Le foghlaim!

Ar	Mothúcháin/Tinnis	Briathra
orm	áthas/fliú orm	féach ar
ort	brón/slaghdán ort	teip ar
air	díomá/tuirse air	iarr ar
uirthi	fearg/tinneas cinn uirthi	glaoigh ar
orainn	uaigneas/ocras orainn	beir ar
oraibh	eagla/tart oraibh	déan dearmad ar
orthu	imní/galar orthu	cuir fios ar

Cleachtadh ag scríobh

1 Líon na bearnaí thíos.

a) Bhí imní ____ an gcailín nuair a chuala sí an torann agus bhí eagla __________ freisin.
b) Theip ____ ina scrúdú agus bhí a thuismitheoirí crosta leis.
c) Bhí na páistí amuigh sa bháisteach agus bhí slaghdán ____________ an lá dar gcionn.
d) Níor itheamar le tamall agus bhí ocras mór ____________.
e) Ní fhaca mé mo chairde le tamall agus bhí uaigneas ___________.

2 Líon na bearnaí thíos.

a) Níor ól sé le fada agus bhí tart ___________.
b) Ghlaoigh mé _____ an otharcharr nuair a chonaic mé timpiste bhóthair.
c) Chaith sí seacht n-uaire ag staidéar agus bhí tuirse an domhain _________.
d) Nuair a rith na gadaithe as an mbanc rug na gardaí __________.
e) An mbíonn tinneas cinn _______ go minic?

ort, air, uirthi, orthu, ar

3 Líon na bearnaí thíos.

a) Bhí áthas ___________ ar fad nuair a dúirt an múinteoir go rabhamar go hiontach.
b) Bhí an fliú ____ mo chara Úna inné agus bhí teocht ard _________ freisin.
c) Tá gruaig fhada chatach ______ agus tá sé an-bhródúil as féin.
d) Nuair a d'iarr an múinteoir ___________ an seomra a ghlanadh bhí siad lán sásta é a dhéanamh.
e) Bhí díomá __________ an mbean nuair a rinne a clann dearmad ___________ a breithlá.

Le foghlaim!

Le	An chopail	Briathra
liom	is/ní maith liom	éist le
leat	is/ní fuath leat	labhair le
leis	is/ní fearr leis	éirigh leis
léi	is/ní cuimhin léi	cabhraigh le
linn	is/ní féidir linn	cuir stop le
libh	is/ní gráin libh	ag caint le
leo	is/ní aoibhinn leo	ag obair le

Cleachtadh ag scríobh

1 Líon na bearnaí thíos.

a) Is maith ____ Siobhán Béarla agus is aoibhinn ________ a bheith ag léamh.
b) Bhí áthas ar Sheán mar gur éirigh go hiontach ________ ina scrúdú.
c) Bhí na páistí ag troid ach chuir a máthair stop ________.
d) Ní cuimhin ________ an lá a rugadh mé.
e) Dúirt an tUachtarán gurbh fhéidir ___________.

2 Líon na bearnaí thíos.

a) Bhí an cailín crosta toisc nach raibh aon duine ag éisteacht _______ ag canadh.
b) Bhí mo sheantuismitheoirí tinn agus chabhraigh mé ________ sa teach.
c) Bhí mo mháthair ag _______ lena cara aréir.
d) An féidir __________ deireadh a chur le foréigean sa domhan?
e) An ___________ leat an uair a thit tú den chrann?

leo, linn, cuimhin, léi, caint

3 Líon na bearnaí thíos.

a) Is aoibhinn _______ One Direction agus beidh mé ag dul go dtí a gceolchoirm amárach.
b) Toisc nach raibh Seán ag éisteacht ________ an múinteoir níor thuig sé go raibh obair bhaile aige.
c) Tá siad an-deas agus chabhraigh siad _________ na páistí lena n-obair bhaile.
d) Is fuath __________ a bheith ag glanadh agus tá a dteach ina phraiseach.
e) Bhí an príomhoide ag caint _________ inné faoi na scrúduithe agus bhíomar go léir ag éisteacht.

Le foghlaim!

Ag	Nathanna	
agam	Tá airgead agam.	Tá an-ghráin agam ar ...
agat	Tá aithne agat ar ...	Tá suim agat i ...
aige	Tá eolas aige ar ...	Tá meas aige ar ....
aici	Tá a fhios aici ...	Tá trua aici do ....
againn	Tá súil againn	Tá sé déanta/briste againn.
agaibh	Tá grá agaibh ar ...	Tá snámh agaibh.
acu	Tá muinín acu as ...	Tá an leabhar léite acu.

Cleachtadh ag scríobh

1 Líon na bearnaí thíos.

a) Tá suim mhór ________ sa cheol agus bím i gcónaí ag éisteacht le ceol ar an raidió.
b) Tá aithne _______ ar an mbean sin ó bhí sí ina cailín óg.
c) Fuaireamar leabhair nua inné agus bhí siad léite _________ taobh istigh de chúpla uair an chloig.
d) Ní bhíonn airgead riamh _____ Seán agus ní féidir leis aon rud a cheannach.
e) Tá meas mór ___________ ar an bpeileadóir sin agus téann siad go dtí a chluichí go léir.

2 Líon na bearnaí thíos.

a) Tá Ciara an-eolach; tá ________ aici ar gach rud.
b) Ní dheachaigh sé isteach sa linn snámha toisc nach bhfuil _________ aige.
c) Tá an-ghráin _________ ar fheoil; ní íosfainn í ar ór na cruinne.
d) Tá suim ___ Máire sa stair agus léann sí a lán leabhar staire.
e) Bhí uaigneas ar Pheadar toisc nach raibh _________ aige ar aon duine san áit.

agam, eolas, aithne, snámh, ag

3 Líon na bearnaí thíos.

a) Bhí a athair ar buile leis toisc go raibh an fón caillte _______ arís.
b) Dá mbeadh an t-airgead _______ rachainn timpeall an domhain ar long.
c) Níl meas dá laghad ______ ar a deartháir toisc go mbíonn sé i gcónaí ag troid.
d) Tá teach álainn ______ faoin tuath agus téann siad ann go minic.
e) Tá mo mháthair an-chliste, tá eolas _________ ar gach rud.

Le foghlaim!

Do	Briathra	Ó	Briathra
dom	tabhair do	**uaim**	ceannaigh ó
duit	inis do	**uait**	teastaíonn ó
dó	taispeáin do	**uaidh**	éalaigh ó
di	lig do	**uaithi**	fill ó
dúinn	geall do	**uainn**	creid ó
daoibh	déan do	**uaibh**	sábháil ó
dóibh	géill do	**uathu**	goid ó

Cleachtadh ag scríobh

1 Líon na bearnaí thíos.

a) Nuair a bhí mé caillte thaispeáin an bhean an tslí ________.
b) D'éalaigh na príosúnaithe ___ phríosún le déanaí.
c) Bhí Aoife tinn agus rinne mé an obair _____.
d) Cheannaigh mé seanleabhar ____ chailín i mbliain a ceathair.
e) Thug mé m'obair bhaile ____ mo mhúinteoir ar maidin.

2 Líon na bearnaí thíos.

a) Níor _________ an carr ag na soilse tráchta agus bhí timpiste ann.
b) Ní chreidfinn focal ___ bhéal an chailín sin.
c) Bhí teach nua ag __________ uathu nuair a chuaigh a dteach trí thine.
d) Insíonn ár seanathair scéalta iontacha __________ i gcónaí.
e) Nuair a d'fhill mé ó __________ bhí blas Meiriceánach agam.

ó, Mheiriceá, ghéill, teastáil, dúinn

3 Líon na bearnaí thíos.

a) Nuair a d'fhill mo chara ___ Mheiriceá thug sí bronntanas ___________.
b) Ní thugann an múinteoir staire aon obair bhaile _______ rang ar an Aoine.
c) Gheall sé ________ nach rachadh sé amach san oíche arís ach bhí sé ag insint bréige _____ agus bhí fearg uirthi.
d) Tá siad an-leisciúil agus ní theastaíonn _________ aon obair a dhéanamh riamh.
e) Bhí an múinteoir ag insint ________ faoin timpiste agus bhíomar go léir ag éisteacht.

Le foghlaim!

Faoi	Nathanna	Roimh	Nathanna
fúm	ag magadh faoi	**romham**	eagla ar ... roimh
fút	ag gáire faoi	**romhat**	cuir fáilte roimh
faoi	ag caint faoi	**roimhe**	doicheall roimh
fúithi	ag labhairt faoi	**roimpi**	roimh mhaidin
fúinn	ag cloisteáil faoi	**romhainn**	romhainn amach
fúibh	ag cur faoi	**romhaibh**	caol díreach romhaibh
fúthu	ag troid faoi	**rompu**	féach rompu

Cleachtadh ag scríobh

1 Líon na bearnaí thíos.

a) Bhí brón ar an gcailín toisc go raibh gach duine ag magadh __________.
b) Ní raibh na buachaillí ag féachaint amach __________ agus thit siad isteach san abhainn.
c) Tháinig beirt ón nGearmáin go dtí mo theach agus chuir mo mháthair fáilte mhór ________.
d) Ní raibh ach bréagán amháin sa teach agus bhí na páistí go léir ag troid __________.
e) Nuair a bhí mé óg bhí mé ag cur __________ faoin tuath.

2 Líon na bearnaí thíos.

a) Thosaigh mé ag caoineadh nuair a chuala mé na daltaí eile ag magadh ______.
b) Ní fheiceann an seanfhear an siopa cé go bhfuil sé caol __________ roimhe.
c) Níor _________ Máire aon rud faoin scoil a bheith dúnta agus chuaigh sí isteach.
d) Bhí eagla an domhain ar an bpáiste _______ an taibhse.
e) Is fuath liom daoine a bhíonn ag ___________ faoi dhaoine eile.

3 Líon na bearnaí thíos.

a) Chuaigh mé ar scoil inné ag a seacht ach ní raibh aon duine ann _____________.
b) Ar chuala tú __________ bhfear a bhuaigh an crannchur?
c) Is fuath léi é nuair a bhíonn daoine ag cúlchaint _____________.
d) Bhí brón ar an tseanbhean toisc nár chuir aon duine fáilte __________ san áit.
e) Nuair a chuala an páiste an scéal _________ taibhse bhí eagla an domhain air __________.

Le foghlaim!

As	Nathanna	De	Nathanna
asam	bain geit as	**díom**	fiafraigh de
asat	bain triail as	**díot**	greamaigh de
as	bain úsáid as	**de**	léim de
aisti	éirigh as	**di**	ceangail de
asainn	bain taitneamh as	**dínn**	bain de
asaibh	muinín ag … as	**díbh**	lean de
astu	bród ar … as	**díobh**	stad de

Cleachtadh ag scríobh

1 Líon na bearnaí thíos.

a) Bhí na páistí ina gcodladh agus baineadh geit __________ nuair a chuala siad torann an-ard.
b) Bhíomar amuigh sa stoirm agus nuair a thángamar isteach bhaineamar ár n-éadaí fliucha _________.
c) Bhí bród ar an traenálaí ___ a fhoireann toisc gur bhuaigh siad an cluiche.
d) Bhí gliú ar an mbord agus bhí mo lámh greamaithe _____.
e) Bhí seanphinn sa seomra agus bhaineamar úsáid ___________.

2 Líon na bearnaí thíos.

a) D'éirigh an fear _____ obair nuair a bhí sé cúig bliana is seasca.
b) Baineadh _______ as an bpáiste nuair a rith luch ar a bhord.
c) Dúirt an múinteoir linn stad _______ chaint nuair a shiúil sé isteach sa rang.
d) Ní maith léi aon rud nua agus níl sí sásta ___________ a bhaint as aon bhia nua.
e) Thaitin an seó go mór linn agus bhaineamar _________ as.

den, as, triail, geit, taitneamh

3 Líon na bearnaí thíos.

a) Stad an rang go léir _______ chaint nuair a shiúil an príomhoide isteach.
b) D'éirigh sé _____ an rugbaí nuair a bhris sé a chos.
c) Bhí fearg orainn toisc gur bhain na cailíní úsáid __________ chun an obair a dhéanamh dóibh.
d) Bhain siad a gcuid éadaigh _______ nuair a bhí siad ag dul isteach san fharraige.
e) Baineadh geit ________ nuair a léim an púca amach rompu.

Na hUimhreacha

Grúpa 1: Ag comhaireamh rudaí a thosaíonn le consan

Rialacha le foghlaim

- 1–6 + séimhiú
- 7–10 + urú
- 11–16 + séimhiú
- 17–19 + urú

1 aon c**h**arr	11 aon c**h**arr déag	21 aon c**h**arr is fiche
2 dhá c**h**arr	12 dhá c**h**arr déag	22 dhá c**h**arr is fiche
3 trí c**h**arr	13 trí c**h**arr déag	23 trí c**h**arr is fiche
4 ceithre c**h**arr	14 ceithre c**h**arr déag	24 ceithre c**h**arr is fiche
5 cúig c**h**arr	15 cúig c**h**arr déag	25 cúig c**h**arr is fiche
6 sé c**h**arr	16 sé c**h**arr déag	26 sé c**h**arr is fiche
7 seacht **g**carr	17 seacht **g**carr déag	27 seacht **g**carr is fiche
8 ocht **g**carr	18 ocht **g**carr déag	28 ocht **g**carr is fiche
9 naoi **g**carr	19 naoi **g**carr déag	29 naoi **g**carr is fiche
10 deich **g**carr	20 fiche carr	30 tríocha carr

Cabhair! Eisceachtaí: d, t, s

Má thosaíonn an focal le **d**, **t** nó **s**, ní chuirtear séimhiú air i ndiaidh **aon**.
Mar shampla: aon teach, aon siopa, aon dán.

Cleachtadh ag scríobh

1 Líon na bearnaí thíos.

a) Tá ceithre [teach] ____________ ar mo bhóthar.
b) Tá seacht [capall] ______________ is tríocha sa pháirc sin.
c) Bhí deich [post] ______________ nua fógartha sa pháipéar inné.
d) An bhfuil aon [tír] _____________ ann gan fhadhbanna?
e) Bhí an rang ar buile nuair a fuair siad sé [ceacht] ____________ déag le déanamh.

2 Líon na bearnaí thíos.

a) Bhí deich _____________ le freagairt ach níor fhreagair mé ach ceann amháin.
b) Bhí uafás ar an múinteoir nuair a chonaic sí cúig ______________ is tríocha sa seomra ranga.
c) Níor ceannaíodh ach fiche ____________ an mhí seo caite.
d) Níl ach an t-aon __________ amháin ar an mbaile.
e) Déarfainn go bhfuil ocht ___________ póca ar a laghad caillte agam.

carr, gceist, bhfón, fhrancach, siopa

Ainmfhocail a thosaíonn le guta agus ainmfhocail a chríochnaíonn le guta

Rialacha le foghlaim

- 1–6: Ní chuirtear aon rud ar an ainmfhocal. Mar shampla: dhá éan, ceithre oileán.
- 7–10: Cuirtear **n-** roimh an ainmfhocal. Mar shampla: seacht **n-**éan, ocht **n-**oileán.
- Má chríochnaíonn an t-ainmfhocal ar ghuta, cuirtear séimhiú ar an bhfocal **déag**. Mar shampla: trí c**h**óta d**h**éag.

1 aon áit	1 aon c**h**óta	1 aon oíche
2 dhá áit	2 dhá c**h**óta	2 dhá oíche
3 trí áit	3 trí c**h**óta	3 trí oíche
4 ceithre áit	4 ceithre c**h**óta	4 ceithre oíche
5 cúig áit	5 cúig c**h**óta	5 cúig oíche
6 sé áit	6 sé c**h**óta	6 sé oíche
7 seacht **n-**áit	7 seacht **g**cóta	7 seacht **n-**oíche
8 ocht **n-**áit	8 ocht **g**cóta	8 ocht **n-**oíche
9 naoi **n-**áit	9 naoi **g**cóta	9 naoi **n-**oíche
10 deich **n-**áit	10 deich **g**cóta	10 deich **n-**oíche
11 aon áit déag	11 aon c**h**óta d**h**éag	11 aon oíche d**h**éag
12 dhá áit déag	12 dhá c**h**óta d**h**éag	12 dhá oíche d**h**éag
13 trí áit déag	13 trí c**h**óta d**h**éag	13 trí oíche d**h**éag
14 ceithre áit déag	14 ceithre c**h**óta d**h**éag	14 ceithre oíche d**h**éag
15 cúig áit déag	15 cúig c**h**óta d**h**éag	15 cúig oíche d**h**éag
16 sé áit déag	16 sé c**h**óta d**h**éag	16 sé oíche d**h**éag
17 seacht **n-**áit déag	17 seacht **g**cóta d**h**éag	17 seacht **n-**oíche d**h**éag
18 ocht **n-**áit déag	18 ocht **g**cóta d**h**éag	18 ocht **n-**oíche d**h**éag
19 naoi **n-**áit déag	19 naoi **g**cóta d**h**éag	19 naoi **n-**oíche d**h**éag
20 fiche áit	20 fiche cóta	20 fiche oíche
21 aon áit is fiche	22 dhá c**h**óta is fiche	23 trí oíche is fiche

Cleachtadh ag scríobh

Líon na bearnaí thíos.

1. Bhí [14 fógra] ____________ ar an gclár fógraíochta ar maidin.
2. Bhí [7 tine] ____________ ar lasadh Oíche Shamhna.
3. Chonaic mé [27 eala] ____________ ar an loch inné.
4. Tá ar a laghad [5 íomhá] ____________ sa dán sin.
5. D'ith an fathach [12 béile] ____________ inné.

Na huimhreacha pearsanta

1 duine amháin	1 cailín amháin	1 fear amháin
2 beirt	2 beirt c**h**ailíní	2 beirt f**h**ear
3 triúr	3 triúr cailíní	3 triúr fear
4 ceathrar	4 ceathrar cailíní	4 ceathrar fear
5 cúigear	5 cúigear cailíní	5 cúigear fear
6 seisear	6 seisear cailíní	6 seisear fear
7 seachtar	7 seachtar cailíní	7 seachtar fear
8 ochtar	8 ochtar cailíní	8 ochtar fear
9 naonúr	9 naonúr cailíní	9 naonúr fear
10 deichniúr	10 deichniúr cailíní	10 deichniúr fear
11 aon duine d**h**éag	11 aon c**h**ailín déag	11 aon f**h**ear déag
12 dháréag	12 dháréag cailíní	12 dháréag fear
13 trí d**h**uine d**h**éag	13 trí c**h**ailín déag	13 trí f**h**ear déag
14 ceithre d**h**uine d**h**éag	14 ceithre c**h**ailín déag	14 ceithre f**h**ear déag
15 cúig d**h**uine d**h**éag	15 cúig c**h**ailín déag	15 cúig f**h**ear déag
16 sé d**h**uine d**h**éag	16 sé c**h**ailín déag	16 sé f**h**ear déag
17 seacht **n**duine d**h**éag	17 seacht **g**cailín déag	17 seacht **bh**fear déag
18 ocht **n**duine d**h**éag	18 ocht **g**cailín déag	18 ocht **bh**fear déag
19 naoi **n**duine d**h**éag	19 naoi **g**cailín déag	19 naoi **bh**fear déag
20 fiche duine	20 fiche cailín	20 fiche fear
21 aon duine is fiche	32 dhá c**h**ailín is tríocha	43 trí f**h**ear is daichead
57 seacht **n**duine is caoga	68 ocht **g**cailín is seasca	79 naoi **bh**fear is seachtó

Cleachtadh ag scríobh

1 Líon na bearnaí thíos.

a) Tá [23 buachaill] ________________ i mo rang tíreolais.
b) Bhí [50 feirmeoir] ________________ ag an gcruinniú aréir.
c) Bhí [12 garda] ______________ ar dualgas ag an gcluiche inné.
d) Tá [9 aintín agus 16 col ceathrar] ______________________________ agam.
e) Chaill [55 duine] ________________ a bpost inné.

2 Líon na bearnaí thíos.

a) Ghlac seacht ________ ___________ páirt sa chomórtas iascaigh.
b) D'éirigh le ____________ ghardaí an cailín a shábháil.
c) Níl ach cúigear ______________ ar mo chúrsa filíochta.
d) Bhí tuairim is ocht _____________ déag ag bailiú a bpáistí ag an scoil inné.
e) Tá _____________ múinteoirí éagsúla agam i mbliana.

naonúr, dtuismitheoir, filí, beirt, n-iascaire dhéag

Caint Indíreach nó Claoninsint

Is éard is brí le caint indíreach ná cur síos nó tuairisc ar rud atá ráite ag duine eile.

Le foghlaim!

Caint dhíreach	'Tá tuirse orm,' a deir Máire.	Caint indíreach	Deir Máire **go** bhfuil tuirse uirthi.
Caint dhíreach	'Bhí tuirse orm inné,' a deir Seán.	**Caint indíreach**	Deir Seán **go** raibh tuirse air inné.
Caint dhíreach	'Nílim ag dul ar scoil inniu,' a deir Máire.	**Caint indíreach**	Deir Máire **nach** bhfuil sí ag dul ar scoil inniu.
Caint dhíreach	'Ní raibh tuirse orm inné,' a deir Seán.	**Caint indíreach**	Deir Seán **nach** raibh tuirse air inné.

An Chlaoninsint san Aimsir Láithreach

Rialacha le foghlaim

Mar a fheiceann tú ó na samplaí thuas, caithfimid cónasc éigin a chur roimh an mbriathar sa chlaoninsint.

- Cuirtear **go + urú** roimh bhriathra san Aimsir Láithreach, san Aimsir Fháistineach agus sa Mhodh Coinníollach agus roimh na briathra bí, abair, feic, faigh, déan agus téigh san Aimsir Chaite.
- Cuirtear **nach + urú** roimh bhriathra san Aimsir Láithreach, san Aimsir Fháistineach agus sa Mhodh Coinníollach agus roimh na briathra bí, abair, feic, faigh, déan agus téigh san Aimsir Chaite.
- Cuirtear **gur + séimhiú** roimh bhriathar san Aimsir Chaite. Mar shampla: Léim **gur** tharla timpiste inné.
- Cuirtear **nár + séimhiú** roimh bhriathar san Aimsir Chaite. Mar shampla: Tá súil agam **nár** ghortaigh Seán a chos inné.

Cleachtadh ag scríobh

1 Líon na bearnaí thíos.

a) Ceapann Seán [féachfaidh] ___________ sé ar an teilifís níos déanaí.
b) Cloiseann an múinteoir [rinne] ___________ na daltaí dearmad ar a gcuid obair bhaile.
c) Tá súil agam [ní bheidh] ____________ sé ag cur báistí amárach.
d) Ceapaim [d'ith] ____________ mé an iomarca seacláide aréir.
e) Deir mo dheartháir i gcónaí [oibreoidh] _________ sé go dian ar scoil.

2 Líon na bearnaí thíos.

a) Tá súil agam nach _____________ mé a lán obair bhaile amárach.
b) Is dóigh leis ________ mbuafaidh sé an rás anocht.
c) Deir Seán ______ chuala sé an scéal ar maidin.
d) Taispeánann an file go _________ brón ar na tuismitheoirí sa dán 'Reoiteog Mharfach'.
e) Geallann Síle _______ n-inseoidh sí bréag arís.

go, raibh, bhfaighidh, gur, nach

An Chaint indíreach san Aimsir Chaite

Rialacha le foghlaim

- Má thosaíonn an abairt le briathar san Aimsir Chaite, ní mór roinnt de na haimsirí a athrú.
- Má tá an chaint dhíreach san Aimsir Láithreach, athraíonn sí go dtí an Aimsir Chaite. Mar shampla: 'Tá sí ag caint.' Chuala mé **go raibh** sí ag caint.
- Má tá an chaint dhíreach san Aimsir Fháistineach, athraíonn sí go dtí an Modh Coinníollach. Mar shampla: 'Ní fheicfidh mé Seán arís.' Dúirt sí **nach bhfeicfeadh** sí Seán arís.
- Má tá an chaint dhíreach san Aimsir Chaite nó sa Mhodh Coinníollach, ní gá an aimsir a athrú.

Cleachtadh ag scríobh

1 Líon na bearnaí thíos.

a) Chuala mé [beidh] ____________ Síle ag fágáil na scoile go luath.
b) Dúradh ar an teilifís aréir [fuair] ____________ a lán daoine bás sa timpiste.
c) Chonaic mé sa nuachtán [cheannaigh] ___________ an taoiseach teach nua.
d) Ba mhaith liom [bheadh] ___________ bean ina taoiseach go luath.
e) Dúirt an cailín [níor fhoghlaim] ______________ sí aon rud ar scoil.

2 Líon na bearnaí thíos.

a) Dúirt sé ______ fhás a lán bláthanna sa ghairdín sin anuraidh.
b) Gheall sé go _____________ sé liom ach níor chabhraigh sé.
c) Dúirt sé go ____________ sé taibhse aréir ach ní chreidim é.
d) Bhí tuirse an domhain uirthi toisc _______ chodail sí go maith aréir.
e) Cheap sé _____ raibh a chara tinn ach ní raibh sé cinnte.

gcabhródh, nár, go, bhfaca, gur

3 Líon na bearnaí thíos.

a) Dúirt sé [ní dheachaigh sé] _________ go Sasana riamh.
b) Chuala mé [rith] ___________ an cailín deich míle inné.
c) Ní rabhamar sásta toisc [thug] ____________ an múinteoir cúig aiste dúinn.
d) Chuala mé [rachaidh] _____________ an rang ar thuras scoile go luath.
e) Gheall Máire [bheadh] ____________ sí ar scoil in am.

An chopail agus an chaint indíreach

An Aimsir Láithreach

Má thosaíonn an abairt le briathar san Aimsir Láithreach, ní mór gur/gurb nó nach a chur roimh an bhfocal.

Le foghlaim!

Caint dhíreach	'Is maith liom milseáin.'	**Caint indíreach**	Deir sé **gur** maith leis milseáin.
Caint dhíreach	'Ní maith liom milseáin.'	**Caint indíreach**	Deir sí **nach** maith léi milseáin.
Caint dhíreach	'Is é seo an lá is fearr sa tseachtain.'	**Caint indíreach**	Deir sé **gurb** é seo an lá is fearr sa tseachtain.
Caint dhíreach	'Ní hé seo an lá is fearr sa tseachtain.'	**Caint indíreach**	Deir sí **nach** é seo an lá is fearr sa tseachtain.

Cleachtadh ag scríobh

1 Líon na bearnaí thíos.

a) Deir Seán [is maith] ______________ leis féachaint ar an teilifís.
b) Deir Niamh [ní maith] ____________ léi dul amach.
c) Deir na daltaí [is múinteoir] ____________ iontach í.
d) Tá imní ar Chaitríona [ní cuimhin] ____________lena cairde a lá breithe.
e) Deir an tUachtarán [is féidir] ______________ linn.

2 Líon na bearnaí thíos.

a) Deir an múinteoir _______ dalta cliste mé agus tá an ceart ar fad aici.
b) Deir mo mháthair gur __________ léi lucha sa teach.
c) Ceapaim gur _________ le Máirtín dul ag iascach toisc go bhfuil bád aige.
d) Deirtear gur _________ chiúin é an baile sin.
e) Is dóigh liom _______ maith le haon duine airgead a chailleadh.

gráin, áit, gur, nach, maith

3 Líon na bearnaí thíos.

a) Ceapann an buachaill [ní maith] _________ leis an múinteoir é.
b) Ní dóigh liom [is rud] _________ maith é toitíní a chaitheamh.
c) Ceapaim [is dán] ___________ brónach é an dán sin.
d) Cloiseann sé [ní féidir] ____________ lena chairde dul go dtí an cluiche.
e) Ceapann an múinteoir [is ceacht] ______________ an-suimiúil é an ceacht seo.

An Aimsir Chaite agus An Modh Coinníollach

Le foghlaim!

Má thosaíonn an abairt le briathar san Aimsir Chaite, ní mór gur/gurbh nó nár/nárbh a chur isteach.

Caint dhíreach	'Ba mhaith liom milseáin.'	**Caint indíreach**	Dúirt sé **gur** mhaith leis milseáin.
Caint dhíreach	'Níor mhaith liom milseáin.'	**Caint indíreach**	Dúirt sí **nár** mhaith léi milseáin.
Caint dhíreach	'Ba é sin an lá ab fhearr sa tseachtain.'	**Caint indíreach**	Dúirt sé **gurbh** é sin an lá ab fhearr sa tseachtain.
Caint dhíreach	'Níorbh é sin an lá ab fhearr sa tseachtain.'	**Caint indíreach**	Dúirt sí **nárbh** é sin an lá ab fhearr sa tseachtain.

Cleachtadh ag scríobh

1 Líon na bearnaí thíos.

a) Dúirt Seán [ba mhaith] ____________ leis dul go dtí an Astráil.
b) Chuala an múinteoir [níor chuimhin] ___________ le haon dalta na leabhair a thabhairt isteach.
c) Cheap mé [ba é] ___________ sin an plean ab fhearr a chuala mé riamh.
d) Bhí daoine ag rá [níor bhuachaill] _____________ródheas é.
e) Cheap mo mháthair [is mór] ______________ an trua gur chaill mé mo chuid airgid arís.

2 Líon na bearnaí thíos.

a) Dúirt an múinteoir _______ dhán iontach é an dán sin ar an gcúrsa.
b) Ceapaim nárbh __________ maith é an file sin in aon chor.
c) Dúirt sé go láidir _________ é a thuairim go raibh an leabhar amaideach.
d) Dúirt sé nár _________ leis dul go Meiriceá riamh ina shaol.
e) Ba mhinic a dúirt an tUachtarán gurbh ___________ linn.

fhile, gur, mhaith, fhéidir, gurbh

3 Líon na bearnaí thíos.

a) Cheap an buachaill [níor mhaith] _________ leis an múinteoir é.
b) Níor dhóigh leis [ba phlean] _________ maith é toitíní a chaitheamh.
c) Cheap mé [ba scéal] ___________ brónach é an scéal sin.
d) Chuala sé [níorbh fhéidir] ___________ lena chairde dul go dtí an cluiche.
e) Cheap an múinteoir [ba cheacht] _____________ an-suimiúil é an ceacht sin.

Aonad a Dó Dhéag

An Chluastuiscint

Triail a hAon

Nótaí

Foghlaim na nótaí thíos mar chabhair duit sa chluastuiscint.

Cuid A

Le foghlaim!

Cloisfidh tú na focail seo a leanas nuair a éistfidh tú le cuid A ar an dlúthdhiosca:

cóisir	party	**feirm**	farm
cainteach	chatty	**ciúin**	quiet
spórtúil	sporty	**foighneach**	patient
greannmhar	funny	**ródhian**	too hard
ag tnúth go mór leis	looking forward to it	**scannán**	film

Cuid B

Le foghlaim!

Cloisfidh tú na focail seo a leanas nuair a éistfidh tú le cuid B ar an dlúthdhiosca:

foireann cispheile	basketball team	**Gortaíodh beirt chailíní.**	Two girls were injured.
cluiche leathcheannais	semi-final match	**fliuch agus sleamhain**	wet and slippery
clós na scoile	the school yard	**na hothair**	the patients
ceolchoirm	concert	**ag lorg eolais**	looking for information
an t-airgead a bhaileofar	the money that will be collected	**i dtaobh na timpiste**	in relation to the accident
ospidéal na leanaí	the children's hospital	**cuir glao**	call

Cuid C

Le foghlaim!

Cloisfidh tú na focail seo a leanas nuair a éistfidh tú le cuid C ar an dlúthdhiosca:

póstaer a chrochadh	to hang a poster	**bosca lóin**	lunch box
eastát tithíochta	housing estate	**scoil chónaithe**	boarding school
ag seoladh ríomhphoist	sending an email	**Béarla líofa**	fluent English

Triail a hAon CD 2 Rian 6–14

Cuid A

Cloisfidh tú giota cainte ó bheirt daoine óga sa chuid seo. Cloisfidh tú gach giota díobh *faoi dhó*. Éist go cúramach leis na giotaí cainte agus líon isteach an t-eolas atá á lorg sna greillí ag 1 agus 2 thíos.

1 An chéad chainteoir

Ainm	*Aoife Ní Cheallaigh*
Cé mhéad duine a bhí ag cóisir Shinéad?	
Cén saghas cailín í Sinéad?	
Cathain a bheidh breithlá ag Aoife?	

2 An dara cainteoir

Ainm	*Eoin Ó Ruairc*
Cá gcónaíonn Eoin?	
Cén aois í Nóirín?	
Céard a deir Eoin faoina mham?	

Cuid B

Cloisfidh tú fógra agus píosa nuachta sa chuid seo. Cloisfidh tú gach ceann díobh *faoi dhó*. Éist go cúramach leo.

Fógra

1	Cé a bheidh ag imirt sa chluiche leathcheannais?
2	Cá mbeidh na ticéid ar díol tar éis scoile?
3	Cá gcuirfear an t-airgead a bhaileofar?

Píosa nuachta

1 Cén lá agus cén t-am a tharla an timpiste?

2 Céard a tharla nuair a bhí an carr ag tiomáint i dtreo an Spidéil, Co. na Gaillimhe?

3 Cár tugadh na hothair?

Cuid C

Cloisfidh tú dhá chomhrá sa chuid seo. Cloisfidh tú gach comhrá díobh *faoi dhó*. Cloisfidh tú an comhrá ó thosach deireadh an chéad uair. Ansin cloisfidh tú é ina dhá mhír.

Comhrá a haon

An chéad mhír

1 Céard a bhí á dhéanamh ag Leo nuair a d'fhág sé doras an tí ar oscailt?

An dara mír

2 Céard a dhéanfaidh Máire agus Leo sa pháirc?

3 Cén smaoineamh iontach a bhíonn ag Leo?

Comhrá a dó

An chéad mhír

1 Céard atá á dhéanamh ag Colm ar an ríomhaire?

An dara mír

2 Ainmnigh dhá theanga a labhraíonn Leo.

3 Cén cuireadh a thabharfaidh Colm do Leo?

Triail a Dó

Nótaí

Foghlaim na nótaí thíos mar chabhair duit sa chluastuiscint.

Cuid A

Le foghlaim!

Cloisfidh tú na focail seo a leanas nuair a éistfidh tú le cuid A ar an dlúthdhiosca:

teach scoite	detached house	**tinneas cinn**	headache
ar imeall na cathrach	on the outskirts of the city	**úrscéal**	novel
iománaíocht	hurling	**mífhoighneach**	impatient

Cuid B

Le foghlaim!

Cloisfidh tú na focail seo a leanas nuair a éistfidh tú le cuid B ar an dlúthdhiosca:

monarcha	factory	**timpiste bhóthair**	road accident
Dún Dealgan	Dundalk	**ag taisteal**	travelling
éadaí spóirt	sports clothes	**Sciorr an gluaisrothar.**	The motorbike skidded.
post lánaimseartha	full-time job	**soilse tráchta**	traffic lights
post páirtaimseartha	part-time job	**leac oighir**	ice
tuilleadh eolais	more information	**drochaimsir**	bad weather

Cuid C

Le foghlaim!

Cloisfidh tú na focail seo a leanas nuair a éistfidh tú le cuid C ar an dlúthdhiosca:

éad	jealousy	**ag feitheamh**	waiting
Dódh an clubtheach.	The club house was burned.	**cluiche ceannais**	final
ag fiosrú an scéil	investigating the story	**teach tábhairne**	pub
seantroscán	old furniture	**síob**	a lift
dóiteán	fire	**an phictiúrlann**	the cinema

Triail a Dó CD 2 Rian 15–23

Cuid A

Cloisfidh tú giota cainte ó bheirt daoine óga sa chuid seo. Cloisfidh tú gach giota díobh *faoi dhó*. Éist go cúramach leis na giotaí cainte agus líon isteach an t-eolas atá á lorg sna greillí ag 1 agus 2 thíos.

1 An chéad chainteoir

Ainm	*Antaine Ó Máille*
Cén saghas tí atá ag Antaine?	
Cén post atá ag a dhaid?	
Cathain a thagann Rónán abhaile?	

2 An dara cainteoir

Ainm	*Aoibhinn Ní Laoi*
Céard a lig Aoibhinn a raibh uirthi ar maidin?	
Céard atá á léamh ag Aoibhinn?	
Céard a dhéanfaidh Aoibhinn ar a ceathair a chlog?	

Cuid B

Cloisfidh tú fógra agus píosa nuachta sa chuid seo. Cloisfidh tú gach ceann díobh *faoi dhó*. Éist go cúramach leo.

Fógra

1	Céard a osclóidh an Taoiseach Dé Sathairn seo chugainn?
2	Cá mbeidh na hagallaimh ar siúl?
3	Cá bhfuil tuilleadh eolais ar fáil?

Píosa nuachta

1 Céard a tharla i mBaile Átha Cliath go luath ar maidin?

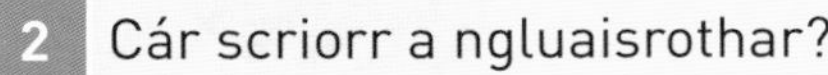

2 Cár scriorr a ngluaisrothar?

3 Cathain a bheidh an bóthar dúnta?

Cuid C

Cloisfidh tú dhá chomhrá sa chuid seo. Cloisfidh tú gach comhrá díobh *faoi dhó*. Cloisfidh tú an comhrá ó thosach deireadh an chéad uair. Ansin cloisfidh tú é ina dhá mhír.

Comhrá a haon

An chéad mhír

1 Cén cheist a chuireann Úna ar Chiarán?

An dara mír

2 Céard a tharla don chlubtheach oíche Shathairn?

3 Céard a bhí á dhéanamh ag na buachaillí taobh thiar den chlubtheach?

Comhrá a dó

An chéad mhír

1 Cá bhfaca Lorcán na ticéid inné?

An dara mír

2 Cá mbeidh Lorcán ag dul tar éis an chluiche?

3 Cá mbeidh Mam ag dul le Sorcha agus Lísa?

Triail a Trí

Nótaí

Foghlaim na nótaí thíos mar chabhair duit sa chluastuiscint.

Cuid A

Le foghlaim!

Cloisfidh tú na focail seo a leanas nuair a éistfidh tú le cuid A ar an dlúthdhiosca:

an club leadóige áitiúil	the local tennis club	**Tá an-tuirse orm.**	I am very tired.
foireann cispheile	basketball team	**síob**	lift
Scóráil mé dhá chúl.	I scored two goals.	**ar fheabhas**	excellent
campa spóirt	sports camp	**ag deireadh na hoíche**	at the end of the night
pobalscoil áitiúil	local community school	**Ní mó ná sásta a bhí sé.**	He was not very happy.

Cuid B

Le foghlaim!

Cloisfidh tú na focail seo a leanas nuair a éistfidh tú le cuid B ar an dlúthdhiosca:

ionad spóirt	sports centre	**meán lae**	midday
an tUachtarán	the President	**thit meall mór sneachta**	big snowfall
oscailt oifigiúil	official opening	**urlabhraí**	spokesperson
áiseanna spóirt den scoth	excellent sports facilities	**rúdbhealach**	runway
in aghaidh na míosa	per month	**suíomh idirlín**	website
foireann an ionaid	staff of the centre	**réamhaisnéis na haimsire**	weather forecast

Cuid C

Le foghlaim!

Cloisfidh tú na focail seo a leanas nuair a éistfidh tú le cuid C ar an dlúthdhiosca:

seó faisin	fashion show	**fón póca**	mobile phone
ceapairí	sandwiches	**ceolchoirm**	concert
díon nua	new roof	**síob**	lift

Triail a Trí CD 2 Rian 24–32

Cuid A

Cloisfidh tú giota cainte ó bheirt daoine óga sa chuid seo. Cloisfidh tú gach giota díobh *faoi dhó*. Éist go cúramach leis na giotaí cainte agus líon isteach an t-eolas atá á lorg sna greillí ag 1 agus 2 thíos.

1 An chéad chainteoir

Ainm	*Clíona Ní Bhrádaigh*
Cén saghas cailín í Clíona?	
Cé mhéad cúl a scóráil Clíona?	
Cá mbeidh an campa spóirt ar siúl?	

2 An dara cainteoir

Ainm	*Peadar Ó Máille*
Cá raibh an dioscó ar siúl?	
Céard a rinne a dhaid ar a leathuair tar éis a hocht?	
Cén fáth nach raibh Eoin sásta leo ag deireadh na hoíche?	

Cuid B

Cloisfidh tú fógra agus píosa nuachta sa chuid seo. Cloisfidh tú gach ceann díobh *faoi dhó*. Éist go cúramach leo.

Fógra

1	Céard a osclófar i mí Dheireadh Fómhair seo chugainn?
2	Ainmnigh **dhá** áis spóirt a bheidh san áit seo.
3	Céard a bheidh ar siúl ar an dara lá de mhí Lúnasa?

Píosa nuachta

1 Cén fáth a mbeidh Aerfort Bhaile Átha Cliath dúnta amárach?

2 Céard a iarrtar ar dhaoine a dhéanamh?

3 Cathain a thiocfaidh feabhas ar an aimsir?

Cuid C

Cloisfidh tú dhá chomhrá sa chuid seo. Cloisfidh tú gach comhrá díobh *faoi dhó*. Cloisfidh tú an comhrá ó thosach deireadh an chéad uair. Ansin cloisfidh tú é ina dhá mhír.

Comhrá a haon

An chéad mhír

1 Céard a bhí á dhéanamh ag Éanna ar scoil aréir?

An dara mír

2 Cé mhéad airgid a bailíodh?

3 Céard a dhéanfaidh siad nuair a bheidh an díon nua ar an halla spóirt?

Comhrá a dó

An chéad mhír

1 Cá bhfuil Mam?

An dara mír

2 Cár chuir Mam na ticéid?

3 Cathain a chuirfidh Mam glao ar Mháire?

Triail a Ceathair

Nótaí

Foghlaim na nótaí thíos mar chabhair duit sa chluastuiscint.

Cuid A

Le foghlaim!

Cloisfidh tú na focail seo a leanas nuair a éistfidh tú le cuid A ar an dlúthdhiosca:

aimsir fhliuch	wet weather	**Tá sceitimíní an domhain orm.**	I am very excited.
bus scoile	school bus	**turas scoile**	school trip
ag tnúth go mór leis	looking forward to it	**óstán mór**	a big hotel
cuairt	visit	**turas báid**	a boat trip
ag deireadh na míosa	at the end of the month	**ag filleadh abhaile**	returning home

Cuid B

Le foghlaim!

Cloisfidh tú na focail seo a leanas nuair a éistfidh tú le cuid B ar an dlúthdhiosca:

an tAire Oideachais	the Minister for Education	**oíche mhór cheoil**	a big night of music
pobalscoil	community school	**i láthair**	present
scoilbhliain	school year	**costas**	cost
gach áis nua-aimseartha	every modern facility	**Úsáidfear an t-airgead.**	The money will be used.
saor in aisce	free	**lucht féachana**	audience
bialann na scoile	the school restaurant	**praghas speisialta**	special price

Cuid C

Le foghlaim!

Cloisfidh tú na focail seo a leanas nuair a éistfidh tú le cuid C ar an dlúthdhiosca:

an Crannchur Náisiúnta	the National Lottery	**caighdeán**	standard
ag ceiliúradh	celebrating	**fiaclóir**	dentist
bialann ghalánta	posh restaurant	**ag feitheamh**	waiting
ríomhaire nua	a new computer	**carrchlós**	car park
troscán	furniture	**glao**	call
scannán	film	**róthuirseach**	too tired

Triail a Ceathair CD 2 Rian 33–41

Cuid A

Cloisfidh tú giota cainte ó bheirt daoine óga sa chuid seo. Cloisfidh tú gach giota díobh *faoi dhó*. Éist go cúramach leis na giotaí cainte agus líon isteach an t-eolas atá á lorg sna greillí ag 1 agus 2 thíos.

1 An chéad chainteoir

Ainm	*Dáithí Ó hUigín*
Cá bhfuil Dáithí agus a chairde?	
Cathain a fhaigheann siad an bus scoile?	
Cé a bheidh ag teacht ar cuairt an Satharn seo chugainn?	

2 An dara cainteoir

Ainm	*Lísa Ní Thuama*
Cé atá ag dul go Páras le Lísa?	
Cá fhad a chaithfidh siad i bPáras?	
Cathain a chaithfidh siad lá i Disneyland?	

Cuid B

Cloisfidh tú fógra agus píosa nuachta sa chuid seo. Cloisfidh tú gach ceann díobh *faoi dhó*. Éist go cúramach leo.

Fógra

1	Cé a osclóidh an phobalscoil nua?
2	Ainmnigh **dhá** áis a bheidh sa phobalscoil nua.
3	Cá mbeidh an lón ar fáil?

Píosa nuachta

1 Céard a bheidh ar siúl an Satharn seo chugainn?

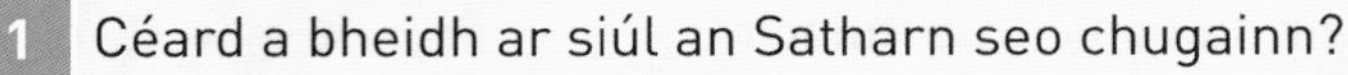

2 Conas a úsáidfear an t-airgead a bhaileofar?

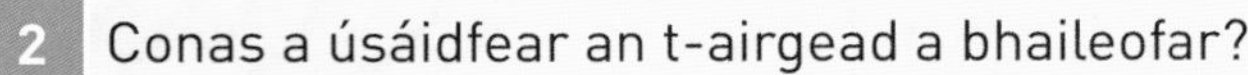

3 Céard a bheidh ar díol ag deireadh na hoíche?

Cuid C

Cloisfidh tú dhá chomhrá sa chuid seo. Cloisfidh tú gach comhrá díobh *faoi dhó*. Cloisfidh tú an comhrá ó thosach deireadh an chéad uair. Ansin cloisfidh tú é ina dhá mhír.

Comhrá a haon

An chéad mhír

1 Céard a rinne Mam nuair a bhuaigh sí duais sa Chrannchur Náisiúnta?

An dara mír

2 Céard a cheannóidh Mam d'Antaine?

3 Cén cuireadh a thugann Úna d'Antaine?

Comhrá a dó

An chéad mhír

1 Cén fáth a mbeidh Aifric ag fágáil na scoile ar a leathuair tar éis a deich?

An dara mír

2 Ainmnigh **dhá** lá a d'fhág Aifric a cóipleabhar sa bhaile.

3 Céard a dhéanfaidh an múinteoir má thagann Aifric isteach gan an obair bhaile uair amháin eile?

Triail a Cúig

Nótaí

Foghlaim na nótaí thíos mar chabhair duit sa chluastuiscint.

Cuid A

Le foghlaim!

Cloisfidh tú na focail seo a leanas nuair a éistfidh tú le cuid A ar an dlúthdhiosca:

an seomra ranga a ullmhú	to prepare the classroom	**a post**	her job
an rolla	the roll	**ag pleidhcíocht**	messing
ealaín	art	**foighneach**	patient
dialann scoile	school journal	**cócaireacht**	cooking

Cuid B

Le foghlaim!

Cloisfidh tú na focail seo a leanas nuair a éistfidh tú le cuid B ar an dlúthdhiosca:

bialann	restaurant	**ar iarraidh**	missing
biachlár	menu	**ag rothaíocht**	cycling
sicín agus rís	chicken and rice	**geansaí spraoi**	sweatshirt
saor in aisce	free	**dúghorm**	navy
cáca úll	apple pie	**mála droma**	rucksack
ócáid speisialta	special occasion	**gruaig dhubh chatach ghearr**	short, curly black hair

Cuid C

Le foghlaim!

Cloisfidh tú na focail seo a leanas nuair a éistfidh tú le cuid C ar an dlúthdhiosca:

ag seoladh ríomhphoist	sending an email	**Bhí moill ar an eitleán.**	The plane was delayed.
tuairisc scoile	school report	**crannchur na scoile**	school draw
deifir	hurry	**amharclann**	theatre
náire	shame	**as láthair**	absent
níos mó staidéir	more study	**an-daor**	very expensive
ríomhaire	computer	**bus scoile**	school bus

Triail a Cúig CD 2 Rian 42–50

Cuid A

Cloisfidh tú giota cainte ó bheirt daoine óga sa chuid seo. Cloisfidh tú gach giota díobh *faoi dhó*. Éist go cúramach leis na giotaí cainte agus líon isteach an t-eolas atá á lorg sna greillí ag 1 agus 2 thíos.

1 An chéad chainteoir

Ainm	*Eimear Ní Mhainín*
Cá bhfuil Eimear ag obair?	
Cén fáth a dtagann sí isteach ar a leathuair tar éis a hocht ar maidin?	
Cén t-ábhar a bhíonn ag na daltaí ar a dó dhéag ar an Aoine?	

2 An dara cainteoir

Ainm	*Ruairí Ó Néill*
Cén post atá ag a mham?	
Céard a bhíonn ar siúl sa rang go minic?	
Céard a thaitníonn lena dhaid?	

Cuid B

Cloisfidh tú fógra agus píosa nuachta sa chuid seo. Cloisfidh tú gach ceann díobh *faoi dhó*. Éist go cúramach leo.

Fógra

1	Cathain a osclóidh an bhialann nua?
2	Cén t-am a dhúnfaidh an bhialann?
3	Céard a bheidh ar fáil ar thrí euro gach tráthnóna?

Píosa nuachta

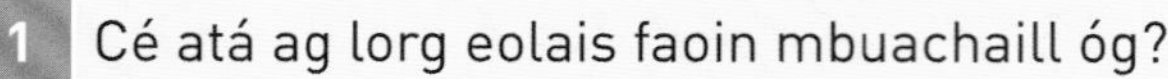
1. Cé atá ag lorg eolais faoin mbuachaill óg?

2. Cá raibh Séamus nuair a chonacthas é den uair dheireanach?

3. Cén saghas gruaige atá ar an mbuachaill seo?

Cuid C

Cloisfidh tú dhá chomhrá sa chuid seo. Cloisfidh tú gach comhrá díobh *faoi dhó*. Cloisfidh tú an comhrá ó thosach deireadh an chéad uair. Ansin cloisfidh tú é ina dhá mhír.

Comhrá a haon

An chéad mhír

1. Céard a tháinig sa phost inniu?

An dara mír

2. Cén grád a fuair Tomás san eolaíocht?
3. Cathain nach mbeidh cead ag Tomás a ríomhaire a úsáid?

Comhrá a dó

An chéad mhír

1. Cén fáth nár thuirling an t-eitleán go dtí a trí a chlog?

An dara mír

2. Cathain a bheidh ceolchoirm ar siúl in amharclann an O2?
3. Cathain a cheannóidh Caoimhe ticéad don dioscó?

13 Aonad a Trí Déag

Filíocht

Na Blátha Craige

le Liam Ó Flaithheartaigh

A dúirt mé leis na blátha:
'Nach **suarach**[1] an áit a fuair sibh
Le bheith ag déanamh aeir,
Teannta[2] suas anseo le **bruach na haille**[3],
Gan fúibh ach an chloch ghlas
Agus **salachar na n-éan**[4],
Áit bhradach[5], lán le ceo
Agus **farraige cháite**[6]:
Ní **scairteann**[7] grian anseo
Ó Luan go Satharn
Le gliondar a chur oraibh.'
A dúirt na blátha craige:
'Is cuma linn, a stór,
Táimid **faoi dhraíocht**[8]
Ag ceol na farraige.'

Cabhair!

1 horrible
2 hemmed in
3 edge of the cliff
4 bird droppings
5 dirty place
6 surging sea
7 shine
8 spellbound

Scéal an dáin

Tá an file ag caint leis na bláthanna a fhásann ar bhruach na haille. Dar leis an bhfile nach áit dheas í an áit sin. Tá an áit fuar agus fliuch, lán le ceo agus cáitheadh. Tá na bláthanna ag fás ar an taobh dorcha den aill agus mar sin ní thaitníonn an ghrian orthu. Níl aon rud ann ach cac na n-éan. Tá trua ag an bhfile do na bláthanna mar go gceapann sé go bhfuil an áit an-ghránna. Deir na bláthanna leis go bhfuil áilleacht i ngach áit agus go gcuireann fuaim na farraige áthas orthu. Níl siad míshona in aon chor agus taispeánann siad don fhile go bhfuil áilleacht i ngach áit.

Cleachtadh ag scríobh

1 Freagair na ceisteanna seo.

a) Cá bhfuil na plandaí ag fás?
b) Cad a deir an file faoin aimsir a bhíonn san áit?
c) Cad atá le rá ag an bhfile faoi na héin?
d) An áit the, thirim í áit fásta na mbláthanna? Cá bhfios duit?
e) Cén fáth a mbíonn an áit tais (*damp*)?
f) Cén fáth a dtaitníonn an áit leis na bláthanna?

2 Líon na bearnaí thíos.

a) Ceapann an file go bhfuil an áit a bhfásann na bláthanna __________ agus __________.
b) Ní chuireann an áit __________ ar chroí an fhile in aon chor.
c) Ceapann an file go bhfuil an áit salach toisc go bhfuil __________ na n-éan ann.
d) Is __________ leis na bláthanna an áit ina gcónaíonn siad.
e) Toisc go bhfuil na bláthanna ag fás in aice na farraige tá an áit __________.
f) Tá na bláthanna ag fás ar __________ na haille.
g) Tá na bláthanna cráige faoi __________ ag ceol na farraige.

salachar, gliondar, dhraíocht, bhruach, aoibhinn, suarach, bradach, tais

Téama an dáin

an dúlra; áilleacht na farraige

Baineann an dán seo leis an dúlra, le bláthanna a fhásann in aice na farraige. Is fuath leis an bhfile an áit mar go bhfuil sí salach agus dorcha:

Áit bhradach, lán le ceo
Agus farraige cháite

Úsáideann an file íomhánna ón dúlra chun pictiúir réalaíocha a thabhairt dúinn. Tá siad ag fás ar chreig fhuar thais. Ceapann an file go bhfuil an áit salach agus gránna toisc go mbíonn cac na n-éan ann:

Teannta suas anseo le bruach na haille,
Gan fúibh ach an chloch ghlas
Agus salachar na n-éan

Deir an file nach mbíonn an ghrian ag taitneamh go minic; ach níl na bláthanna trí chéile faoi sin. Ceapann na bláthanna go bhfuil siad ina gcónaí in áit álainn. Tá siad ar bhruach na haille, in aice leis an bhfarraige agus cloiseann siad na tonnta ag briseadh ar na haillte an t-am ar fad. Dar leo is rud draíochtúil é ceo na farraige:

'Is cuma linn, a stór,
Táimid faoi dhraíocht
Ag ceol na farraige.'

Ag cleachtadh don scrúdú

i) Ainmnigh dán Gaeilge (a ndearna tú staidéar air i rith do chúrsa) a bhfuil do rogha **ceann amháin** de *na mothúcháin* seo thíos ann. Ní mór teideal an dáin, mar aon le hainm an fhile a scríobh síos go soiléir.
(a) áthas **(b)** fearg **(c)** imní **(d)** bród

ii) Tabhair cuntas **gairid** ar a bhfuil sa dán sin faoin *mothúchán* atá roghnaithe agat agus ar an gcaoi a gcuireann an file an *mothúchán* sin os ár gcomhair.

Freagra samplach

i) Rinne mé staidéar ar an dán '**Na Blátha Craige**' le **Liam Ó Flaitheartaigh**.

ii) Tá áthas le fáil sa dán seo. Tá na bláthanna cráige ag fás thuas ar aill in aice na farraige. Ní thaitníonn an áit sin leis an bhfile in aon chor agus tá trua aige do na bláthanna. Tá an file ag gearán faoin áit. Ceapann sé go bhfuil an áit salach agus tais:

Agus salachar na n-éan,
Áit bhradach, lán le ceo
Agus farraige cháite

Dar leis an bhfile go bhfuil an áit dorcha freisin toisc nach mbíonn an ghrian ag taitneamh ansin riamh:

Ní scairteann grian anseo
Ó Luan go Satharn

Baineann an file úsáid as pearsantú (*personification*) sa dán. Tá na bláthanna ag labhairt leis. Deir siad go bhfuil dul amú ar an bhfile. Níl trua ag teastáil uathu mar is aoibhinn leo bruach na haille. Tá áthas an domhain ar na bláthanna ansin mar go gcloiseann siad an fharraige gach lá. Úsáideann siad na focail 'ceol na farraige' agus 'faoi dhraíocht'. Cuireann na focail sin in iúl an grá a bhí ag na bláthanna don áit sin. Taispeánann na bláthanna don fhile go bhfuil áilleacht agus áthas le fáil i ngach áit:

Táimid faoi dhraíocht
Ag ceol na farraige.

Mac an Táilliúra[1]

le Máire Mhac an tSaoi

Cailín an bhainne is **cailín na luaithe**[2],
Cailín na cathrach, cailín na tuaithe,
Bean i mbun leapan is bean i mbun scuaibe,
  Thugadar grá do mhac an táilliúra.

Cailín an tsamhraidh a d'fhan againn seachtain,
Is cailín a tógadh sa tigh seo ina leanbh,
An **cailín fuála**[3] a tháinig Dé Sathairn,
  Thugadar grá dhó – níorbh fhéidir a sheachaint.

Thugadar grá do mhac an táilliúra
Gur chuma ó thalamh leis[4] chuige nó uaidh iad,
Is d'imigh **thar caladh**[5] ina **ghaige**[6] saighdiúra.

D'imigh thar caladh ina shaighdiúir liostálta,
Is gur fada ó bhaile a **síneadh a chnámha**[7] air,
An **scafaire**[8] **fearúil**[9] a ghoileann na mná san.

Cabhair!

[1] tailor's son
[2] girl who cleaned out fire
[3] sewing girl
[4] didn't give a toss
[5] abroad
[6] show off
[7] was buried
[8] strapping man
[9] manly

Scéal an dáin

Sa dán seo tá an file ag caint faoi fhear dathúil (*handsome*), mac an táilliúra, agus bhí a lán cailíní i ngrá leis. Bhí an cailín a bhí ag crú na mbó agus an cailín a ghlan an tine amach go mór i ngrá leis. Bhí an bhean a chóirigh na leapacha agus an bhean a scuab na hurláir tógtha leis freisin. Thit cailín a bhí ar cuairt seachtaine sa teach agus thit iníon an tí i ngrá leis chomh maith (an file b'fhéidir?). Bhí cailín eile a tháinig go dtí an teach ar an Satharn chun fuáil a dhéanamh splanctha ina dhiaidh freisin. Grá éagmaise (*unrequited love*) a bhí ann mar nach raibh an fear i ngrá le cailín ar bith. D'fhág an fear an tír agus chuaigh sé thar sáile mar shaighdiúir. Fuair sé bás i dtír eile freisin. Tá nóta brónach sa dán seo – tá brón ar na cailíní go léir mar nár thit mac an táilliúra i ngrá leo agus tá sé brónach agus uaigneach go bhfuair an fear bás i dtír iasachta i bhfad ó bhaile.

Cleachtadh ag scríobh

1 Freagair na ceisteanna seo.

- **a)** Cén obair a rinne na cailíní agus na mná a luaitear sa chéad véarsa?
- **b)** Dar leis an dara véarsa, cé a thit i ngrá le mac an táilliúra?
- **c)** Cén fáth ar thit siad go léir i ngrá leis?
- **d)** Cad a cheap mac an táilliúra de na cailíní?
- **e)** Cad a rinne mac an táilliúra lena shaol?
- **f)** Cad a tharla dó?

2 Líon na bearnaí thíos.

- **a)** Bhí an bhean a bhí ag ___________ na leapacha i ngrá.
- **b)** Tháinig cailín go dtí an áit ag crú na ___________.
- **c)** Bhí an bhean a bhí ag ___________ na n-urlár i ngrá freisin.
- **d)** Tháinig cailín gach Satharn chun ___________ a dhéanamh.
- **e)** Ba ___________ le mac an táilliúra faoi na cailíní ar fad.
- **f)** D'fhág mac an táilliúra an tír agus chuaigh sé thar ___________ amach.
- **g)** Ba dhuine dathúil, ___________ é mac an táilliúra.
- **h)** ___________ liostálta ab ea mac an táilliúra nuair a d'fhág sé Éire.

scuabadh, fearúil, caladh, saighdiúir, chuma, mbó, fuáil, cóiriú

Na mothúcháin sa dán

grá; brón

Grá

Tá an grá mar théama sa dán seo ach is grá éagmaise é. Is iomaí cineál cailín a thit i ngrá le mac an táilliúra. Bhí sé fearúil, láidir agus dathúil agus thit gach cailín a chonaic é i ngrá leis.

Thugadar grá dhó – níorbh fhéidir a sheachaint.

Ní raibh suim dá laghad (*slightest interest*) aige sna cailíní sin. Cuireann an file an grá easnamhach in iúl leis an líne:

Gur chuma ó thalamh leis chuige nó uaidh iad

B'fhearr leis imeacht thar lear mar shaighdiúir. Fuair sé bás i dtír eile agus tá a lán ban in Éirinn uaigneach agus croíbhriste:

> Is gur fada ó bhaile a síneadh a chnámha air,
> An scafaire fearúil a ghoileann na mná san.

Brón

Gan amhras tá brón sa dán seo. Bhí fear óg, dathúil ann, mac an táilliúra, leis na céadta cailín i ngrá leis. Bhris sé croí na gcailíní sin mar nach raibh suim dá laghad aige iontu. D'fhág sé na cailíní agus an tír agus chuaigh sé thar sáile mar shaighdiúir. Fuair sé bás thar lear agus tá sé curtha i dtír eile. Cuireann an file an brón in iúl sa líne:

> Is gur fada ó bhaile a síneadh a chnámha air

Ag cleachtadh don scrúdú

i) Ainmnigh dán Gaeilge (a ndearna tú staidéar air i rith do chúrsa) a bhfuil do rogha **ceann amháin** de *na mothúcháin* seo thíos ann. Ní mór teideal an dáin, mar aon le hainm an fhile a scríobh síos go soiléir.

(a) áthas **(b)** fearg **(c)** imní **(d)** brón

ii) Tabhair cuntas **gairid** ar a bhfuil sa dán sin faoin *mothúchán* atá roghnaithe agat agus ar an gcaoi a gcuireann an file an *mothúchán* sin os ár gcomhair.

Freagra samplach

i) Rinne mé staidéar ar an dán '**Mac an Táilliúra**' le **Máire Mhac an tSaoi**.

ii) Baineann an dán seo le brón. Bhí fear an-dathúil ann, mac an táilliúra. Bhí sé chomh dathúil gur thit a lán cailíní i ngrá leis:

> Bean i mbun leapan is bean i mbun scuaibe,
> Thugadar grá do mhac an táilliúra.

Chuir mac an táilliúra brón ar na cailíní mar nach raibh suim dá laghad aige iontu agus bhris sé a gcroí:

> Thugadar grá do mhac an táilliúra
> Gur chuma ó thalamh leis chuige nó uaidh iad

Níor thug mac an táilliúra grá do na cailíní agus, níos measa ná sin, d'fhág sé an tír. Chuaigh sé ag obair mar shaighdiúir liostálta thar lear agus fuair sé bás ansin. Níor fhill sé abhaile agus níor phós sé aon duine de na cailíní.

> Is gur fada ó bhaile a síneadh a chnámha air,
> An scafaire fearúil a ghoileann na mná san.

Tá nóta brónach sa dán – fuair an fear dathúil sin bás i dtír eile i bhfad óna mhuintir. Is trua nár phós sé duine de na cailíní a bhí i ngrá leis.

REOITEOG MHARFACH[1]

le Déaglán Collinge

Ceann críonna[2] choíche
Ní bheidh ar do **cholainn**[3] óg,
Ó **sháraigh**[4] **dúil**[5] do **chiall**[6],
Is le reoiteog i do **ghlac**[7]
'Sea chuaigh tú de **ruathar**[8]
ó chúl an veain amach
Faoi **rothaí cairr**[9] i mbarr a **luais**[10],
Gur thit mar **bhábóg éadaigh**[11]
I do **phleist**[12] ar thaobh an chosáin.
Is tú do do chur ar **shínteán**[13]
San otharcharr isteach,
B'**arraing**[14] ionam **géarscreadaíl**[15]
Do mháthar, bán i do dhiaidh –
Báine a mhair i mo **chuimhne**[16]
De d'aghaidh bheag
De leircín do reoiteoige,
De do **chónra**[17] bheag sa **dúpholl**[18].

Scéal an dáin

Fuair an páiste óg sa dán uachtar reoite lá. Bhí áthas an domhain air. Ní raibh sé aibí ná cúramach agus gan smaoineamh, rith sé amach ó chúl an veain reoiteoige. Bhí carr ag teacht agus leag an carr an páiste. Tháinig an t-otharcharr ach faraor fuair an páiste bás. Tá an dán lán le brón, brón na máthar agus brón an athar.

Cabhair!

1 deadly ice-cream
2 an old head
3 body
4 to overcome
5 desire
6 sense
7 hand
8 in a rush
9 the wheels of a car
10 speed
11 rag doll
12 heap
13 stretcher
14 stabbing pain
15 fierce screaming
16 memory
17 coffin
18 black hole

Cleachtadh ag scríobh

1 Freagair na ceisteanna seo.

a) Cad a bhí i lámh an pháiste?
b) Cad a rinne an páiste?
c) Cad a mharaigh an páiste?
d) Cad a tharla nuair a leagadh an páiste?
e) Cad a bhí le cloisteáil ón máthair?
f) Cén chuimhne atá ag an athair ar bhás a linbh?

2 Líon na bearnaí thíos.

a) Ní féidir ceann __________ a chur ar cholainn óg.
b) Bhí sé an-bhrónach nuair a cuireadh an leanbh beag isteach sa _________ bhán.
c) Bhí ___________ mhór ag an leanbh san uachtar reoite.
d) Rith an cailín de __________ isteach sa teach nuair a chonaic sí an madra.
e) Bhí __________ éadaigh agam nuair a bhí mé óg agus bhínn ag súgradh léi gach lá.

chónra, ruathar, bábóg, críonna, dúil

Téama an dáin

an óige; bás agus tragóid uafásach

An óige

Tá an óige mar théama sa dán seo. **Cruthaíonn**[1] an file **íomhá**[2] an-mhaith ach an-bhrónach den pháiste óg, áthas an domhain air tar éis an reoiteog a fháil. Gan smaoineamh ritheann sé amach mar nach bhfuil sé críonna **go fóill**[3] agus ní thuigeann sé an **baol**[4] ó na bóithre:

Is le reoiteog i do ghlac
'Sea chuaigh tú de ruathar
ó chúl an veain amach

Cruthaíonn an file íomhá an-bhrónach den **pháiste soineanta óg**[5]. Tuigimid chomh beag **bídeach**[6] is a bhí sé mar, nuair a bhuail an carr é, thit sé ar an talamh cosúil le bábóg éadaigh – ní raibh sé láidir:

... thit mar bhábóg éadaigh.

Úsáideann an file an dath bán tríd an dán. Cuireann an dath bán in iúl chomh beag bídeach agus chomh hóg is a bhí an páiste. Is íomhá an-bhrónach í an íomhá den chónra bhán – tuigimid go raibh an chónra féin beag freisin.

Cabhair!

[1] creates
[2] image
[3] yet
[4] danger
[5] innocence of childhood
[6] tiny

Bás agus tragóid uafásach

Is dán an-bhrónach é an dán seo faoi pháiste óg a fuair bás. Fuair sé uachtar reoite ó veain reoiteoige lá amháin agus gan smaoineamh rith sé amach ó chúl an veain agus leag carr é. Tá brón an domhain ar na tuismitheoirí mar ní fheicfidh siad a bpáiste ag fás aníos:

Ceann críonna choíche
Ní bheidh ar do cholainn óg

Cuireann an file an **tragóid**[1] in iúl le **híomhánna**[2] brónacha den pháiste óg. Thit sé mar bhábóg éadaigh nuair a bhuail an carr é, rud a thaispeánann chomh beag is a bhí sé – ní raibh seans aige. Is cuimhin leis an bhfile aghaidh bhán an pháiste nuair a cuireadh isteach san otharcharr é ach **faraor**[3] fuair sé bás:

Báine a mhair i mo chuimhne
De d'aghaidh bheag

Is cuimhin leis freisin screadach na máthar, fuaim atá ina chuimhne i gcónaí. Tuigimid chomh mór is a bhí an tragóid do na tuismitheoirí leis an íomhá dheireanach sa dán, an íomhá den pháiste óg ina chónra bheag bhán curtha isteach sa talamh dubh. Tá an **chodarsnacht**[4] idir an dá dhath an-éifeachtach chun an brón agus an tragóid a chur in iúl:

De do chónra bheag sa dúpholl.

Cabhair!

1 tragedy
2 images
3 alas
4 contrast

Ag cleachtadh don scrúdú

i) Ainmnigh dán Gaeilge (a ndearna tú staidéar air i rith do chúrsa) a bhfuil do rogha **ceann amháin** de *na téamaí* seo thíos ann. Ní mór teideal an dáin, mar aon le hainm an fhile a scríobh síos go soiléir.
(a) bás **(b)** timpiste **(c)** óige **(d)** seanaois **(e)** an dúlra

ii) Tabhair cuntas **gairid** ar a bhfuil sa dán sin faoin *téama* atá roghnaithe agat agus ar an gcaoi a gcuireann an file an *téama* sin os ár gcomhair.

Freagra samplach

i) Rinne mé staidéar ar an dán '**Reoiteog Mharfach**' le **Déaglán Collinge**.

ii) **Gan aon agó**[1] is é an bás agus an brón a leanann é téama an dáin seo. Fuair páiste óg uachtar reoite lá agus bhí áthas an domhain air. Toisc go raibh sé óg rith sé amach ó chúl an veain reoite agus leag carr é. Fuair sé bás ansin. Ní raibh sé críonna agus ní fhásfaidh sé suas anois.

Ceann críonna choíche
Ní bheidh ar do cholainn óg

Déanann an file cur síos **lom**[2] ar an timpiste:

'Sea chuaigh tú de ruathar
ó chúl an veain amach
Faoi rothaí cairr i mbarr a luais

Úsáideann sé íomhánna loma brónacha ag cur síos ar an bpáiste:

Gur thit mar bhábóg éadaigh
I do phleist ar thaobh an chosáin

Mothaímid uafás na timpiste san íomhá agus sa t**samhail**[3] sin.
Éiríonn leis an bhfile an brón a chur in iúl go han-mhaith sa dán. Déanann sé cur síos an-bhrónach ar an máthair – bhí sí ag caoineadh agus ag screadach agus bhí a haghaidh bán. Úsáideann an file gutaí fada agus é ag déanamh cur síos ar an tragóid. Cuireann sé seo leis an mbrón mar léann tú an dán **níos moille**[4], níos brónaí agus tá na focail agus na híomhánna níos éifeachtaí ansin:

B'arraing ionam géarscreadaíl
Do mháthar, bán i do dhiaidh –

Cuireann sé an brón a bhaineann leis an mbás in iúl nuair a labhraíonn sé faoi chónra bhán an pháiste. Tuigimid chomh beag óg is a bhí an páiste agus tá an líne dheireanach sa dán an-bhrónach ar fad, an chónra bhán i gcodarsnacht leis an talamh dubh. Tuigimid go han-mhaith brón agus briseadh croí na dtuismitheoirí.

De do chónra bheag sa dúpholl.

Cabhair!

[1] without a doubt
[2] stark
[3] simile
[4] slower

An Luichín[1] sa Scoil

le Seán Mac Fheorais

Trua liom[2] do **choirpín**[3] **righin**[4] 'na luí,
A luichín bhig, sa mbosca cailce romham,
Bhís **iata**[5] istigh sa gcófra seo leat féin
Ag **tochailt**[6] **adhmaid**[7] duit 's do chroí **faoi sceon**[8],
Gan glór **le clos**[9] ach **preabarnach**[10] do chroí,
Do **scríobadh**[11] **mear**[12] is **teanga chloig**[13] **de shíor**[14].

Trua liom do bhás den **ghorta**[15] ghéar,
Gan romhat ach leabhra scoile is cailc mar lón,
Gan ann le n-ól ach **dúch**[16], 's an tart **dod chrá**[17],
Is léan liom d'**éag**[18] mar seo, a luichín fhómhair,
Easpa céille[19] sheol don scoil do **chéim**[20],
Laistiar den gclós tá **stácaí d'eornain mhéith**[21].

Cabhair!

[1] little mouse
[2] I pity
[3] little body
[4] stiff
[5] closed
[6] burrowing
[7] wood
[8] terrified
[9] to be heard
[10] beating
[11] scratching
[12] fast
[13] sound of the bell
[14] continuously
[15] starvation
[16] ink
[17] tormenting you
[18] death
[19] lack of sense
[20] step
[21] stacks of juicy barley

Scéal an dáin

Nuair a osclaíonn an file/múinteoir an cófra sa scoil, faigheann sé luichín marbh istigh i mbosca cailce. Tá an-trua ag an bhfile don luch. Ceapann sé go raibh eagla an domhain ar an luch sula bhfuair sé bás. Bhí sé dúnta istigh sa chófra gan aon rud le hithe aige ach leabhair agus cailc agus gan aon rud le hól aige ach dúch. Nuair a bhí an luch ag fáil bháis den ocras agus den tart bhí na páirceanna lán le stacaí eorna. Is duine deas é an file mar léiríonn sé trua do chréatúr beag, rud a chuireann déistin agus eagla ar a lán daoine.

Cleachtadh ag scríobh

1 Freagair na ceisteanna seo.

a) Cá raibh an luch mharbh?
b) Cad a bhí le cloisteáil ag an luch?
c) Cad a bhí le hithe agus le hól ag an luch agus é sa scoil?
d) Cad a bhí le hithe taobh amuigh den scoil?
e) Conas a léiríonn an file gur duine deas atá ann?

2 Líon na bearnaí thíos.

a) Fuair an múinteoir ____________ an luichín nuair a d'oscail sé an cófra.
b) Bhí ____________ ar an luichín nuair a bhí sé dúnta istigh sa chófra.
c) Dá mbeadh aon __________ ag an luichín ní rachadh sé isteach sa scoil in aon chor.
d) Bhí __________ mhór ag an bhfile don luichín.
e) Bhí na páirceanna taobh amuigh den scoil lán le stacaí ______________.

chiall, trua, d'eornain mhéith, corp righin, eagla an domhain

Téama an dáin

ainmhí; an bás

Ainmhí

Baineann an dán seo le bás luichín. Chuaigh an luichín isteach i gcófra i seomra ranga. Chríochnaigh sé a shaol i mbosca cailce agus ní raibh se ábalta éalú:

> Trua liom do choirpín righin 'na luí,
> A luichín bhig, sa mbosca cailce romham

Samhlaíonn[1] an file go raibh bás **pianmhar**[2] ag an luichín. Rinne se iarracht éalú, ag scríobadh is ag tochailt ach bhí sé **fánach**[3] aige:

> Ag tochailt adhmaid duit 's do chroí faoi sceon ...
> Do scríobadh mear is teanga chloig de shíor.

Cuireann na focail 'sceon' agus 'preabarnach do chroí' in iúl go raibh an luch bheag scanraithe. Ní raibh aon bhia ná deoch cheart ag an luichín – ní raibh ach leabhair, cailc agus dúch ann.

Dá mbeadh ciall ag an luichín d'fhanfadh sé amuigh, mar lasmuigh den scoil bhí na páirceanna lán le glasraí agus bheadh féasta ag an luichín ansin:

> Laistiar den gclós tá stácaí d'eornain mhéith.

Tugann an file **tréithe daonna**[4] don luichín agus bíonn trua againn dó. Cosúil le daoine, bhí ocras agus tart ar an luichín agus cosúil linn féin freisin mhothaigh sé eagla agus scanradh. Bíonn trua againn don luichín sa dán mar sin.

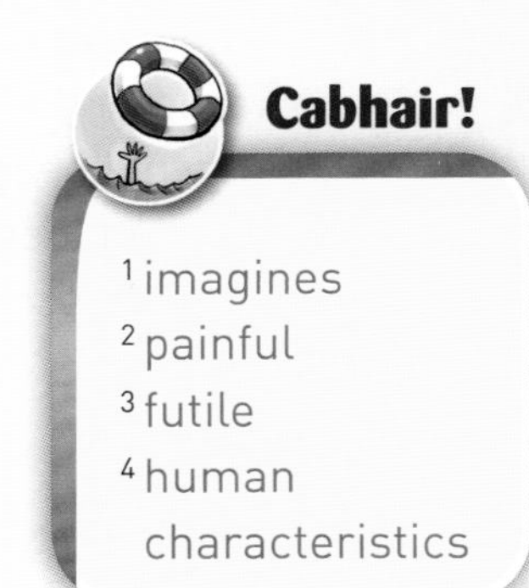

Cabhair!

[1] imagines
[2] painful
[3] futile
[4] human characteristics

Ag cleachtadh don scrúdú

i) Ainmnigh dán Gaeilge (a ndearna tú staidéar air i rith do chúrsa) a bhfuil do rogha **ceann amháin** de *na téamaí* seo thíos ann. Ní mór teideal an dáin, mar aon le hainm an fhile a scríobh síos go soiléir.

(a) bás **(b)** timpiste **(c)** óige **(d)** seanaois **(e)** an dúlra

ii) Tabhair cuntas **gairid** ar a bhfuil sa dán sin faoin *téama* atá roghnaithe agat agus ar an gcaoi a gcuireann an file an *téama* sin os ár gcomhair.

Freagra samplach

i) Rinne mé staidéar ar an dán '**An Luichín sa Scoil**' le **Seán Mac Fheorais.**

ii) Baineann an dán seo le bás luichín ina aonar i gcófra ranga ar scoil.
Bhí eagla an domhain ar an luch bheag agus é ag fáil bháis.
Bhí an luichín **fiosrach**[1] agus chuaigh sé isteach sa chófra agus ansin isteach i mbosca cailce. Ach bhí an cófra dúnta ansin agus bhí an luch **sáinnithe**[2] istigh ann agus ní raibh sé ábalta éalú. Rinne sé gach iarracht éalú. Tuigimid an eagla a bhí ar an luichín mar bhí sé ag tochailt agus ag scríobadh ag iarraidh éalú ach bhí sé fánach aige mar nuair a d'oscail an file an cófra tháinig sé ar chorp righin an luichín:

Ag tochailt adhmaid duit 's do chroí faoi sceon

Nuair a bhí an luch bhocht istigh sa chófra ní raibh aon rud le cloisteáil ach torann an chloig agus torann a chroí ag bualadh, rud a léiríonn an eagla a bhí ar an luichín:

Gan glór le clos ach preabarnach do chroí,
Do scríobadh mear is teanga chloig de shíor.

Bhí an luch bheag **cráite**[3] ag an deireadh – ní raibh aon rud le hól aige ach dúch agus ní raibh ach leabhair scoile agus cailc le hithe aige. Samhlaíonn an file an eagla a mhothaigh an luichín agus an **troid**[4] a rinne sé i gcoinne an bháis agus éiríonn leis iad sin a chur in iúl leis na híomhánna brónacha den luichín beag ina aonar ag déanamh gach iarrachta éalú.

Ag tochailt adhmaid duit 's do chroí faoi sceon ...
Do scríobadh mear is teanga chloig de shíor.

Cabhair!

[1] curious
[2] trapped
[3] tormented
[4] fight

Cill Aodáin

le hAntaine Ó Reachtaire (Raifteirí)

Anois teacht an earraigh beidh an lá dul **chun síneadh**[1]
's tar éis na Féile Bríde ardóidh mé mo sheol,
's ó chuir mé 'mo cheann é **ní chónóidh**[2] mé choíche
go seasa mé thíos i lár Chontae Mhaigh Eo,
i gClár Chlainne Mhuiris a bheas mé an chéad oíche
's i mBalla, taobh thíos de, 's ea thosós mé ag ól,
go Coillte Mach rachad go ndéanad **cuairt mhíosa**[3] ann,
i **bhfoisceacht**[4] dhá mhíle do Bhéal an Átha Móir.

Fágaim le huachta[5] go n-éiríonn mo chroí-se
mar ardaíos an ghaoth nó mar scaipeas an ceo
nuair a smaoiním ar Chearra nó ar Bhalla taobh thíos de,
ar Sceach an dá Mhíle 's ar phlánaí Mhaigh Eo,
nó ar Chill Aodáin, an baile a bhfásann gach ní ann,
bíonn sméara 's **sú craobh**[6] ann is meas ar gach sórt,
's dá mbeinnse 'mo sheasamh i g**ceartlár**[7] mo dhaoine
d'éireodh an aois dhíom is bheinn arís óg.

Faigheann **baintreacha**[8] 's **dílleachtaí**[9] cabhair agus réiteach,
slí bídh 'gus éadaigh ann is talamh gan cíos,
scoláirí bochta ag fáil scríobh, scoil is **léann**[10] ann
is **lucht iarraidh na déirce**[11] ann ag tarraing 's ag luí,
sháraigh sé[12] an domhan le gach uile dhea-thréithre,
thug Reachtaire **an chraobh**[13] dhó ar ar casadh dhó riamh –
's é deireadh na cainte, saol fada ag Frank Taafe ann,
sliocht shinsir[14] na féile **nár choigil an fial**[15].

Cabhair!

[1] getting longer
[2] I won't rest
[3] a month-long visit
[4] within
[5] I solemnly declare
[6] raspberry
[7] amongst
[8] widows
[9] orphans
[10] learning
[11] beggars
[12] it surpassed
[13] award
[14] ancestors
[15] but no limits to their generosity

Scéal an dáin

Sa dán seo, tá an file Antaine Ó Reachtaire ag **moladh**[1] a **áit dhúchais**[2], Cill Aodáin i gContae Mhaigh Eo. Tá an t-earrach tagtha agus ba mhaith leis an bhfile cuairt a thabhairt ar a bhaile dúchais. Molann sé muintir na háite. Tá siad **fial flaithiúil**[3] le daoine bochta. Cuirtear oideachas ar fáil do dhaoine san áit. **Caitear go maith le**[4] daoine ann. Molann sé an tiarna talún, Frank Taafe, agus a mhuintir toisc go raibh siad deas cineálta le daoine i gcónaí. Mothaíonn an file óg arís nuair a bhíonn sé ar ais i measc a dhaoine féin.

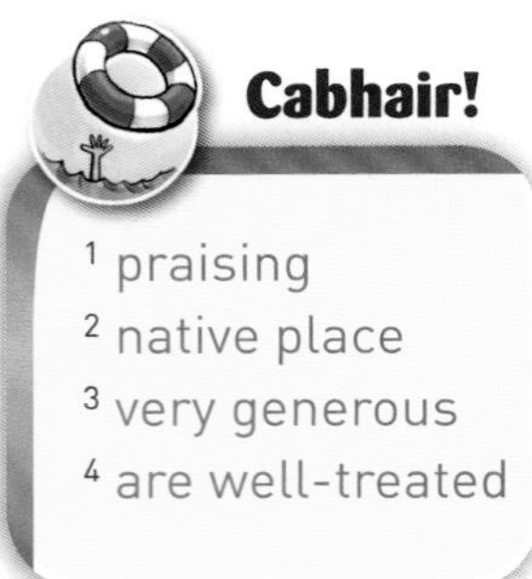

Cabhair!

[1] praising
[2] native place
[3] very generous
[4] are well-treated

Cleachtadh ag scríobh

1 Freagair na ceisteanna seo.

a) Cén t-am den bhliain atá ann?
b) Cá bhfuil an file ag iarraidh dul?
c) Céard iad na háiteanna i gContae Mhaigh Eo a luann an file sna véarsaí seo?
d) Ceard iad na rudaí a bhíonn ag fás i gCill Aodáin?
e) Conas a mhothaíonn an file nuair a bhíonn sé i measc a mhuintire féin?
f) Conas a chaitear le baintreacha agus le dílleachtaí san áit?
g) Cén chaoi a gcaitear le scoláirí ann?
h) Cén moladh a thugann an file do Frank Taffe agus a mhuintir?

2 Líon na bearnaí thíos.

a) Tá an ____________ tagtha agus ba mhaith leis an bhfile dul abhaile.
b) Is as Contae ______________ don fhile.
c) Imíonn an ___________ de agus mothaíonn an file _____ arís nuair a fhilleann sé abhaile.
d) Tá grá láidir ag an bhfile dá áit _____________.
e) Caitear go maith le __________ agus le ______________ i gCill Aodáin.
f) Tá Frank Taffe agus muintir na háite __________________.
g) ___________ an file Cill Aodáin go mór sa dán seo.

óg, dhúchais, baintreacha, molann, fial flaithiúil, t-earrach, aois, dílleachtaí, Mhaigh Eo

Na mothúcháin sa dán

grá; meas; áthas; bród

Grá

Tá grá mór ag an bhfile dá áit dhúchais sa dán seo. Molann Antaine Ó Reachtaire Cill Aodáin **go hard na spéartha**[1]. Tá sé ag **tnúth**[2] go mór le dul abhaile:

's ó chuir mé 'mo cheann é ní chónóidh mé choíche
go seasa mé thíos i lár Chontae Mhaigh Eo

Luann sé bailte Mhaigh Eo – Clár Chlainne Mhuiris, Balla, Coillte Mach agus ar ndóigh, Cill Aodáin féin. Tá an áit **torthúil**[3] – fásann plandaí agus torthaí ann:

bíonn sméara 's sú craobh ann is meas ar gach sórt

Déanann sé **maitheas**[4] don fhile cuairt a thabhairt ar a bhaile dúchais – téann sé in óige nuair a bhíonn sé ann:

d'éireodh an aois dhíom is bheinn arís óg.

Cuireann sé áthas ar a chroí a bheith ann.

Fágaim le huachta go n-éiríonn mo chroí-se.

Thar aon rud eile molann an file muintir Chill Aodáin. Tá siad fial flaithiúil le scoláirí, le baintreacha agus le dílleachtaí agus le daoine bochta:

Faigheann baintreacha 's dílleachtaí cabhair agus réiteach,
slí bídh 'gus éadaigh ann is talamh gan cíos

Ní fhaigheann Antaine Ó Reachtaire **lá locht**[5] ar an áit. Ceapann sé gurb í an áit is deise agus is fearr ar domhan í Cill Aodáin:

sháraigh sé an domhan le gach uile dhea-thréithre,
thug Reachtaire an chraobh dhó ar ar casadh dhó riamh –

Cabhair!

[1] to the skies
[2] longing
[3] fruitful
[4] good
[5] any fault

Ag cleachtadh don scrúdú

i) Ainmnigh dán Gaeilge (a ndearna tú staidéar air i rith do chúrsa) a bhfuil do rogha **ceann amháin** de *na mothúcháin* seo thíos ann. Ní mór teideal an dáin, mar aon le hainm an fhile a scríobh síos go soiléir.
(a) áthas **(b)** fearg **(c)** imní **(d)** bród

ii) Tabhair cuntas **gairid** ar a bhfuil sa dán sin faoin *mothúchán* atá roghnaithe agat agus ar an gcaoi a gcuireann an file an *mothúchán* sin os ár gcomhair.

Freagra samplach

i) Rinne mé staidéar ar an dán '**Cill Aodáin**' le **Antaine Ó Reachtaire**.

ii) Is duine áthasach é an file sa dán seo.

Tá an t-earrach tagtha agus mar sin tá an file ag dul ar ais go dtí a bhaile dúchais féin, Cill Aodáin. Nuair a smaoiníonn an file ar a chontae dúchais, Maigh Eo, imíonn aon bhuairt a bhíonn air agus bíonn áthas ar a chroí:

Fágaim le huachta go n-éiríonn mo chroí-se
mar ardaíos an ghaoth nó mar scaipeas an ceo

Nuair a bhíonn an file ar ais i measc a mhuintire féin tá sé chomh sona sin go mothaíonn sé óg arís:

's dá mbeinnse 'mo sheasamh i gceartlár mo dhaoine
d'éireodh an aois dhíom is bheinn arís óg.

Bíonn áthas ar an bhfile ag smaoineamh ar mhuintir Mhaigh Eo. Tá siad fial flaithiúil agus tugann siad lámh chúnta (*helping hand*) do dhaoine bochta. Tá gach duine in ann oideachas a fháil ansin:

scoláirí bochta ag fáil scríobh, scoil is léann ann

Ceapann an file nach bhfuil aon áit eile ar domhan chomh maith le Cill Aodáin agus tá bród air as an áit:

sháraigh sé an domhan le gach uile dhea-thréithre,
thug Reachtaire an chraobh dhó ar ar casadh dhó riamh –

Dánta Anaithnide

Treoracha

Bíonn dhá dhán clóbhuailte ar an bpáipéar scrúdaithe agus tá ort trí cheist a fhreagairt orthu.
Tá na trí cheist ar cómharc.
Is ceisteanna eolais faoi na dánta iad na ceisteanna i Roinn A. De ghnáth bíonn siad an-éasca.
Tá tuairimíocht ag teastáil i Roinn B.
Bíonn ort:

- an dá dhán a chur i gcomparáid lena chéile
- labhairt faoi na mothúcháin sna dánta
- labhairt faoi stíl an fhile
- a rá cén dán is fearr leat agus cén fáth
- a rá cén cineál duine é an file bunaithe ar an dán
- línte ón dán a mhíniú i d'fhocail féin

Nathanna úsáideacha

Tá an téama céanna sa dá dhán.	Both poems have the same theme.
Tá codarsnacht idir an dá dhán.	There's a contrast between the poems.
Tá [teideal an dáin] áthasach.	The [title of the poem] is happy.
Ach tá [teideal an dáin] gruama.	But the [title of the poem] is gloomy.
Tá mothúcháin dhifriúla sa dá dhán.	There are different emotions in the two poems.
Tá an dán suite sa lá inniu.	The poem is set in the present.
Baineann an dán le cúrsaí staire.	The poem deals with historical events.
Tá stíl dheas shimplí ag an bhfile.	The poet has a nice simple style.
Baineann an file úsáid as meafair.	The poet uses metaphors.
Tá íomhánna deasa sa dán.	There are nice images in the poem.
Tá uaim sa dán.	There's alliteration in the poem.
Tá rím idir na línte.	There's a rhyme between the lines.
Úsáideann an file samhail/samhlacha.	The poet uses simile/similes.
Tá atmaisféar síochánta sa dán.	There's a peaceful atmosphere in the poem.
Tá atmaisféar brónach sa dán.	There's a sad atmosphere in the poem.
Úsáideann an file fallás na truamhéala.	The poet uses pathetic fallacy.
Tá an dán an-taitneamhach.	The poem is very enjoyable.
Is duine feargach é an file.	The poet is an angry person.
Is duine tuisceanach é an file.	The poet is an understanding person.
Tá féith an ghrinn san fhile.	The poet has a sense of humour.
Is é an t-uaigneas téama an dáin.	Loneliness is the theme of the poem.
Is í an fhearg téama an dáin.	Anger is the theme of the poem.

Ag cleachtadh don scrúdú

Léigh an dá dhán atá thíos agus freagair **trí cinn** de na ceisteanna a ghabhann leo. Ní mór ceist **amháin** a roghnú as **A** agus ceist **amháin** a roghnú as **B**. Is féidir **an tríú ceist** a roghnú as **A** *nó* as B. Ní gá níos mó ná **leathanach** a scríobh.
[Bíodh na freagraí i d'fhocail féin, chomh fada agus is féidir leat.]

Amhrán Deoraí

Ó d'fhág mé thú Dé Céadaoin
Tá ualach ar mo chroí
Tá mé de shíor ag cuimhneamh ort,
Ar maidin agus san oíche.
Bím ag súil le scéala uait
Go mbeidh tú ag teacht anall
Is beidh mé ag fanacht leis an lá
Nuair a bheas tú liom ar ball.
Beidh saol breá nua le chéile againn
Muid pósta os comhair an tsaoil,
Gan uaigneas brón nó imní orainn
Ach sona sásta mar a bhí.
Ní scarfaidh mé go héag leat
Go dtaga lá an bháis,
Beidh mise agus tusa sona suairc
Gan trioblóid ná cruachás.
Anois téigh ar an bpléan ag Carn Mór
Ar maidin leis an lá,
Agus beidh mé romhat ag Luton Town
Ag fanacht le mo ghrá.
(le Dónall Ó Colchúin)

Gluais

deoraí = duine atá ina chónaí i bhfad ó bhaile
L2 ualach = brón
L3 de shíor =i gcónaí
L8 ar ball = tar éis tamaill
L13 go héag = go lá an bháis

Áth Luain

Nuair a fheicim plásóg fhéir
Ina giobal ag páipéar
Agus plaisteach bán,
Agus an chanáil
Breac le málaí,
Boscaí briste,
De bhruscar lán,
Nuair a smaoiním siar
Ar an sliabh,
Ar an dream a chaith
Ar a háilleacht
Salachar na bhfuíoll,
Ar an sliabh,
Pléascann fearg gan smacht.
Tá an daoscar seo gan mhaith!
(le Brian Ó Baoill)

Gluais

L2 giobal = salach
L12 salachar na bhfuíoll = rudaí nach raibh ag teastáil ó dhaoine
L15 daoscar = slua gan mhaith

Ceisteanna (iad ar cómharc)

A (Buntuiscint)

i) **a)** Cá bhfuil an file ina chónaí anois? ('Amhrán Deoraí')
b) Cá bhfuil a ghrá? ('Amhrán Deoraí')

ii) **a)** Cad atá le feiceáil ar an bhféar? ('Áth Luain')
b) Cad atá caite isteach sa chanáil? ('Áth Luain')

iii) Mínigh i d'fhocail féin a bhfuil i gceist sna línte 9–12 sa dán 'Amhrán Deoraí'.

B (Léirthuiscint Ghinearálta)

i) I gcás ceann **amháin** den dá dhán, déan cur síos ar an saghas duine é an file a chum an dán, dar leat. Is leor **dhá phointe** eolais a lua.

ii) Luaigh difríocht amháin nó cosúlacht amháin atá idir an dá dhán.

iii) Cé acu ceann den dá dhán is fearr a thaitin leat? Luaigh dhá chúis le do fhreagra.

B Freagraí samplacha

i) Ceapaim go bhfuil Dónall Ó Colchúin uaigneach agus grámhar. Tá sé uaigneach toisc go bhfuil sé ina aonar i Luton Town agus tá grá a chroí ar ais in Éirinn. Tá ualach ar a chroí agus bíonn sé ag smaoineamh ar a ghrá an t-am ar fad.

Tá grá mór aige dá chailín. Ba mhaith leis go dtiocfadh sí trasna go Sasana agus bheidís pósta ansin. Dar leis go mbeidís 'sona suairc' le chéile. Ní scarfaidís óna chéile arís.

nó

Is duine brónach agus feargach é Brian Ó Baoill. Is maith leis a bhaile dúchais agus cuireann sé brón agus fearg air nuair a fheiceann sé bruscar caite ar fud na háite. **Is cás leis**[1] an **comhshaol**[2]. Ceapann sé go raibh 'Áth Luain' agus na sléibhte go hálainn ach tá siad millte ag daoine salacha a chaitheann bruscar timpeall na háite. Cuireann sé fearg air nuair a fheiceann sé boscaí bruscair caite isteach sa chanáil.

Tá fearg an domhain air – 'pléascann fearg gan smacht' – nuair a fheiceann sé na háiteanna salacha anois. Úsáideann sé focal an-láidir – 'daoscar' – ag déanamh cur síos ar na daoine a mhilleann an comhshaol.

Cabhair!

[1] he cares about
[2] environment

ii) Difríocht amháin

Tá mothúcháin an-difriúil sa dá dhán agus tá an t-ábhar difriúil freisin.

a) Baineann an dán 'Amhrán Deoraí' le fear atá scartha óna chailín.
b) Tá an dán suite i Sasana.
c) Tá an file, Dónal Ó Colchúin, uaigneach agus brónach toisc go bhfuil sé scartha ó ghrá geal a chroí. Tá atmaisféar brónach ann.
a) Baineann an dán 'Áth Luain' le fadhb an bhruscair.
b) Tá an dán suite in Éirinn.
c) Tá fearg ar an bhfile, Brian Ó Baoill, mar gheall ar fhadhb an bhruscair in 'Áth Luain'. Tá fearg an domhain air leis na daoine a chaitheann bruscar ar an bhféar, ar an gcanáil agus ar na sléibhte. Tá atmaisféar feargach ann.

nó

Cosúlacht amháin

Tá mothúcháin láidre sa dá dhán. Tá Dónall Ó Colchúin sa dán 'Amhrán Deoraí' an-bhrónach agus an-uaigneach. Tá sé ag obair i Luton Town ach tá grá geal a chroí ar ais in Éirinn. Tá sé ag tnúth go mór leis an lá nuair a thiocfaidh a ghrá trasna go Luton Town agus beidh siad pósta. Beidh siad 'sona suairc' ansin.
Sa dán 'Áth Luain' tá fearg an domhain ar an bhfile. Tá sé feargach leis na daoine a mhill 'Áth Luain' le bruscar. Tá na plásóga féir, an chanáil agus na sléibhte millte ag daoine leisciúla a chaitheann bruscar aon áit ar mian leo. Glaonn an file 'daoscar slua gan mhaith' ar na daoine a chaitheann bruscar timpeall na háite.

iii)

Is fearr liom an dán 'Amhrán Deoraí' mar is maith liom an t-ábhar agus is maith liom na mothúcháin atá ann. Tá scéal sa dán. Tá an file ar deoraíocht i Sasana agus tá uaigneas an domhain air. Léiríonn an file an t-uaigneas sin go han-mhaith le focail cosúil le 'ualach ar mo chroí', 'uaigneas, brón nó imní'. Cé go bhfuil an file uaigneach anois tá dóchas sa dán go dtiocfaidh a ghrá trasna go Sasana. Beidh an bheirt acu 'sona suairc' nuair a bheidh siad pósta agus le chéile go deo. Deir an file 'ní scarfaidh mé go héag leat'.
Is fearr liom an dán seo toisc go bhfuil dóchas ann.

nó

Is fearr liom an dán 'Áth Luain' mar gur maith liom an t-ábhar agus ceapaim go dtugann an file íomhá an-mhaith den dochar a dhéanann daoine leisciúla. Is fuath liom daoine a chaitheann bruscar timpeall na háite agus a mhilleann an tír do dhaoine agus d'ainmhithe. Léiríonn an file chomh salach agus leisciúil is atá daoine. Cruthaíonn sé pictiúr maith den dochar a rinne na daoine sin don bhaile. In 'Áth Luain' tá málaí agus plaisteach le feiceáil ar na plásóga féir, tá boscaí briste lán le bruscar caite isteach sa chanáil. Tá bruscar ar na sléibhte chomh maith. Tuigim go gcuireann daoine mar sin fearg ar an bhfile mar cuireann siad fearg an domhain orm freisin.

Ag cleachtadh don scrúdú

Léigh an dá dhán atá thíos agus freagair **trí cinn** de na ceisteanna a ghabhann leo. Ní mór ceist **amháin** a roghnú as **A** agus ceist **amháin** a roghnú as **B**. Is féidir **an tríú ceist** a roghnú as **A** *nó* as **B**. Ní gá níos mó ná **leathanach** a scríobh.
[Bíodh na freagraí i d'fhocail féin, chomh fada agus is féidir leat.]

Fear an Phoist

Seo chugainn ag feadaíl fear an phoist;
Seo chugainn é aníos an bóthar;
Siúd é anuas dá rothar dubh
Is buaileann ar na doirse;
Siúd é ag lorg ina mhála bán
Aon scéala do na comharsain.
Is pras a chnag ó theach go teach,
Le háthas nó le brón dubh,
Le litir nó beart nó cárta poist
Ó chéin nó ó chóngar,
Is as go brách le fear an phoist
Ag feadaíl siar an bóthar.
(le Seán Mac Fheorais)

Gluais

L6 scéala = nuacht
L7 pras = tapa
L10 ó chéin nó ó chóngar = ó áiteanna i bhfad ó bhaile nó in aice láimhe

Má Chuimhním Ort Anois

Má chuimhním ort anois,
a athair liom,
ag siúl leat féin
ar chúl na dtithe beaga

gan ionat i ndiaidh do dhochair,
mar a deir tú féin,
ach leathdhuine
gan lúth láimhe, gan lúth coise,

creid nach é a fheicim,
a athair liom,
seanfhear le maide
ag siúl leis féin san uaigneas

ach fear a d'fhás
as cuimse mór
de bharr a dhóchais,
de bharr ar fhulaing le foighne.
(le Seán Ó Leocháin)

Gluais

L5 dochar = saol
L8 lúth láimhe = ábalta na lámha a ghluaiseacht
L11 maide = bata
L14 as cuimse mór = an-mhór
L16 ar fhulaing = a chuir suas leis

Ceisteanna (iad ar cómharc)

A (Buntuiscint)

i) a) Cén modh taistil atá ag fear an phoist? ('Fear an Phoist')
b) Cén obair a dhéanann sé gach lá? ('Fear an Phoist')

ii) a) Cá mbíonn athair an fhile ag siúl? ('Má Chuimhním Ort Anois')
b) Céard iad na fadhbanna sláinte a bhíonn ag an athair anois? ('Má Chuimhním Ort Anois')

iii) Mínigh i d'fhocail féin a bhfuil i gceist sna línte 5–8 sa dán 'Má Chuimhním Ort Anois'.

B (Léirthuiscint Ghinearálta)

i) Cad é an mothúchán is láidre, dar leat, atá léirithe sa dán 'Má Chuimhním Ort Anois'? Conas a chuireann an file an mothúchán sin os ár gcomhair?

ii) Luaigh difríocht amháin nó cosúlacht amháin atá idir an dá dhán.

iii) Cé acu ceann den dá dhán is fearr a thaitin leat? Luaigh dhá chúis le do fhreagra.

B Freagraí samplacha

i) Ceapaim gurb é an t-uaigneas an mothúchán is láidre sa dán. Tá athair an fhile sean agus níl sé ábalta mórán siúil a dhéanamh. Siúlann sé le maide agus téann sé ag siúl taobh thiar de na tithe. Bíonn sé ina aonar. Úsáideann an file na focail 'ag siúl leat féin' agus 'ag siúl leis féin san uaigneas' chun an t-uaigneas a chur in iúl. Tá an focal 'gan' trí huaire sa dán agus cuireann sé béim ar na rudaí atá caillte ag an athair. Ní maith leis an athair a bheith sean. Glaonn sé 'leathdhuine' air féin. Mothaíonn an t-athair go bhfuil a shaol thart agus tá sé an-uaigneach anois.

ii) **Difríocht amháin**

Tá an dán 'Fear an Phoist' sona agus gealgháireach ach tá an dán 'Má Chuimhním Ort Anois' uaigneach agus brónach.

Is maith le fear an phoist an post atá aige. Tá sé sona sásta ag dul timpeall ag tabhairt litreacha, cártaí poist nó beart do na daoine. Bíonn sé 'ag feadaíl' ag tús agus ag deireadh an dáin, rud a léiríonn go bhfuil sé sona. Is dócha gur maith leis labhairt le muintir na háite agus an nuacht a thabhairt dóibh.

Tá an dán eile brónach. Tá an file ag caint faoina athair atá sean anois. Tá grá agus meas mór ag an bhfile ar a athair ach mothaíonn an t-athair go bhfuil a shaol thart. Nuair a théann sé amach ag siúl úsáideann sé maide agus níl sé tapa. Mothaíonn an t-athair nach bhfuil ann:

ach leathdhuine
gan lúth láimhe, gan lúth coise

Bíonn an t-athair leis féin go minic 'ag siúl leat féin ... san uaigneas' ach buaileann fear an phoist le daoine gach aon lá agus níl uaigneas ar bith air.

nó

Cosúlacht amháin

Tá an dá dhán ag caint faoi chora *(trials)* an tsaoil. Tugann fear an phoist nuacht shona agus bhrónach do na daoine. Uaireanta bíonn scéalta brónacha sna litreacha agus uaireanta eile bíonn áthas ar na comharsana na bearta nó na litreacha a fháil uaidh. Is léir freisin go bhfuil meas ag an bhfile ar fhear an phoist, mar go dtagann sé gach lá, ag feadaíl agus post tábhachtach á dhéanamh aige.

Sa dán 'Má Chuimhním Ort Anois' tá an file ag caint faoi chora an tsaoil freisin. Tá a athair sean anois ach is cuimhin lena mhac nuair a bhí sé óg. Bhí an t-athair mór agus láidir dá mhac. Cé go mothaíonn an t-athair sean agus go bhfuil an chuid is fearr dá shaol thart, tá grá agus meas mór ag a mhac air. Rinne an t-athair post an-tábhachtach freisin – thóg sé mac atá dílis agus lán le grá dó.

iii) Is fearr liom an dán 'Fear an Phoist'. Is dán deas simplí é agus tá sé níos sona ná an dán eile. Déanann an file cur síos ar fhear an phoist. Is fear sona gealgháireach é. Téann sé ó theach go teach ar a rothar dubh agus tugann sé litreacha, bearta agus cártaí poist amach. Is maith leis na comharsana fear an phoist a fheiceáil ag teacht toisc go mbíonn an nuacht aige. Is fearr liom an dán toisc nach mbíonn fear an phoist míshona riamh. Is maith leis a phost agus bíonn sé ag feadaíl i gcónaí. Ní chuireann an saol isteach air.

nó

Is fearr liom an dán 'Má Chuimhním Ort Anois' mar is fearr liom na mothúcháin atá ann. Is maith liom an cur síos a thugann an file ar a athair. Tá an file ag déanamh cur síos ar a athair agus é sean. Is maith liom an íomhá a chruthaíonn an file den athair. Tá an t-athair sean agus beag anois. Níl sé go maith ag siúl; ní shiúlann sé ach ar chúl na dtithe beaga agus úsáideann sé maide. Tá uaigneas ar an athair anois agus dar leis féin níl ann 'ach leathdhuine'. Ach ní fheiceann a mhac, an file, leathdhuine. Feiceann sé fear mór láidir (mar a bhí sé nuair a bhí ní b'óige). Feiceann sé fear a bhí dóchasach agus foighneach i gcónaí. Is léir go bhfuil grá mór ag an bhfile dá athair agus sin an fáth ar maith liom an dán.

Cleachtadh ag scríobh

Líon na bearnaí thíos.

1. Bíonn fear an phoist ag ______________ agus é i mbun oibre.
2. Uaireanta, nuair a éiríonn daoine sean ní bhíonn lúth _______ ná __________ acu.
3. Tagann litreacha ó chian is ó __________ chuile lá.
4. Nuair a bhris mé mo chos bhain mé úsáid as __________ coise ar feadh tamaill.
5. Téann fear an phoist ó __________ go teach gach lá.

láimhe, coise, feadaíl, maide, theach, chóngar

Ag cleachtadh don scrúdú

Léigh an dá dhán atá thíos agus freagair **trí cinn** de na ceisteanna a ghabhann leo. Ní mór ceist **amháin** a roghnú as **A** agus ceist **amháin** a roghnú as **B**. Is féidir **an tríú ceist** a roghnú as **A** *nó* as **B**. Ní gá níos mó ná **leathanach** a scríobh.
[Bíodh na freagraí i d'fhocail féin, chomh fada agus is féidir leat.]

Mise Raifteirí

Mise Raifteirí an file,
Lán dóchas is grá,
Le súile gan solas,
Le ciúnas gan chrá.

'Dul siar ar m'aistear
Le solas mo chroí,
Fann agus tuirseach
Go deireadh mo shlí.

Féach anois mé
Is mo chúl le balla
Ag seinm ceoil
Do phócaí folamh.

(le hAntaine Ó Reachtaire)

Gluais

L4 crá = pian
L5 aistear = turas
L7 fann = lag
L12 folamh = gan aon rud ann

Subh Milis

Bhí subh milis
Ar bhaschrann an dorais,
Ach mhúch mé an corraí
Ionam a d'éirigh,
Mar smaoinigh mé ar an lá
A bheas an baschrann glan
Agus an lámh bheag
Ar iarraidh.

(le Séamas Ó Néill)

Gluais

L3 corraí = fearg
L6 baschrann = murlán
L8 ar iarraidh = imithe

Ceisteanna (iad ar cómharc)

A (Buntuiscint)

i) **a)** Cén tslí bheatha atá ag Raifteirí? ('Mise Raifteirí')
b) Cén míchumas atá air? ('Mise Raifteirí')
ii) **a)** Cad a chonaic an file ar an doras? ('Subh Milis')
b) Cad a cheap sé nuair a chonaic sé é sin? ('Subh Milis')
iii) Mínigh i d'fhocail féin a bhfuil i gceist sna línte 5–8 sa dán 'Subh Milis'.

B (Léirthuiscint Ghinearálta)

i) Cad é an mothúchán is láidre, dar leat, atá léirithe sa dán 'Subh Milis'? Conas a chuireann an file an mothúchán sin os ár gcomhair?
ii) Luaigh difríocht amháin nó cosúlacht amháin atá idir an dá dhán.
iii) Cé acu ceann den dá dhán is fearr a thaitin leat? Luaigh dhá chúis le do fhreagra.

B Freagraí samplacha

i) Is í an imní an mothúchán is láidre sa dán seo dar liom. Feiceann an tuismitheoir subh milis ar mhurlán an dorais lá amháin agus tá a fhios aige gurbh é a pháiste a d'fhág an subh ann. Bhí cantal agus fearg ar an athair ar dtús. Thosaigh sé ag smaoineamh ar aghaidh ansin. Bhí a fhios aige go bhfásfadh an páiste suas agus go bhfágfadh sé an teach. Nuair a tharlódh sé sin bheadh na tuismitheoirí leo féin arís. Níl sé ag súil leis an lá sin. Tá imní air roimh an lá sin. Cuireann sé an imní sin in iúl leis na focail 'an baschrann glan' agus 'an lámh bheag ar iarraidh'. Nuair a bheidh an baschrann agus an teach glan beidh sé folamh freisin. Beidh na tuismitheoirí ina n-aonar agus ag éirí sean. Ciallaíonn 'ar iarraidh' imithe nó caillte. Beidh an páiste imithe ar aghaidh lena shaol ach beidh na tuismitheoirí leo féin agus níl siad ag súil leis an lá sin.

ii) Difríocht amháin

Sa dán 'Mise Raifteirí,' is é an file féin atá ag caint faoina shaol. Tá sé ag smaoineamh ar an saol a bhí aige. Bhí sé dall ach nuair a bhí se óg bhí dóchas aige. Bhí sé sona:

> lán dóchas is grá

Anois tá an file bocht agus níl an saol go maith. Tá sé lag agus tuirseach. Téann se timpeall ag seinm ceoil ach ní fhaigheann sé a lán airgid:

> Ag seinm ceoil do phócaí folamh.

Sa dán 'Subh Milis' tá an t-athair ag caint faoina pháiste; níl an páiste ag caint faoina shaol. Nuair a d'fhág an páiste subh milis ar an doras bhí fearg ar an athair ar dtús. Ansin stop sé agus smaoinigh sé ar aghaidh. Thuig sé go raibh an t-ádh leis páiste óg a bheith aige agus níor mhaith leis smaoineamh faoin am nuair a bheadh an teach folamh gan an páiste.

nó

Cosúlacht amháin

Baineann an dá dhán le ciorcal an tsaoil. Bhí an file Raifteirí óg uair amháin agus lán le dóchas agus le sonas. Anois tá sé níos sine agus níl an saol go maith aige. Tá sé beo bocht agus ní fhaigheann sé mórán airgid. Toisc go bhfuil sé dall tá sé deacair air obair a dhéanamh.

Baineann 'Subh Milis' le ciorcal an tsaoil freisin. Tá an file ag féachaint ar a pháiste óg agus ar na rudaí a dhéanann páistí. Uaireanta cuireann iompar na bpáistí fearg ar na tuismitheoirí. Tá an t-athair sa dán seo ciallmhar. Smaoiníonn sé ar aghaidh. Tuigeann sé go bhfásfaidh an páiste, go leanfaidh sé ar aghaidh lena shaol féin agus go bhfágfaidh sé an baile. Cinneann an t-athair go mbainfidh sé taitneamh as an saol anois. Tuigeann sé go mbeidh sé sean lá éigin agus gur fearr dó taitneamh a bhaint as an saol teaghlaigh anois.

iii) Is fearr liom an dán 'Subh Milis'. Is maith liom an dán seo mar tarlaíonn rudaí mar sin i ngach teach. Ní bhíonn páistí ag smaoineamh – bíonn siad gnóthach ag spraoi agus éiríonn na tuismitheoirí feargach nó mífhoighneach leo uaireanta. Má bhíonn ciall ag na tuismitheoirí tuigfidh siad nach bhfuil in aon rud ach seal agus go mbeidh na páistí fásta suas agus imithe lá amháin. Is maith liom an léiriú a thug an file ar an athair ag éirí crosta agus ansin an tuiscint a bhí aige den pháiste agus den saol:

Mar smaoinigh mé ar an lá
A bheas an baschrann glan
Agus an lámh bheag
Ar iarraidh.

nó

Is fearr liom an dán 'Mise Raifteirí'. Ceapaim go dtugann an file cur síos an-mhaith ar an saol a bhí ag an bhfile. Cé go raibh sé dall bhí sé lán le dóchas agus grá nuair a bhí sé óg. Tá an saol difriúil anois. Tá sé bocht agus tuirseach traochta:

Fann agus tuirseach go deireadh mo shlí.

Is maith liom na mothúcháin atá sa dán. Tá trua agam don fhile. Tá sé beo bocht. Bíonn sé ag seinm ceoil ag lorg airgid ach ní fhaigheann sé aon airgead:

Ag seinm ceoil do phócaí folamh.

Cleachtadh ag scríobh

Líon na bearnaí thíos.

1. Bhí __________ an domhain ar an athair nuair a chonaic sé subh milis ar an doras.
2. Bhí an file lán le __________agus le grá.
3. Bhí an cailín an-imníoch nuair a bhí a peata madra ar ______________.
4. Caitheann Raifteirí na laethanta ag _________ ceoil ag iarraidh airgead a fháil.
5. Bhí saol crua ag an ___________ sa dán 'Mise Raifteirí'.

iarraidh, fearg, bhfile, dóchas, seinm

14 Aonad a Ceathair Déag

Prós

'Díoltas an Mhada Rua'

le Seán Ó Dálaigh

Seanfhocal is ea – chomh glic le mada rua. Agus **i dteannta** é a bheith glic bíonn sé díoltasach. Thaispeáin sé d'fhear ó Dhún Chaoin go raibh sé **díoltasach** mar b'air féin a d'imir sé an **díoltas**.

as well as
vengeful
revenge

Iascaire ba ea an fear seo. Bhí féar bó de thalamh aige, ach ar an iascach is mó a mhaireadh sé. Choimeádadh sé aon bhó amháin i gcónaí chun **braon bainne** a bheith aige sa séasúr a **liathfadh an braon tae** dó nuair a bhíodh sé ar an bhfarraige ag iascach. Bhíodh an-chuid **cearc** agus **lachan** agus **géanna** ag a bhean.

drop of milk
would colour the tea
hen • duck • geese

Thug sé an bhó leis abhaile ón ngort luath go maith maidin. **Chrúigh** a bhean í **láithreach baill**. Sháigh siad ansin chun **cuigeann** a dhéanamh agus nuair a bhí sí déanta acu d'imigh sé air chun an chnoic go gcríochnódh sé leis an móin a bhí ann aige á **cnuchairt**. Nuair a bhí sé trí nó ceathair de pháirceanna suas ón tigh **bhí saothar air**, agus bhí **brath allais** tríd amach mar fuair sé beagán **dua** ón gcuigeann a dhéanamh. Shuigh sé síos tamall dó féin i mbun a shuaimhnis agus bhí sé ag féachaint amach ar an bhfarraige mar bhí sí chomh ciúin le linn abhann.

milked
immediately • butter
stacking • he was out of breath • sweating • difficulty

Pé casadh súl a thug sé síos ar pháirc a bhí faoina bhun chonaic sé **fámaire mada rua** agus é ag léim thall is abhus in aice le coill mhór ard sceach a bhí ann. D'fhair sé an mada rua go maith ach níor thug sé é féin le feiscint in aon chor dó.

whatever way he looked • a big fox

Níorbh fhada dó gur chuala sé cúpla **scréach** uafásach timpeall na sceach agus ba ghearr go bhfaca sé an mada rua ag cur de suas ar a shuaimhneas chun an chnoic, agus a fhámaire breá **giorria** marbh ina bhéal aige. Is amhlaidh a bhraith an mada rua an giorria ina chodladh istigh sa choill sceach, agus níor dhein sé ach na **sceacha a chorraí** lena **lapa** agus ansan nuair a léim an giorria bocht amach as na toir sceach, **ghreamaigh** an mada rua ar **sciúch** é, agus mhairbh sé láithreach baill é.

scream
hare
bushes
move • paw
caught • throat

Nuair a chonaic fear na móna an mada rua ag cur de suas chun an chnoic agus fámaire giorria ina bhéal aige, dúirt sé ina aigne féin gurbh ait agus gur lánait an cúrsa é – fámaire giorria a bheith le n-ithe ag an mada rua agus gan aon ghiorria aige féin.

Bhí **claí** mór ard trasna ar bharr na páirce, ach bhí **bearna** i gceann den chlaí. Bhí an bhearna díreach faoi bhun na háite a raibh an fear ina shuí ann. D'éalaigh sé leis síos go dtí an bhearna, agus **dhein sé cnuchaire de féin** chun ná féicfeadh an mada rua é.

wall
gap
he crouched down

Nuair a tháinig an mada rua go dtí

jumped up suddenly
shout

béal na bearna **phreab an fear de gheit** ina shuí, agus chuir sé béic uafásach as, agus dhein sé **glam** ag rá: 'Hula! hula! hula!'

he released him
as fast as he could

Bhain sé an oiread sin de phreab as an mada rua gur **scaoil sé uaidh** an giorria agus thug sé féin, **i ndeireadh an anama**, suas fén gcnoc.

downwards

Ach ní fada suas a chuaigh sé nuair a shuigh sé síos ar a chosa deiridh, agus d'fhéach sé **le fána**, agus chonaic sé an fear agus an giorria greamaithe aige.

watching him for a long time

Thóg an fear an giorria chun dul abhaile leis. Nuair a ghluais sé anuas le fána an chnoic agus an giorria aige bhí an mada rua á thabhairt fé ndeara, agus d'fhan sé **ag faire air riamh is choíche** go dtí go bhfaca sé ag bualadh doras a thí féin isteach é. D'imigh an mada rua an cnoc amach ansan.

glance

D'fhéachadh fear an ghiorria anois is arís, nuair a bhí sé ag tabhairt an ghiorria abhaile leis, chun go mbeadh a fhios aige ar fhág an mada rua an áit a raibh sé ina stad ann, agus chíodh sé ann i gcónaí é. Fiú amháin nuair a bhí sé ag déanamh ar an doras thug sé **sracfhéachaint** suas ar an áit, agus chonaic sé sa phaiste céanna é.

simply • trick

Bhain sé preab as a bhean nuair a bhuail sé chuici an doras isteach, agus seibíneach mór de ghiorria aige, ach nuair a d'inis sé di conas a fuair sé an giorria chomh **sonaoideach** agus an **bob** a bhuail sé ar an mada rua bhí sí ag briseadh a croí ag gáire. Dúirt sé léi nár thóg an mada rua an dá shúil de féin go dtí gur chuir sé an doras isteach de.

watched

Chuaigh sé amach go dtí an doras ansan féachaint an raibh an mada rua ann ach ní raibh. B'ait leis ar fad cad ina thaobh **ar fhair** an mada rua é féin riamh is choíche go dtí gur bhuail sé an doras isteach. Ní raibh an mada rua gan a réasún féin a bheith aige leis an bhfear a fhaire.

why
confused/wondering

Chuaigh an fear suas ar an gcnoc ansan. Chnucharaigh sé deireadh a chuid móna, agus ansan shín sé siar go breá dó féin ar feadh tamaill in airde ar dhroim portaigh. Ach ní fhéadfadh sé é a chaitheamh amach as a cheann in aon chor **cad ina thaobh** ar fhair an mada rua é féin go dtí gur chuaigh sé isteach don tigh; agus nuair a bhí an t-eolas faighte aige, cad ina thaobh ar bhailigh sé leis ansan? Ach ní raibh sé i bhfad **ina mhearbhall**. Níorbh fhada dó gur chuir an mada rua in iúl dó cad ina thaobh.

cooked
plenty

Nuair a bhí sé tamall sínte siar ar an bportach d'éirigh sé ina shuí, agus tháinig sé abhaile. Bhí an giorria **beirithe** ag a bhean roimhe agus d'itheadar araon a **leordhóthain** de.

bream (fish)
salt

Chuaigh sé ag iascach **deargán** ansan tráthnóna, agus nuair a tháinig sé abhaile tar éis na hoíche, bhí leathchéad deargán aige. Nuair a bhí a shuipéar caite aige, thosnaigh sé féin agus a bhean ar na deargáin a ghlanadh, agus iad a chur ar **salann**, agus bhí sé cuíosach deireanach siar san oíche san am ar chuaigh siad a chodladh.

good piece

Bhí **smut maith** den mhaidin caite sarar éiríodar mar bhíodar leathmharbh ag na deargáin aréir roimhe sin.

Ach nuair a d'oscail an fear an doras **ní mór ná gur thit sé as a sheasamh** le **huafás**. Ní raibh aon ní le feiscint aige ach **clúmh is cleití**! Clúmh géanna, clúmh lachan agus clúmh cearc! Níor fhág an mada rua gé ná lacha ná cearc beo ag a bhean!

Bhí a fhios aige go maith ansan gur chun díoltas a dhéanamh air i dtaobh an ghiorria a bhaint de a mhairbh an mada rua a raibh de chearca agus de lachain agus de ghéanna **sa tslánchruinne** ag a bhean.

he almost fainted • horror • feathers

in the whole world

Staidéar ar an scéal

Baineann an scéal seo le tréith láidir in ainmhí agus is é sin díoltas. Tá a lán seanfhocal ann faoi shionnaigh (madraí rua) mar go bhfuil a fhios ag gach duine go bhfuil siad glic agus cliste. Deirtear 'ní mhealltar an sionnach faoi dhó' agus 'chomh glic le mada rua' agus d'fhoghlaim an t-iascaire an ceacht sin nuair a ghoid sé an giorria ón mada rua. Mharaigh an mada rua giorria a bhí ina chodladh agus bhí an t-iascaire míshásta go raibh giorria ag an mada rua ach nach raibh aon cheann aige féin. Mar sin d'imir sé cleas air. Chuaigh sé i bhfolach faoi chlaí agus léim sé amach go tobann agus bhain sé geit as an mada rua. Bhí eagla ar an mada rua agus theith sé lena anam agus d'fhág sé an giorria ina dhiaidh. Thóg an t-iascaire an giorria agus bhí sé lánsásta leis féin. Cheap sé gur bhuail sé bob ar an mada rua.

Nuair a bhí an t-iascaire ag dul abhaile bhí an mada rua ag faire air an t-am ar fad. D'fhair sé air riamh is choíche go ndeachaigh sé isteach ina theach. Bhí imní ar an iascaire ach bhí béile breá giorria aige agus ag a bhean. Chuaigh sé amach ag iascach ina dhiaidh sin. Bhí sé féin agus a bhean chéile déanach ag dul a chodladh an oíche sin mar nuair a tháinig an t-iascaire abhaile ón iascach ghlan siad na héisc agus chuir siad ar salann iad.

Nuair a d'éirigh an t-iascaire an mhaidin dar gcionn bhí uafás an domhain air. Nuair a d'oscail sé an doras bhí clúmh agus cleití i ngach áit. Tháinig an mada rua i rith na hoíche agus mharaigh sé na cearca, na lachain agus na géanna ar fad a bhí ag bean an iascaire. Bhain sé díoltas amach ar an iascaire toisc gur ghoid sé an giorria uaidh. Níl aon dabht faoi ach gur ainmhí glic, cliste agus díoltasach é an mada rua.

Cleachtadh ag scríobh

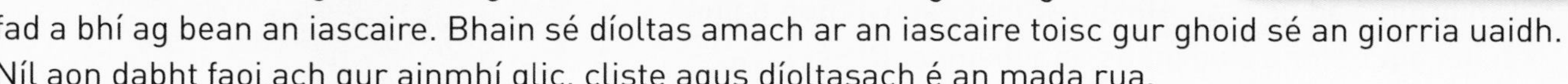

1 Freagair na ceisteanna seo a leanas.

a) Cén fáth a raibh bó ag an bhfear?
b) Cad a bhí ag bean an iascaire?
c) Cad a chonaic an t-iascaire agus é amuigh?
d) Cad a rinne an mada rua?
e) Cén bob a bhuail an t-iascaire ar an mada rua?
f) Cén fáth a raibh an t-iascaire míshuaimhneach (*uneasy*) agus é ag dul abhaile?
g) Cén obair a rinne an t-iascaire agus a bhean an oíche sin?
h) Cad a bhí le feiceáil nuair a d'éirigh an t-iascaire ar maidin?
i) Cad a tharla?
j) Cad a deir an seanfhocal faoin sionnach?

2 Líon na bearnaí thíos.

a) Nuair a d'oscail an fear an doras ar maidin ní raibh tada le feiceáil ach ________ __ ________.

b) Deir an seanfhocal 'chomh ________ le mada rua' agus tá sé go hiomlán ceart.

c) Mharaigh an sionnach na ________ ________ agus ________ ar fad a bhí ag bean an iascaire.

d) Chonaic an t-iascaire an mada rua ag marú an ghiorria agus ________ sé é ag dul suas an cnoc.

e) Bhí an mada rua ag faire an iascaire ________ ________ ________ go ndeachaigh sé isteach go dtí a theach.

f) Bhain an mada rua ________ amach ar an iascaire.

g) Chuaigh an t-iascaire i bhfolach faoin ________ a bhí sa chlaí.

h) ________ an mada rua gach éan a bhí ag bean an iascaire.

i) Chaith an t-iascaire an chuid eile den tráthnóna ag ________ deargán.

díoltas, cearca, lachain agus géanna, iascach, d'fhair, mharaigh, riamh is choíche, clúmh is cleití, glic, mbearna

Téamaí sa scéal

ainmhithe; saol na tuaithe; saint; bás; díoltas

Tugann an scéal seo léiriú an-mhaith ar shaol na tuaithe. Bhí iascaire agus a bhean ina gcónaí i nDún Chaoin. D'oibrigh siad go dian. Bhí bó amháin acu a thug bainne dóibh agus rinne siad im as an mbainne. Bhí cearca, lachain agus géanna ag an mbean. Is dócha gur ith siad cuid de na huibheacha agus cuid de na héin agus gur dhíol siad cuid díobh freisin. Mhair siad ar an iascach. Chaith an t-iascaire na huaireanta fada amuigh ag iascach agus nuair a tháinig sé abhaile ghlán sé féin agus a bhean na deargáin agus chuir siad ar salann iad. Ní dheachaigh siad a chodladh go raibh meánoíche ann.

Bhí an dúlra thart timpeall ar na daoine. Nuair a chonaic an t-iascaire an mada rua ag marú an ghiorria níor chuir sé iontas ar bith air. Bhí éad (*envy*) ar an iascaire go raibh giorria ag an mada rua agus ghoid sé uaidh é. Nuair a chonaic an t-iascaire an clúmh agus cleití bhí a fhios aige láithreach go ndearna an mada rua an slad (*slaughter*) agus an fáth a ndearna sé é. D'fhoghlaim an t-iascaire ceacht an lá sin, gan olc a chur ar mhada rua!

Ag cleachtadh don scrúdú

(Ní gá dul thar leathleathanach nó mar sin i do fhreagra.)

i) Maidir le do rogha **ceann amháin** de *na téamaí* seo a leanas ainmnigh gearrscéal Gaeilge *nó* úrscéal Gaeilge *nó* dráma Gaeilge (a ndearna tú staidéar air i rith do chúrsa) a bhfuil *an téama* sin i gceist ann. Ní mór teideal an tsaothair sin, mar aon le hainm an údair, a scríobh síos go soiléir.

a) díoltas **b)** saol na tuaithe **c)** duine (nó ainmhí) le tréith láidir **d)** brón

ii) Tabhair cuntas **gairid** ar a bhfuil sa saothar sin faoin *téama* atá roghnaithe agat.

Freagra samplach

i) Rinne mé staidéar ar an scéal '**Díoltas an Mhada Rua**' le **Seán Ó Dálaigh.**

ii) Tá brón le feiceáil sa scéal seo. Bhí iascaire agus a bhean chéile ina gcónaí i nDún Chaoin. Ní raibh siad saibhir. Bhí feirm bheag acu le bó amháin agus bhí cearca, lachain agus géanna ag an mbean. Mhair siad ar an iascach agus chuaigh an fear amach ag iascach go minic. Bhí siad sásta le chéile.

Lá amháin nuair a bhí an t-iascaire amuigh ag obair leis an móin chonaic sé mada rua ag marú giorria. Ba mhaith leis an iascaire an giorria a fháil agus bhuail sé bob ar an mada rua. Chuaigh sé i bhfolach faoin gclaí agus phreab sé amach nuair a tháinig an mada rua leis an ngiorria ina bhéal. Leis an ngeit a baineadh as an mada rua, scaoil sé leis an ngiorria agus rug an t-iascaire air. Bhí sé féin agus a bhean chéile an-sásta leis an ngiorria agus bhí béile breá acu an lá sin. Bhí siad ag gáire faoin mada rua.

Bhí an mada rua an-ghlic, áfach, agus bhí fearg air gur ghoid an t-iascaire an giorria uaidh. D'fhair sé ar an iascaire riamh is choíche nuair a bhí sé ag dul abhaile. Nuair a dhúisigh an fear ar maidin thuig sé an fáth a raibh an mada rua ag faire air an t-am ar fad. Tháinig sé i rith na hoíche agus mharaigh sé na cearca, na lachain agus na géanna ar fad a bhí ag bean an iascaire. Bhí brón an domhain ar an bhfear agus ar an mbean nuair a thuig siad gur bhain an mada rua díoltas amach orthu. Bhí brón orthu gur ghoid an t-iascaire an giorria ón mada rua.

'Ceaite ar scoil' (as Iníon an Tincéara Rua)

le Caitlín Uí Thallamhain

she got ready • *proud* • *grumble/complaint*

D'éirigh Ceaite go breá luath an mhaidin dár gcionn agus **chóirigh sí** í féin go cúramach. Bhí sise **bródúil** as a bheith ag dul ar scoil, ach bhí **clamhsán** ag na buachaillí nuair a bhí orthu a n-aghaidh agus a lámha a ní.

more talk

'Má chloisim focal eile asaibh, bainfidh mé na cluasa díbh,' arsa an mháthair leo agus d'imigh siad sa deireadh gan **a thuilleadh cainte**.

tight hold • *beside her*

Nuair a shroich siad teach na scoile bhí an máistir ann rompu, ach ní raibh an mháistreás tagtha go fóill. Bhí slua mór páistí ann ach ní raibh aithne ag clann an tincéara ar aon duine acu. Ba ghearr gur tháinig an mháistreás agus chuaigh gach páiste isteach chuig a rang féin. Bhí **greim daingean** ag Colm ar Pheadar. Thóg an mháistreás isteach sa chéad rang iad agus lean Ceaite an máistir. Chuir sé cailín beag cairdiúil **lena hais** agus thosaigh an rang ar obair an lae. Bhí Ceaite sona sásta.

the opposite story • *still/happily*

Bhí **a mhalairt de scéal** ag na buachaillí. Ba dheacair dóibh suí **go suaimhneach**.

customs of the school • *bad-mannered* • *angry look*

B'fhearr leo a bheith ag éisteacht le ceol na n-éan agus ag imirt amuigh sna páirceanna. Níor thuig siad **nósanna na scoile**. Cheap siad go mbeadh cead cainte acu mar a bheadh acu sa bhaile. Bhí siad dána **drochbhéasach** agus tháinig **dreach feargach** ar an máistreás, ach bhí na buachaillí glic agus thuig siad go raibh an mháistreás míshásta. D'fhan siad ciúin socair ar nós na bpáistí eile go dtí am lóin.

Nuair a chuaigh an triúr acu abhaile bhí greim le hithe réidh ag a máthair dóibh.

'Conas a thaitin an scoil libh?' ar sise.

'Is breá liom í, a Mham,' arsa Ceaite.

thoughtfully

'An maith libh a bheith ar scoil?' D'fhéach a máthair **go smaointeach** ar an mbeirt eile.

'Ní lú liom an sioc sa samhradh ná é!' arsa Peadar.

'Mar an gcéanna liomsa!' arsa Colm.

'Bhuel, bíodh a fhios agaibh go gcaithfidh sibh dul ar scoil gach lá – gach lá, a deirim, nó béarfaidh mise ann sibh ar ghreim cluaise.'

slowly • *against their will* • *school matters* • *on top of*

D'imigh siad ar ais **go fadálach**, **i gcoinne a dtola**. D'fhearr leo i bhfad an seansaol sa charbhán gan **cúraimí na scoile** a bheith **anuas sa mhullach** orthu. Ba chuma leo bheith gan léann.

trace of tears

Bhí siad seachtain ar scoil nuair a thug Ceaite rud faoi deara maidin amháin ar theacht isteach di. Chuir sí isteach an lá go himníoch agus bhí **lorg na ndeor** ar a haghaidh an oíche sin. Cúpla lá ina dhiaidh sin thuig sí an scéal go rímhaith. Am lóin a bhí ann agus rith sí amach geata na scoile. Chonaic sí Róisín Ní Cheallaigh, cailín a bhí ag dul an treo céanna leo agus ghlaoigh sí uirthi, ach níor thug Róisín aird ar bith uirthi.

'A Róisín! Fan linn!' Tháinig siad suas léi.

'A Róisín, cén **fuadar** atá fút? Tá neart ama againn,' arsa Ceaite. Níor thug Róisín freagra ar bith uirthi. *hurry*

'Nach bhfuil tú cairdiúil liom a thuilleadh, a Róisín?'

Ansin **d'iompaigh** Róisín thart. Bhí saghas náire uirthi. *turned*

'Dúirt mo mháthair liom gan a bheith ag siúl abhaile leis na tincéirí,' ar sise os íseal.

Baineadh preab as Ceaite.

'Feicim,' ar sise go mall agus lean sí ar aghaidh. Níor fhéad sí a thuilleadh a rá leis an **tocht bróin** a tháinig uirthi. Ba bheag fonn cainte a bhí uirthi ag an mbord am dinnéir. Thug a máthair é sin faoi deara. Chuir sí ceist uirthi. *sadness*

'An bhfuil tú breoite, a chroí? Nó an raibh trioblóid éigin sa scoil?'

'Tá mé ceart go leor, a mháthair.'

Bhí Peadar ag éisteacht agus **chuir sé a ladar sa scéal**. *he butted in*

'Dúirt cailín léi nach rachadh sí ag súgradh le tincéirí,' ar sé.

'Ná bac le caint **mhaslach** mar sin. Cailín drochmhúinte í gan amhras. Ní thuigim an **dearg-ghráin** a bhíonn ag daoine orainn.' *insulting* *strong hatred*

Staidéar ar an scéal

Tugann an scéal seo léiriú dúinn ar shaol an lucht siúil. Tá an chlann ina gcónaí in áit nua agus tá na páistí, Ceaite, Colm agus Peadar, ag freastal ar scoil nua. Tá suim ag a máthair san oideachas agus cuireann sí na páistí ar scoil cé nach bhfuil suim ag na buachaillí dul ann. B'fhearr leo a bheith amuigh faoin aer, ag súgradh agus ag baint taitnimh as an saol. Níl **taithí**[1] acu ar a bheith istigh agus ciúin. Tá saol na scoile an-deacair dóibh.

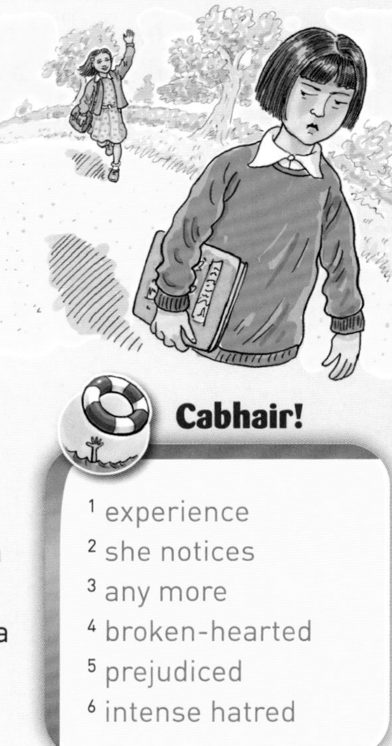

Is aoibhinn le Ceaite dul ar scoil agus ullmhaíonn sí í féin go cúramach dá céad lá. Tá sí an-bhródúil agus sona sásta ar scoil don chéad seachtain. Tar éis seachtaine **tugann sí faoi deara**[2] nach bhfuil na páistí eile cairdiúil léi **a thuilleadh**[3]. Tá sí **croíbhriste**[4] mar go bhfuil na páistí **claonta**[5]. Níl cead acu súgradh le páistí ón lucht siúil. Tá Ceaite ag caoineadh nuair a thuigeann sí an scéal. Tá fearg an domhain ar a máthair nuair a chloiseann sí an scéal. Tá a fhios aici go mbíonn an **dearg-ghráin**[6] ag daoine claonta ar an lucht siúil. Taispeánann an scéal seo cé chomh deacair is atá an saol ag an lucht siúil. Cailín deas is ea Ceaite ach is cuma le roinnt daoine faoi sin; nuair a chloiseann siad na focail 'lucht siúil' casann siad i gcoinne an duine. Tá trua againn do Cheaite sa scéal agus tuigimid na fadhbanna a bhíonn ag an lucht siúil nuair a bhíonn daoine claonta.

Cabhair!

1 experience
2 she notices
3 any more
4 broken-hearted
5 prejudiced
6 intense hatred

Cleachtadh ag scríobh

1 Freagair na ceisteanna seo a leanas.

a) Conas a mhothaigh Ceaite an mhaidin seo agus í ag dul ar scoil?
b) Cá bhfios duit go raibh na buachaillí neirbhíseach?
c) Cad ab fhearr do na buachaillí a dhéanamh in ionad a bheith ar scoil?
d) Cad chuige ar tháinig fearg ar an múinteoir?
e) Conas a léirítear sa scéal go raibh suim ag an máthair san oideachas?
f) Cén imní a tháinig ar Cheaite lá amháin ar scoil?
g) Cad ina thaobh a bhí náire ar Róisín?
h) Cén fáth a raibh Ceaite chomh ciúin sa bhaile?
i) Conas a fuair a máthair amach faoi fhadhb Cheaite?
j) Cén sórt duine í máthair Cheaite, dar leat?

2 Líon na bearnaí thíos.

a) Fuair Ceaite amach agus í ar scoil go raibh daoine __________ in aghaidh an lucht siúil.
b) Bhí Ceaite ____________ agus í ag dul go dtí a scoil nua.
c) Bhí Ceaite __________ ________ agus í ina suí sa rang ar scoil.
d) Bhí suim mhór ag máthair Cheaite san __________ agus rinne sí a dícheall dá páistí.
e) Níor thaitin _________ na scoile leis na buachaillí – b'fhearr leo a bheith amuigh ná istigh ar scoil.
f) Bhí Ceaite beagnach ag caoineadh agus bhí __________ ________ ________ar a haghaidh.
g) Ní raibh na buachaillí ábalta fanacht ___________ ________ ar scoil agus bhí siad i dtrioblóid leis an múinteoir.
h) Bhí na buachaillí dána ___________ ar scoil mar bhí an dearg-ghráin acu ar an scoil.
i) Nuair a chuala máthair Cheaite go raibh an cailín _________ lena hiníon tháinig fearg uirthi.
j) _____________ Ceaite go mór ar scoil nuair a stop na páistí eile ag súgradh léi.

Iorg na ndeor, oideachas, claonta, d'fhulaing, bródúil, sona sásta, ciúin socair, maslach, drochbhéasach, nósanna

Na mothúcháin sa scéal

uaigneas; brón

Tá brón agus uaigneas sa scéal seo. Cailín óg is ea Ceaite agus baineann sí taitneamh as an scoil. Déanann sí a dícheall ar scoil agus is maith léi a bheith ag súgradh leis na cailíní eile. Tá sí cairdiúil le cailín darb ainm Róisín Ní Cheallaigh agus ar dtús tá gach rud go breá. Lá amháin, áfach, níl Róisín sásta dul abhaile le Ceaite. Deir sí nach bhfuil cead aici a bheith ag siúl abhaile le baill den lucht siúil. Tá brón an domhain ar Cheaite. Tá sí an-chiúin an oíche sin sa bhaile. Insíonn a deartháir Peadar an scéal dá máthair. Tá fearg ar an máthair mar is dócha gur tharla rud mar sin di féin roimhe seo. Tuigimid chomh huaigneach is atá an saol ag daoine nuair a bhíonn daoine eile claonta. Ag tús an scéil bhí Ceaite sona sásta ag dul ar scoil ach ag deireadh an scéil tá sí an-uaigneach mar nach bhfuil aon chairde aici toisc gur ball den lucht siúil í.

Ag cleachtadh don scrúdú

(Ní gá dul thar leathleathanach nó mar sin i do fhreagra.)

i) Maidir le do rogha **ceann amháin** de *na téamaí* seo a leanas ainmnigh gearrscéal Gaeilge *nó* úrscéal Gaeilge *nó* dráma Gaeilge (a ndearna tú staidéar air i rith do chúrsa) a bhfuil *an téama* sin i gceist ann. Ní mór teideal an tsaothair sin, mar aon le hainm an údair, a scríobh síos go soiléir.

a) sonas (nó míshonas) **b)** an óige **c)** brón **d)** scoil

ii) Tabhair cuntas **gairid** ar a bhfuil sa saothar sin faoin *téama* atá roghnaithe agat.

Freagra samplach

i) Rinne mé staidéar ar an scéal '**Ceaite ar scoil**' le **Caitlín Uí Thallamhain.**

ii) Baineann an scéal seo leis an scoil. Is baill den lucht siúil iad Ceaite agus a beirt deartháireacha Colm agus Peadar. Tá siad ag freastal ar scoil in áit nua den chéad uair. Tá na buachaillí cosúil leis a lán daoine óga – tá an ghráin acu ar an scoil. Is fuath leo a bheith ina suí go ciúin sa rang agus bíonn siad dána drochbhéasach. B'fhearr leo a bheith amuigh ag súgradh faoin aer ach nuair a fheiceann siad aghaidh chrosta an mhúinteora fanann siad ciúin. Is aoibhinn le Ceaite dul ar scoil. Tá sí an-bhródúil ag dul ar scoil agus tá sí sona sásta ann. Tá gach rud go maith go dtí go gcasann na cailíní eile ina coinne. Tá Ceaite croíbhriste nuair a fhaigheann sí amach go bhfuil daoine eile claonta. Tá siad claonta mar gur ball den lucht siúil í Ceaite. Léiríonn an scéal seo na fadhbanna a bhíonn ag daoine óga ar scoil.

'Banríon an Uaignis'

le hEoghan Ó Domhnaill

Bhí fear de na hIarlaí ina chónaí thíos ar an Charn Bhuí sa tseansaol. Bhí caisleán mór ag a mhuintir agus neart de **mhaoin shaolta**, ór agus airgead acu. Ní raibh de chlann acu ach é seo, agus nuair a fuair siad bás d'fhág siad an t-iomlán aige. Fear cneasta múinte **modhúil** macánta a bhí ann **nach gcuirfeadh chuig aon duine ná uaidh**. Bhí sé uaigneach i gceart leis féin, agus dar leis go dtabharfadh sé bean isteach a thógfadh **cian** de. Ní duine a bhí ann a d'éireodh amach fríd an aos óg. Níor chleacht sé é sin ina óige, agus, ar an ábhar sin, ní raibh aon chuid mhór eolais aige ar aos óg na háite. Mar sin féin bhí aithne súl aige ar chailíní na háite uile; ach **ní fhacthas dó a dhath dóibh**. Ní raibh aon bhean ann a dtiocfadh leis **ceiliúr cleamhnais** a chur uirthi.

riches • *modest* • *who wouldn't harm anyone* • *loneliness* • *he didn't think they were interesting* • *marriage proposal*

Bhí **tobar fíoruisce** ag taobh an chaisleáin, agus deireadh na daoine aosta a bhí ina gcónaí thart fán áit go raibh cailín óg **dóighiúil** ina cónaí in **uaimh fá fhiota don tobar** agus go rabhthas á feiceáil go luath ar maidin agus go mall san oíche, ag gabháil chun an tobair fá choinne uisce. Ar an ábhar sin, ní raibh aon duine ag déanamh úsáid den uisce. Is minic a bhí an buachaill óg seo ag éisteacht leis na seandaoine **ag scéalaíocht** fán chailín, ach má bhí féin, ní thug sé isteach riamh dá gcuid cainte.

spring well • *beautiful* • *cave* • *beside the well* • *telling stories*

Tráthnóna amháin san earrach bhí sé ag cur a chuid **eallaigh** chun an bhaile. Ba ghnách leis i gcónaí ligean dóibh deoch a ól sa loch sula gcuireadh sé isteach iad. Bhí sé níos maille, an tráthnóna seo, ná ba ghnách leis, agus nuair a bhí sé ag déanamh ar an chaisleán cé a chonaic sé ag fágáil an tobair ach an cailín, agus dar leis nach bhfaca sé aon chailín riamh idir a dhá shúil a bhí comh dóighiúil léi. Rith sé ina diaidh agus fuair sé greim uirthi sula ndeachaigh sí a fhad leis an uaimh.

cattle

' An miste dom a fhiafraí díot,' ar seisean, 'cá hainm atá ort nó cá bhfuil tú i do chónaí?'

'Ní miste duit,' ar sise. 'Banríon an Uaignis' is ainm dom, agus is é an Carn Buí m'áit chónaithe.'

'Nach fearr duit féin agus domsa **a ghabháil i gcuideachta**, agus tógfaidh gach aon duine cian den duine eile?' ar seisean.

be together

'Níl cead agamsa aon fhear a phósadh choíche,' ar sise.

'Cad chuige sin?' ar seisean.

'Tá, dá bpósfainn, ní bheadh cead ag mo chéile **fear ná bean mhuinteartha** a thabhairt chun an Chairn Bhuí a fhad agus a bheinnse ann,' ar sise.

relations or family

'Nach **saoithiúil**,' ar sise, 'ach **níl neart air**. Caithfidh mise a bheith i mo Bhanríon an

strange • *it can't be changed*

Uaignis choíche. Agus nár **dhoiligh** d'fhear ar bith é féin a **scaradh** ón tsaol mhór ar mhaithe liomsa?' ar sise.

difficult • separate

'Bhal,' ar seisean, 'má phósann tú mise, tá mé sásta cur suas leis an uaigneas.'

'Pósfaidh mise, cinnte, thú', ar sise, 'ach dearc ort féin, an chéad uair, nó **níl an t-aithreachas mall maith**.'

no point in being sorry after the event

Lá arna mhárach pósadh an **lánúin** agus choinnigh an duine uasal a **ghealltanas**, nó ní thug sé **cuireadh** do dhuine ar bith chun an tí agus ní dheachaigh sé féin ná a bhean amach ná isteach ag aon duine, agus bhí siad mar sin ag caitheamh a saoil go **sóúil** gan aon duine acu ag tabhairt focal garbh ná salach don duine eile.

the very next day • couple • promise • invitation • comfortably

Bhí beirt chlainne acu – mac agus iníon. Páistí iontach **gnaíúil** a bhí iontu. Bhí an mac cosúil lena athair agus bhí an iníon cosúil lena máthair. Chuaigh na blianta thart agus ní raibh **athrach** ar bith ag teacht ar Bhanríon an Uaignis. Bhí sí ansin comh deas agus comh gnaíúil agus a bhí sí riamh. Ach mar sin féin bhí an duine uasal ag éirí tuirseach den **dóigh** a bhí air, agus ba mhaith leis a ghabháil amach fríd na daoine arís.

happy

change

way of life

Bhí **rásaí beathach** le bheith ar an Trá Bhán, agus bhí **capall rása** ag an duine uasal, agus dar leis go rachadh sé.

horse races • race horse

Dúirt sé lena bhean go raibh sé ag gabháil chuig na rásaí lena chapall.

'Maith go leor,' ar sise, 'ach má tá grá agat domsa, tar ar ais leat féin.'

'Tiocfaidh cinnte,' ar seisean. 'Ná bíodh lá eagla ort go dtugaim aon duine liom.'

D'imigh sé féin agus an capall chuig na rásaí lá arna mhárach agus bhain an capall an chéad duais. Mhair na rásaí trí lá, agus bhain capall an fhir uasail gach aon lá de na trí lá. Bhí bród mór ar an duine uasal as an chapall.

Chruinnigh na daoine thart a mholadh an chapaill agus a rá go mbeadh bród mór ar bhean an duine uasail nuair a chluinfeadh sí an scéala.

'Beidh cinnte,' arsa fear dá raibh ann, 'má tá bean ar bith aige.'

'Tá an bhean agam is deise in Éirinn,' ar seisean.

'Ní chreidim thú,' arsa fear acu. 'Beidh sé **de dhíobháil orainn** í a fheiceáil sula gcreide muid thú.'

we must

Ghlac sé **mothú feirge** leo, agus d'iarr orthu a bheith leis agus go dtaispeánfadh sé dóibh í.

angry

Níor smaointigh sé riamh ar a ghealltanas. Thug sé na fir leis go dtí a theach féin agus ansin chuaigh sé isteach go dtug sé amach a bhean agus a chuid páistí agus d'fhág ina seasamh ar bhruach na habhann iad. Chuaigh sé síos a fhad léi ag brath an scéal a mhíniú di ach bhí sé rómhall, nó sula raibh **faill** aige dhá fhocal a labhairt léi chuaigh sí féin agus na páistí de léim sa tobar agus ní fhacthas aon duine acu ón lá sin go dtí an lá inniu.

opportunity

Dóbair gur bhris croí an duine uasail le **cumha** ina ndiaidh. Thosaigh na fir a dhéanamh

almost • loneliness

responsible	trua dó, nó bhí a fhios acu gurbh iad féin a **ba chiontaí**. D'éirigh an t-uisce a bhí
it spread • fields • it covered	sa tobar in airde, agus **spréigh sé** thart ar na **cuibhrinn** gur **chumhdaigh sé** an caisleán. Agus tá loch mór ann in áit an chaisleáin ón lá sin go dtí an lá inniu –
a clear sunny day	loch a dtugann siad Loch an Chairn Bhuí air. Deir daoine nuair a thig **lá soiléir**
shadow/reflection	**gréine** sa tsamhradh, go bhfuil **scáil** an chaisleáin le feiceáil thíos san uisce
white swans • backwards and forwards • regret	agus trí **eala bhána** le feiceáil ag snámh **anonn is anall** trasna an locha. Bhuail **aithreachas** an duine uasal, agus chaith sé an chuid eile dá shaol go
keeping to himself	brónach ar an Charn Bhuí gan a ghabháil amach ná isteach ag aon duine ach **ag déanamh a ghnaithe dó féin**.

Staidéar ar an scéal

Is scéal béaloidis é an scéal seo. Baineann sé le fear uasal saibhir a bhí an-uaigneach. Páiste aonair a bhí ann – ní raibh aon deartháireacha ná deirfiúracha aige. Níor mheasc sé le daoine óga eile agus nuair a fuair a thuismitheoirí bás bhí uaigneas an domhain air.

D'inis na seandaoine scéalta faoin gcaisleán inar chónaigh sé. Dúirt siad go raibh cailín álainn ina cónaí in uaimh in aice leis an tobar fíoruisce a bhí ar thalamh an chaisleáin. Lá amháin chonaic an fear uasal an cailín. Cheap sé go raibh sí an-dóighiúil ar fad. Labhair sé léi agus dúirt sé gur mhaith leis í a phósadh. Mhínigh an cailín gurbh ise 'Banríon an Uaignis' agus go raibh mallacht (*curse*) uirthi. Dá bpósfadh an fear í ní bheadh cead aige aon duine, cara ná gaol, a thabhairt go dtí an caisleán riamh arís. Bhí an fear go mór i ngrá leis an gcailín agus thug sé gealltanas don chailín nach dtabharfadh sé aon duine go dtí an caisleán.

Phós an fear uasal agus an cailín dóighiúil agus bhí siad sona sásta lena chéile. Bhí beirt pháistí acu, mac agus iníon. Chuaigh na blianta ar aghaidh ach níor tháinig athrach ar bith ar an mbean.

Tar éis tamaill bhí an fear tuirseach den saol. Theastaigh uaidh dul amach agus bualadh le daoine eile. Bhí rásaí capall ar siúl agus chuaigh sé ann lena chapall rása. Lean na rásaí ar feadh trí lá agus bhuaigh a chapall gach lá. Bhí na daoine ag ceiliúradh leis. Dúirt duine amháin nach raibh aon bhean ná páistí ag an bhfear uasal. Ghlac mothú feirge an fear agus thug sé na daoine abhaile go dtí an caisleán. Rinne sé dearmad glan ar a ghealltanas. Nuair a chonaic an bhean na daoine ag teacht chuaigh sí agus na páistí de léim isteach sa tobar agus ní fhaca an fear uasal iad riamh arís. Bhí loch ann in áit an chaisleáin agus bhí trí eala bhána ag snámh ann. Bhí saol fada uaigneach ag an bhfear ina dhiaidh sin, gan a bhean chéile ná a pháistí.

Cleachtadh ag scríobh

1 Freagair na ceisteanna seo a leanas.

a) Cá raibh an fear uasal sa scéal ina chónaí?
b) Cén cineál duine é an fear uasal?
c) Cén fáth a raibh uaigneas air?
d) Cén béaloideas (*folklore*) a bhí ag muintir na háite faoin tobar a bhí ag taobh an chaisleáin?
e) Cad a cheap an fear uasal den chailín a chonaic sé ag fágáil an tobair?
f) Cén coinníoll a bhain le pósadh an chailín agus an fhir uasail?
g) Cén cineál saoil a bhí ag an bhfear uasal agus ag an gcailín nuair a phós siad?
h) Cén fáth a ndeachaigh an fear uasal amach as an gcaisleán ar deireadh?
i) Inis cad a tharla nuair a chuaigh an fear uasal go dtí na rásaí capall.
j) Conas a bhris an fear uasal a ghealltanas?
k) Cad a tharla nuair a bhris sé a ghealltanas?
l) Cén chaoi ar chaith an fear uasal a shaol ina dhiaidh sin?
m) Cad a bhíonn le feiceáil ar lá soiléir gréine anois?

2 Líon na bearnaí thíos.

a) Bhí an fear uasal _________ ___________ ach ní dheachaigh sé amach i measc daoine óga.
b) Chónaigh 'Banríon an Uaignis' in __________ a bhí in aice le ________ ________ a bhí ar thalamh an chaisleáin.
c) Cheap an fear uasal nach bhfaca sé cailín chomh __________ le 'Banríon an Uaignis' riamh ina shaol.
d) Thug an fear uasal ___________ do Bhanríon an Uaignis nach dtabharfadh sé aon duine go dtí an caisleán go deo.
e) Cé go raibh an fear uasal ag dul in aois ní raibh _________ ar bith ag teacht ar a bhean chéile.
f) Nuair nár chreid a chairde go raibh aon bhean chéile ag an bhfear uasal ghlac ________ ________ é agus thug sé a chairde abhaile leis.
g) Bhí brón an domhain ar an bhfear uasal nuair a chonaic sé a bhean agus a bpáistí ag dul ___ _________ isteach sa tobar.
h) Ó d'imigh 'Banríon an Uaignis' agus na páistí ní raibh ach trí ________ ___________ le feiceáil ag snámh ar loch an chaisleáin.

mothú feirge, de léim, huaimh, athrach, gealltanas, múinte macánta, dóighiúil, eala bhána, gealltanas, dtobar fíoruisce

Téamaí an scéil

bás; uaigneas; brón; grá

Is é an t-uaigneas téama an scéil seo. Bhí fear saibhir ann uair amháin ach bhí sé an-uaigneach. Bhí sé ina aonar sa saol agus ní raibh aithne aige ar aon duine. Chónaigh sé i gcaisleán mór. Bhí seanchas ann faoin gcaisleán. Dúirt na seandaoine gur chónaigh cailín álainn in aice leis an tobar fíoruisce a bhí ann. Lá amháin chonaic an fear an cailín agus cheap sé nach bhfaca sé cailín chomh dóighiúil léi ina shaol. Ba mhaith leis í a phósadh. 'Banríon an Uaignis' ab ainm di. Dá bpósfadh an fear í ní bheadh cead aige aon duine a thabhairt go dtí an caisleán. Bhí an fear go mór i ngrá leis an gcailín agus phós sé í. Ba chuma leis a bheith gan daoine eile. Bhí an bheirt acu sona sásta agus bhí beirt pháistí acu. Chuaigh na blianta thart agus níor tháinig aon athrú ar an gcailín.

D'éirigh an fear tuirseach den saol seo. Ba mhaith leis bualadh le daoine eile. Mar sin chuaigh sé amach go dtí rásaí capall. Bhí na daoine ag na rásaí ag magadh faoin bhfear agus dúirt siad nach raibh aon bhean aige in aon chor. Bhí fearg ar an bhfear agus rinne sé dearmad ar a ghealltanas, nach dtabharfadh sé aon duine abhaile leis. Thug sé na fir abhaile leis chun a bhean agus a pháistí a thaispeáint dóibh. Nuair a chonaic an bhean na fir ag teacht go dtí an caisleán léim sí agus na páistí isteach sa tobar. Tháinig uisce ón tobar agus chlúdaigh sé an talamh agus an caisleán. Ní raibh aon rud fágtha ach loch le trí eala bhána ag snámh ann, a bhean agus a bheirt pháistí is dócha.

Ní raibh aon rud ag an bhfear saibhir ag deireadh an scéil. Bhí sé ina aonar arís agus bhí uaigneas agus cian air. Is mór an trua go ndearna sé dearmad ar a ghealltanas an lá sin.

Ag cleachtadh don scrúdú

(Ní gá dul thar leathleathanach nó mar sin i do fhreagra.)

i) Maidir le do rogha **ceann amháin** de *na mothúcháin* seo a leanas ainmnigh gearrscéal Gaeilge *nó* úrscéal Gaeilge *nó* dráma Gaeilge (a ndearna tú staidéar air i rith do chúrsa) a bhfuil *an mothúchán* sin i gceist ann. <u>Ní mór teideal an tsaothair sin, mar aon le hainm an údair, a scríobh síos go soiléir.</u>

a) brón **(b)** sonas **(c)** díomá **(d)** uaigneas

ii) Tabhair cuntas **gairid** ar a bhfuil sa saothar sin faoin *mothúchán* atá roghnaithe agat.

Freagra samplach

i) Léigh mé an scéal '**Banríon an Uaignis**' le **hEoghan Ó Domhnaill**.

ii) Tá brón láidir sa scéal seo.

Bhí fear saibhir ann agus phós sé cailín álainn ach bhí rud éigin aisteach ag baint léi. 'Banríon an Uaignis' ab ainm di agus bhí uirthi a bheith ina cónaí scartha ó dhaoine, cé is moite dá fear céile agus dá páistí, ar feadh a saoil. Ar dtús bhí an fear saibhir sa scéal go mór i ngrá le 'Banríon an Uaignis' agus ba chuma leis nach mbeadh sé ábalta aon duine a thabhairt abhaile leis go dtí an caisleán. Bhí siad sona sásta le chéile agus bhí beirt pháistí acu.

D'imigh na blianta thart agus ní dheachaigh an cailín in aois. D'fhan sí óg i gcónaí. Tar éis tamaill d'éirigh an fear tuirseach den saol seo agus chuaigh sé go dtí na rásaí capall. Bhuaigh a chapall na rásaí agus bhí sé ag ceiliúradh leis na fir eile. Thosaigh siad ag magadh faoin bhfear, ag rá nach raibh aon bhean ná clann aige. Ghlac mothú feirge an fear agus thug sé na fir abhaile chun a bhean agus a bpáistí a fheiceáil. Bhí sé ag briseadh an ghealltanais a thug sé do Bhanríon an Uaignis.

Nuair a chonaic an Bhanríon na cuairteoirí ag teacht, thug sí léi na páistí agus léim siad isteach sa tobar. Bhí brón an domhain ar an bhfear ag an deireadh. Ní raibh aon duine aige anois, bhí a bhean chéile, a mhac agus a iníon imithe. Deir daoine go bhfuil trí eala bhána le feiceáil ag snámh ar an loch ar lá breá gréine. Chaith an fear saol fada brónach ina dhiaidh sin. Ní dheachaigh sé amach i measc daoine eile. Bhí gach rud caillte aige.

'AN GADAÍ'

le Pádraig Mac Piarais

were released, let loose	Lá dár **scaoileadh** malraigh an Ghoirt Mhóir amach ó scoil, tar éis imeacht soir do mhuintir Ghleann Catha agus do mhuintir Dhoire an Bhainbh, d'fhan muintir an Turlaigh agus muintir Inbhir
chat • before they separated	le **scaitheamh cainte** a bheith acu **roimh scaradh dóibh**, ag bóthar Ros na gCaorach. Tá teach an mháistir go díreach ag ceann an bhóthair, a chúl leis an gcnoc agus a aghaidh ar Loch Eileabhrach.
bees	'Chuala mé go raibh **beacha** an mháistir ag éirí,' a deir Micilín Bheairtle Éanna.
come on • in the garden	'**Teanna uait** isteach **sa ngarraí** go mbreathnaímid orthu,' a deir Darach Bhairbre an Droichid.
worry	'Ní ligfeadh an **faitíos** dom,' arsa Micilín.
	'Cén faitíos atá ort?' a deir Darach.
schoolmistress	'Ar ndóigh, beidh an máistir agus an **mháistreás** anoir ar ball.'
the warning	'Cé fhanfaidh le **focal na faire** a thabhairt dúinn nuair a bheidh an máistir ag teacht?' arsa Darach.
	'Fanfaidh mise,' a deir Antaine beag Ó Mainnín.
	'Déanfaidh sin,' arsa Darach, 'lig fead nuair a fheicfidh tú ag fágáil na scoile é.'
fence	Isteach thar **sconsa** leis. Isteach thar sconsa leis an gcuid eile ina dhiaidh.
watch out • sting	'**Fainic** an gcuirfí **ga** i nduine agaibh,' arsa Antaine.
	'Beag an baol,' a deir Darach. Agus as go bráth leo.
	Shuigh Antaine ar an sconsa agus a chúl le bóthar.
gooseberry *moss • maidenhair* *fern • ferns, bracken*	D'fhéadfadh sé an máistir a fheiceáil thar a ghualainn dheas dá bhfágfadh sé teach na scoile. Ba dheas an gairdín a bhí ag an máistir, dar le hAntaine. Bhí crainn rós agus crainn **spíonán** agus crainn úll aige. Bhí clocha beaga geala aige thart leis an gcosán. Bhí clocha móra geala ina gcarnán deas aige agus **caonach** agus **dúchosach** agus **raithneach** ag fás eatarthu. Bhí ...
bottom floor *upper floor*	Chonaic Antaine ionadh ba mhó ná aon ionadh dá raibh ag an máistir sa ngairdín. Chonaic sé teaichín beag álainn faoi scáth cheann de na crainn rós; é déanta d'adhmad; seomraí dhá stór ann, dath bán ar an **stór íochtair** agus dath dearg ar an **stór uachtair**; doras beag glas air, trí fhuinneog ghloine air, ceann ó íochtar agus

dhá cheann ó uachtar, troscán tí ann, idir bhoird, chathaoireacha, leapacha, ghréithe, agus eile; 'Agus,' arsa Antaine leis féin, 'féach bean uasal an tí ina suí sa doras!'

Ní fhaca Antaine **teach bábóige** riamh roimhe sin, agus b'ionadh leis **a ghleoiteacht** agus a dheise mar **áilleán**. Thuig sé gur le cailín beag an mháistir é, le Neans bheag. Dá mbeadh a leithéid ag a dheirfiúrín beag féin, ag Eibhlín, an **créatúr**, a bhí sínte ar a leaba le **ráithe** mhór agus í lag tinn! Dá mbeadh an bábóigín féin aici!

doll's house • so lovely
toy
the creature
three months

Chuir Antaine saint a chroí sa bhábóg sin d'Eibhlín. D'fhéach sé thar a ghualainn dheas. Ní raibh an máistir ná an mháistreás le feiceáil. D'fhéach sé thar a ghualainn chlé. Bhí na gasúir eile as **amharc**.

sight

Ní dhearna sé an dara smaoineamh. Thug sé a **shainléim** den sconsa, rug ar an mbábóg, **sháigh** isteach faoina chasóg í, d'imigh leis thar claí amach arís, agus **ghread leis** abhaile.

his best jump
stuck/pushed
ran off

'Tá bronntanas agam duit,' ar seisean le hEibhlín nuair a **ráinig** sé an teach.

reached

'Féach!' agus thaispeáin sé an bhábóg di.

Tháinig dath i leicne caite an chailín bhig a bhí tinn, agus tháinig solas ina súile.

'Óra, a Antaine, a ghrá, cá bhfuair tú í?' ar sise.

'Neans bheag an mháistir a chuir chugat mar bhronntanas í,' arsa Antaine.

Tháinig a mháthair isteach.

'A Mhaimín, a chuid,' arsa Eibhlín, 'féach an bronntanas a chuir Neans bheag an mháistir chugam!'

'An dáiríre?' arsa an mháthair.

'Sea,' arsa Eibhlín, 'Antaine a thug isteach chugam anois í.'

D'fhéach Antaine síos ar a chosa agus **ghabh** ag comhaireamh na **méar** a bhí orthu.

embarked on, began • toes

'A mhaoinín féin!' a deir an mháthair, 'nach í bhí go maith duit!

'Maise, **mo ghoirm thú**, a Neans! **Rachaidh mé i mbannaí** go gcuirfidh an bronntanas sin biseach mór ar mo chailín beag.'

bravo, well done! • I'll warrant

Agus tháinig deora i súile na máthar de bharr an bhuíochais a bhí aici ar Neans bheag **i dtaobh gur** chuimhnigh sí ar an leanbh a bhí tinn.

because

Cé nár fhéad sé féachaint idir na súile ar a mháthair ná ar Eibhlín, **le teann náire**, bhí áthas ar Antaine go ndearna sé **an ghoid**.

for sheer shame
the theft

Bhí eagla air a **phaidreacha** a rá an oíche sin, agus luigh sé ar a leaba gan phaidir. Ní fhéadfadh sé **gníomh croíbhrúite** dhéanamh mar ní go fírinneach a d'fhéad sé a rá le Dia go raibh brón air faoin bpeaca sin.

prayers
act of contrition

Is minic a scanraigh sé san oíche **arna shamhlú dó** go raibh Neans bheag ag teacht ag iarraidh na bábóige ar Eibhlín, go raibh an máistir ag cur na gadaíochta ina leith

on his imagining

an amazing volley of bees • inciting them

os comhair na scoile, go raibh **urchar iontach beag** ag éirí ina choinne agus Darach Bhairbre an Droichin agus na gasúir eile **á ngríosú** le gártha béile agus le ceol drumaí.

Ach an mhaidin lá arna mhárach dúirt sé leis féin; 'Is cuma liom. Cuirfidh an bhábóg biseach ar Eibhlín.'

that he would keep watch

Nuair a chuaigh sé chun scoile d'fhiafraigh na gasúir de cad chuige ar imigh sé gan fhios dóibh an tráthnóna roimhe sin agus é tar éis a ghealladh dóibh **go ndéanfadh sé faire**.

'Mo mháthair a chuir fios orm,' arsa Antaine. 'Bhí gnó aici díom.'

Nuair a tháinig Neans bheag isteach sa scoil d'fhéach Antaine uirthi os íseal.

by name

Shíl sé uirthi go raibh sí tar éis a bheith ag gol; cheap sé go bhfaca sé rian na ndeor ar a leicne. An chéad uair a ghlaoigh an máistir **ina ainm** air gheit sé, óir shíl sé go raibh sé ar tí an choir a chur ina leith nó ceist a chur air i dtaobh na bábóige. Níor chuir sé isteach lá riamh ar scoil chomh dona leis an lá sin.

tucked up

Ach nuair a chuaigh sé abhaile agus nuair a chonaic sé biseach maith ar Eibhlín, agus í ina suí aniar sa leaba den chéad uair le mí agus an bhábóg **fáiscthe** lena hucht aici, ar seisean leis féin: 'Is cuma liom. Tá an bhábóg ag cur biseach mór ar Eibhlín.'

bad dreams • police • crouching

Ar a leaba dó san oíche bhí **drochbhrionglóidí** aige arís. Cheap sé go raibh an máistir tar éis a insint do na **pílears** gur ghoid sé an bhábóg, agus go raibh na pílears ar a thí. Shíl sé uair acu go raibh pílear i bhfolach faoin leaba agus go raibh ceann eile **ar a chromadh** faoi scáth na fuinneoige. Scread sé os ard trína chodladh.

'Céard tá ort?' a deir a athair leis.

'An pílear atá ar tí mé ghabháil,' arsa Antaine.

raving

'Níl tú ach ag **rámhailleacht**, a ghasúir,' arsa a athair leis. 'Níl aon phílear ann. Téigh a chodladh duit féin.'

pointing of finger • shake

Ba dhona an saol ag an duine bocht é as sin amach. Shíleadh sé go mbítí ag **síneadh méire** chuige agus é ag siúl an bhóthair. Shíleadh sé go mbíodh daoine ag **croitheadh** a gcinn agus ag rá lena chéile, 'Sin gadaí,' nó, 'Ar chuala tú céard a rinne Antaine Pháraic Uí Mhainnín? A bábóg a ghoid ó Neans bheag an mháistir! Anois céard deir tú?'

sermon • the Seventh Commandment • you will not be forgiven • restitution • mortal sin • confession

Ach níor fhulaing sé pian i gceart go ndeachaigh sé chun Aifrinn Dé Domhnaigh agus gur thosaigh an tAthair Rónán ag tabhairt **seanmóire** uaidh ar an **Seachtú hAithne**: 'Ná déan goid; agus má dhéanann tú goid, **ní mhaithfear duit** go dtuga tú **cúiteamh**.'

Bhí Antaine lánchinnte go raibh sé **i bpeaca marfach**. Bhí a fhios aige go mba cheart dó dul chun **faoistine** agus an peaca a insint don sagart.

Ach ní fhéadfadh sé dul chun faoistine, mar bhí a fhios aige go ndéarfadh an sagart leis go gcaithfeadh sé an bhábóg a thabhairt ar ais. Agus ní thabharfadh sé an bhábóg ar ais. **Chruaigh** sé a chroí agus dúirt nach dtabharfadh sé an bhábóg ar ais go deo, mar bhí an bhábóg ag cur bisigh ar Eibhlín ó ló go ló. *hardened*

Aon tráthnóna amháin bhí sé ina shuí cois na leapa i **séis chomhrá** le hEibhlín nuair a rith a mháthair isteach go deifreach agus ar sise: 'Seo aníos an bóithrín an mháistreás agus Neans bheag!' *chat*

Ba mhaith le hAntaine go n-osclódh an talamh agus go slogfadh sí é. Bhí a éadan dearg suas go dtí an dá chluais. **Bhí allas leis**. Níor fhéad sé focal a rá ná smaoineamh a cheapadh. *he was sweating*

Ach bhí na focail seo ag rith trína cheann: 'Bainfidh siad an bhábóg d'Eibhlín.'

Ba chuma leis céard a déarfaí nó céard a dhéanfaí leis féin. Ní bheadh de fhreagra aige ach: 'Tá an bhábóg ag cur bisigh ar Eibhlín.'

Tháinig an mháistreás agus Neans bheag isteach sa seomra.

D'éirigh Antaine. Níor fhéad sé féachaint san éadan orthu. Thosaigh sé ar a **sheanseift**, ag comhaireamh méar a chos. Cúig cinn ar gach cois; ceithre mhéar agus **ordóg**; nó trí mhéar, ordóg, agus **ladhraicín**; sin cúig cinn; a cúig faoina dó, a deich, deich gcinn ar fad. Níor fhéad sé a líon a mhéadú ná a laghdú. *his old trick* / *big toe • little toe*

Bhí a mháthair ag caint. Bhí an mháistreás ag caint, ach ní raibh aon aird ag Antaine orthu. Bhí sé ag fanacht nó go ndéarfaí rud éigin i dtaobh na bábóige. Ní raibh le déanamh aige go dtí sin ach a mhéara a chomhaireamh, a haon, a dó, a trí ...

Céard é sin? Bhí Eibhlín ag tagairt don bhábóg. D'éist Antaine léi.

'Nár mhaith uait an bhábóg a chur chugam?' bhí sí ag rá le Neans. 'Ón lá ar thug Antaine isteach chugam í thosaigh biseach ag teacht orm.'

'Thosaigh sin,' a deir a máthair. 'Beimid buíoch go deo i ngeall ar an mbábóg chéanna a chur chuici. Go méadaí Dia do stór agus go gcúití Sé leat míle uair é.'

Níor labhair Neans ná an mháistreás. D'fhéach Antaine ar Neans faoi cheilt. Bhí a dá súil **greamaithe sa bhábóg**, óir bhí an bhábóg ina luí go seascair sa leaba le hais Eibhlín. Bhí a béal leath ar oscailt ag Neans agus ionadh an domhain uirthi faoi **ráite** Eibhlín agus a máthar. *fixed on the doll* / *talk*

'**Is ar éigean** a chreid mé Antaine nuair a thug sé isteach chugam í,' arsa Eibhlín, 'agus nuair a d'inis sé dom gur chuir tú chugam mar bhronntanas í ...' *scarcely, hardly*

D'fhéach Neans anonn ar Antaine. D'ardaigh Antaine a shúile go mall agus d'fhéach siad isteach i súile a chéile. Ní bheidh a fhios go deo céard a léigh Neans i súile Antaine. Is é an rud a léigh Antaine i súile Neans, an **trócaire**, an **bhá** agus an **mhilseacht**. Labhair Neans le hEibhlín: 'Ó, taitníonn sí leat?' ar sise. *mercy • sympathy* / *sweetness*

'Taitníonn thar cionn,' a deir Eibhlín. 'Is fearr liom í ná aon rud dá bhfuil agam ar an domhan.'

'Tá teach beag agam ina gcónaíodh sí,' arsa Neans. 'Caithfidh mé a chur chugat lena haghaidh. Tabharfaidh Antaine chugat amárach é.'

little palm	'Óra!' arsa Eibhlín, agus í ag bualadh a dhá **boisín bheaga** thanaí lena chéile.
generous	'Bheadh sé **mór** agat, a ghrá,' arsa máthair Eibhlín le Neans.
	'Ní bheadh,' arsa Neans. 'Cuirfidh sé biseach eile ar Eibhlín. Tá go leor rudaí agamsa.'
	'Lig di a dhéanamh, a Cháit,' arsa an mháistreás leis an máthair.
	'Tá sibh rómhaith,' a deir an bhean bhocht agus í ag sileadh na ndeor.
paradise • as evidence	Shíl Antaine gur ag brionglóidigh a bhí sé. Nó shíl sé nach duine saolta Neans bheag ach aingeal as na **flaithis** anuas. Bhí fonn air dul ar a ghlúine **ina fianaise**.
closed *he tore*	Nuair a d'imigh an mháistreás agus Neans bheag, rith Antaine amach an doras **iata** agus **réab leis** trasna an gharraí ionas go raibh sé rompu ag bun an bhóithrín ag dul amach ar bóthar dóibh.
	'A Neans,' ar seisean, 'séard a rinne mé ... a ghoid ... an bhábóg.'
	'Ná bac leis, a Antaine,' arsa Neans. 'Rinne tú maitheas d'Eibhlín.'
rooted to the spot	D'fhan Antaine **ina staic** ar an mbóthar agus níor fhéad sé focal eile a rá.
	Nach air a bhí an bród ag tabhairt teach na bábóige abhaile d'Eibhlín tar éis scoile lá arna mhárach! Agus nach acu a bhí an greann an tráthnóna sin ag réiteach an tí agus ag glanach an troscáin agus ag cur na bábóige a chodladh ar a leaba bheag!
penance • scrub *cleaned*	An Satharn dár gcionn chuaigh Antaine chun faoistine agus d'inis a pheaca don sagart. Is é an **breithiúnas aithrí** a chuir an sagart air, teach na bábóige a **sciúradh** uair sa tseachtain d'Eibhlín nó go mbeadh Eibhlín láidir a dóthain chun a **sciúrtha** í féin.
	Bhí Eibhlín láidir a dóthain chuige faoi cheann míosa. Bhí sí ar scoil arís faoi cheann míosa eile.
	Ní raibh aon tráthnóna Sathairn as sin amach nach gcloisfí bualadh beag éadrom ar dhoras an mháistir. Ar dhul amach don mháistreás bhíodh Antaine ina sheasamh ag an doras.
a handful of fraughan • a fistful of bilberry dulse (a kind of edible seaweed)	'Seo bronntanas beag do Neans,' deireadh sé, ag síneadh chuici leathdhosaen d'uibheacha lachan, nó **lán cráige fraochán**, nó ar a laghad **lán glaice de dhuileasc**.
	Agus ansin scuabadh sé leis gan am a thabhairt don mháistreás focal a rá.

Staidéar ar an scéal

Is scéal álainn é an scéal seo faoin ngrá a bhí ag teaghlach dá chéile agus faoi dhaoine deasa cineálta. Bhí grá mór ag Antaine dá dheirfiúr Eibhlín a bhí **lag tinn**[1] le trí mhí. Bhí sí **sínte**[2] sa leaba ar feadh an achair sin agus ní raibh aon dath ina **leicne caite**[3]. Nuair a chonaic Antaine bábóg Neans smaoinigh sé ar a dheirfiúr thinn. Bhí a fhios aige ina chroí istigh go raibh an ghoid mícheart ach **sciob**[4] sé an bhábóg gan an dara smaoineamh agus abhaile leis.

D'inis sé d'Eibhlín gur thug Neans an bhábóg di. **Chomh luath is**[5] a chuala sí é sin thosaigh biseach ag teacht uirthi. D'fhulaing Antaine go mór ina dhiaidh sin. Ní raibh sé ábalta féachaint ar aghaidh a mháthar agus thosaigh sé ag féachaint ar a chosa agus **ag comhaireamh**[6] a mhéar. B'iomaí **tromluí**[7] a bhí aige – cheap sé go raibh na beacha ag teacht ina dhiaidh. Oíche eile cheap sé go raibh na póilíní **sa tóir air**[8]. Bhí náire air freisin – cheap sé go raibh gach duine ag caint faoi agus ag glaoch gadaí air. Nuair a chonaic sé an biseach a bhí ag teacht ar Eibhlín d'éirigh sé láidir arís agus lean sé leis an mbréag. Ba dhuine maith **grámhar**[9] é Antaine agus bhí **aiféala**[10] air gur chuir sé brón ar Neans. Bhí Neans an-chineálta agus níor **sceith**[11] sí ar Antaine. Thug sí a teach bábóige d'Eibhlín freisin. Bhí Antaine an-bhuíoch de Neans agus thug sé bronntanas di gach Satharn ina dhiaidh sin chun a bhuíochas di a thaispeáint.

Cabhair!

[1] very ill
[2] stretched
[3] worn cheeks
[4] stole
[5] as soon as
[6] counting
[7] nightmare
[8] after him
[9] loving
[10] regret
[11] tell on

Cleachtadh ag scríobh

1 Freagair na ceisteanna seo a leanas.

- **a)** Céard a bhí á dhéanamh ag na buachaillí tar éis scoile an lá sin?
- **b)** Céard a chonaic Antaine sa ghairdín?
- **c)** Cad a bhí cearr le hEibhlín?
- **d)** Cad a rinne Antaine nuair a chonaic sé an bhábóg?
- **e)** Cén bhréag a d'inis Antaine nuair a chuaigh sé abhaile?
- **f)** I rith na hoíche céard iad na smaointe a bhí ag Antaine?
- **g)** An lá ina dhiaidh sin ar scoil cén bhréag a d'inis sé do na buachaillí eile?
- **h)** Cén éifeacht a bhí ag an mbábóg ar shláinte Eibhlín?
- **i)** Céard a rinne Neans nuair a thuig sí an scéal faoin mbábóg?
- **j)** Ag deireadh an scéil céard a rinne Antaine le taispeáint do Neans go raibh sé buíoch di?

2 Líon na bearnaí thíos.

a) Nuair a chuaigh na buachaillí isteach i ngairdín an mháistir bhí Antaine chun ___________ ________ ________ a thabhairt.

b) Chonaic Antaine iontais i ngairdín an Mháisir – bábóg agus __________ ________.

c) Bhí Eibhlín, deirfiúr Antaine, _________ tinn sa leaba le trí mhí.

d) Chuir Antaine ________ ___ ________ sa bhábóg nuair a chonaic sé í i ngairdín an Mháistir.

e) Toisc go raibh Eibhlín tinn bhí a _______________ ________.

f) Bhí náire an domhain ar Antaine gur inis sé bréag agus thosaigh sé ________ ____________ mhéara a chos.

g) Bhí Antaine ag __________ go raibh gach duine ag caint faoi agus go raibh na póilíní agus beacha an Mháistir ag teacht ina dhiaidh.

h) Bhí áthas ar Antaine gur chuir an bhábóg _____________ ar Eibhlín.

i) Duine tuisceanach _______________ a bhí i Neans agus níor sceith sí ar Antaine.

j) Thug Antaine ___________ beag do Neans gach Satharn chun a bhuíochas a chur in iúl.

leicne caite, saint a chroí, cineálta, focal na faire, bronntanas, teach bábóige, sínte, ag comhaireamh, samhlú, biseach

Téamaí sa scéal

tinneas; cineáltas; grá

Tá an cineáltas le feiceáil sa scéal seo. Iníon an mháistir agus an mháistréas scoile í Neans. Tá a clann níos saibhre ná na daoine eile. Tá a lán bréagán aici, bábóg agus teach bábóige ina measc. Níl sí ina peata, ámh; tá sí tuisceanach agus cineálta.

Lá amháin d'imigh a bábóg agus bhí brón uirthi faoi seo. Nuair a chuaigh sí isteach ar scoil an lá dar gcionn bhí rian na ndeor le feiceáil ar a haghaidh. Bhí sí féin agus a máthair cineálta mar chuaigh siad ar cuairt ar Eibhlín a bhí tinn. Nuair a tháinig sí go dtí teach Eibhlín agus nuair a thuig sí cad a tharla (gur ghoid Antaine an bhábóg ag rá gur thug Neans an bhábóg d'Eibhlín mar bhronntanas) níor sceith sí ar Antaine ach léirigh sí trua agus tuiscint. Thuig sí go ndearna Antaine an ghoid chun biseach a chur ar Eibhlín. Ansin thug sí an teach bábóige d'Eibhlín freisin. Bhí sí fial flaithiúil, an-tuisceanach agus cineálta.

Bhí Antaine cineálta freisin cé go ndearna sé rud mícheart nuair a ghoid sé bábóg Neans. Bhí sé ag smaoineamh ar a dheirfiúr thinn agus cé go raibh náire agus eagla air go mbeadh sé i dtrioblóid, ghoid sé an bhábóg chun biseach a chur ar Eibhlín. Tháinig biseach ar a dheirfiúr go tapa ina dhiaidh sin agus taobh istigh de dhá mhí bhí sí ar ais ar scoil. Tháinig biseach uirthi mar gheall ar chineáltas Antaine agus Neans.

Ag cleachtadh don scrúdú

(Ní gá dul thar leathleathanach nó mar sin i do fhreagra.)

i) Maidir le do rogha **ceann amháin** de *na téamaí* seo a leanas ainmnigh gearrscéal Gaeilge *nó* úrscéal Gaeilge *nó* dráma Gaeilge (a ndearna tú staidéar air i rith do chúrsa) a bhfuil *an téama* sin i gceist ann. Ní mór teideal an tsaothair sin, mar aon le hainm an údair, a scríobh síos go soiléir.

a) cairdeas **b)** tinneas **c)** cineáltas

ii) Tabhair cuntas **gairid** ar a bhfuil sa saothar sin faoin *téama* atá roghnaithe agat.

Freagra samplach

i) Rinne mé staidéar ar '**An Gadaí**' le **Pádraig Mac Piarais** .

ii) Tá **cailín tinn** sa scéal sin. Eibhlín an t-ainm atá uirthi agus ag tús an scéil tá sí sínte sa leaba. Ní féidir léi dul ar scoil agus níl morán airgid ag a clann chun rudaí a cheannach di.

Lá amháin feiceann a deartháir Antaine bábóg álainn i ngairdín an Mháistir agus gan an dara smaoineamh goideann sé an bhábóg mar tá a fhios aige go gcuirfidh an bhábóg biseach ar a dheirfiúr. Tá áthas an domhain ar Eibhlín nuair a thugann Antaine an bhábóg di agus coimeádann sí an bhábóg in aice léi i gcónaí agus tosaíonn biseach ag teacht uirthi. Ceapann sí gur thug Neans, iníon an mháistir, an bhábóg di agus bíonn an-áthas uirthi lá amháin nuair a thagann Neans ar cuairt chuici.

Faoin am seo bhí sí ina suí sa leaba agus bhí sé soiléir go raibh biseach ag teacht uirthi. Bhí áthas ar gach duine agus dúirt Neans go dtabharfadh sí teach bábóige d'Eibhlín. Tar éis dhá mhí chuaigh Eibhlín ar ais ar scoil agus bhí áthas ar a deartháir Antaine an lá sin. Bhí Eibhlín go dona tinn ag tús an scéil ach le cabhair ó Antaine agus Neans tháinig biseach uirthi.

'An tÁdh'

le Pádraic Ó Conaire

Bhí triúr againn, mé féin agus Séamus Antaine agus Micilín Liam ann. Bhíomar i bhfolach ar bhruach na trá in áit nach mbeadh radharc orainn ón mbaile. Dá bhfeictí sinn is cinnte go mbeadh obair ag duine éigin dúinn le déanamh. Ní raibh **fonn oibre** orainn agus mar sin chuamar as radharc daoine.

desire to work

'Cá ngabhfaimid?' arsa Séamus a bhí **idir dhá chomhairle**.

undecided

'Ag bádóireacht,' a deirimse. 'Cá heile cá ngabhfaimis?'

'Ach nach gcuimhníonn tú ar an **lascadh** a fuaireamar an lá cheana nuair a thugamar bád Mharcas Bhig linn go hInis Mór?' arsa Séamas.

beating

Bhí cuimhne mhaith againn ar an **ngreadadh** sin gan bhréag. Ach ní raibh aon cheapadh agam féin bád a thabhairt linn ar chor ar bith. Bhí droim Shéamais gortaithe fós ón lascadh a fuair sé i ngeall ar bhád Mharcais Bhig. Bhí sé ag machnamh chomh domhain sin ar an **lot** gur chuir sé a lámh taobh thiar de agus dúirt go cráite:

beating

wound

'B'fhearr liom féin gan bacadh leis an tseoltóireacht, a chairde. Glac mo chomhairlese agus buailimis amach faoin gcnoc.'

'Is maith an chomhairle í sin,' arsa Micilín.

'Ach níl orainn,' a deirimse, 'aon bhád a thabhairt amach. Nach dtig linn a dhul in éineacht le Tom Beag atá ag dul isteach go Garumna inniu ar an taoide?'

Thosaigh siad beirt ag gáire. Is maith a bhí a fhios acu gur beag an baol a bheadh ar

Thom sinn a ligean leis.

'**Ní call daoibh** an magadh,' a deirimse. 'Ní bheidh 'fhios ag Tom go bhfuilimid sa bhád ar chor ar bith. Bhfuil sibh sásta teacht?' — there's no need for you

Níor thug siad de fhreagra orm ach dul de léim thar an gclaí. **Ghreadamar** linn go **caladh**. — off we went; harbour

Bhí **margadh muc** le bheith i nGarumna an lá seo agus bhí a seacht nó a hocht de mhuca i málaí sa bhád. Na daoine ar leo iad ní raibh siad le feiceáil in áit ar bith. Go deimhin is minic nach mbacfaí dul leo ar an margadh ar chor ar bith. D'fhágfaí a ndíol faoi Thom, mar is é a bhí in ann an t-airgead a bhaint amach ó na ceannaitheoirirí. — pig fair

Chuamar isteach sa bhád agus ba bheag an mhoill orainn cúpla mála 'fháil ar thóin an bháid.

'Anois, a chomhluadair,' a deirimse, 'is é an cleas atá ceaptha agamsa dul isteach sna málaí seo agus fanacht **go réidh socair** ar thóin an bháid i measc na muc go mbeimid amuigh ar an domhain. Ní baol do Thom filleadh ansin.' — quietly

'Ach nach mbeidh 'fhios aige cé mhéad muc atá sa bhád aige?' arsa Micilín.

Dheamhan ar chuimhnigh mé air sin. Nach orm a bhí an tubaiste? Is beag nach raibh an triúr againn **ag sileadh na súl** le díomá nuair a chuimhnigh mé féin ar chleas eile. — crying

'Níl sé i ndán ach do bheirt againn dul ag seoltóireacht inniu,' a deirimse.

'Caithfidh duine againn fanacht ar an gcaladh lena insint do Thom gur fágadh an dá mhuc sa bhád.'

'Ach cé fhanfaidh?' arsa Séamas.

B'shin í an cheist. Ní raibh ceachtar againn sásta fanacht, ar ndóigh.

Shílfeá go mbeidís sásta mise a ligean sa bhád agus duine acu féin a fhanacht ar an gcaladh, mar ba mise a chuimhnigh ar an gcleas i dtosach. Ach ní raibh siad.

'Cuirimis **ar chrannaibh** é,' a deirimse. — toss

Réitíodh leis sin. Chuaigh mé féin go claí agus bhain mé trí **thráithnín**. **Chuir mé d'fhiacha** ar an mbeirt eile a ndroim a thabhairt liom. Ghearr mé na tráithníní ionas nach raibh aon cheann acu ar aon fhad le ceann eile. Thug mé aghaidh orthu ansin. — piece of grass • I made them

'An té a tharraingeoidh an ceann is faide caithfidh sé fanacht,' a deirimse.

'An ceann is faide,' arsa Micilín, agus déarfá leis an gcaoi a ndúirt sé é go raibh sé ag guí Dé nach dtarrraingeodh sé féin an ceann is faide.

'An ceann is f-a-i-d-e,' arsa Séamas agus é ag cuimhneamh ar an lá breá seoltóireachta a chaillfeadh sé dá mbeadh a oiread den mhí-ádh air is go dtarraingeodh sé féin é.

'Tarraing, a Mhicilín.'

'Tarraing, a Shéamais.'

Tharraing an bheirt. Fágadh an ceann is faide agamsa.

Is é an chéad rud a cheap mé a dhéanamh ach a rá nach ndearnadh an tarraingt i gceart; go mba chóir é dhéanamh trí huaire i ndiaidh a chéile.

Ansin cheap mé a rá go mba é an té ag ar fhan an ceann is giorra a chaithfeadh fanacht, ach thug mé faoi deara go raibh 'an ceann is faide' scríofa ar stiúir bháid a bhí caite ar an gcé ag Micilín. Ní raibh neart air. Bhí orm fanacht.

'Ná déanaigí aon mhoill ach isteach libh sna málaí,' arsa mise, 'ní mórán moille a bheidh ar Thom anois ó tá an bád ar snámh.'

happily — Chuaigh siad isteach **go meidhreach**. Cheangail mé féin ruóg ar bhéal na málaí, agus d'fhan siad go ciúin ar thóin an bháid leis na muca. Anois agus arís ligeadh duine acu scread bheag as ag ligean air féin gur muc a bhí ann i ndáiríre.

impatient — Nuair a thosaigh an bád á luascadh anonn is anall tar éis an taoide a theacht fúithi, d'éirigh na muca **mífhoighneach** agus shíl siad siúl. Chuaigh ceann nó dó ar mhullach Mhicilín agus is ann a bhí an greann. D'imigh an croí agus an misneach uaim.

'Beidh lá eile agatsa, a dhearthair,' arsa Micilín ag déanamh trua liom.

'Cinnte beidh agus lá mór,' arsa Séamas.

'Chugainn é! Chugainn é!' arsa mise leis an mbeirt a bhí sna málaí.

at the helm — Chuaigh mé féin go claí agus bhuail mé fúm **ar an stiúir**. Chonaic mé Tom ag teacht agus maide rámha ar a ghualainn aige. Bhí cúigear fear in éineacht leis agus an-chaint acu. Ní raibh Tom féin ag rá focail ar bith. Cúigear táilliúir a bhí ag caitheamh lá spóirt a bhí iontu.

drunk • singing — Bhí cuid acu á rá go mb'fhearr dóibh dul le Tom ag seoltóireacht. Cuid eile acu á rá go mb'fhearr dóibh an lá a chaitheamh san áit a raibh siad. Bhí siad go léir roinnt **súgach**. Thosaigh duine acu **ag casadh poirt**. Chuidigh duine eile leis. Chuidigh siad uile go léir leis.

cranky — Chuaigh Tom isteach sa bhád. Bhí **cantal** ar an bhfear bocht.

'Anois, a tháilliúirí, tagaigí ar bord, más mian libh a theacht,' ar seisean.

Thosaigh an díospóireacht athuair. Thóg Tom an seol ar an mbád.

Chuaigh táilliúir isteach. Lean táilliúir eile é. Lean an triúr eile iad mar leanfadh scata caorach an chéad cheann. Shíl mé féin dul isteach ina ndiaidh gan fhios do Thom. Thug sé faoi deara mé.

'Cá bhfuil tusa ag dul?' ar seisean, agus iontas air.

'Áit ar bith,' arsa mise, 'ach gur cheap mé a dhul go Garumna libh.'

'Téigh abhaile nó – ' agus lig sé gotha troda air féin.

quickly — Chuaigh mé féin i dtír **go deifreach**. Agus ní faoi mé a chur as an mbád is mó a bhí mé **cráite** ach faoi nach raibh mé féin i gceann de na málaí, mar níor thug Tom faoi deara ar chor ar bith go raibh muca breise ar bord aige. — tormented

D'imigh siadsan. D'fhan mise. D'fhan mé ansin i mo shuí ar an gclaí ag dearcadh orthu ag imeacht soir le cóir. Bhí brón mór orm ach dúirt mé liom féin nach sílfinn deoir. Dhún mé mo bhéal go daingean docht. Shíl mé gan cuimhneamh ar an mbád 'chor ar bith.

Rinne mé iarracht ar nithe eile a thabhairt faoi deara. Dhearc mé fúm ar an taoide. Bhí **portán** mór **i ngreim i gclocha** an chlaí, agus é ag iarraidh teacht go barr uisce. Rug mé ar chúpla **spalla** a bhí le mo thaobh agus thosaigh mé á gcaitheamh leis. Níor éirigh liom a bhualadh. — crab • stuck in the rocks • pebble

Chuimhnigh mé ar an mbád arís. An raibh sí i bhfad uaim anois?

Ní fhéachfainn ar a bhfaca mé riamh. An raibh Séamas agus Micilín sna málaí fós? Céard déarfadh Tom leo nuair a d'fheicfeadh sé iad?

Bhí na ceisteanna seo ag teacht isteach i m'aigne gan buíochas dom. Dhearc mé fúm arís. Bhí an portán imithe. Bhí mé ag iarraidh mo cheann a choinneáil fúm agus gan cuimhneamh ar an mbád ar chor ar bith nuair a chuala mé an ceol chugam trasna na mara. An táilliúir mór a bhí ag gabháil fhoinn. Chloisfeá na focail go maith:

'Bhí mé in Acaill ... is ba mhaith liom ... fhágáil ...

'Is rídheas an áit é ... ag strainséirí ...'

Ansin thosaigh na fir eile ag cuidiú leis. Bhí mé ag éisteacht ag ceapadh go glcoisfinn glór Mhicilín nó glór Shéamais, ach níor chuala mé.

Ach nach acu a bhí an lá! Nach mé a chaill go dona é! Phléasc mé ag caoineadh. Ansin, ar eagla go n-imeodh an bád ó léargas orm, d'éirigh mé go tobann agus lasc liom go **mullach an droma** atá os cionn an chuain. Bhuail mé fúm ar chloich ansin agus súil níor thóg mé den bhád go ndeachaigh sí amú orm i measc na mbád eile a bhí sa chuan. — top of the hillock

Is dócha gur thit mo chodladh orm a chomhfhad agus a bhí mé ag dearcadh ar an mbád, mar, nuair a dhúisigh mé, bhí titim na hoíche ann, agus mé fluich go craiceann le báisteacht. D'éirigh mé le dul abhaile, ach is ar éigean a bhí mé in ann **coiscéim** a shiúl le fuacht agus le fliche. — footstep

Nuair a tháinig an **choisíocht** chugam, d'imigh mé liom bealach na cé. Ar theacht go Gort na Tornóige dom cé d'fheicfinn romham ag an gclaí ach an máistir agus máthair Mhicilín. Cheap mé filleadh ar m'ais, ach bhí sé fánach agam. Chonaic siad mé. Ghlaoigh siad orm. Nuair a chonaic an bhean chomh fliuch scanraithe is a bhí mé ghearr sí **comhartha na croise** uirthi féin. — walking • sign of the cross

'Is ainm Dé agus inis dúinn cé as ar tháinig tú?' ar sise.

'Cé as?'

'Nach raibh tú sa bhád?'

'Ní raibh. Ní raibh mé inti ar chor ar bith.'

'Agus an raibh Micilín s'agamsa inti?' arsa sise go himníoch.

tell on

Má bhí imní mhór féin uirthi níor mhaith liom **sceitheadh** ar Mhicilín.

Dúirt an máistir liom ansin gan aon fhaitíos a bheith orm, ach a insint dóibh an raibh sé sa bhád nó nach raibh.

D'inis mé mo scéal dóibh ó thús deireadh. Thosaigh máthair Mhicilín ag caoineadh. Shílfeá go leagfadh sí na spéartha. Thosaigh an máistir á sású. D'imigh siad uaim.

Bhí iontas mór orm go ndeachaigh an scéal chomh mór sin uirthi. Má chuaigh sé sa bhád féin, cén dochar a bhí ann? D'imigh mé liom abhaile.

squeezing

Nuair a chuaigh mé isteach ar an doras baineadh geit as a raibh istigh. Déarfá gur tháinig eagla ar a chuid dá raibh ann. Bhí Antaine, athair Shéamais, sa chlúid agus a cheann faoi. Ar m'fheiceáilse dó thóg sé a cheann agus rinne sé orm. Rug sé greim ar mo ghualainn. Is beag nár chuir sé na méara isteach tríom. Thosaigh sé **do m'fháscadh** agus á fhiafraí díom:

'An raibh ... sé ... sa bhád?'

D'éirigh na daoine eile agus bhailigh siad i mo thimpeall. Bhí m'athair agus mo mháthair ann agus iad á fhiafraí díom.

'An raibh ... tusa ... sa bhád?'

upset

Níor fhéad mé focal a rá. Bhí eagla orm. Bhí siad uile go léir chomh **corraithe** sin. Bhí athair Shéamais i ngreim ionam fós; a dhá shúil ag dul amach thar a cheann; é do m'fháscadh go neamhthrócaireach agus é á fhiafraí díom.

'An raibh ... sé ... sa bhád?'

Sa deireadh scaoileadh díom. Cuireadh i mo shuí cois tine mé. Bhí athair Shéamais ar m'aghaidh amach agus é ag cur na súl tríom 'féachaint céard déarfainn faoina mhac. D'inis mé mo scéal dóibh.

Rug Antaine ar a mhaide cuilinn agus amach leis gan oiread agus 'slán agaibh' a rá.

'An fear bocht!' arsa mo mháthair. 'Agus deirtear liom,' ar sise tar éis tamaill, 'nár tháinig slán ón mbád ach muc a réab a mála agus a tháinig i dtír sa snámh.'

'Muc le Mártan Mháire ansin thuas,' arsa fear óg a bhí ina shuí ag an doras dúnta.

'Bhí an t-ádh ort,' arsa mo mháthair nuair a chuir sí i mo chodladh mé.

if it wasn't for

'**Murach** gur tharraing mé an tráithnín is faide ...,' a deirimse.

'Murach sin bhí tú réidh.'

part with

Tá Tráithnín an Áidh agam fós agus ní **scarfaidh** mé leis go luath.

Staidéar ar an scéal

Baineann an scéal 'An tÁdh' le triúr cairde, Séamas Antaine, Micilín Liam agus Pádraic. Bhí siad ina gcónaí cois farraige. Chaith siad na laethanta ag dul thart lena chéile agus ní raibh fonn oibre orthu. Lá amháin eile ghoid siad bád agus chuaigh siad go dtí Inis Mór. Bhí siad i dtrioblóid lena thuismitheoirí mar gheall air sin. Lá an scéil bhí siad i bhfolach óna dtuismitheoirí ar an trá. Ba mhaith leo rud éigin a dhéanamh agus **shocraigh siad**[1] go rachaidís go dtí Garumna.

Bhí margadh muc ar siúl i nGarumna agus bhí bád ag dul ann lán le muca. Ba le Tom Beag an bád agus ní thabharfadh sé cead do na buachaillí dul ann leis. Mar sin chuaigh beirt de na buachaillí isteach i málaí na muc agus d'fhan Pádraic chun a insint do Thom Beag go raibh dhá mhuc **sa bhreis**[2] aige. Bhí an-chraic ag Séamas Antaine agus Micilín Liam agus iad istigh sa bhád **ag ligean**[3] orthu gur mhuca a bhí iontu.

Bhí díomá an domhain ar Phádraic. Chaill sé lá iontach lena chairde. Nuair a tháinig Tom Beag go dtí an bád bhí cúigear fear súgach leis. D'imigh siad leo agus chuala Pádraic iad ag canadh. Thit Pádraic ina chodladh ag féachaint ar an mbád agus nuair a dhúisigh sé bhí sé fliuch go craiceann. Ar a bhealach abhaile bhuail sé le máthair Mhicilín a bhí **ag cuardach**[4] a mic. Nuair a chuala sí go raibh Micilín sa bhád thosaigh sí ag caoineadh. Nuair a chuaigh Pádraic isteach abhaile bhí athair Shéamais ann agus bhí sé **cráite**[5]. Níor thuig Pádraic an scéal go dtí sin. Bhí timpiste ar an mbád agus fuair gach duine a bhí ar bord bás. Tubaiste uafásach a bhí ann. Is dócha gur éirigh stoirm an lá sin (Bhí báisteach throm ann nuair a bhí Pádraic ina chodladh) agus b'fhéidir gur chuir na fir shúgacha isteach ar Thom Beag. Pé cúis a bhí leis, chaill Pádraic a bheirt chairde an lá brónach sin.

Cabhair!

1 they decided
2 extra
3 pretending
4 searching
5 tormented

Cleachtadh ag scríobh

1 Freagair na ceisteanna seo a leanas.

a) Cad is ainm do na buachaillí sa scéal?
b) Cén fáth a raibh siad i bhfolach?
c) Cad a tharla nuair a thug siad bád Mharcais Bhig go hInis Mór roimhe sin?
d) Cén post a bhí ag Tom Beag?
e) Cén plean a bhí ag Pádraic?
f) Cén fáth a raibh na buachaillí beagnach ag caoineadh?
g) Conas a shocraigh na buachaillí cé a rachadh ar an mbád?
h) Déan cur síos ar Thom Beag agus ar na paisinéirí a bhí ar an mbád aige.
i) Cad a rinne Pádraic fad is a bhí an bád imithe?
j) Dar leatsa, cad ba chúis leis an timpiste?

2 Líon na bearnaí thíos.

a) Bhí Pádraic beagnach ag ____________ _____ ____________ nuair nach raibh sé ábalta dul go dtí Garumna.

b) Bhí ___________ ag Pádraig go mbeadh na buachaillí ábalta dul go dtí Garumna i ngan fhios do Thom Beag.

c) Bhí na buachaillí ____ _____________ ar an trá.

d) Fuair na buachaillí __________________ uafásach nuair a thug siad bád Mharcais Bhig go hInis Mór.

e) Ní raibh _______ _________ ar na buachaillí – b'fhearr leo a bheith ag súgradh nó ag pleidhcíocht ar an trá.

f) Bhí na fir a bhí in éineacht le Tom Beag _____________.

g) Bhí _____________ _________ ar siúl i mGarumna.

h) Chuir na buachaillí ___ ________________ é chun a fháil amach cé a rachadh go dtí Garumna.

i) _______________ gach duine a bhí ar bord bhád Thom Bhig an lá sin.

j) Fágadh an ________________ ab fhaide ag Pádraic agus ní raibh sé ábalta dul go dtí Garumna.

i bhfolach, fonn oibre, lascadh, margadh muc, cleas, ar chrannaibh, tráithnín, sileadh na ndeor, súgach, bádh

Na mothúcháin sa scéal

áthas; díomá; brón

Tá áthas na hóige le sonrú sa scéal seo; tá díomá agus brón ann freisin. Bhí saol iontach ach simplí ag na buachaillí sa scéal. Bhí siad ina gcónaí in aice na farraige agus is léir go raibh a lán eachtraí acu ann. Cheana féin thug siad bád Mharcais Bhig leo go dtí Inis Mór agus bhí siad i dtrioblóid lena dtuismitheoirí mar gheall air sin. An lá seo téann siad i bhfolach óna dtuismitheoirí ar an trá mar nach bhfuil fonn oibre orthu.

Gnáthbhuachaillí iad. Tá cairdeas láidir eatarthu. Is aoibhinn leo a bheith ag súgradh agus ag pleidhcíocht lena chéile agus tá áthas an domhain orthu nuair a smaoiníonn Pádraig ar chleas chun dul le Tom Beag. Tá díomá an domhain orthu ansin nuair a cheapann siad nach féidir leo dul agus tá Pádraic beagnach ag caoineadh leis an díomá nuair atá air fanacht. Tá an-spraoi ag Micilín agus ag Séamas nuair atá siad istigh sna málaí ar an mbád. Is léir nár thuig siad an baol a bhí san fharraige. Thug siad bád leo go hInis Mór cheana féin agus an lá seo níor inis siad do dhuine ar bith cad a bhí ar siúl acu. D'íoc siad go daor as.

Tá an-bhrón sa scéal seo freisin. Tragóid is ea é seo mar fuair na buachaillí soineanta seo bás. Bhí siad óg agus ag baint taitnimh as an saol ach bádh iad. Tá a dtuismitheoirí croíbhriste nuair a fhaigheann a mic bás.

Ag cleachtadh don scrúdú

(Ní gá dul thar leathleathanach nó mar sin i do fhreagra.)

i) Maidir le do rogha **ceann amháin** de *na téamaí* seo a leanas ainmnigh gearrscéal Gaeilge *nó* úrscéal Gaeilge *nó* dráma Gaeilge (a ndearna tú staidéar air i rith do chúrsa) a bhfuil *an téama* sin i gceist ann. Ní mór teideal an tsaothair sin, mar aon le hainm an údair, a scríobh síos go soiléir.

a) cairdeas **b)** bás **c)** an fharraige **d)** timpiste

ii) Tabhair cuntas **gairid** ar a bhfuil sa saothar sin faoin *téama* atá roghnaithe agat.

Freagra samplach

i) Léigh mé '**An tÁdh**' le **Pádraic Ó Conaire.**

ii) Tarlaíonn timpiste agus bás sa scéal. Bhí triúr cairde ann, Pádraic, Séamas agus Micilín agus bhí siad ina gcónaí cois farraige.

Lá amháin bhí na buachaillí i bhfolach ar an trá mar ní raibh fonn oibre orthu. Ba mhaith leo dul amach ar an bhfarraige. Bhí Tom Beag ag dul ar a bhád go dtí Garumna go dtí an margadh muc chun muca a dhíol. Bhí plean ag Pádraic go rachadh na buachaillí go dtí Garumna. Rachaidís isteach i málaí ag ligean orthu gur mhuca iad. Cheap siad go mbeadh ar bhuachaill amháin fanacht chun a rá le Tom Beag go raibh muca breise ar an mbád. Chuir siad ar chrannaibh é agus bhí ar Phádraic fanacht. Bhí díomá an domhain air agus bhí Séamas agus Antaine ag baint an-taitneamh as a bheith sa bhád ag gnúsacht mar mhuca.

Chuaigh Pádraic go dtí cnoc in aice na farraige ag féachaint ar an mbád ag imeacht. Bhí a chairde, Tom Beag agus cúigear fear eile ar bord, chomh maith leis na muca. Chuala Pádraic na fir ag canadh. Thit sé ina chodladh ansin ag féachaint ar an mbád agus nuair a dhúisigh sé bhí sé fliuch go craiceann.

Nuair a bhí sé ag dul abhaile bhuail sé le máthair Mhicilín agus nuair a fuair sí amach go raibh Micilín ar an mbád thosaigh sí ag caoineadh. Nuair a chuaigh sé abhaile bhí athair Shéamais sa teach agus bhí sé trína chéile nuair a fuair sé amach go raibh Séamas sa bhád. Bádh an bád agus gach duine a bhí ar bord. Bhí críoch an-bhrónach leis an lá amuigh a bhí ag na buachaillí.

Prós Liteartha Anaithnid

Treoracha

Bíonn sliocht próis clóbhuailte ar an bpáipéar scrúdaithe agus tá ort trí cheist a fhreagairt orthu. Tá na trí cheist ar cómharc.

Baineann na ceisteanna i Roinn A le ceisteanna eolais faoin sliocht. De ghnáth bíonn siad an-éasca.

Tá tuairimíocht ag teastáil i Roinn B.

Bíonn ort:

- cur síos a dhéanamh ar thréithe an duine sa sliocht (téigh go dtí lgh 12–13 chun tréithe daoine a fháil)

agus/nó

- do thuairim a thabhairt faoi ráiteas a thugtar maidir leis an sliocht

agus/nó

- comparáid a dhéanamh idir na carachtair sa sliocht

agus/nó

- a rá cad a cheapann tú de chríoch an tsleachta

agus/nó

- a rá ar thaitin nó nár thaitin an sliocht leat agus fáthanna a thabhairt

'Splanctha'

le Katherine Duffy

Léigh an sliocht seo agus freagair **trí cinn** de na ceisteanna a ghabhann leis.

Ní mór ceist **amháin** a roghnú as **A** agus ceist **amháin** a roghnú as **B**.

Is féidir an **tríú ceist** a roghnú as **A** *nó* as **B**. Ní gá níos mó ná **leathanach** a scríobh.

Bíodh na freagraí i d'fhocail féin, chomh fada agus is féidir leat.

Cúlra an Scéil

Tá Aoife agus a teaghlach tar éis teach a aistriú ó bhaile mór go dtí baile beag cois cuain darb ainm Finncille. Ní mó ná sásta atá Aoife leis an áit chónaithe nua.

'Nach álainn ar fad an radharc é!' a deir mo mháthair.

Dhúisigh mé do gheit. Bhí mo mháthair i ndiaidh cuirtíní na fuinneoige a tharraingt go tobann óna chéile. Bhris solas an lae isteach ar an dorachadas síochánta. Agus bhris guth mo mháthar isteach ar mo smaointe, an ruaig á cur aici ar mo bhrionglóidí deasa. 'Aoife, dúisigh, nó beidh an chuid is fearr den lá caillte agat! Dúisigh, láithreach!'

Lig mé ochlán asam, agus rinne mé iarracht dul i bhfolach faoin dúive, ach shuigh sí síos ar an leaba agus bhain an clúdach díom.

'A Aoife, stad den phleidcíocht, agus éirigh. Éirigh, a deirim!'

D'ardaigh mé mé féin, rud beag, ar m'uillinn, le sracfhéachaint shramshúileach a thabhairt amach an fhuinneog. Bhí sé ag cur arís. Bhí cuma thréigthe dhuairc ar bhallaí briste dubha an tseanchaisleáin, thuas ar an gcnoc. Thíos faoi, cois cuain, bhí sráidbhaile Fhinncille chomh gruama gránna is a bhí sé riamh.

'Nach álainn ar fad an radharc é!' a deir mo mháthair. 'D'fhéadfá pictiúr a dhéanamh de!' Lig mé osna asam. Ní raibh ach an port seo cloiste agam ón uair a d'aistrigh muid ón bhaile mór amach go dtí an áit mhallaithe seo. Ní fhéadfadh sí teacht i ngar d'fhuinneog ar bith sa teach gan an radharc a mholadh. Ní fhaca mise amuigh ach poll iargúlta agus gan cara agam ann.

Ní raibh an baile mór inar tógadh mé ach b'fhéidir fiche míle uainn, nó cúig mhíle dá mbeadh bád ag duine leis an chuan a thrasnú! Ach, d'fhéadfadh sé a bheith ar an ghealach, mar ní raibh bealach ar bith agamsa le dul isteach ann. San oíche, d'fheicinn na soilse ag glioscarnach thar an uisce fuar dubh agus thiocfadh uaigneas an tsaoil orm.

Go dtí seachtain nó dhó ó shin, bhínn féin agus mo dheartháireacha óga ag dul isteach ann ar scoil gach lá ar an bhus. Mar sin, bhíodh seans agam comhrá a dhéanamh le mo chairde agus cupán caife, agus corrthoitín a bheith agam sa Venezia, ag am lóin. Ach anois agus an samhradh ann, bhí mé fágtha tirim amuigh anseo.

'Tá sé ag cur arís. Ní fiú éirí!' dúirt mé le mo mháthair. 'Ach amháin dá dtabharfá an t-airgead dom le gabháil isteach sa bhaile mór. Ansin d'fhéadfainn ...'

'Nach bhfuil sé ráite agam arís agus arís eile leat go bhfuil táille an bhus ródhaor ar fad,' a dúirt sí liom go giorraisc. 'Tá a fhios agat go maith nach bhfuil mórán airgid fágtha againn i ndiaidh an teach seo a cheannach. Ar aon nós, tá sé in am agat socrú síos anseo, agus aithne a chur ar aos óg an cheantair ...' Bhíodh sí i gcónaí ag caint faoi aithne a chur ar dhaoine. Bhí sí féin ina ball den chumann staire áitiúil agus den chumann beiriste, agus eile, ón uair a chuir sí cos san áit.

'Ar scor ar bith,' dúirt sí ansin, 'ní thuigim céard a bhíonn do do shíormhealladh isteach chuig an bhaile mór. Níl mórán ann ...' Luigh mé siar sa leaba arís, agus stad mé ó bheith ag éisteacht léi. Mura ndéanfainn sin, thosóinn ag screadaíl ar fad. Nárbh fhurasta di an méid sin a rá. Ní raibh mórán ann ach mo shaol, mo chairde ... Agus Dáibhí!

Bhíodh Dáibhí istigh sa Venezia ó am go ham sna tráthnóntaí, agus oíche amháin thosaigh sé ag caint liomsa. Ba bheag nár thit mé i laige an uair sin; bhí mé splanctha ina dhiaidh le tamall anuas. Duine an-dóighiúil ar fad a bhí ann. Ógfhear ard, le folt fada dubh ceangailte ar bhaic an mhuiníl aige, agus aoibh álainn a dhíolfadh carn taos fiacla.

Ba léir ón dóigh a raibh sé ag caint liom an oíche sin go raibh sé tógtha liom. Ach ní fhaca mé ó shin é mar go gairid ina dhiaidh sin d'aistrigh mo mhuintir amach as an mbaile. Bhí mé cinnte de go mbeinn ag dul amach le Dáibhí faoin am seo murach sin. Gheall mo chara Joanne dom go dtabharfadh sí m'uimhir úr ghúthain dó ach go dtí seo ní bhfuair mé scéal ar bith uaidh.

'Cá bhfios duit,' dúirt mo mháthair go plámásach anois, 'nach bhfaighfeá post beag samhraidh sa sráidbhaile, dá ...'

'Ó cinnte,' dúirt mé go searbhasach, ag féachaint suas ar an tsíleáil. 'Cinnte go bhfaighinn post i bpoll imigéiniúil mar seo, nuair nár éirigh liom obair a aimsiú ar fud an bhaile mhóir!'

Ceisteanna (iad ar cómharc)

A (Buntuiscint)

i) Luaigh **dhá** phointe eolais faoi áit chónaithe nua Aoife.
ii) Luaigh **dhá** phointe eolais faoi Dháibhí.
iii) Cén fáth nach bhfuil mórán airgid ag máthair Aoife?

B (Léirthuiscint Ghinearálta)

i) Déan comparáid idir an mháthair agus an iníon mar a léirítear sa scéal iad.
ii) Luaigh **dhá thréith** a bhain le hAoife. I gcás **ceann amháin** den dá thréith sin tabhair píosa eolais as an téacs a léiríonn an tréith sin.
iii) An dóigh leat go bhfuil críoch an scéil anseo sásúil? Is leor **dhá** chúis a lua i do fhreagra.

Freagra samplach

B (Léirthuiscint Ghinearálta)

i) Tá Aoife an-mhíshona lena saol. Níl sí sásta in aon chor leis an áit chónaithe nua, Finncille. Is fuath léi gach rud a bhaineann leis an áit. Níl fonn uirthi aon rud a dhéanamh ann. Níl sí sásta éirí as an leaba fiú. Tá sí uaigneach toisc go bhfuil a cairde go léir ina gcónaí i mbaile eile agus ní fheicfidh sí iad i rith an tsamhraidh.

Tá máthair Aoife dearfach agus sona. Déanann sí a dícheall sa saol. Nuair a bhog sí go dtí an áit nua seo chláraigh sí le clubanna agus rinne sí cairde nua. Ceapann sí go bhfuil Finncille go hálainn.

ii) Ceapaim go bhfuil Aoife uaigneach agus diúltach. Tá sí uaigneach toisc go bhfuil sí i bhfad óna cairde in áit nua agus ní fheicfidh sí a cairde i rith an tsamhraidh.

Ceapaim go bhfuil sí diúltach mar dhuine. Nuair a thagann a máthair isteach chun í a dhúiseacht níl sí ag iarraidh éirí. Ní dhéanann sí iarracht ar bith aon rud deas a fheiceáil san áit nua. Nuair a deir a máthair go bhféadfadh sí post samhraidh a fháil, láithreach bonn deir sí nach mbeidh sí ábalta.

iii) Ní dóigh liom go bhfuil críoch an scéil sásúil. Ní bhfuair na léitheoirí go leor eolais faoi na carachtair. Níl a fhios againn cén fáth ar bhog an teaghlach teach mar shampla, nó cén aois í Aoife.

Fáth eile nár thaitin críoch an scéil liom ná gur chríochnaigh sé ró-obann. Ba mhaith liom níos mó a fháil amach faoi Aoife agus faoi Dháibhí agus faoin samhradh a bhí ag Aoife. Níor thug an t-údar go leor mínithe dúinn.

'An tOileán Órga'
le Michael Mullen

Léigh an sliocht seo agus freagair **trí cinn** de na ceisteanna a ghabhann leis.
Ní mór ceist **amháin** a roghnú as **A** agus ceist **amháin** a roghnú as **B**.
Is féidir an **tríú ceist** a roghnú as **A** *nó* as **B**. Ní gá níos mó ná **leathanach** a scríobh.
Bíodh na freagraí i d'fhocail féin, chomh fada agus is féidir leat.

Cúlra an scéil

Is banaltra í Eibhlín Mhic Dhonncha atá ina cónaí i Londain lena clann. Tá saol crua aici mar fuair a fear céile bás. Lá amháin tá sí istigh ag gníomhaireacht fostaíochta (*employment agency*) ag lorg oibre nuair a thagann glao fóin faoi phost. Tháinig an cailín ar ais chuig an gcuntar. 'An féidir leat dul go Hampstead Heath láithreach bonn?'

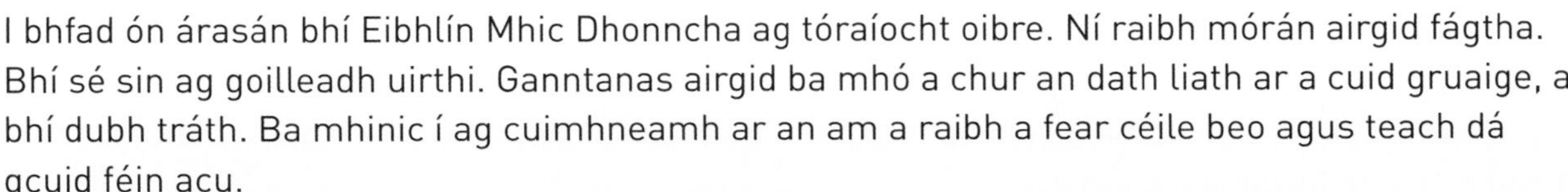

I bhfad ón árasán bhí Eibhlín Mhic Dhonncha ag tóraíocht oibre. Ní raibh mórán airgid fágtha. Bhí sé sin ag goilleadh uirthi. Ganntanas airgid ba mhó a chur an dath liath ar a cuid gruaige, a bhí dubh tráth. Ba mhinic í ag cuimhneamh ar an am a raibh a fear céile beo agus teach dá gcuid féin acu.

Tháinig athrú mór ar a saol nuair a fuair Colm Mac Donncha bás de thoradh timpiste. Bhí uirthi an teach a dhíol. Ó shin i leith bhí sí féin agus a clann ag imeacht ó lóistín go lóistín, gan aon chónaí buan acu.

Banaltra shealadach ba ea í féin. Í ag obair seachtain agus gan ag obair seachtain eile.

Bhí obair á lorg aici anois ó ghníomhaireacht fostaíochta. Nuair nach mbíodh sí in ann post a fháil ar a conlán féin bhíodh sí ag brath orthu siúd.

Isteach léi san oifig. Sheas sí ag an gcuntar. Tháinig cailín anall chuici.

'Céard tá uait?'

'Obair – obair oíche más féidir.'

Chuaigh an cailín anonn agus scrúdaigh sí na liostaí.

'Tá brón orm. Níl post ar bith le fáil faoi láthair,' ar sise, nuair a tháinig sí ar ais.

Bhí Eibhlín ar tí imeacht nuair a tháinig glao ar an nguthán.

'Fan go fóill,' arsa an cailín. 'B'fhéidir go mbeifeá ag teastáil fós.'

Bhí sí tamall fada ag éisteacht leis an nguthán agus 'Sea. Tuigim,' á rá aici ó am go ham.

'Féachfaimid le banaltra a chur chugat láithreach,' ar sí sa deireadh. 'Go raibh maith agat féin.'

Tháinig an cailín ar ais chuig an gcuntar. 'An féidir leat dul go Hampstead Heath láithreach bonn? Tá banaltra lánaimseartha ag teastáil go sealadach ansiúd.'

'Is féidir, ach caithfidh mé glaoch ar mo chlann. Tá siad ag féitheamh liom sa bhaile.'

'Déan anseo é, ach ná bí rófhada. B'fhéidir go mbeadh daoine eile ag glaoch.'

Thug an cailín an seoladh d'Eibhlín agus d'imigh sí amach ar an tsráid. Scrúdaigh sí an seoladh arís ansiúd. Ansin shiúil sí chuig stáisiún traenach faoi thalamh. Bhí daoine ag teacht agus ag imeacht ina sluaite, a smaointe féin ag gach uile dhuine acu agus gan focal as duine ar bith. Cheannaigh sí ticéad, chuir oibrí stáisiúin poll ann agus síos an staighre léi.

Bhí an tollán cúng agus mhothaigh sí mar a bheadh na ballaí ag brú isteach uirthi. Thíos faoi thalamh sheas sí agus scrúdaigh sí na treoracha. Lean sí uirthi arís ansin faoi na soilse bána, a coiscéimeanna ag baint macalla as leaca an urláir.

I bhfad uaithi chuala sí feadóg stáin á seinm. D'aithin sí an t-amhrán – port a chuala sí go minic le linn a hóige. Nuair a tháinig sí a fhad leis an gceoltóir, chaith sí deich bpingine isteach sa hata agus bheannaigh dó i nGaeilge. Ghabh sé buíochas léi sa teanga chéanna.

Sheas sí ar an ardán lom. Bhí scata eile ag fanacht. Chuala sí traein ag teacht ar luas as an dorchacht. Stad an traein. Osclaíodh na doirse agus tháinig seanbhean amach. D'fhéach sí ar ainm an stáisiúin. Isteach le hEibhlín.

Bhí an tseanbhean sa stáisiún mícheart! Rinne sí iarracht teacht ar bord arís, ach dúnadh na doirse agus fágadh ar an ardán í. Bhí sí trína chéile. Rinne sí iarracht doras a oscailt, ach theip uirthi.

Ghluais an traein ar aghaidh isteach sa dorchacht as ar tháinig sí. Shuigh Eibhlín ar shuíochán agus d'éist sí le torann na traenach.

Tháinig an traein go King's Cross. Bhí líne eile ag teastáil uaithi ansiúd. Lean sí na treoracha arís. Faoi dheireadh bhain sí amach an Northern Line agus d'fhan le traein. Chuimhnigh sí ar an timpiste uafásach a tharla sa stáisiún sin, tráth ar dódh tríocha duine nó mar sin. Bhí cruth nua air anois – agus gan ainmneacha na marbh imithe as cuimhne na ndaoine fós. Sin mar a bhíonn i gcathair mhór.

Ar ball tháinig an traein agus ar aghaidh léi go Kentish Town. Bhí an staighre creasa briste agus gaoth ghéar ag séideadh anuas na céimeanna. Bhain sí amach an tsráid agus thug aghaidh ar Hampstead, áit a gcónaíonn daoine saibhre. Bhí crainn ag fás sa cheantar sin agus an timpeallacht deas ciúin. Tithe galánta ann – gach ceann acu níos fearr ná a chéile.

Tháinig sí a fhad le huimhir a naoi. Bhrúigh sí cnaipe sa gheata.

Thosaigh madra ag tafann taobh istigh, rud a bhain geit aisti. Labhair guth mná.

Cé atá ansin, agus cén gnó atá agat?'

'Mise an bhanaltra,' d'fhreagair sí.

Ceisteanna (iad ar cómharc)

A (Buntuiscint)

i) Luaigh **dhá** phíosa eolais faoin turas a bhí ag Eibhlín go dtí Hampstead Heath.
ii) Cad a tharla ag King's Cross?
iii) Luaigh **dhá** phíosa eolais a thaispeánann gur áit shaibhir í Hampstead.

B (Léirthuiscint Ghinearálta)

i) Luaigh **dhá** phointe eolais faoin atmaisféar a bhí sa scéal seo.
ii) Luaigh **dhá thréith** a bhain le hEibhlín. I gcás **ceann amháin** den dá thréith sin tabhair píosa eolais as an téacs a léiríonn an tréith sin.
iii) Ar thaitin an scéal leat? Tabhair **dhá** chúis le do thuairim.

Freagra samplach

B (Léirthuiscint Ghinearálta)

i) Ceapaim go bhfuil atmaisféar dorcha míchairdiúil sa scéal seo. Nuair a bhí Eibhlín ag dul go dtí Hampstead Heath chuaigh sí ar an traein faoi thalamh. Bhí na mílte duine ann agus bhí deifir orthu ar fad. Mhothaigh Eibhlín go raibh ballaí an stáisiúin ag brú isteach uirthi. Bhí sé torannach ann freisin.

Ceapaim go bhfuil atmaisféar míchairdiúil ann chomh maith. Ní raibh an cailín a bhí ag obair sa ghníomhaireacht fostaíochta róchairdiúil le hEibhlín agus dúirt sí léi brostú nuair a bhí sí ag cur glao ar a páistí. Nuair a bhí Eibhlín thíos faoin talamh ag fanacht leis an traein ní raibh aon duine ag caint lena chéile. Nuair a bhí an tseanbhean ag an stáisiún mícheart ní raibh aon duine ag caint ná ag cabhrú léi.

ii) Ceapaim gur duine díograiseach agus grinn *(observant)* í Eibhlín. Bhí sí díograiseach mar bhí sí sásta dul aon áit i Londain chun post a fháil. Bhí uirthi turas fada a dhéanamh chun dul go dtí Hampstead Heath. Ceapaim gur duine grinn í freisin. Nuair a bhí sí ag dul go dtí Hampstead Heath thug sí a lán rudaí faoi deara. Bhí na sluaite timpeall uirthi ach chonaic sí a lán rudaí. Thug sí an ceoltóir as Éirinn faoi deara agus thug sí airgead dó. Thug sí an tseanbhean a d'fhág an traein ag an stáisiún mícheart faoi deara. Nuair a bhí sí ag King's Cross chuimhnigh sí ar an dóiteán a bhí ann na blianta roimhe sin.

iii) Thaitin an scéal liom. Ceapaim go dtugann an t-údar léiriú maith ar Londain agus ar na stáisiúin faoi thalamh. Bíonn na mílte duine iontu, bíonn na daoine ag brostú timpeall agus ní bhíonn an t-am ag aon duine labhairt le haon duine eile. Nuair a d'fhág seanbhean an traein ag an stáisiún mícheart níor chabhraigh aon duine léi.

Thaitin Eibhlín liom freisin. Is bean dheas í agus tá sí ag déanamh a dícheall dá clann. Tá sí sásta dul ag obair aon áit chun a clann a chothú (*support*). Is duine cairdiúil flaithiúil í freisin. Thug sí airgead don cheoltóir ag an stáisiún agus bhí sí buartha faoin tseanbhean.

'Florence Nightingale' (eagraú gearr)
le hÁine Ní Ghloinn

Léigh an sliocht seo agus freagair **trí cinn** de na ceisteanna a ghabhann leis.
Ní mór ceist **amháin** a roghnú as **A** agus ceist **amháin** a roghnú as **B**.
Is féidir an **tríú ceist** a roghnú as **A** *nó* as **B**. Ní gá níos mó ná **leathanach** a scríobh.
Bíodh na freagraí i d'fhocail féin, chomh fada agus is féidir leat.

Ó bhí sí an-óg bhí spéis ag Florence Nightingale i gcúrsaí leighis. Bhíodh sí í gcónaí ag súgradh le bábóga – ag ligean uirthi go raibh siad tinn agus ag tabhairt aire dóibh. Thaitin leanaí óga go mór léi freisin agus bhíodh sí breá sásta agus í ag tabhairt aire dá col ceathrair.

Nuair a bhí Florence seacht mbliana déag d'aois fuair sí 'glaoch ó Dhia'. Dúirt sí gur labhair Dia léi ar an 7 Feabhra, 1837 ag rá léi go raibh obair speisialta le déanamh aici. Ag an am sin, ní raibh sí ag smaoineamh ar a bheith ina banaltra. Níorbh fhada go ndearna sí dearmad ar 'fhocail Dé' agus bhí sé ceithre bliana is fiche d'aois faoin am a thuig sí go raibh sí le bheith ina banaltra.

Ag an am sin bhí drochbhail ar ospidéil Shasana. Bhí siad salach, míshláintiuíl.

Ní raibh eolas ceart ag na banaltraí ar chúrsaí leighis. In ospidéil áirithe bhí na banaltraí i gcónaí ar meisce. Bhíodh caoga nó seasca leaba brúite isteach in aon seomra amháin. Dá mbeadh biseach ar othar agus dá mbeadh sé ag dul abhaile chuirfí duine eile isteach sa leaba gan na braillíní a athrú. Ní bheadh a tuismitheoirí róshásta dá gceapfaidís go raibh Florence ag smaoineamh ar a saol a chaitheamh in áit mar sin. Ní thabharfaidís cead di dul ag obair in ospidéal.

Thosaigh Florence ag staidéar sa bhaile ansin. Cheannaigh sí leabhar faoi chúrsaí leighis. Scríobh sí litreacha chuig cúpla ospidéal agus chuir siadsan eolas chuici. Bhíodh sí ag staidéar faoi rún, áfach – ag éirí go luath ar maidin agus ag léamh agus ag scríobh faoi sholas coinnle. Faoi dheireadh, nuair a bhí Florence bliain is tríocha d'aois, ghéill a tuismitheoirí di. Thug siad cead di cúrsa traenála a dhéanamh in ospidéal mór sa Ghearmáin. Chaith sí trí mhí san ospidéal sin agus tréimhse in ospidéal eile i bPáras. Ina dhiaidh sin fuair sí post in ospidéal mór i Londain. Bhí sí i gceannas ar na banaltraí eile.

Sa bhliain 1854 thosaigh Cogadh na Crimé. Bhí Sasana agus an Fhrainc ag troid i gcoinne na Rúise. Iarradh ar Florence dul go dtí an t-ospidéal míleata sa Chrimé agus daichead banaltra a thabhairt léi. Bhí an t-ospidéal salach. Ghlan sí féin agus na banaltraí é. Bhí bia an ospidéil go dona. Thosaigh Florence agus a banaltraí ag obair sa chistin. Rinne siad béilí deasa folláine do na hothair. Bhí ardmheas ag na saighdiúirí ar Florence agus thugaidís 'Bean an Lampa' uirthi mar go mbíodh sí ag siúl timpeall an ospidéil gach oíche agus lampa ina láimh aici.

Ceisteanna (iad ar cómharc)

A (Buntuiscint)

i) Luaigh **dhá** phointe eolais faoi óige Florence.
ii) Luaigh **dhá** phointe eolais faoi staid na n-ospidéal ag an am sin.
iii) Luaigh **dhá** phointe eolais faoin traenáil a rinne Florence le bheith ina banaltra.

B (Léirthuiscint Ghinearálta)

i) Luaigh **dhá** thréith a bhain le Florence. I gcás ceann amháin den dá thréith sin tabhair píosa eolais as an téacs a léiríonn an tréith sin.
ii) 'Faoi dheireadh, ghéill a tuismitheoirí di.' Cén fáth, an dóigh leat?
iii) Ar thaitin an scéal leat? Tabhair **dhá** chúis le do thuairim.

Freagra samplach

B (Léirthuiscint Ghinearálta)

i) Ceapaim go raibh Florence cineálta agus diongbháilte. Bhí sí cneasta leis na hothair a bhí tinn agus rinne sí a dícheall dóibh.

Bhí sí an-diongbháilte. Theastaigh uaithi a bheith ina banaltra ó bhí sí an-óg ach ní raibh a tuismitheoirí sásta leis sin. Mar sin bhí sí ag staidéar faoi rún. Cheannaigh sí leabhair leighis, scríobh sí litreacha chuig na hospidéil agus rinne sí an staidéar nuair a bhí a tuismitheoirí ina gcodladh – go moch ar maidin agus go mall san oíche. Ansin chuaigh sí ag staidéar sna hospidéil.

ii) Ceapaim gur ghéill siad mar go bhfaca siad go raibh Florence dáiríre faoi bheith ina banaltra. Rinne sí a lán staidéir, go moch ar maidin agus go mall san oíche. Bhí sí diongbháilte faoina gairm agus chonaic a tuismitheoirí é sin agus nuair a bhí sí bliain is tríocha d'aois thug siad cead di a bheith ina banaltra.

iii) Thaitin an scéal liom mar tá suim agam sa stair agus chomh maith leis sin d'fhoghlaim mé a lán faoi Florence agus faoin leigheas ag an am sin. D'fhoghlaim mé go raibh cúrsaí go dona sna hospidéil fadó. Bhí siad an-salach agus uaireanta bhíodh na banaltraí ar meisce.

Ceapaim go raibh Florence Nightingale go hiontach. Bhí sí diongbháilte agus láidir agus rinne sí difríocht an-mhór. Rinne sí féin agus na banaltraí a lán oibre nuair a chuaigh siad go dtí an t-ospidéal sa Chrimé agus bhí ardmheas ag na saighdiúirí uirthi.

An Chéad Chló 2013
An Comhlacht Oideachais
Bóthar Bhaile an Aird
Baile Uailcín
Baile Átha Cliath 12
www.edco.ie

Ball den Smurfit Kappa ctp

ISBN 978-1-84536-572-1

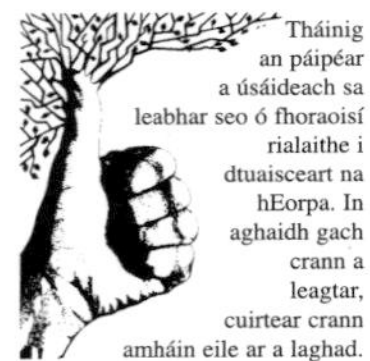

Clúdach:	Graham Thew
Grianghraf clúdaigh:	Shutterstock.com
Dearadh agus clóchur:	Outburst Design
Eagarthóir:	Ciara McNee Editorial Services
Léitheoir profaí:	Dorothy Ní Uigín
Obair ealaíne:	Ilias Arahovitis, Simon Smith, Robin Lawrie, Roger Fereday, Maria Murray, David Shephard, Helmut Kollars
Grianghraif:	Alamy, Corbis, Inpho Photography, iStock, Shutterstock, Sibéal Davitt
Cainteoirí:	Con Ó Tuama, Caoimhe Ní Áinle, Ciarán Ó Fearraigh, Marcus Lamb, Moya Uí Mhaonaile, Saffron Rosenstock, Tristan Rosenstock, Nessa Ní Thuama
Stiúideo taifeadta:	Trend Studio Park West

Cóipcheart
Gabhaimid buíochas leo seo a leanas a thug cead dúinn ábhar dá gcuid a úsáid sa leabhar seo: Cló Iar-Chonnachta as 'Splanctha', 'Na Blátha Craige', 'Subh Milis', 'Amhrán Deoraí', 'Áth Luain', 'Má Chuimhním Ort Anois', 'Mac an Táilliúra' agus 'Reoiteog Mharfach'; An Gúm as 'Banríon an Uaignis', 'Ceaite ar Scoil' agus 'Florence Nightingale'; Máire Uí Chathmhaoil as 'An Luichín sa Scoil' agus 'Fear an Phoist'; Michael Mullen as 'An tOileán Órga'.

Rinne na foilsitheoirí a ndícheall teacht ar úinéirí cóipchirt; beidh siad sásta na gnáthshocruithe a dhéanamh le haon duine eile acu a dhéanann teagmháil leo.

09S17